金星教育 Jinxing Education

怎样解题

·新教材·

初中物理解题方法与技巧

主　　编　薛金星
本册主编　代　勇
本册副主编　朱培文

北京出版集团公司
北京教育出版社

再版前言 ZAIBANQIANYAN

——本丛书具有五大亮点

1 与时俱进 力求创新

本丛书紧扣时代脉搏，遵循课改精神，依据考纲，以现行新教材为蓝本进行编写。在内容选取上，按中考要求精心挑选，科学设计；内容丰富，难易适度；注重方法、技巧、规律的总结，培养学生的求异思维和创新思维。

2 技法选取 典型实用

筛选典型的例题，突出实用的解题方法，按照先一般后特殊，先简单后复杂，先基础后综合的顺序排列，有利于您循序渐进地掌握各种解题方法。

3 贯穿学法 思维升华

在讲解和训练的过程中，适时总结方法规律，优化思维模式，跨越思维误区；并科学配以真题训练，通过完整的答案和缜密的解析，提升思维的高度和应用知识的能力，形成正确而巧妙的解题思路。

4 体现方法 突出规律

强化学习方法，突出巧学妙记，学法点拨，注重总结规律，遵循由浅入深、由易到难的原则，力求讲解透彻，方法与例题结合，授之以渔，全面提升您的综合技能。

5 方法导学 提高效率

同学们在学习过程中，往往因不知从何下手而在犹豫中浪费了很多宝贵的时间，既没有效率，又丧失了学习信心；《怎样解题》让您明确学习方向，正确选择学习方法，使您以最少的时间找到学习的最佳方法，实现学习的最高效率。

本丛书帮您整合传统与现代的学习方法——给您以方法之“舟”；让您提升系统应用知识的能力——给您以应用之“径”。

一册在手，解题不愁；一套在手，中考无忧。

目　录

第一篇　解题技法篇

第二篇 思想方法篇

第三篇 中考题型篇

第一篇　解题技法篇

第一章　机械运动

学习思维导图

- 机械运动
  - 长度与时间的测量
    - 长度的测量
      - 长度的单位及换算
        - 千米 km　米 m　分米 dm　厘米 cm　毫米 mm　微米 μm　纳米 nm
        - 换算巧记
          - km → m → mm → μm → nm：每下一级单位前的数字扩大1 000倍
          - m → dm → cm → mm：每下一级单位前的数字扩大10倍
      - 刻度尺
        - 使用前:观察零刻度线、量程、分度值
        - 使用时:尺放正、视线与尺垂直、估读到分度值下一位
    - 时间的测量
      - 单位及换算：时 h　分 min　秒 s　1 h=60 min　1 min=60 s
      - 测量工具：停表
  - 运动的描述
    - 机械运动：物体位置的变化
    - 参照物
      - 定义：判断物体的运动和静止时,所选取的作为标准的物体
      - 选取方法：任意选取,不能选自身,通常选地面或地面上的物体
      - 判断：研究对象相对参照物的位置有变化,则运动;无变化,则静止
    - 物体的运动和静止是相对的
  - 运动的快慢
    - 比较方法
      - 在相同的时间内,比较物体通过的路程
      - 在运动相同路程时,比较所用的时间
    - 两种运动
      - 匀速直线运动
        - 定义：物体沿着直线且速度不变的运动
        - 速度
          - 意义：表示物体运动的快慢
          - 公式：$v=\frac{s}{t}$
          - 单位：m/s　km/h　1 m/s=3.6 km/h
      - 变速直线运动
        - 定义：物体沿直线但速度时刻变化的运动
        - 平均速度
          - 意义：描述物体运动的平均快慢
          - 公式：$v=\frac{s}{t}$，s为总路程，t为总时间
    - 测量平均速度
      - 原理：$v=\frac{s}{t}$
      - 器材：刻度尺测路程,停表测时间

解题知识必备

1. 长度和时间测量的基本知识

知识点				解说
时间的测量	单位			秒(s),常用的时间单位还有小时(h)、分(min)等 1 h=60 min,1 min=60 s,1 h=3 600 s
	测量工具			停表、机械钟、石英钟、日晷、沙漏等
长度的测量	单位			米(m),常用的单位还有千米(km)、分米(dm)、厘米(cm)、毫米(mm)、微米(μm)、纳米(nm)等 $1\ km=10^3\ m$,$1\ m=10\ dm=10^2\ cm=10^3\ mm$,$1\ mm=10^3\ \mu m$,$1\ \mu m=10^3\ nm$
	测量工具			刻度尺、卷尺、游标卡尺、螺旋测微器,常用的工具为刻度尺
	刻度尺	零刻度线		刻度尺的起始刻度,使用时要看刻度尺的零刻度线是否在尺端,是否磨损
		分度值		相邻两刻度线之间的长度,决定测量的精确程度
		量程		从零刻度线到这把刻度尺的最后一条刻度线之间的长度
		使用方法	选	根据测量要求,选择合适量程及分度值的刻度尺
			放	零刻度线对准被测物体的一端,有刻度线的一边要紧靠被测物体且与被测物体保持平行,不能歪斜
			读	读数时,视线要正对刻度线;要注意区分大格及小格的数目;要估读到分度值的下一位
			记	记录时,要记录数值,注明测量单位

2. 几种特殊的测量方法

(1)累积法:把数个相同的微小量放在一起测量,再将测量结果除以被测量的个数就得到一个微小量的长度.如将细铜丝在铅笔上紧密排绕 n 圈,如图 1-1-1 所示,用分度值为 mm 的刻度尺测出线圈的总长度为 L,则细铜丝的直径 $d=\frac{L}{n}$.

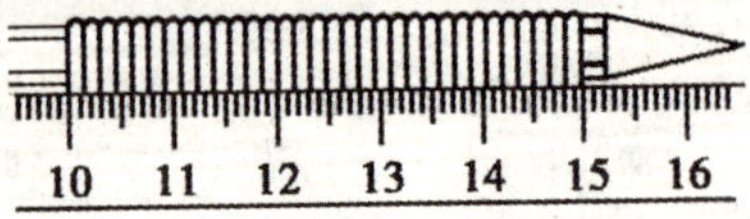

图 1-1-1

(2)化曲为直法:用细棉线与曲线完全重合,作好两端的记号,然后轻轻地把细棉线拉直,用刻度尺量出长度,就是曲线的长度.

(3)平移法:物体表面凹凸不平或几何形状不规则时,我们可以采用平移的方法来测量物体的长度,如图 1-1-2、图 1-1-3 所示测量小球直径和圆锥体的高的方法.

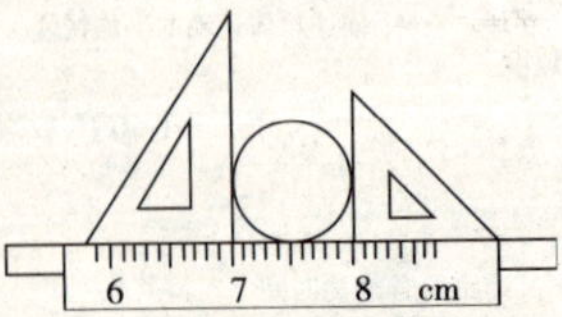

图 1-1-2

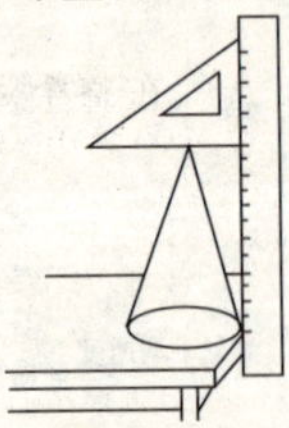
图 1-1-3

3. 误差和错误的区别

	误差	错误
产生原因	仪器精密度不够或实验方法不完善;观察者估读时的偏差及环境对仪器的影响	由于不遵守测量仪器的使用规则,或者记录测量结果时粗心大意
是否可以避免	不可避免	可以避免
如何判断	有误差的实验数据比较接近真实值	错误的数据远远偏离了真实值
减小(或避免)的方法	多次测量求平均值,选用精密的测量工具,改进测量方法	认真遵守测量仪器的使用规则,细心读数

4. 运动和静止

机械运动		物体位置的变化
参照物	定义	在研究机械运动时被选来作为标准的物体
	选择	(1)参照物被选定后,就假设该物体是静止的.(2)参照物可以任意选择,但不能把研究对象定为参照物.(3)通常情况下,研究地面上物体的运动,一般选取地面或固定在地面上的物体作为参照物.(4)参照物可以任意选择,但是在选择时,应选择使我们更容易描述和研究物体的运动状态的物体,以方便研究问题为原则
运动和静止的相对性		同一物体是运动还是静止,取决于所选的参照物,参照物不同,所得的结论一般也不同,这就是运动和静止的相对性.①相对运动:指研究对象相对于参照物的位置发生了改变.②相对静止:指研究对象相对参照物的位置不改变
相对静止的条件		相对静止的两个物体,运动的快慢和运动的方向都相同

5. 运动的分类及运动快慢的描述

运动的分类	定义	特点	运动快慢的描述			
			意义	公式	单位	注意事项
匀速直线运动	物体沿直线且速度不变的运动	在整个运动过程中,物体的运动方向和快慢都不变	用速度 v 表示物体运动的快慢	$v=\frac{s}{t}$	m/s, km/h 1 m/s = 3.6 km/h	在匀速直线运动中,任何时刻的速度都是相同的,速度 v 与路程 s 和时间 t 无关
变速直线运动	物体沿直线运动,但速度是变化的	在整个运动过程中,方向不变,但快慢发生变化	用平均速度表示物体运动的平均快慢	$v=\frac{s}{t}$	m/s, km/h 1 m/s = 3.6 km/h	(1)平均速度粗略表示物体在一段路程或一段时间内的平均快慢程度,它不是速度的平均值;(2)求平均速度时,用总路程除以通过总路程所用的总时间

6. 测量平均速度

实验原理	$v=\frac{s}{t}$(其中 s 为路程,t 为通过路程 s 所用的时间)
实验器材	刻度尺、停表
实验所测物理量	用刻度尺测出小车所通过的路程 s、用停表测出通过路程 s 所用的时间 t

题型技法归纳

题型一　长度的估测解答技法

例 1　(天津中考)身高 160 cm 的小明,利用自己的身体特征进行了以下估测,接近真实值的是(　　)

A. 教室宽 5 庹,约 8 m(庹:两臂左右平伸时,两手中指尖之间的距离)
B. 教室长 10 步幅,约 30 m(步幅:走路时,两脚尖之间的距离)
C. 课桌长 4 拃,约 2.8 m(拃:张开手,大拇指尖到中指尖之间的距离)
D. 物理课本厚 1 指宽,约 10 cm

解析

普通教室的长约 12 m,宽约 8 m,所以 A 选项正确,B 选项错误;课桌长约 1.2 m,故 C 选项错误;物理课本厚约 1 指宽,大约为 1 cm,故 D 选项错误.

答案:A

方法技巧:解答有关长度的估测题目时,首先,要根据生活经验对估测对象作出正确的估测;其次,要明确生活中常用长度单位的实际意义,如 1 度、1 步、1 拃、1 指等大约有多长;再次,把生活中常用的长度单位化成我们熟悉的长度单位;最后,进行比较并作出正确的判断.

题型二　刻度尺的选择方法

例 2　(广州中考)为了检验人躺着和站立时身体长度是否有差异,选用下列哪种尺最合适(　　)

A. 量程 3 m,分度值 1 mm　　B. 量程 10 m,分度值 1 dm
C. 量程 30 cm,分度值 1 mm　　D. 量程 15 cm,分度值 0.5 mm

解析

刻度尺的选择是由测量的实际需要来决定的,所选择的测量工具最好能一次性完成测量并满足所要求的精确程度,由于人的身体长度不超过 3 m,而且人躺着和站立时身体长度差异很小,不可能超过 1 dm,所以选择量程 3 m、分度值 1 mm 的刻度尺最合适.故 A 选项正确.

答案:A

方法技巧:选择刻度尺的方法:(1)估计被测物体的长度;(2)明确被测长度所要求的精确程度;(3)选择所需要的刻度尺,要求所选刻度尺的量程大于估计的被测长度,分度值满足所要求的精确程度.

题型三　长度的测量解答方法

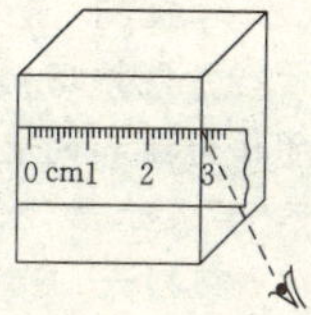

图 1-1-4

例 3　某同学测量一块木块的长度，将一把木质刻度尺如图 1-1-4 所示放置，其错误之处是：

(1)____；

(2)____.

解析

本题考查刻度尺的正确使用方法，注意本题中木质刻度尺较厚. 正确使用刻度尺的方法：①被测物体边缘对准零刻度线；②尺要放正；③读数时视线要与尺面垂直，并要正对被测物体边缘所对的刻度线.

答案：(1)被测物体边缘没有对准零刻度线

(2)视线没有与尺面垂直

巧学妙记

刻度尺使用

平行正放，刻线紧靠；视线正对，注意估读，正确记录.

题型四　测量值的分析方法

例 4　某同学用卷尺测得自己的身高为 1.724 m，那么此卷尺的分度值是________，数据中的准确值是________，如果改用“cm”作单位，该同学的身高应记为________cm.

解析

倒数第二位数“2”是表示 2 cm，所以分度值是 1 cm，准确值是 1.72 m，若用“cm”作单位，该同学的身高应记为 172.4 cm.

答案：1 cm　1.72 m　172.4

方法技巧：对测量值的分析，一般包括分析准确值、估计值和分度值. (1)测量值＝准确值＋估计值，所以测量值的最后一位是估计值；(2)判断测量工具的分度值时，可先将测量值换算到小数点后只有一位的形式（如本题中 1.724 m＝172.4 cm），由于最后一位是估计值，所以由准确值的单位可确定分度值（如本题中由“172 cm”可判断分度值为 1 cm）.

题型五　长度测量的特殊方法

图 1-1-5

例 5　**(湖南湘潭中考)**小明用刻度尺和三角板按图 1-1-5 所示测一个纽扣的直径，该刻度尺的分度值是________mm，纽扣直径是________cm.

解析

刻度尺一个大格是 1 cm，一个小格是 1 mm，从题图示知，纽扣直径为 3.10 cm－2.00 cm＝1.10 cm.

答案: 1　1.10

方法技巧: 解答本题时应注意两个易错点:一是忽视了起始刻度,直接读取末刻度作为纽扣的直径;二是忽略了估计值的读取,当物体对准刻度尺的整刻度时,没有添“0”表示估计值.

题型六　误差与错误的区分及减小误差的方法

例 6　某同学用一把厘米刻度尺测量某物体的长度,五次测量的数据分别是1.24 dm,1.25 dm,2.24 dm,1.242 dm,1.24 dm,求该物体的长度.

解析

厘米刻度尺的分度值是 1 cm,能准确到厘米位,估读到毫米位,所以题中1.242 dm是错误读数,应去掉,2.24 dm比其他三个数据大1 dm,显然是测量错误或读数错误,也要去掉.最后剩余三个正确的读数,取平均值便为测量的结果.

答案: 物体的长度为 $\bar{l}=\frac{1.24\ \text{dm}+1.25\ \text{dm}+1.24\ \text{dm}}{3}\approx 1.24\ \text{dm}$.

方法技巧: (1)两种方法可区分误差与错误:一是看估读值是否是分度值的下一位,若不是,则说明该测量值错误;二是看准确值,与其他测量数据的准确值不同的测量值错误.(2)用多次测量结果的平均值作为被测物体的长度,可以减小误差.

题型七　判断物体是运动还是静止的方法

例 7　(武汉中考)关于运动和静止,下列说法正确的是(　　)

A. 加油机在空中给受油机加油时,它们是相对运动的

B. 卡车和联合收割机收割庄稼时,它们是相对运动的

C. 两辆赛车在赛道上行驶时,它们是相对静止的

D. “天宫一号”与“神舟八号”对接成功时,它们是相对静止的

解析

A选项中,受油机相对于加油机之间的位置没有发生变化,所以二者是相对静止的;B选项中,联合收割机与卡车在收割庄稼时,二者之间的相对位置没有发生变化,所以二者是相对静止的;两辆赛车在赛道上行驶时,它们之间的相对位置是在不断地发生变化,所以二者是相对运动的;D选项中,“天宫一号”与“神舟八号”对接成功后,二者之间不会有相对位置的变化,所以二者相对静止.

答案: D

方法技巧: 只有两个物体的运动方向和运动快慢完全相同时,两个物体才会保持相对静止.所以,通过分析两个物体之间的相对位置是否发生变化,是判断两个物体相对运动或相对静止的关键.当两个物体之间的相对位置发生变化时,两个物体相对运动;当两个物体之间的相对位置没有发生变化时,则两个物体保持相对静止.

题型八　参照物选择的判断方法

例 8　(江西中考)“红色摇篮、绿色家园”,是井冈山展现出来的独特魅力.

"五一"期间，苹苹乘坐的汽车刚刚进入井冈山景区，便有一种"车行绿色中，风景扑面来"的感觉，实在是令人心旷神怡."车行绿色中，风景扑面来"所选的参照物分别是________与________.

解析

汽车相对于青山是运动的，故"车行绿色中"所选的参照物是青山；风景相对于车上的乘客是运动的，故"风景扑面来"所选的参照物是乘客.

答案：青山　乘客

方法技巧：判断所选择的参照物的方法：①明确研究对象.②明确物体的运动情况.③如果研究对象是运动的，哪个物体相对于它的位置发生了改变，哪个物体就是参照物；如果研究对象是静止的，哪个物体相对于它的位置没有改变，哪个物体就是参照物.

题型九　比较物体运动快慢的方法

例 9　图 1-1-6 所示是森林动物"运动会"中龟兔赛跑的情景.比赛开始后，"观众"通过比较________认为跑在前面的兔子运动得快，由于兔子麻痹轻敌，中途睡了一觉，"裁判员"通过比较________判定最先到达终点的乌龟运动得快.物理学中用________表示物体运动快慢的程度.

图 1-1-6

解析

比赛开始后，认为跑在前面的兔子运动得快，这里控制了时间因素；乌龟和兔子同时起跑后，观察比较它们在相同时间里通过的路程，跑在前面的兔子通过的路程多，运动得快；而乌龟最先到达终点，这里控制了路程因素，兔子和乌龟运动相同的路程，乌龟用的时间少，因此从全路程来说，乌龟运动得快.

答案：相同时间内通过的路程　运动相同的路程所用的时间　速度

方法技巧：比较物体运动快慢的方法有：(1)比较相同时间内通过路程的多少；(2)比较通过相同路程所用时间的多少；(3)比较单位时间内通过路程的多少，即速度.

题型十　有关速度的计算题解答技法

例 10　(山东聊城中考)暑假，小明准备去上海看外婆.他在网上搜索到了北京至上海的一系列车次，最终决定乘坐和谐号动车组 D231 次列车，该车的部分经停车站的信息如下表所示.则北京到上海的路程为________km，动车组从北京到南京的平均速度为________km/h(保留到整数).

站名	到达时刻	发车时刻	停留时间	运行时间	里程
北京南		09:45			0 km
兖州	14:06	14:07	1 min	4 h 21 min	642 km
南京	18:00	18:02	2 min	8 h 15 min	1 153 km
苏州	19:37	19:39	2 min	9 h 52 min	1 370 km
上海	20:21			10 h 36 min	1 454 km

解析

从表中信息可知，北京到上海的路程为 1 454 km；北京南站发车时刻为 09:45，到达南京的时刻为 18:00，所用时间为 8.25 h，而从北京到南京的路程为 1 153 km，则平均速度为 $v=\frac{s}{t}=\frac{1\ 153\ \text{km}}{8.25\ \text{h}}\approx 140\ \text{km/h}$.

答案：1 454　140

方法技巧：利用列车时刻表计算平均速度时，所用的总时间为终点站的到达时刻与起始站的发车时刻的时间差，包括运行过程中的停留时间.

例 11　(贵阳中考)研究发现：人在饮酒后驾车的应急反应时间是未饮酒时的 2～3 倍. 反应时间是指司机从看到意外情况到踩刹车需要的这段时间；在反应时间内汽车要保持原速前进一段距离，这段距离叫做反应距离. 如图 1-1-7 所示，某人酒后驾车沿马路直线行驶，车头中央距马路边沿 3 m，车在到达某位置时，发现一人正从路边出发闯红灯过人行横道，此时汽车的速度为15 m/s，距离人的行走路线为 30 m，若该司机的反应时间为 1.2 s，刹车后汽车由于惯性还要继续行驶，再经过 1 s 刚好驶到人的行走路线.

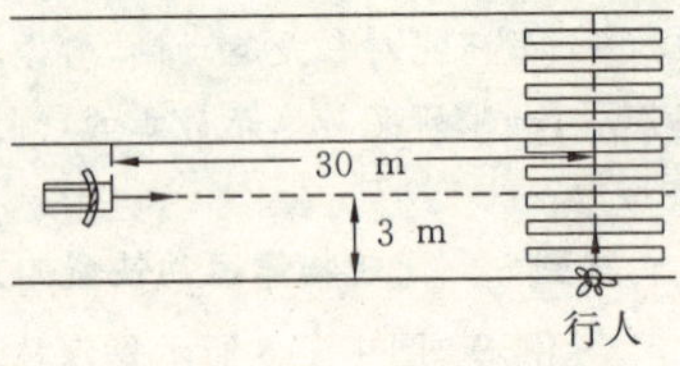

图 1-1-7

(1)求这辆汽车的反应距离是多少?

(2)若人以 1.5 m/s 的速度匀速行走，请计算说明汽车是否有撞上行人的可能?(提示：该车的宽度约 1.8 m)

(3)请你为驾驶人和行人各提出一条文明交通的警示语.

解析

根据题目信息，在计算反应距离时，可根据车速与反应时间应用公式 $s=vt$ 来计算；要判断汽车能否有撞上行人的可能时，先计算出人行走的时间，然后利用公式$s=vt$计算行人走过的距离；分析汽车两侧到马路边沿的距离范围，然后通过比较作出判断；最后一问属于开放性试题，只要回答合理即可. 如可以回答为：酒后驾车会危害自己和他人安全；请不要闯红灯；请绿灯亮时过马路等.

解：(1)因为司机的反应时间是 1.2 s，且这段时间内保持15 m/s的原速前进，所以 $s_{车}=v_{车}t_{反}=15\ \text{m/s}\times 1.2\ \text{s}=18\ \text{m}$.

(2)汽车从某位置到行人的行走路线用时：

$t_{总}=t_{反}+t=1.2\ \text{s}+1\ \text{s}=2.2\ \text{s}$

在这段时间内，行人行走的路程：

$s_{人}=v_{人}t_{总}=1.5\ \text{m/s}\times 2.2\ \text{s}=3.3\ \text{m}$

考虑到车的宽度问题，汽车有撞上行人的可能.

(3)为了你和他人的安全，严禁酒后驾车；行人过马路时要注意看信号灯，不要闯红灯.(其他答案合理均可)

方法技巧：①根据题意，找出题目已知的物理量以及它们的数字和单位，并根据要求统一单位；②选用符合题意的公式 $v=\frac{s}{t}$、$s=vt$ 或 $t=\frac{s}{v}$；③将已知量代入公式中，计算并得出结果．注意有时借助于示意图分析物理量间的关系，会更快捷．

题型十一　运动图象解题的技法

例 12（广东中考）甲、乙、丙三辆小车同时、同地向同一方向运动，它们运动的图象如图 1-1-8 所示，由图象可知：运动速度相同的小车是______和______；经过 5 s，跑在最前面的小车是______．

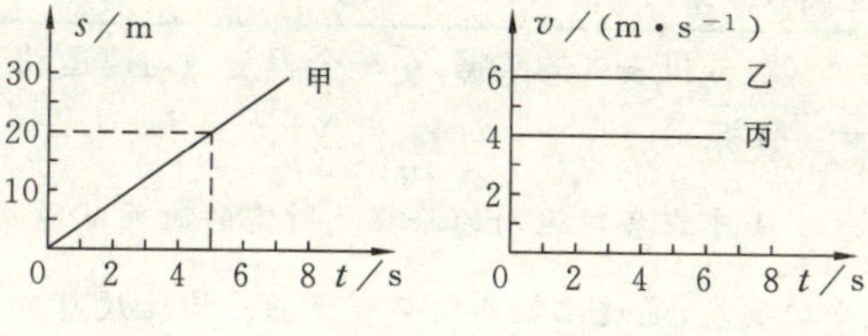

图 1-1-8

解析

从题中三辆小车的速度—时间图象与路程—时间图象可以看出，三辆小车都做匀速直线运动，且速度 $v_{甲}=\frac{20\ \text{m}}{5\ \text{s}}=4\ \text{m/s}$，$v_{乙}=6\ \text{m/s}$，$v_{丙}=4\ \text{m/s}$，所以甲与丙的速度相同，乙小车速度最大，若运动相同时间，乙通过的路程最大．

答案：甲　丙　乙

方法技巧：根据图象来比较速度的大小，首先要明确图象的形状及表示的物理意义，然后选取时间相同时进行比较，作出判断．如图 1-1-9 甲中，可选取相同时间 t_0 时，比较甲与乙通过的路程，因为 $s_{甲}>s_{乙}$，所以 $v_{甲}>v_{乙}$；如图乙中，是 v-t 图象，很显然 $v_{甲}>v_{乙}$．

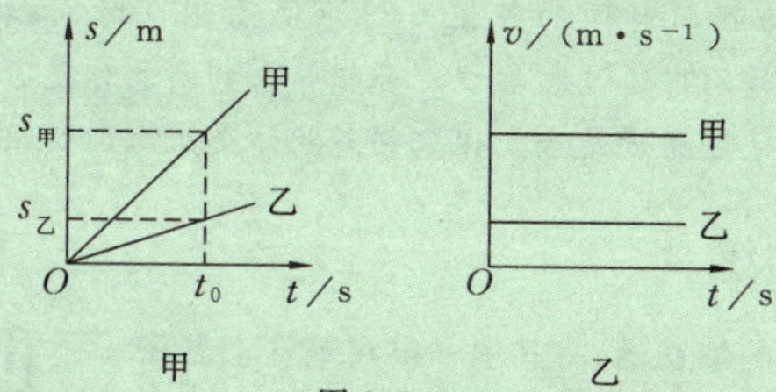

图 1-1-9

题型十二　平均速度的测量方法

例 13（江西中考）某物理兴趣小组利用带有刻度尺的斜面、小车和数字钟"测量小车的平均速度"，如图 1-1-10 所示，图中显示的是他们测量过程中小车在甲、乙、丙三个位置及其对应时间的情形，显示时间的格式是"时：分：秒"

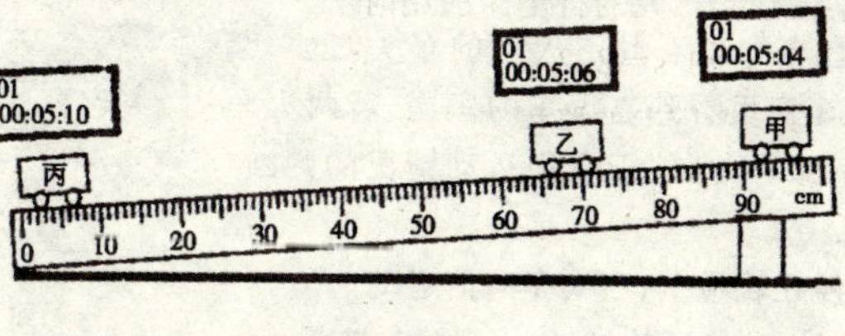

图 1-1-10

(1)请你根据图示完成下表

	小车由甲至乙	小车由乙至丙	小车由甲至丙
路程 s/cm	26.0		
时间 t/s		4	
平均速度 v/(cm·s^{-1})			15

(2)分析表中的数据,小车全程是做匀速运动吗?为什么?

解析

小车在各段运动的路程及所需的时间从题图中读出,然后运用 $v=\frac{s}{t}$ 计算出平均速度,通过比较各段路程上的平均速度可知,小车在前段路程运动慢,后段路程运动快,所以小车在全程不是做匀速运动.

答案:(1)

	小车由甲至乙	小车由乙至丙	小车由甲至丙
路程 s/cm		64.0	90.0
时间 t/s	2		6
平均速度 v/(cm·s^{-1})	13	16	

(2)不是.分析表中数据可知小车前段路程运动慢,后段路程运动快.

方法技巧:(1)明确测量原理 $v=\frac{s}{t}$,实验时需要测量物体通过的路程及相应的时间;(2)准确读取路程与时间的数值;(3)为便于测量时间,物体运动不宜过快;(4)可通过比较相同时间内通过的路程是否相等来判断物体是否做匀速运动,也可直接比较速度的大小,通过速度是否变化来判断物体是否做匀速运动.

典题针对训练

1. 一把长 40 cm 的细铁丝,将其中一根在笔杆上紧密排绕 10 圈,再用刻度尺测出 10 圈的长度,如图 1-1-11 所示,这根铁丝的直径是(　　)

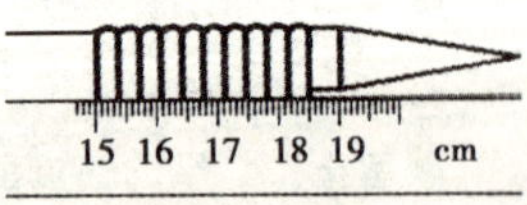

图 1-1-11

A. 3.50 mm　　B. 3.5 mm

C. 3.50 cm　　D. 3.5 cm

2. (江苏无锡中考)如图 1-1-12 所示,坐在甲火车中的小华在车窗里看到乙火车的车头,过一会儿,她又在车窗里看到乙火车的车尾.若两火车车头朝向一致,下列关于它们运动情况的判断,不可能的是(　　)

图 1-1-12

A. 甲火车停在轨道上,乙火车向前运动

B. 两列火车均向前运动,但甲火车运动较慢

C. 两列火车均向后倒车，但甲火车运动较慢

D. 甲火车向后倒车，乙火车停在轨道上

3. 2012 年 6 月 16 日，“神舟九号”飞船成功发射，并于 6 月 18 日与“天宫一号”实施自动交会对接，合为一体. 开始对接时两个飞行器相距 5 km，经过 1 h8 min 的时间完成对接. 对接过程中若以“天宫一号”为参照物，则“神舟九号”的平均飞行速度为________m/s(结果保留两位小数)；当对接成功后它们的相对运动速度为________m/s.

4. **(兰州中考)**目前我国许多城市开始进行 PM2.5 的环境监测，PM2.5 是指大气中直径小于或等于 2.5 ________(填长度单位)的颗粒物，也称之为可入肺颗粒物.

5. **(安徽中考)**如图 1-1-13 所示，某物体(可看成一个点)从坐标原点 O 开始以 3 cm/s 的速度沿 x 轴正方向匀速运动 2 s，然后以 4 cm/s 的速度沿 y 轴正方向运动 2 s 到 P 点(图 1-1-13 中未标出). 若物体直接从 O 点沿直线匀速运动到 P 点，所用时间也为 2 s，则物体的速度大小为________cm/s.

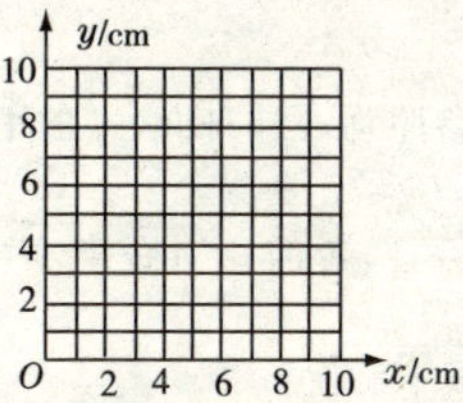

图 1-1-13

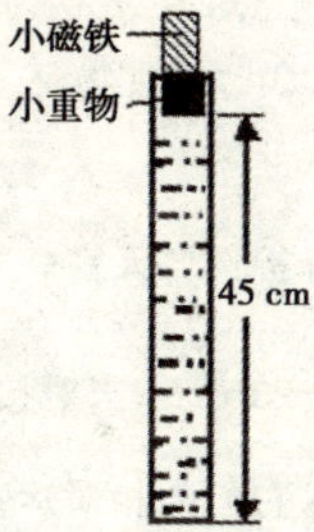

图 1-1-14

6. 如图 1-1-14 所示是某教师改进的测量平均速度的实验装置，将一小块含铁小重物(涂黑部分)密封在灌满水的长直玻璃管内. 当长直玻璃管竖直后，迅速移去玻璃管顶端的小磁铁，小重物开始下落，分别测得小重物到达 15 cm、30 cm、45 cm 处所用的时间，实验数据如下表：

实验序号 \ 时间/s \ 距离/cm	15	30	45
1	1.00	1.92	2.82
2	0.99	1.94	2.80
3	0.96	1.90	2.78

(1)分析表中数据(不考虑实验误差)，从最高处下落到玻璃管底部的过程中小重物________(填“是”或“不是”)做匀速直线运动；

(2)为求小重物在第一次实验时整个下落过程的平均速度，某同学采用了下列

两种计算方法：

方法 1：$v=\frac{s}{t}=\frac{0.45\ \text{m}}{2.82\ \text{s}}=\cdots\cdots$

方法 2：$v=\frac{s}{t}=\left[\frac{0.15\ \text{m}}{1.00\ \text{s}}+\frac{(0.30-0.15)\ \text{m}}{(1.92-1.00)\ \text{s}}+\frac{(0.45-0.30)\ \text{m}}{(2.82-1.92)\ \text{s}}\right]\div 3=\cdots\cdots$

以上两种计算方法正确的是________.

(3)实验具有能保证物体做直线运动、便于观察实验过程等优点，但还有继续改进之处，你的改进建议是________(写出一点即可).

针对训练答案

1. B　解析：10 圈的总长度为 3.50 cm，除以铁丝圈圈数，结果为 0.350 cm，换算单位后为 3.50 mm. 经过计算得到的数值的精确程度要和测量值的精确程度保持一致，故应为 3.5 mm.

2. C　解析：从题意知，甲、乙两列火车车头朝向一致，开始小华看到乙火车车头，后来看到乙火车车尾，以甲为参照物，乙火车是向前运动的，则有可能是 A、B、D 选项，不可能是 C 选项. 故选 C.

3. 1.23　0　解析：以"天宫一号"为参照物，"神舟九号"的平均飞行速度 $v=\frac{s}{t}=\frac{5\,000\ \text{m}}{4\,080\ \text{s}}\approx 1.23\ \text{m/s}$；当对接成功后，两者的相对距离不再发生变化，即保持相对静止，所以它们的相对运动速度为 0 m/s.

4. 微米(或 μm)　解析：PM2.5 是指大气中直径小于或等于 2.5 微米的颗粒物.

5. 5　解析：根据速度的计算公式 $v=\frac{s}{t}$ 的变形式 $s=vt$ 得物体在 x 轴正方向上运动的路程为 $s_1=v_1t_1=3\ \text{cm/s}\times 2\ \text{s}=6\ \text{cm}$，同理可得出物体在 y 轴正方向上运动的路程 $s_2=v_2t_2=4\ \text{cm/s}\times 2\ \text{s}=8\ \text{cm}$，根据直角三角形的勾股定理得，此时 OP 的距离为 10 cm，因此可得物体直接到 P 点的速度为 $v=\frac{s}{t}=\frac{10\ \text{cm}}{2\ \text{s}}=5\ \text{cm/s}$.

6. (1)不是　(2)方法 1　(3)增加玻璃管的长度(或改变小重物的密度或改变液体的密度)(合理均可)　解析：(1)从表中数据可以看出，小重物通过相同的路程所用的时间不相等，说明小重物不是做匀速直线运动；(2)平均速度是物体在一段路程内的平均快慢程度，是该路程与所用时间的比值，故方法 1 正确；平均速度不是速度的平均值，方法 2 是错误的；(3)实验中玻璃管长度太短，小重物下落时间较短，不易测量，因此可以增加玻璃管的长度.

第二章　声现象

学习思维导图

- 声现象
  - 声音的产生与传播
    - 声音的产生
      - 声音是由物体振动产生的,振动停止,发声也停止
      - 研究方法　转换法或现象放大法
    - 声音的传播
      - 以波的形式向四面八方传播
      - 传播介质　固、液、气
      - 传播速度　$v_{固}>v_{液}>v_{气}$,15 ℃时在空气中传播速度为340 m/s
      - 真空不传声　研究方法——理想推理法
      - 声音的反射(回声)
        - 应用　回声测距
        - 听见回声的条件　原声与回声到达人耳的时间间隔不小于0.1 s
  - 声音的特性
    - 音调
      - 定义　声音的高低
      - 影响因素　频率
        - 频率高则音调高,频率低则音调低
        - 超声波与次声波
    - 响度
      - 定义　声音的强弱
      - 影响因素
        - 振幅　振幅越大,发出声音的响度越大
        - 距声源的距离　距声源越近,响度越大
    - 音色
      - 定义　声音的品质与特色
      - 影响因素　发声体的材料、结构、发声方式等
  - 噪声的危害和控制
    - 噪声的定义
      - 从物理学角度　发声体无规则振动时发出的声音
      - 从环保角度　凡妨碍人们正常休息、学习和工作的声音,以及对人们要听的声音起干扰作用的声音
    - 危害　对人的心理和生理都会造成危害,轻则分散注意力,影响情绪,重则可能伤害身体,甚至危及生命
    - 噪声的控制
      - 在声源处　防止噪声的产生
      - 在传播过程中　阻断噪声的传播
      - 在人耳处　防止噪声进入耳朵
  - 声音的利用
    - 传递信息
      - 回声定位
      - B超原理
      - 医生用听诊器诊断病情
    - 传递能量
      - 清洗钟表等精密仪器
      - 除去人体内的结石
      - →超声波

解题知识必备

1. 声音的产生

声音的产生	声音是由物体的振动产生的
规律	一切发声体都在振动,振动停止,发声也停止(注意:不能说成“振动停止,声音消失”,声音还会继续传播)
发声体	一切正在振动的气体、液体、固体(如“风声、雨声、读书声”分别是由气体、液体、固体的振动而发出的声音)

2. 声音的传播

	种类	实例	声速
介质	固体	隔墙有耳	$v_{固}>v_{液}>v_{气}$
	液体	说话声吓跑游鱼	
	气体	人相互交谈	
传播条件	声音的传播需要介质,真空不能传声		

3. 音调、响度、音色的对比

	定义	决定因素	说明
音调	声音的高低	物体振动的频率(振动的快慢)	俗称声音的"粗""细"
响度	声音的大小	物体振动的振幅(振动的强弱)、距声源的距离	俗称音量的"大""小"
音色	声音的品质与特色	物体本身的材料、结构等	区分发声体的依据

4. 噪声的控制方法

措施	实例
在声源处减弱(防止噪声产生)	改造噪声大的机器或换用噪声小的设备,给机器加橡皮垫来吸收它的振动,给汽车和摩托车安装消声器等
在传播途中减弱(阻断噪声传播)	在马路和住宅间设立屏障或植树造林
在人耳处减弱(防止噪声进入耳朵)	人在工作时要佩戴防护工具,如耳塞、耳罩、防噪声头盔等

5. 声的利用

应用的角度	应用例举
声与信息	(1)通过声学仪器接收到的次声波确定地震、台风、核爆炸的方位和强度;(2)回声定位;(3)超声导盲仪;(4)超声雷达;(5)声呐;(6)B超
声与能量	(1)利用超声波清洗物体; (2)利用超声波除去人体内的结石

题型技法归纳

题型一 发声体的识别与发声条件的应用方法

例 1 学习声现象后,某同学将喝饮料的吸管剪成不同的长度,并用胶带将吸管底部密封,然后排在一起,如图 1-2-1 所示,对着管口吹气时,由于________的振动就会产生声音.请你列举一个与此相似的实例:________.

图 1-2-1

解析

吸管内有空气,对着管口吹气时,管内的空气柱就会振动而产生声音;管乐器的发声原理与此相似,可列举一个自己熟悉的管乐器.

答案: 空气柱 笛子(或其他管乐器)

方法技巧: 声音是由发声体的振动产生的,发声体可以是固体、液体或气体,因此,在判断或识别发声体时,可分析情景中哪个物体正在振动,从而确定发声体.同时,了解常见的发声体也是解答此类题目的关键,如弦乐器(小提琴、二胡、琵琶等)是由弦的振动发声;而管乐器(笛子、箫等)是由管内空气柱振动发声;打击乐器是由鼓(锣)面的振动发声.

例 2 下列实验中,不能探究声音产生条件的是(　　)

A. 把敲响的音叉接触悬挂着的泡沫球,小球被弹起

B. 把一支短铅笔固定在钟上,敲响大钟,拿一张纸迅速从笔尖上划过,纸上留下锯齿状的曲线

C. 敲铁管的一端,在另一端能听到两次敲击声

D. 在音箱上放一些纸屑,纸屑会随着音乐起舞

解析

声音产生的条件是物体发生振动. A 选项中,小球被弹起是音叉振动的结果;B 选项中,由于钟的振动带动铅笔振动,所以会画出锯齿状的曲线;D 选项中,纸屑跳动也是由于音箱振动造成的. 这些实验都能说明:声音是由物体的振动产生的. C 选项中的现象是由于声音在不同介质中传播速度不同造成的.

答案:C

方法技巧:①明确发声体;②发声体振动则发声;③振动停止发声停止,但原来发出的声音不会立即消失,还会继续传播.

题型二　微小振动的观察方法——现象放大法

例 3 (江苏中考) 如图 1-2-2 所示,用悬挂着的乒乓球接触正在发声的音叉,乒乓球会多次被弹开,这个实验是用来探究(　　)

A. 声音能否在真空中传播　　B. 声音产生的原因

C. 音调是否与频率有关　　D. 声音传播是否需要时间

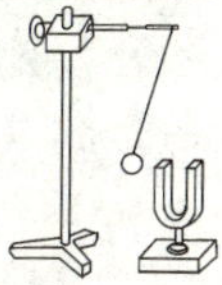

图 1-2-2

解析

乒乓球被多次弹开,说明发声的音叉正在振动,此实验采用了现象放大法,将音叉的微小振动转化为乒乓球的跳动,从而来探究声音的产生与物体的振动之间的关系,因此 B 选项正确.

答案:B

方法技巧:将不易直接观察到的微小现象,通过某种方式把它形象、直观地呈现出来,这种方法叫现象放大法. 类似的例子还有喇叭"唱歌"时,喇叭表面上的纸屑上下跳动;敲鼓时,鼓面上的豆粒上下跳动等.

题型三　有关声的传播解答技法

巧学妙记

声音的产生与传播

振动发声介质传,
遇到真空要阻断;
常见介质固液气,
固快液中气最慢.

例 4 (广西桂林中考) 下列关于声音的产生和传播的说法中,正确的是(　　)

A. 声音都是靠空气来传播的

B. 只要物体振动,就能听到声音

C. 回声是声音被障碍物反射而形成的

D. 声音的传播速度不受周围环境温度的影响

解析

不仅空气能够传播声音,其他的固体、液体和气体都能够传播声音,故A选项错误;声音是由物体的振动产生的,但振动发出的声音,人不一定能够听到,因为人能否听到声音还取决于振动的频率、响度和人的听觉器官等因素,故B选项错误;当声波遇到较大的障碍物时会反射回来,使人第二次听到声音,这就是回声,故C选项正确;声音的传播速度除与介质的种类有关外,还与温度等环境因素有关,故D选项错误.

答案:C

方法技巧:明确声音的传播需要介质;固体、液体、气体都是传声的介质;真空不能传声;声音在不同介质中的传播速度不同;声速的大小与介质的种类及介质的温度有关.

题型四　对声音三特性的识别技法

例5　(广西桂林中考)接听电话时,很容易分辨出熟人的声音,这主要是根据声音的________来判断的;戴着耳机在嘈杂的公共场所听音乐时,往往需要增大音量,这是增大了声音的________,若长此以往会导致听力下降.(选填"音调""响度"或"音色")

解析

音色是指声音的品质与特色,根据声音的音色可以来区分不同的声音;响度是指声音的大小,在嘈杂的环境中,可以通过增大声音的大小(响度)来使人听得更清楚.

答案:音色　响度

例6　(山东烟台中考)如图1-2-3所示是几种声音输入到示波器上时显示的波形,其中音调相同的是________;响度相同的是________.

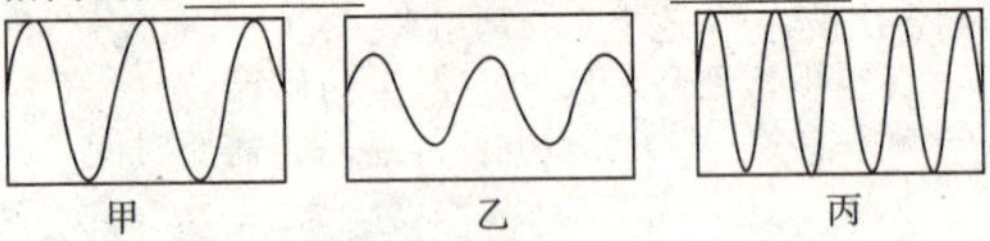

图1-2-3

解析

音调与频率有关,当声音的频率相同时,音调就相同,而频率是指1 s内振动的次数,从题图可以看出,甲与乙两图中的振动频率相同,所以音调相同;响度与振幅有关,所谓振幅是指振动的幅度,从题图可以看出,甲与丙两图中的振幅相同,所以声音的响度相同.

答案:甲、乙　甲、丙

巧学妙记

声音三要素

声音三要素,音色、音调和响度,影响因素各不同,我们一定要记清.
发声体自身定音色,音调要由频率定,响度大小易分辨,振幅变化是关键.

方法技巧:对于声音的三个特性的识别方法:①明确声音的三个特性各自的含义;②熟记三个特性各自的决定因素,音调的高低由频率决定,响度的大小由振幅和距发声体的远近决定;音色由发声体本身的材料、结构决定;③注意区分日常生活中人们对音调和响度的描述:如“高奏凯歌”、“高歌一曲”、“低声呢喃”中的“高”、“低”是指响度,而“低音炮”、“男低音”、“女高音”中的“高”、“低”是指音调;④分辨不同的乐器、不同人的声音及物体内部的变化,就是根据音色来分辨的;⑤通过波形图来区分音调和响度时,要注意波形图上是怎样体现频率和振幅的.

题型五　有关声音特性的探究题的解题技法

例 7　(山东烟台中考)为了探究音调与什么因素有关,小明设计了下面几个实验,如图 1-2-4 所示,你认为不能够完成探究目的的是(　　)

A. 硬纸板接触齿数不同的齿轮　　B. 改变钢尺伸出桌边的长度　　C. 改变薄塑料片滑过梳子的速度　　D. 改变吹细管的力度

图 1-2-4

解析

A 选项中,将硬纸板接触齿数不同的齿轮时,会使硬纸板振动的频率不同,从而发出的声音的音调不同;B 选项中,当钢尺伸出桌面的长度不同时,钢尺振动的频率不同,发出声音的音调不同;C 选项中,用不同的速度滑过梳子时,薄塑料片振动的频率不同,发出声音的音调不同,故 A、B、C 选项都可以用来探究音调与什么因素有关;D 选项中,用力吹细管时,发出声音的响度大,轻吹细管时,发出声音的响度小,本实验是探究声音的响度与什么因素有关.

答案:D

方法技巧:(1)在探究音调或响度与什么因素有关时,运用了控制变量法;(2)在探究影响音调的因素时,要保证振动的振幅不变,只改变振动的频率,如本题 B 选项中的实验,控制钢尺振动幅度相同,改变钢尺长度是改变振动的频率;(3)探究影响响度的因素时,要用同一发声体做实验,只改变振动的振幅,同时要注意实验者与声源的距离要保持不变.

题型六　噪声类题目解答技法

例 8　(江苏盐城中考)下列做法属于在传播途径中控制噪声的是(　　)

A. 汽车进入市区后禁止鸣喇叭　　B. 图书馆里不能大声喧哗

C. 飞机旁的工作人员带上耳罩　　D. 高速公路两侧安装透明板墙

解析

汽车进入市区后禁止鸣喇叭和图书馆里不能大声喧哗是在声源处减弱噪声,飞机旁的工作人员带上耳罩是在人耳处减弱噪声,高速公路两侧安装透明板墙是在传播途径中减弱噪声,故 D 选项正确.

答案:D

方法技巧:在理解和判断控制噪声的具体途径时,要紧扣人听到声音的条件来判断.

听到声音的条件:[振动(声源)] → [声音的传播(介质)] → [鼓膜振动(传入人耳)]

减弱噪声的途径:[在声源处防止噪声产生] → [在传播过程中防止噪声传播] → [在人耳处防止噪声进入人耳]

题型七 回声测距类问题解答技法

例 9 一辆匀速行驶的汽车,在距正前方峭壁 0.45 km 处鸣喇叭,经过2.5 s 后,司机听到回声,求汽车行驶的速度($v_{声}=340$ m/s).

解析

如果此题中汽车是静止的,那么仅是考虑声音运动的路程和时间.现在汽车是行驶的,就必须注意声音与汽车运动的路程和时间的关系,此题画一个运动的简图对解题有很大的帮助,如图 1-2-5 所示.设汽车鸣喇叭时距峭壁的距离为 s_1,听到回声时距峭壁的距离为 s_2,则有:

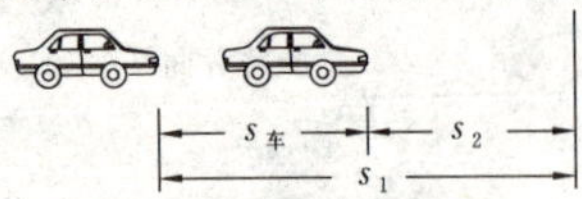

图 1-2-5

$$\begin{cases} s_车=s_1-s_2=v_车 t \\ s_声=s_1+s_2=v_声 t \end{cases}$$ 即 $$\begin{cases} 450\ \text{m}-s_2=v_车\times 2.5\ \text{s} \\ 450\ \text{m}+s_2=340\ \text{m/s}\times 2.5\ \text{s} \end{cases}$$ 解得 $v_车=20$ m/s.

答案: 20 m/s

方法技巧: 解答此类问题,要掌握以下几点:①回声产生的原因——声波碰到障碍物反射回来;②听到回声的条件——听到原声与回声的时间间隔不小于 0.1 s,只有这样人耳才能将原声与回声区分开;③从发声体发出声音到听到回声,声音传播的距离为发声体到障碍物距离的 2 倍.

题型八 正确区分声的利用的方法

例 10 (宁夏中考)声波既传递"信息"也传递"能量".下列事例中,主要利用声波传递"能量"的是( )

A. 用超声波碎石 B. 用声呐探海深 C. 利用 B 超体检 D. 利用回声定位

解析

用超声波碎石是利用声波传递能量,故 A 选项正确;其他三项都是利用声波传递信息.

答案: A

方法技巧: ①明确声音具有两大功能——传递信息和传递能量;②声音由物体振动产生,不同的振动情况对应不同的声音,声音包含发声体的很多信息;③应用声音传递能量的事例特征是利用声波引起其他物体的振动,使物体脱落或破碎.

典题针对训练

1. (陕西中考)清晨,小鸟清脆的叫声让我们心情舒畅,关于小鸟的叫声,下列说法正确的是( )
   A. 小鸟的叫声是由它的发声器官振动产生的
   B. 小鸟的叫声只能在空气中传播
   C. 口技演员主要模仿的是小鸟叫声的响度
   D. 推开窗户后听到小鸟的叫声变大,是因为音调变高了

2. (沈阳中考)小雨在课外活动中制作了一种发声装置,他在纸筒的开口端打两个孔,并用一根绳子穿过这两个孔后系紧,如图 1-2-6 所示,他抓住绳子的一端,以平稳的速度在头的上方转动此装置,筒中空气柱由于________就发出声音,当转速增大时,他发现纸筒发出声音的音

图 1-2-6

调变高了，这是因为________(选填“振幅”或“频率”)变大了.

3. (四川广安中考)噪声已经成为严重污染源，极大地阻碍了人们生活质量的提高，防噪已成为日常课题.“轻手轻脚过楼道”是在________减弱噪声，而用空心砖砌墙则是在________减弱噪声.

4. (广东中考)阅读下面的短文

潜艇的“耳目”——声呐

潜艇最大的特点是它的隐蔽性，作战时需要长时间在水下潜航，这就决定它不能浮出水面使用雷达观察，而只能依靠声呐进行探测，所以声呐在潜艇上的重要性更为突出，被称为潜艇的“耳目”.

声呐是利用水中声波对水下目标进行探测、定位和通信的电子设备，是水声学中应用广泛的一种重要装置.

声呐能够向水中发射声波，声波的频率大多在10 kHz～30 kHz之间，由于这种声波的频率较高，可以形成较强的指向性. 声波在水中传播时，如果遇到潜艇、水雷、鱼群等目标，就会被反射回来，反射回来的声波被声呐接收，根据声信号往返时间可以确定目标的距离.

声呐发出声波碰到的目标如果是运动的，反射回来的声波(下称“回声”)的音调就会有所变化，它的变化规律是：如果回声的音调变高，说明目标正向声呐靠近；如果回声的音调变低，说明目标正在远离声呐.

请回答以下问题：

(1)人耳能够听到声呐发出的声波的频率范围是______kHz到______kHz.

(2)①如果停在海水中的潜艇A发出的声波信号在10 s内接收到经潜艇B反射回来的信号，且信号频率不变，潜艇B与潜艇A的距离s_1是________.(设声波在海水中传播速度为1 500 m/s)

②停在海水中的潜艇A继续监控潜艇B，突然接到潜艇B反射回来的声波频率是变低的，且测出潜艇B的速度是20 m/s，方向始终在潜艇A、B的连线上，经1 min后潜艇B与潜艇A的距离s_2为________.

(3)在月球上能否用声呐技术来测量物体间的距离？为什么？

针对训练答案

1. A　解析：声音都是由物体振动产生的，小鸟的叫声是由小鸟的发声器官振动产生的，A选项正确；声音的传播需要介质，真空不能传播声音，固体、液体和气体均能传播声音，B选项错；通过音色能够辨别声音是哪个物体发出的，口技是模仿发声体的音色，C选项错；听到声音变大是指声音的响度变大了，D选项错.

2. 振动　频率　解析：声音是由物体的振动产生的，纸筒转动时发声是由于纸筒里面的空气柱的振动. 音调是由物体振动的频率决定的，频率越高，发出声音的音调也越高.

3. 声源处　传播途中　解析：“轻手轻脚”是为了防止走路时产生声音，所以是在声源处减弱噪声；空心砖传播声音的本领弱，这是在传播途中减弱了噪声.

4. (1)10　20　(2)7 500 m　8 700 m　(3)不能，因为月球表面是真空，而真空不能传播声音　解析：人耳的听觉范围是20 Hz～20 000 Hz，即0.02 kHz～20 kHz，而声呐发出的声波频率在10 kHz～30 kHz之间，故人耳能听到其中10 kHz～20 kHz之间的声波；由于潜艇A接收到反射回来的信号频率不变，则A、B相对静止，根据回声测距的知识可知$s_1=\frac{1}{2}vt=\frac{1}{2}\times 1\ 500\ \text{m/s}\times 10\ \text{s}=7\ 500\ \text{m}$；若潜艇$A$接收到反射回来的信号频率变低，根据材料提供的信息可知，潜艇B将远离潜艇A向远处运动，1 min后，潜艇B运动的路程为$s=20\ \text{m/s}\times 60\ \text{s}=1\ 200\ \text{m}$，所以1 min后，两潜艇的距离为$s_2=7\ 500\ \text{m}+1\ 200\ \text{m}=8\ 700\ \text{m}$；声呐是利用声波来探测物体的，而声音的传播需要介质，真空不能传播声音，月球表面是真空，所以在月球上不能用声呐技术来测量物体间的距离.

第三章 物态变化

学习思维导图

- 物态变化
  - 温度计
    - 温度　表示物体的冷热程度,单位是摄氏度(℃)
    - 制作原理　液体热胀冷缩的规律
    - 常用温度计　实验室温度计、体温计、寒暑表
    - 温度计的使用
      - 温度计的玻璃泡全部浸入被测液体中,不能碰到容器底或容器壁
      - 要等到温度计的示数稳定后读数
      - 读数时玻璃泡留在被测液体中,视线与温度计中液柱的凹液面底部或凸液面的顶部相平
  - 熔化和凝固
    - 定义
      - 熔化:物质从固态变成液态的过程
      - 凝固:物质从液态变成固态的过程
    - 熔点和凝固点
      - 晶体熔化时的温度
      - 液体形成晶体凝固时的温度
    - 晶体熔化
      - 特点　吸收热量温度不变
      - 条件　达到熔点继续吸热
    - 吸、放热
      - 熔化吸热
      - 凝固放热
    - 晶体和非晶体(区别)
      - 晶体有一定的熔点和凝固点,非晶体没有
      - 熔化(或凝固)图象不同,内部分子排列不同
  - 汽化和液化
    - 定义
      - 汽化　物质由液态变为气态的过程
      - 液化　物质由气态变为液态的过程
    - 汽化的方式
      - 蒸发　影响因素
        - 液体的温度
        - 液体的表面积
        - 液体上方空气流动速度
      - 沸腾
        - 特点　吸收热量温度不变
        - 条件　达到沸点继续吸热
    - 液化的方式
      - 降低温度
      - 压缩体积
    - 吸、放热
      - 汽化吸热
      - 液化放热
  - 升华和凝华
    - 定义
      - 升华　物质从固态直接变为气态的过程
      - 凝华　物质从气态直接变为固态的过程
    - 吸、放热
      - 升华吸热
      - 凝华放热
    - 常见现象
      - 升华　钨丝变细、干冰升华、樟脑球变小等
      - 凝华　灯泡壁变黑,霜、冰花、雾凇的形成等

解题知识必备

1. 温度和温度计

温度	含义	表示物体的冷热程度
	单位	常用单位是摄氏度(℃),其规定是:冰水混合物的温度为 0 ℃,大气压为 1.01×10^5 Pa 时的沸水的温度为 100 ℃,0 ℃与 100 ℃之间分成 100 等份,每一等份叫 1 摄氏度,记作 1 ℃
温度计	三种常用温度计	实验室用温度计、寒暑表、体温计
	原理	利用液体热胀冷缩的规律
	使用方法	(1)估:估计被测液体的温度; (2)选:根据估测温度的大小选择合适的温度计; (3)看:看清温度计的量程和分度值; (4)放:温度计的玻璃泡与被测液体充分接触,不能碰到容器壁和底; (5)读:待温度计的示数稳定后再读数,读数时玻璃泡仍要与被测液体充分接触(体温计除外),视线与温度计中液柱的上表面相平; (6)记:记录示数时,不要丢掉单位
	体温计与其他温度计的区别	(1)体温计的玻璃泡和玻璃管之间有一段细而弯的“缩口”; (2)体温计的量程为 35~42 ℃,分度值为 0.1 ℃; (3)体温计可以离开人体进行读数,使用前要甩几下

巧学妙记

温度计

测温度的温度计,
热胀冷缩是规律.
冰水混合作零度,
标准沸水百度计.

巧学妙记

温度计的使用

泡全浸入被测液,
不碰容器底或壁.
进入稍候一会儿,
示数稳定再读数.
计数仍留被测液,
视线与柱上面平.
仰读偏小俯偏大.

2. 物态变化

(1)物态变化

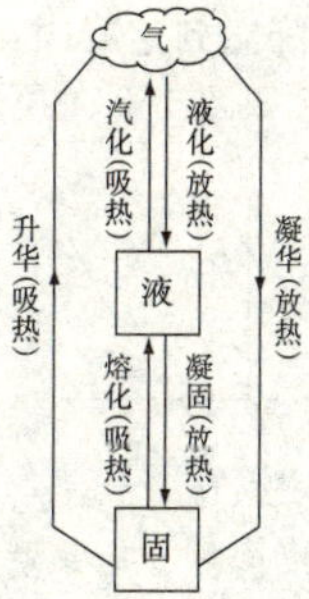

(2)正确把握物态变化中的“一个关系、两个区别、两个过程、三个条件、三个不变、三个制冷作用”,具体如下表所示.

项目	具体内容	
一个关系	气压与沸点的关系	气压增大,沸点升高;气压减小,沸点降低
两个区别	晶体与非晶体的区别	晶体有一定的熔化温度,即熔点,也有一定的凝固点;非晶体没有一定的熔化温度,也没有一定的凝固温度.常见的晶体有:海波、冰、食盐、萘、各种金属等;常见的非晶体有:松香、玻璃、蜡、橡胶等
	蒸发与沸腾的区别	蒸发:在液面,在任何温度下都能发生的缓慢的汽化现象; 沸腾:在液面和液体内部,在一定温度下进行的剧烈的汽化现象
两个过程	吸热过程	熔化过程、汽化过程、升华过程
	放热过程	凝固过程、液化过程、凝华过程
三个条件	晶体熔化的条件	温度达到熔点、继续吸热
	晶体凝固的条件	温度达到凝固点、继续放热
	液体沸腾的条件	温度达到沸点、继续吸热
三个不变	晶体熔化	晶体熔化时吸热,温度保持不变
	晶体凝固	晶体凝固时放热,温度保持不变
	液体沸腾	液体沸腾时吸热,温度保持不变
三个制冷作用	蒸发吸热有制冷作用	例如,夏天室内洒水可以降温,蒸发的快慢与液体的温度、液体的表面积、液体上方的空气流动快慢有关,温度越高、表面积越大、空气流速越快,蒸发也越快,反之则慢
	升华吸热有制冷作用	例如,用干冰进行人工降雨,干冰易升华,升华吸热,使周围环境温度降低,空气中的水蒸气遇冷液化形成降雨
	熔化吸热有制冷作用	例如,超市中用冰熔化吸热保鲜荔枝和海虾等

(3)图象法表示物态变化过程

在物理中常采用数学图象方法,把物理现象或物理量之间的关系表示出来.本章中应用图象分析的物态变化有:(1)熔化图象,它又包括晶体熔化图象和非晶体熔化图象.两者区别在于:晶体熔化过程是先升温达到熔点后,开始熔化温度却保持不变,熔化完后再升温,非晶体是边升温边熔化,没有温度保持不变的过程;(2)液体沸腾图象,液体沸腾过程中,先升温达到沸点后开始沸腾,温度保持不变;(3)凝固图象,是熔化图象的相反过程.晶体凝固时先降温到达凝固点,凝固放热,温度不变,凝固完后再降温;非晶体边凝固边降温.各图象如图 1-3-1 所示.

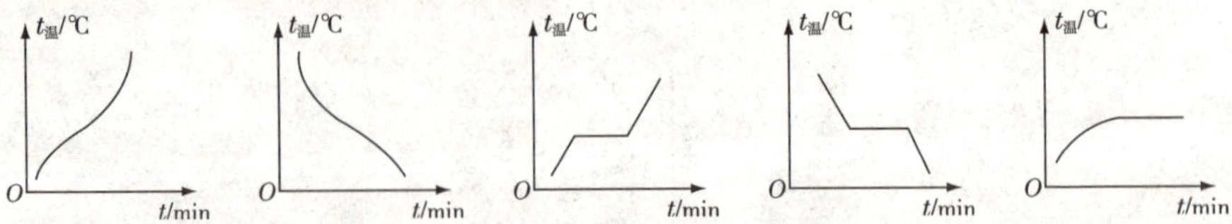

非晶体熔化图象　非晶体凝固图象　晶体熔化图象　晶体凝固图象　液体沸腾图象

图 1-3-1

平行的线段对应熔化(凝固)或沸腾过程,线段对应的温度是熔点(凝固点)或沸点;同种晶体物质的熔点和凝固点相同,晶体物质在熔点温度时可能是固态、液态或固液共存状态.

3. 透析"怪"现象,认清真面目

(1)"白气"不是气

在中考命题中,我们经常遇到有关"白气"的问题,如初冬说话时嘴边冒出的"白气"、刚从冰箱中拿出的冰棒周围的"白气"、沸腾的锅(或壶)冒出的"白气"、夏天在打开的冰箱门附近会形成"白气"、火箭升空时在发射架底座处形成的"白气"等,这些"白气"不是水蒸气,而是水蒸气遇冷液化形成的小水珠悬浮在空气中形成的.

(2)"出汗"并不热

夏天从冰箱中取出的矿泉水瓶的外壁会"出汗",夏天的水缸外壁上会"出汗",初冬的早上会看到窗玻璃的内表面会"出汗","汗"实际是水蒸气液化后形成的小水珠.正是由于这些物体的表面温度较低,空气中的水蒸气才遇冷液化形成小水珠,所以,"出汗"并不热.

(3)"开水"不烫手

由于水的沸点与气压有关,气压越小,沸点越低.所以,在减小气压的情况下,水可以在较低的温度下沸腾,所以会出现"开水"不烫手的现象.

(4)猛火烧饭费能源

由于水沸腾后,吸收热量但温度保持不变.所以,水沸腾后,用猛火烧饭并不减少烧饭所用的时间,而且还会浪费能源.

4. 雨、雪、云、雾、露、霜、冰雹成因的区分

自然现象	成因	物态变化名称
云	太阳照到地面上,水温升高,含有水蒸气的高温空气快速上升.在上升过程中,空气逐渐冷却,水蒸气液化成小水滴或凝华成小冰晶,便形成云	液化 凝华
雨	水蒸气在高空中遇冷液化成小水滴或凝华成小冰晶,小冰晶又熔化成小水滴和云层中原来的小水滴合并成大水滴降落下来,便形成雨	液化 凝华 熔化
雾	雾是水蒸气在空气中遇到冷空气液化成为小水珠,这些小水珠悬浮在空气中,在地面附近称为雾	液化
露	在天气较热的时候,空气中的水蒸气在早晨遇到温度较低的树叶、花草等,液化成为小水珠附着在它们的表面上	液化
霜、雪	霜是水蒸气在地表及其附近遇到极低温度时,直接凝华为固体.如果高空的温度降到 0 ℃以下时,水蒸气直接凝华成小冰晶,便以雪的形式降回地面	凝华
冰雹	冰雹是体积较大的冰球,云中的水珠被上升气流带到气温低于 0 ℃的高空,便结成小冰珠,小冰珠在下落时,其外层受热熔化成水,并彼此结合,使冰珠越来越大,如果上升气流很强,就会再升入高空,在其表面形成一层冰壳,经过多次上下翻腾,能结合成较大的冰珠,当上升气流托不住它时,冰珠就落到地面上,形成冰雹	凝固

题型技法归纳

题型一　温度计的读数技巧

例 1　**(山东滨州中考)**如图 1-3-2 所示,温度计的读数方法正确的是________(选填“A”“B”或“C”),示数为________℃.

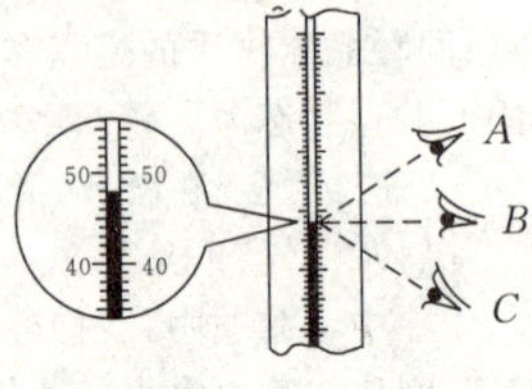

图 1-3-2

解析

温度计读数时,视线要与温度计中液柱上表面相平,故 B 读数方法正确;温度计的分度值为 1 ℃,此时读数为 48 ℃.

答案:B　48

方法技巧:在读取温度计的示数时,一是要注意视线与液柱上表面相平;二是要注意观察温度计零刻度线位置和分度值,若液面在 0 ℃以上,则从零刻度线往上读,温度值为正值;若液面在 0 ℃以下,则要从零刻度线往下读,温度值为负值.

题型二　物态变化的识别技巧

例 2　**(广州中考)**把干冰(固态二氧化碳)放入铝罐里一段时间,罐外壁结了一层霜,如图 1-3-3 所示,这层霜是由________经过________这种物态变化形成的.寒冬,坐满人的汽车门窗紧闭,水蒸气液化成小水珠附着在玻璃车窗上,水蒸气变成水珠________(选填“会吸热”“会放热”或“不会吸热或放热”),水珠会出现在车窗的________(选填“内侧”“外侧”或“内、外侧”).

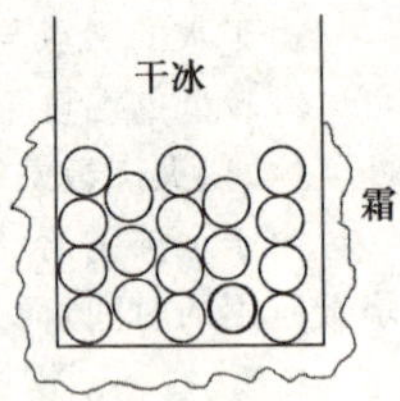

图 1-3-3

解析

干冰升华吸热,使铝罐温度急剧下降,空气中的水蒸气遇到温度很低的铝罐时,就会凝华成小冰晶(霜).寒冬,车内水蒸气遇到冷的玻璃车窗时,会放出热量,从而液化成小水滴,附着在车窗的内侧.

答案:水蒸气　凝华　会放热　内侧

方法技巧:本题考查物态变化形式的判断及其各种物态变化的吸(放)热特点,解此类题的关键是明确物质的初、末状态,再利用概念辨析法进行判断属于哪种物态变化,然后再回答其特点.另外注意液化和凝华的条件不同,虽然都要放热,但凝华是在温度急剧下降时发生的,而液化是在温度下降较缓慢时发生的.

例 3　**(北京中考)**如图 1-3-4 所示的四个物态变化的实例中,属于液化的是(　　)

冬天,树枝上形成“雾凇”　A　　夏天,草叶上形成“露珠”　B　　春天,草叶上形成“冰挂”　C　　冬天,窗玻璃上形成“冰花”　D

图 1-3-4

解析

雾凇和冰花是在温度降低很多的情况下，空气中的水蒸气直接凝华为固体，露珠是空气中的水蒸气液化形成的，草叶上的冰挂是凝固形成的，故选 B.

答案：B

方法技巧：对于自然现象中的有关物态变化形式的判断，首先要明确该自然现象所对应的物质的状态，如本题中的“雾凇”、“冰花”、“冰挂”是固态，“露珠”是液态，然后分析其“来源”，即由什么变成的，最后根据定义判断是何种物态变化.

题型三　熔化和凝固图象的区分技巧

例 4　（山东烟台中考）图 1-3-5 所示的是某种物质发生物态变化过程中温度—时间图象. 该物态变化过程可能是（　　）

A. 水的凝固过程　　B. 海波的凝固过程

C. 玻璃的凝固过程　　D. 蜡的凝固过程

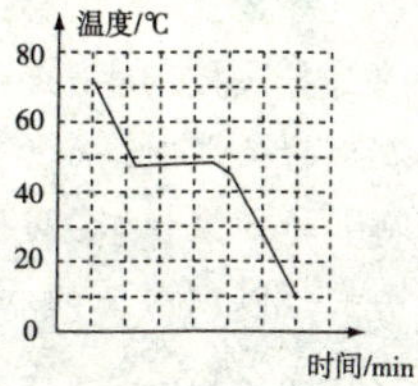

图 1-3-5

解析

从图象上可以看出，温度随时间而降低，说明是物质的凝固图象，在图象上有一段平行于时间轴的线段，说明在凝固过程中放出热量而温度保持不变，说明该物质是晶体；冰和海波是晶体，玻璃和蜡是非晶体，而水的凝固点是 0 ℃，所以该物态变化过程可能是海波的凝固过程.

答案：B

方法技巧：解答此类题目，首先要明确所研究的物质是晶体还是非晶体，常见的晶体有海波、冰、食盐、萘、各种金属等，常见的非晶体有松香、玻璃、蜡、橡胶、沥青等；其次，要明确晶体与非晶体的熔化与凝固图象的特点. 晶体的熔化图象中有一段表示固体升温的斜向上的线段，有一段表示晶体熔化的平行于时间轴的线段，还有一段表示液体升温的斜向上的线段，反之即为凝固图象. 熔化过程中如果没有平行于时间轴的线段，就是非晶体的图象.

题型四　分析物态变化图象的技巧

例 5　（长沙中考）如图 1-3-6 是对冰加热时其温度随时间变化的图象，由图可知（　　）

A. *BC* 段是一个放热过程

B. 冰的熔点是 0 ℃

C. *CD* 段该物质处于气态

D. *DE* 段表示冰的熔化过程

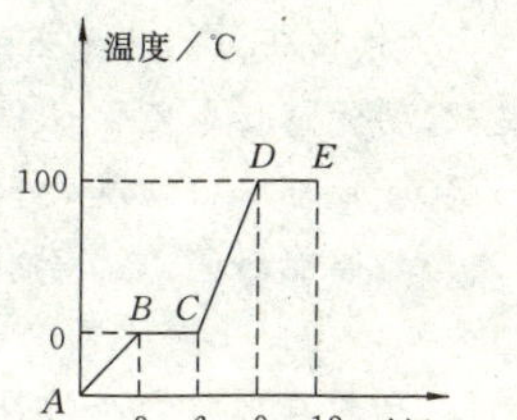

图 1-3-6

第一篇　解题技法篇

解析

冰是晶体，在对冰加热过程中，冰块先吸收热量，温度升高，当温度达到熔点 0 ℃时，继续吸收热量，冰熔化为水，在熔化过程中为固液共存状态，温度保持 0 ℃不变，故 *BC* 段是一个吸热过程，冰的熔点是 0 ℃，A 选项错误，B 选项正确；当冰全部熔化为水后，继续加热，水吸收热量温度逐渐升高，当升高到 100 ℃时，开始沸腾，沸腾过程吸收热量温度保持在沸点不变，水由液态汽化为气态，*CD* 段该物质为液态，*DE* 段表示水的沸腾过程，因此 C、D 选项错误.

答案：B

方法技巧：分析物态变化图象应注意以下几点：①看清图象中横坐标、纵坐标所表示的物理量. 如横坐标表示吸(或放)热时间，纵坐标表示物体的温度；②弄清坐标轴上的分度值；③明确图象所表达的物理意义，例如温度—时间图象中某点的意义表示某一时刻对应的物质温度的高低及其所处的物态，再如晶体物质的熔化、液体沸腾的特点，决定了熔化、沸腾过程在图象中应是一条与横坐标轴平行的直线，该直线(或其延长线)与纵坐标轴的交点，就是物质的熔点或沸点；④明确图象中的"拐点"是两种不同情况的交界点，如本题图象中有三个"拐点"，第一个"拐点"*B* 点表示冰即将开始熔化，状态为固态；第二个"拐点"*C* 点表示冰熔化结束，状态为液态；第三个"拐点"*D* 点表示水的温度刚达到 100 ℃，开始沸腾；明确这几个"拐点"有助于对图象中各线段所表示的物理意义进行分析与理解.

题型五　物态变化过程中吸、放热的判断技巧

例 6　（山东滨州中考）下列现象发生的过程中，吸收热量的一组是(　　)

(1)春天，冰雪融化汇成溪流；(2)夏天，从冰箱里拿出来的饮料罐"出汗"；(3)秋天，清晨的雾在太阳出来后散去；(4)冬天，室外地面上出现了霜

A. (1)(2)　　B. (2)(4)　　C. (1)(3)　　D. (3)(4)

解析

冰雪融化是熔化现象，吸热；"出汗"是液化现象，放热；雾散去是汽化现象，吸热；霜是凝华现象，放热，所以吸收热量的一组为 C.

答案：C

方法技巧：(1)物态变化的识别是解决此类问题的关键，只要清楚物态变化过程的吸、放热规律，问题便迎刃而解. 我们可以把物质的三态分为低能态(固态)、中能态(液态)、高能态(气态)，如图 1-3-7 所示，当物质由低能态向高能态变化时要吸热，反之则放热.

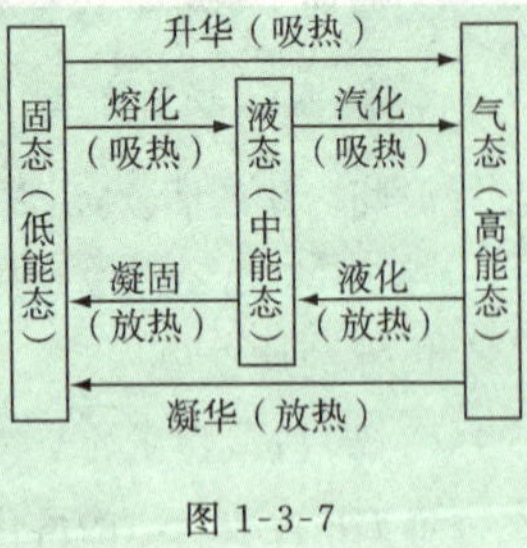

图 1-3-7

(2)题目中对物态的日常化用语"称呼"易导致我们判断错误. 如"烟、粉"一般由固体小颗粒组成，为固态. "雾、热气、汗"一般由小液滴组成，为液态.

题型六 沸腾现象及沸腾特点解题技法

例 7 为了研究水的沸腾，小文观察了在加热过程中温度随加热时间的变化情况，并记录了有关数据如下表所示：

时间/min	0	1	2	3	4	5	6	7	8	9
温度/℃	90	92	94	96	97	98	99	99	99	99

(1)请根据记录的数据在图 1-3-8 中先描点，再用平滑的曲线画出水的沸腾图象.

(2)根据图象可知，水的加热过程有以下特点：(写出三点即可)

①______

②______

③______

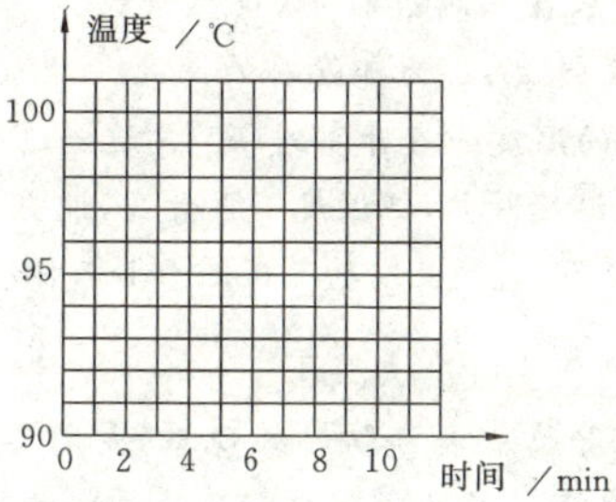

图 1-3-8

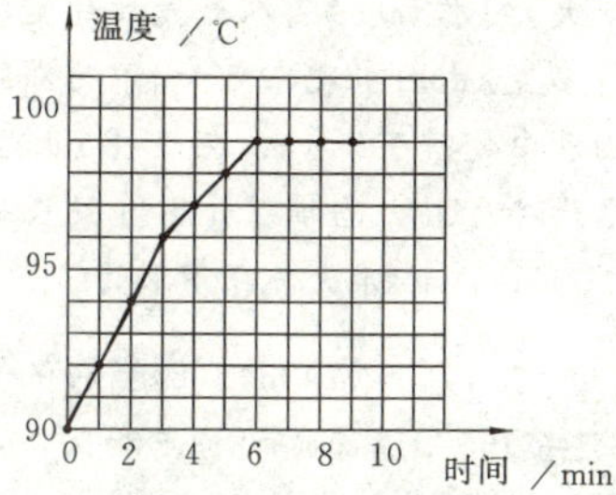

图 1-3-9

解析

本题主要考查了同学们对实验数据的分析处理能力. 通过分析比较数据及图象，不难得出结论. 解决这类题应当用图象法和分析比较法.

答案：(1)如图 1-3-9 所示. (2)特点：沸腾前吸热，温度上升；沸腾时吸热，温度不变；沸点为 99 ℃；沸点低于 100 ℃，原因可能是液面上方的气压小于 1 标准大气压；沸腾前温度上升先快后慢(任选三条).

方法技巧：解答此类题目的关键是明确图象中各点及各线段表示的物理意义. 如在图 1-3-10 中，AB 段表示水吸热升温过程，B 点表示水的温度达到沸点，BC 段表示沸腾过程，吸收热量但温度不变；BC 段对应的温度为沸点；若沸点高于(或低于)100 ℃，则表示液面上方的气压大于(或小于)1 标准大气压；从图象上还可以知道水开始沸腾的时间 t_1 等.

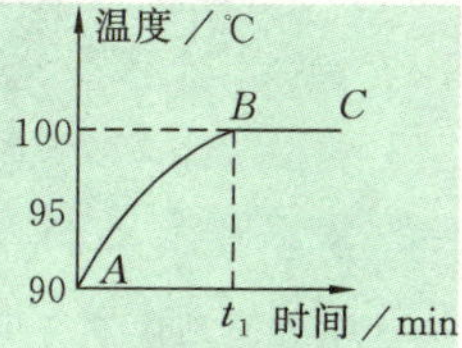

图 1-3-10

例 8 (江苏无锡中考)在“观察水的沸腾”的实验中，某实验小组观察到水沸腾前和沸腾时水中气泡的上升情况不同，如图 1-3-11 中甲、乙所示. 则图中______是水在沸腾前的情况，图中______是水在沸腾时的情况. 小组记录的实验数据如下表所示：

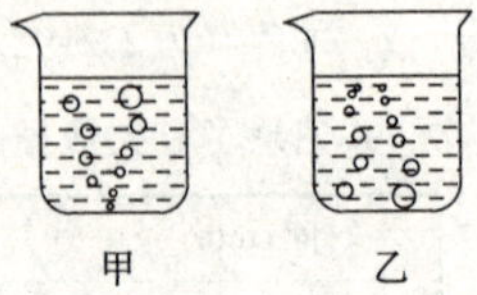

图 1-3-11

时间/min	…	4	5	6	7	8	9	10	11	12	13	…
温度/℃	…	90	91	93	97	98	98	98	98	98	98	…

(1)从记录的数据可得出的实验结论是：此时水沸腾的温度是______℃.

(2)实验得到的结论与水在 1 标准大气压下的沸点 100 ℃有明显的差异，其原因可能是：______________________.

解析

液体的沸腾必须具备两个条件：一是温度要达到沸点，二是继续吸热. 液体沸腾过程中有个显著特点：吸热但温度保持不变.

在沸腾以前，底部开始有气泡上升变小；当沸腾时，容器底部有大量气泡产生，上升变大，到水面破裂，水蒸气散到空气中. 水在沸腾过程中，虽然继续吸热，但温度保持不变. 由图中现象可知，甲为沸腾时的情况，乙为沸腾前的情况.

由表中数据可以看出，在 0～8 min 里，水的温度一直升高到 98 ℃，这一过程属于水吸热升温的过程，当水温升高到 98 ℃后，虽继续加热，但温度不再升高，说明水的沸点是 98 ℃；而 1 标准大气压下水的沸点是 100 ℃，说明此时的气压低于 1 标准大气压.

答案：乙　甲　(1)98　(2)当时的气压低于 1 标准大气压

方法技巧：知道沸腾的特点和条件，记住沸腾前和沸腾时的现象，是解答此类问题的关键. 另外，在中考命题中，还考查加热时间过长的原因分析及改进措施. 造成沸腾前加热时间过长的原因有：水的初温太低、水的质量过大、酒精灯的火焰太小等，可根据相应的情况进行改进.

题型七　影响蒸发快慢因素探究技法

例 9【探究名称】影响液体蒸发快慢的因素

【提出问题】液体蒸发快慢跟哪些因素有关?

【猜想与假设】通过观察图 1-3-12 和联系生活实际进行猜想.

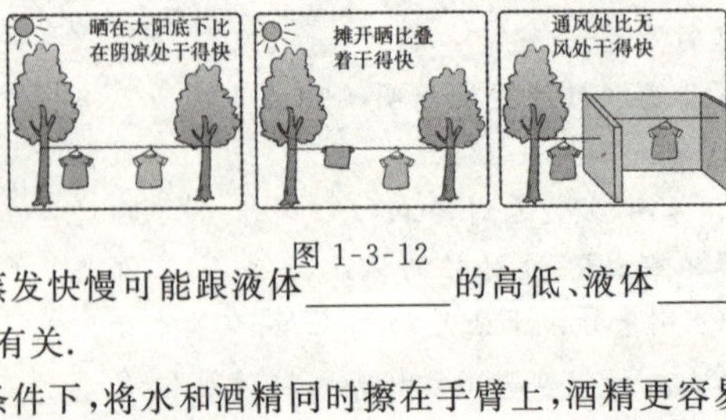

图 1-3-12

猜想一：液体蒸发快慢可能跟液体______的高低、液体______的大小和液体表面空气流动快慢有关.

猜想二：相同条件下，将水和酒精同时擦在手臂上，酒精更容易干，猜想液体蒸发快慢可能还与______有关.

【设计与进行实验】小明同学对其中的一个猜想进行了如下实验：

如图 1-3-13 所示，在两块相同的玻璃板上，分别滴一滴质量相等的酒精，通过观察图中情景可知，他探究的是酒精蒸发快慢与________是否有关. 此实验过程中需控制酒精的________和其表面上方空气流动快慢相同.

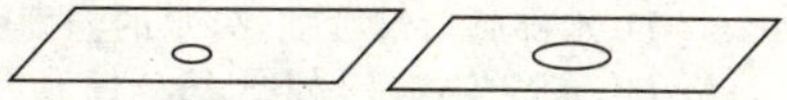

图 1-3-13

【交流与评估】我们知道液体蒸发时要吸热，请你举一个应用蒸发吸热的事例：____.

解析

将衣服放在阳光下，能提高衣服内水的温度，温度高，水蒸发快；摊开衣服是增大了湿衣服的表面积，表面积越大，水蒸发越快；通风处的湿衣服干得快，说明加快液体表面空气的流动速度，能加快水的蒸发；酒精比水更容易干，说明酒精蒸发比水快. 由此可知，影响液体蒸发快慢的因素除与液体本身有关外，还与其表面积大小、温度高低及表面空气的流动速度有关. 在探究液体蒸发快慢与某一个因素的关系时，应采用控制变量的方法，从题中图示可看出，两滴酒精的质量相等，表面积不同，故图示情况是研究蒸发快慢与液体的表面积大小的关系，应控制酒精表面的空气流速大小和温度高低相同. 液体蒸发要吸收热量，如在发烧病人身上擦酒精、夏天在教室地面上洒水等均是利用了蒸发吸热.

答案:【猜想与假设】猜想一：温度　表面积

猜想二：物质

【设计与进行实验】液体的表面积　温度

【交流与评估】夏天在地面上洒水来降温等

方法技巧：影响蒸发快慢的因素有：液体的温度、液体的表面积、液体上方空气流动的快慢、液体的种类. 因此在探究过程中应采取控制变量法. 如本题在探究蒸发快慢与液体种类关系时，应保证酒精和水的质量、表面积、温度、上方空气流动快慢相同.

典题针对训练

1. (沈阳中考)夏天，小丽将冰水和热水分别注入常温下的两只透明烧杯中，如图 1-3-14 所示. 一会儿发现两只烧杯的杯壁上都有一部分出现小水珠，变得模糊了. 针对这一现象，下列说法正确的是(　　)

   A. 甲、乙两杯都在内壁出现了水珠

   B. 甲、乙两杯都在外壁出现了水珠

   C. 甲杯的内壁出现了水珠，乙杯的外壁出现了水珠

   D. 甲杯的外壁出现了水珠，乙杯的内壁出现了水珠

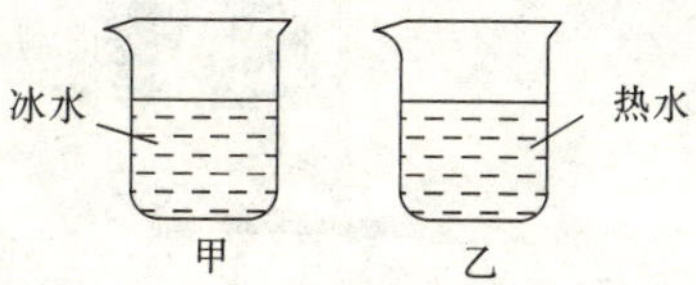

图 1-3-14

2. (江苏连云港中考)下列关于水沸腾的实验，说法正确的是(　　)

   A. 水沸腾时冒出的“白气”是水蒸气

   B. 水的沸点随气压的降低而降低

第一篇　解题技法篇

C. 水沸腾的现象只发生在液体的表面

D. 水沸腾后继续加热，水的温度会不断升高

3.（山东泰安中考）如图 1-3-15 所示是人们常用的体温计，这种体温计是根据液体的________规律制成的，图中体温计的读数是________℃.

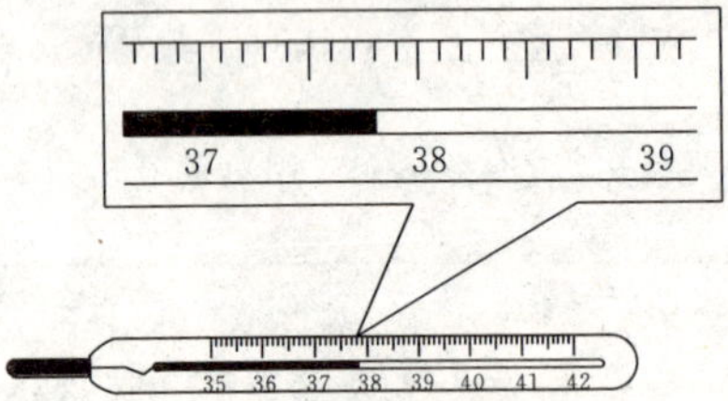

图 1-3-15

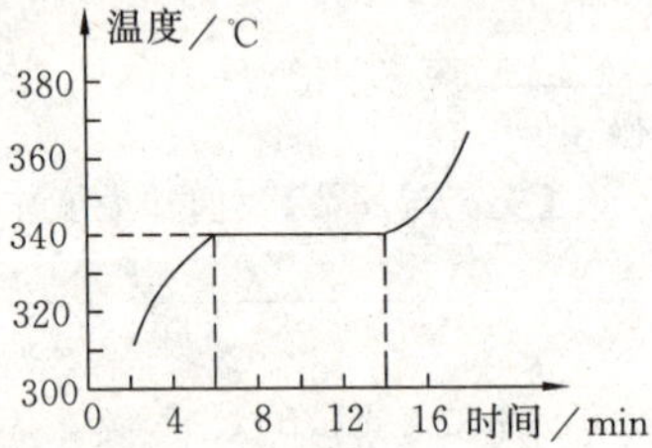

图 1-3-16

4.（广东中考）某种物质在熔化过程中温度随时间变化的图象如图 1-3-16 所示，这种物质是________（选填“晶体”或“非晶体”），该物质的熔点是________℃，熔化的时间是________min.

5.（湖北黄冈中考）一辆运输液态氨的罐车在途中侧翻，发生泄漏. 短时间内，车周围出现“白雾”，这是由于液氨________导致空气中的水蒸气________形成的；消防队员赶到后，冒着生命危险，用湿棉纱堵塞漏口，湿棉纱很快结冰将漏口堵住. 分析其原因是________________________；消防队员疏散周边群众，因为氨是有害气体，它会发生________现象，对人们产生危害.

6.（河南中考）小凡同学在实验室做“观察水的沸腾”实验，当水温为 82 ℃时开始记录数据，以后每隔1 min 读一次温度计的示数，直到水沸腾一段时间后停止读数，其数据记录如下表所示.

(1)在记录第四次数据时，温度计的示数如图 1-3-17 所示，请将读数填入表内空格中.

时间/min	0	1	2	3	4	5	6	7
温度/℃	82	86	90		98	98	98	98

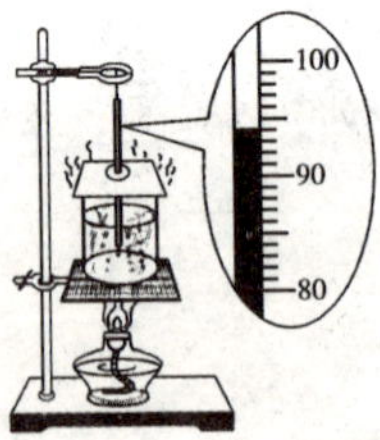

图 1-3-17

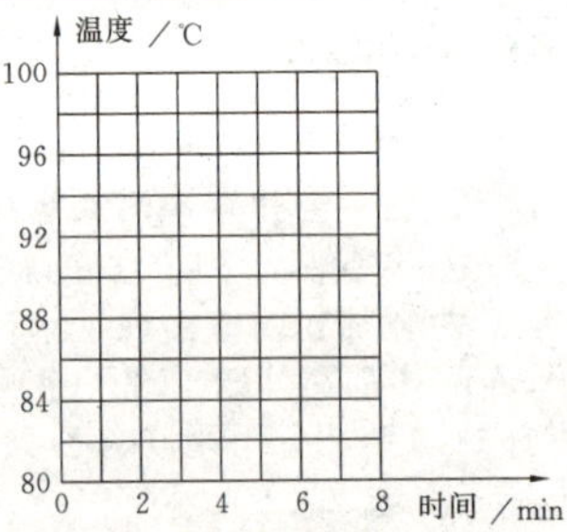

图 1-3-18

(2)请根据表格中的数据，在图 1-3-18 中作出水的温度随时间变化的图线.

(3)由图线可知，水在沸腾过程中温度的特点是________________.

(4)实验结束后，同学们在交流时，发现各自测出的水的沸点大都不是 100 ℃，可能原因是________________________（写出一点）.

针对训练答案

1. D 解析：冰水注入甲烧杯后，空气中的水蒸气遇到冷的烧杯外壁时，会液化形成小水滴附在烧杯的外壁上；热水注入乙烧杯后，烧杯中热水汽化产生的水蒸气遇到冷的烧杯内壁时，会液化形成小水滴附在烧杯的内壁上. 故 D 选项正确.

2. B 解析："白气"不是水蒸气，水蒸气是看不见的，水沸腾时冒出的"白气"是水蒸气放热后液化成的小液滴，A 选项错误；液体的沸点都随液体表面的气压升高而升高，降低而降低，B 选项正确；沸腾是在液体内部和表面同时发生的，蒸发只发生在液体的表面，C 选项错误；水沸腾后吸收热量，温度保持在沸点不变，D 选项错误.

3. 热胀冷缩 37.8 解析：常用的体温计的原理是液体的热胀冷缩，体温计的分度值是 0.1 ℃，体温计的示数为 37.8 ℃.

4. 晶体 340 8 解析：从图象看，此种物体在熔化过程中有一段吸收热量而温度保持不变的过程，此过程持续了约 8 分钟，根据图象判断此物质是晶体，具有固定的熔点，熔点为 340 ℃.

5. 汽化（汽化吸热） 液化 液氨汽化吸热使水凝固 扩散

解析：液氨极易汽化，汽化吸热使周围环境温度降低，空气中的水蒸气液化成小水滴形成"白雾"；当用湿棉纱堵塞漏口时，由于液氨的汽化吸收大量的热量，使湿棉纱温度降低，放出热量而凝固，从而将漏口堵住，这样有效地利用液氨汽化吸热的原理来减小危险. 漏出的氨和汽化后的氨由于扩散现象，会"运动"到周围，散失在大气中，对人们产生危害.

6. (1)94 (2)如图 1-3-19 所示. (3)保持不变 (4)气压不是 1 标准大气压（温度计不准确、读数有误差、水有杂质等）

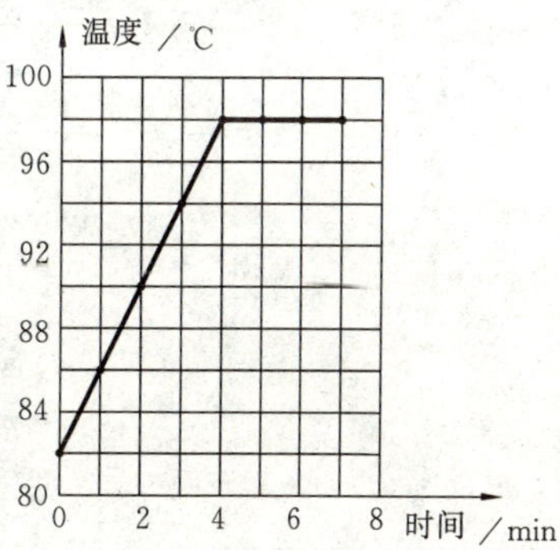

图 1-3-19

解析：(1)从题图中温度计的示数可以看出，第 3 min 时的温度是 94 ℃. (2)根据表中的数据，描点完成水的温度随时间变化的图线，如图 1-3-20 所示. (3)从图线可以看出，水沸腾时的图线是一条平行于时间轴的线段，说明水在沸腾过程中温度保持不变. (4)液体的沸点与气压有关，气压越大，沸点越高. 在 1 标准大气压下，水的沸点是 100 ℃，该实验中水的沸点小于 100 ℃，可能液面上方气压小于1 标准大气压.

第四章　光现象

学习思维导图

- 光现象
  - 光的传播
    - 光源
      - 定义:自身能够发光的物体
      - 自然光源:太阳、萤火虫、水母等
      - 人造光源:点燃的火把和蜡烛、发光的电灯等
    - 规律　光在同种均匀介质中沿直线传播
    - 现象:日食、月食、影子的形成,小孔成像等
    - 应用　打靶时三点一线,队伍排直等
    - 光线　建模法
    - 光速　在真空中传播速度最大,$c=3\times10^8$ m/s
  - 光的反射
    - 定义　光射到两种介质的交界面上时,在界面处返回原来介质的现象
    - 分类
      - 镜面反射:平行光线射向光滑平面,反射光线仍然平行
      - 漫反射:平行光线经反射后,光线向着各个方向
    - 光路可逆　在反射现象中,光路是可逆的
    - 光的反射定律
      - 有关名词:入射光线、反射光线、入射角、反射角、法线
      - 内容简记:三线共面、法线居中、两角相等
    - 平面镜成像
      - 成像原理　光的反射
      - 成像特点
        - 像与物大小相等
        - 像与物的连线与镜面垂直
        - 像到镜面的距离与物到镜面的距离相等
        - 像与物关于镜面对称
        - 像是虚像
    - 球面镜
      - 凸面镜　对光线有发散作用　应用:汽车观后镜等
      - 凹面镜　对光线有会聚作用　应用:太阳灶等
  - 光的折射
    - 定义　光从一种介质斜射入另一种介质,传播方向发生改变,这种现象叫做光的折射
    - 光的折射规律
      - 折射光线、入射光线和法线在同一平面内
      - 折射光线、入射光线分居在法线两侧
      - 光从空气斜射入其他介质中时,折射角小于入射角;光从其他介质斜射向空气中时,折射角大于入射角
    - 折射现象
      - 生活中的折射现象
        - 斜插入水中的筷子像折断了似的
        - 看水中的鱼比实际位置要浅等
      - 自然界中的折射现象　星星眨眼、海市蜃楼等
  - 看不见的光
    - 红外线
      - 在太阳光谱中红光的外侧
      - 有热效应
    - 紫外线
      - 在太阳光谱中紫光的外侧
      - 有荧光效应、灭菌消毒等
  - 光的色散
    - 定义　白光被分解成多种色光的现象
    - 色光的三原色　红、绿、蓝
    - 物体的颜色
      - 透明物体的颜色由它透过的色光决定
      - 不透明物体的颜色由它反射的色光决定

解题知识必备

1. 光源

光源的概念	自身能够发光的物体叫做光源		
光源的分类	按形成原因可分为	自然光源	如：太阳、萤火虫、水母等
		人造光源	如：点燃的火把、油灯、蜡烛，发光的电灯等

巧学妙记

能够发光叫光源，月亮不是太阳是.光的传播有条件，均匀介质才直线.
不同物中速度变，真空每秒三十万（千米）（$c=3\times10^5$ km/s$=3\times10^8$ m/s）.
光的速度比声快，真空光走声不走.

2. 光的直线传播

规律	光在同种均匀介质中沿直线传播
现象	穿过森林的太阳光束是直的；影子的形成，日食、月食、金星凌日等的形成；小孔成像……
应用	激光引导掘进方向、射击时“三点一线”、站队排直……
光速	光在真空中的传播速度 $c=3\times10^8$ m/s，光在不同介质中的传播速度不同，光在水中的速度约为真空中的$\frac{3}{4}$，光在玻璃中的速度约为真空中的$\frac{2}{3}$

3. 影子和小孔成像的区别

比较	影子	小孔成像
不同点	光达不到的地方形成的黑暗区域	是由光线会聚而成的物体的实像
	和物体形状相似，不一定和物体一样	形状和物体相似，与孔的形状无关，上下颠倒、左右互换
相同点	光沿直线传播形成的	

巧学妙记

小孔成像

小孔成像有特点，
上下颠倒左右换.
形状相似于物体，
与孔形状没关系.

4. 光的反射

光的反射现象	光射到两种介质的交界面上时，在界面处反射回来，在原介质中继续传播的现象
分类	镜面反射和漫反射
与光的反射现象有关的物理名词	如图所示：(1)入射点 O：光线射到反射面上的一点 (2)入射光线 AO：射向反射面的光线 (3)反射光线 OB：被反射面反射的光线 (4)法线 ON：过入射点 O 垂直于反射面的直线 (5)入射角 i：入射光线 AO 与法线 ON 的夹角 (6)反射角 r：反射光线 OB 与法线 ON 的夹角

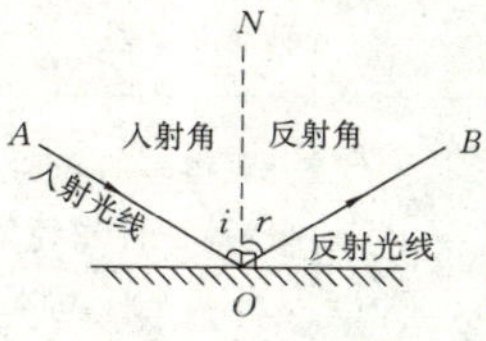

续表

光的反射定律	(1)反射光线、入射光线和法线在同一平面内 (2)反射光线和入射光线分居法线的两侧 (3)反射角等于入射角
光的反射现象的应用	(1)自行车尾灯 (2)平面镜的成像，如日常用的镜子、潜望镜；利用镜子改变光的传播方向等 (3)漫反射的应用：教室的黑板要经常刷黑板漆，加强漫反射现象
六点说明	(1)反射光和入射光在同一介质中传播，速度相同 (2)表述入射光线、反射光线时要讲究方向性，如“入射光线 AO”不能写成“入射光线 OA” (3)入射光线与反射光线间是因果关系，故光的反射定律中的“反射角等于入射角”不能表述成“入射角等于反射角” (4)当入射光线垂直于反射面入射时，入射角为 0°，反射角也为 0° (5)反射角等于入射角，但由于反射角由入射角来决定，即反射角随入射角的变化而变化 (6)在反射现象中，光路是可逆的. 入射光线逆着原来反射光线的方向射到反射面上时，反射光线将逆着原来入射光线的方向射出

5. 光发生反射时的作图方法

类型	作图方法
已知入射光线作反射光线	先找出入射点，过入射点作法线，将法线作为角的一边，以入射点作为角的顶点，在法线的另一侧作一角等于入射角的另一边线，该线就是反射光线，并注明光线的方向
已知反射光线作入射光线	先找出反射光线与反射面的交点(入射点)，过入射点作法线，将法线作为角的一边，以入射点作为角的顶点，在法线的另一侧作一角等于反射角的另一边线，该线就是入射光线，注意光线方向是从光源射向入射点的
已知入射光线和反射光线确定平面镜的位置	先作入射光线和反射光线夹角的角平分线，此线为法线. 过入射光线与反射光线的交点(角的顶点或者说是入射点)作垂直于法线的直线，该直线为平面镜的位置

6. 镜面反射和漫反射的比较

(1)镜面反射和漫反射

分类	不同点	图例	相同点
镜面反射	一束平行光射向光滑的平面，反射光也是平行的，这种现象叫镜面反射	镜面反射 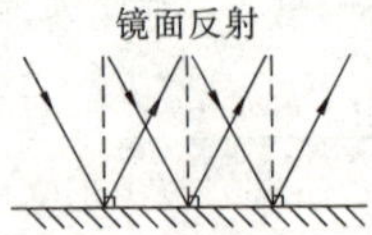	无论是镜面反射还是漫反射，对于每一条反射光线与入射光线，都遵循反射定律
漫反射	一般物体的表面往往都比较粗糙，平行光经反射后，反射光不再平行，而是射向各个方向，这种现象叫漫反射	漫反射 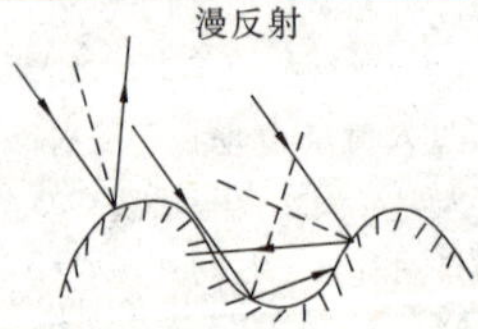	

(2)日常生活中见到的绝大部分反射面都会发生漫反射，只有漫反射才能够使我们从不同方向看到物体.

7. 平面镜成像

平面镜成像的特点	(1)像的大小与物体的大小相等 (2)像和物体到平面镜的距离相等 (3)像和物体的连线与镜面垂直 (4)平面镜成虚像 用数学语言归纳：平面镜所成的像与物体关于镜面对称
平面镜成像的原理	平面镜所成的像是物体发出(或反射)的光线射到镜面上发生反射，由反射光线的反向延长线在镜后相交而形成的，如图所示.点光源 S 在镜后的像 S' 并不是实际光线会聚而形成的，而是由反射光线的反向延长线相交而形成的，所以 S' 叫 S 的虚像.如果把光屏放在 S' 处，是接收不到这个像的，所以虚像只能用眼睛看到，而不能呈现在屏上 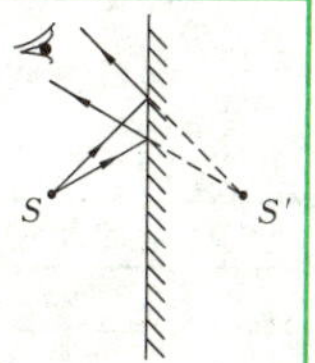
平面镜成像的应用	(1)利用平面镜可以改变光的传播方向，起到控制光路的作用，如制作潜望镜，在挖井、掘山洞时，用平面镜把太阳光反射到作业区照明 (2)利用平面镜成像，如梳妆镜、医生用来检查牙齿的口镜；商场和家庭装饰时，利用平面镜成像增强室内宽敞明亮的空间效果 (3)利用平面镜反射光来使微小的形变放大，以便观测

巧学妙记

平面镜成像特点

正立等大虚像，分居镜面两旁.上下位置不变，
左右位置互换.像物连线垂镜，像物距镜相等.

8. 光的折射现象、规律及应用

	概念或规律	说明
光的折射现象	光从一种介质斜射入另一种介质时，传播的方向发生偏折，这种现象叫做光的折射.光从空气斜射入水或其他介质时，折射光线向法线方向偏折，如图所示 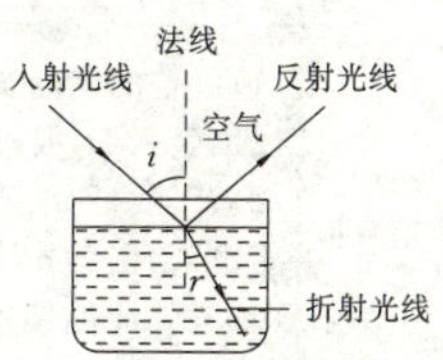	(1)对光发生折射现象的理解：入射光和折射光分别在两种不同的介质中，因此它们的传播速度不同，传播方向也往往发生改变 (2)通常在发生光的折射现象时，在界面上也同时会发生光的反射现象 (3)光线垂直射入界面时，折射角等于零
光的折射规律	光在发生折射时，折射光线、入射光线和法线在同一平面内；且折射光线与入射光线分居法线的两侧；光从空气斜射入水(或玻璃)中时，折射光线向法线方向偏折(折射角小于入射角)；当入射角增大(或减小)时，折射角也增大(或减小)	(1)弄清一点(入射点)、二角(折射角、入射角)、三线(折射光线、入射光线、法线)的含义. (2)在折射现象中，光路可逆

续表

	概念或规律	说明
生活中的折射现象	(1)水底看起来比实际浅;(2)海市蜃楼;(3)插入水中的筷子(或其他条形物体)在水下的部分看起来向上弯折;(4)从空气中看水中的物体,或从水中看空气中的物体,看到的位置比实际位置高;(5)透过厚玻璃看到的钢笔"错位"等	若在水中看岸上的景物,看到的位置将会变高,如图所示 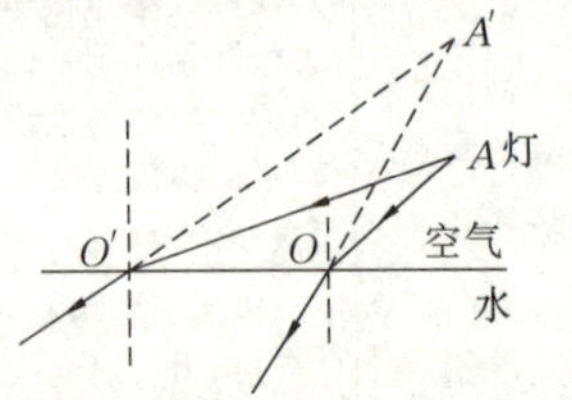

9. 光的反射和折射的异同点

		光的反射	光的折射
相同点	三线共面	反射光线和折射光线都与对应的入射光线、法线在同一平面上	
	两线异侧	反射光线、折射光线都与对应的入射光线分居在法线两侧	
	两角关系	反射角和折射角都随对应的入射角的增大而增大,随对应入射角的减小而减小	
	光路可逆	光在反射和折射时光路都是可逆的	
不同点	介质方面	反射光线跟入射光线在同一种介质中	折射光线跟入射光线在不同的介质中
	角度方面	反射角始终等于入射角	折射角与入射角一般不相等,其大小关系跟光是从空气射入其他介质,还是从其他介质射入空气有关,只有当光垂直界面入射时,折射角和入射角才相等,都等于0°

10. 红外线和紫外线对比

	概念	特征	应用
红外线	在光谱的红光之外的辐射	一切物体都在不停地辐射红外线,物体的温度越高,辐射的红外线越多,红外线热作用越强	(1)诊断病情,拍摄"热谱图" (2)制成红外线夜视仪 (3)红外线遥控器 (4)红外线烤箱
紫外线	在光谱的紫光之外的辐射	化学作用强、具有荧光效应	(1)适量的紫外线照射有助于人体合成维生素D,促进身体对钙的吸收 (2)紫外线能杀死微生物,在医院、饭店里,常用紫外线灯来灭菌 (3)紫外线能使荧光物质发光,根据这个原理来制成验钞机

巧学妙记

红光外面红外线,温度越高辐射强.利用红外夜视仪,常用还有遥控器.

紫光外面紫外线,有助人体合成D(维生素).紫外线杀微生物,还使荧光物发光.

11. 物体的颜色

物体类型	决定因素
透明物体	透明物体的颜色由它透过的色光决定. 如红色玻璃只能透过红光，而吸收其他色光
不透明物体	不透明物体的颜色由它反射的色光决定. 如红纸只能反射红光，而吸收其他色光

题型技法归纳

题型一　光源的识别技法

例 1　(新疆中考)生活中许多物体可以发光，下列物体不属于光源的是(　　)

A. 水母　　B. 萤火虫　　C. 月亮　　D. 霓虹灯

解析

光源是指自身能够发光的物体，光源分为自然光源和人造光源，水母能够发光，萤火虫是一种能在尾部发光的小飞虫，都是自然光源；霓虹灯是人造光源；月亮虽然看上去亮，但它和地球一样本身不能发光，不是光源.

答案:C

方法技巧:辨别一个物体是不是光源，关键要看它自身能否发光，能发光的就是光源，否则就不是. 同时，还要了解一些自然光源，如恒星、灯笼鱼、斧头鱼等；知道一些人造光源，如 LED 灯等. 特别应该注意，一些物体是靠反射其他物体的光而“发光”的，它们不是光源，如月亮等.

题型二　三种光现象的识别方法

例 2　(山东济宁中考)如图 1-4-1 所示的四种现象中，由光的直线传播形成的是(　　)

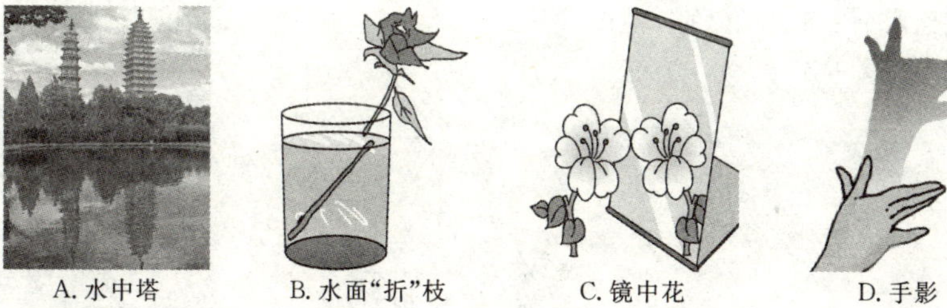

A. 水中塔　　B. 水面“折”枝　　C. 镜中花　　D. 手影

图 1-4-1

解析

水中塔、镜中花均是由光的反射形成的虚像，水面“折”枝是光的折射形成的，手影是光的直线传播形成的，故正确选项为 D.

答案:D

第一篇　解题技法篇

方法技巧:首先要抓住关键——介质,识别三种光现象:光的直线传播是光在同种均匀介质中发生的一种光现象;光的反射是光从一种介质斜射到另一种介质表面又被反射回这种介质,尽管在同一种介质中,但传播方向发生改变;光的折射是在两种不同的介质中,光的传播方向发生偏折的一种光现象;其次要归类总结三种光现象的实例并熟记,如:光的直线传播的实例有影子的形成、日食和月食的产生、小孔成像等;光的反射的实例主要是生活中的平面镜成像;光的折射的实例主要有池水变浅、海市蜃楼、水面"折"枝、钢笔"错位"等.

题型三　关于小孔成像的解答技法

例 3 (江苏南通中考)某兴趣小组在空易拉罐的底部中央戳个小圆孔,将顶部剪去后,蒙上一层塑料薄膜,制作成一个简易针孔照相机.如图 1-4-2 所示,将其水平放置,在左侧固定一只与小孔等高的小灯泡,灯泡发光时,可在塑料薄膜上看到灯丝________(选填"倒立"或"正立")的像.若水平向左移动易拉罐,像的大小________(选填"变大""变小"或"不变").若只将小圆孔改为三角形小孔,则像的形状________(选填"改变"或"不变").

图 1-4-2

解析

小孔成像的原理是光的直线传播,小孔成像的特点是一个倒立的实像,像的大小与物体到小孔的距离有关,距离越小,所成的像越大;像的形状与物体相似而与小孔的形状无关.

答案:倒立　变大　不变

方法技巧:首先明确小孔成像的原理是光的直线传播,其次熟记其成像特点:倒立实像;上下颠倒,左右互换;像与物体相似,跟小孔的形状无关;像的大小与物体跟小孔的距离、屏与小孔的距离有关,当屏与小孔的距离一定时,物与小孔距离越近,所成的像越大;当物与小孔的距离一定时,屏距小孔越远,所成的像越大,反之越小.

题型四　光的反射定律应用技法

例 4 (河南中考)如图 1-4-3 所示,一束光射到两个相互垂直的平面镜上,请画出经两个平面镜反射的光路图.

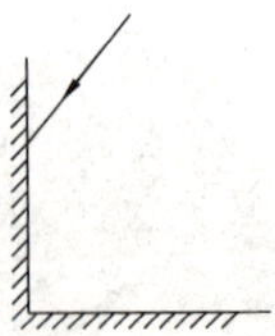

图 1-4-3

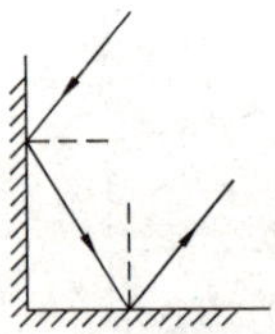

图 1-4-4

解析

入射光线经竖平面镜反射后,反射光线照射到横平面镜上,再次被反射,所以先作出竖平面镜中对应的法线,利用反射角等于入射角画出相应的反射光线,再根据同样的原理,画出横平面镜的反射光线.

答案:如图 1-4-4 所示.

方法技巧:作光路图是光的反射定律的应用之一,在作图时,要注意以下几点:(1)法线与反射面垂直,画法线时要用虚线;(2)反射角一定要与入射角相等;(3)要正确标注箭头;(4)解本题时注意光线发生了两次反射,第一次的反射光线作为第二次的入射光线,作出图后,最终的反射光线应与第一次的入射光线平行.

例 5 入射光线与平面镜夹角为 θ,则(　　)

A. 入射角为 θ

B. 入射角为 $90°-\theta$

C. 反射光线与入射光线的夹角为 $180°-2\theta$

D. 反射光线与入射光线的夹角为 2θ

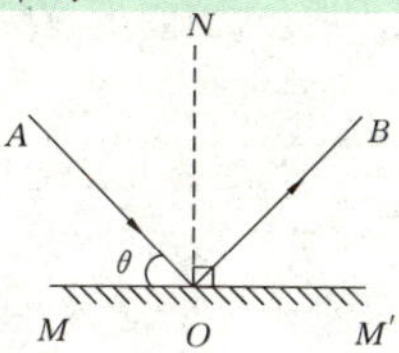

图 1-4-5

解析

根据题意作图如图 1-4-5 所示,由图知,入射角 $\angle AON=90°-\angle AOM=90°-\theta$,反射角等于入射角,即 $\angle NOB=90°-\theta$,所以反射光线与入射光线的夹角,即 $\angle AOB=180°-2\theta$,因此 B、C 选项正确.

答案:BC

方法技巧:应用光的反射定律解答有关角度的问题时要注意:(1)法线跟反射面垂直;(2)入射光线与反射面的夹角跟入射角互余(或反射光线与反射面的夹角跟反射角互余);(3)反射光线与入射光线的夹角等于入射角(或反射角)的两倍;(4)反射面转动时,反射角的改变量等于入射角的改变量;(5)反射面转动时,入射光线与反射光线夹角的改变量是反射角或入射角改变量的两倍.

题型五　镜面反射和漫反射的识别技巧

例 6 **(湖南湘潭中考)**如图 1-4-6 所示,在暗室中用手电筒照射挂在白色墙上的小镜子,这时看到被照射部分(　　)

A. 墙和镜子都是黑色的

B. 墙和镜子都是白色的

C. 墙是黑色的,镜子是白色的

D. 墙是白色的,镜子是黑色的

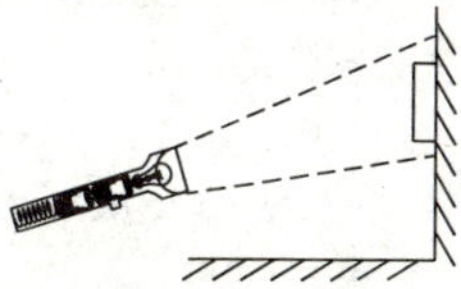

图 1-4-6

解析

从题图可知,手电筒不是垂直照射小镜子,根据光的反射定律可知,手电筒射向镜面的光线斜向上反射,不能射入人的眼睛,而墙面发生的是漫反射,有部分光线射入人眼,所以看上去,镜子是黑色的,墙面是白色的,故正确选项为 D.

答案:D

方法技巧:解答此类题目的关键:(1)明确观察者的位置.(2)理解发生镜面反射和漫反射的反射光线的特点,镜面反射将光向一个方向反射,只有在这个方向上人眼才能看到光且感到很耀眼;而漫反射将光射向四面八方,人眼在各个方向上都能看到,但感觉光线很弱.(3)观察者的位置改变,观察到的现象可能会改变.

例 7 （天津中考）雨后的夜晚，当你迎着月光行走在有积水的路上，为了避让水洼，应走“较暗”的地面. 这是因为光在(　　)

A. 地面发生镜面反射　　B. 地面发生漫反射

C. 水面发生漫反射　　D. 水面不发生反射

解析

当迎着月光走时，月光在“水洼”表面发生镜面反射，有较多的光进入眼中，感觉“明亮”；而月光在地面上发生了漫反射，反射光线射向四面八方，所以进入眼中的光线较少，感觉“较暗”，因此，为了避开水洼，应走“较暗”的地面.

答案：B

方法技巧：(1)本题考查了镜面反射和漫反射. 分析时，要明确是“迎着月光走”还是“背着月光走”，否则会导致分析错误. (2)解答此类题时，可用生活中的俗语帮助记忆：雨后夜晚，迎着月光走，则“明是水，暗是泥，不明不暗是地皮”；背着月光走，则“明是泥，暗是水，不明不暗是地皮”.

题型六　利用平面镜成像特点作光路图技法

例 8 （杭州中考）如图 1-4-7 为一辆轿车的俯视示意图. O 点为司机眼部所在位置，司机在右侧的后视镜 AB（看做平面镜）中能看到车尾 C 点. 根据平面镜成像规律画出司机眼睛看到 C 点的光路图.

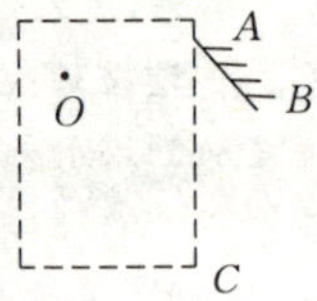

图 1-4-7

解析

司机要通过后视镜 AB 看到 C 点，则 C 点的光线经后视镜反射后，反射光线射入司机的眼睛，根据平面镜成像规律可知，反射光线好像是由其在平面镜中的像点发出的，所以作出 C 点经平面镜 AB 所成的像点 C'，则 OC' 连线与平面镜的交点即为 C 点入射到平面镜 AB 的入射点，从而作出入射光线和反射光线即可.

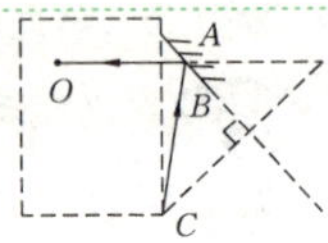

图 1-4-8

答案：如图 1-4-8 所示.

方法技巧：明确：(1)平面镜成像原理是光的反射；(2)反射光线的反向延长线都过像点；(3)我们能够看见物体（或物体的像），是由于物体反射的光线进入我们的眼睛；(4)平面镜所成的像与物关于镜面对称.

题型七　确定平面镜角度（位置）类问题解答技巧

例 9 （河南中考）如图 1-4-9 所示，在 O 点放置一个平面镜，使与水平方向成 60°角的太阳光经 O 点反射后，水平射入窗口 P 中. 请你在图中画出平面镜的位置，并标出反射角的度数.

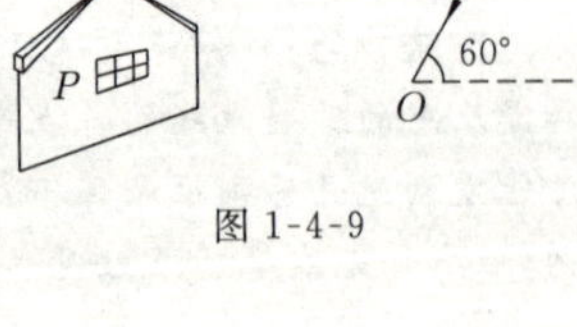

图 1-4-9

解析

太阳光经 O 点反射后，光线经过 P 点，则 OP 的连线即为反射光线，根据反射定律，反射角等于入射角，作反射光线和入射光线夹角的角平分线就是法线. 又因法线垂直于镜面，过 O 点作出法线的垂线就是平面镜的位置. 如图 1-4-10 所示.

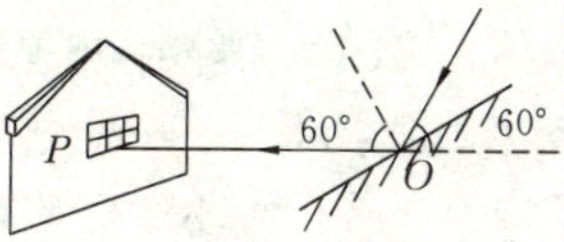

图 1-4-10

答案: 如图 1-4-10 所示.

方法技巧: 应用几何法画图与解题:(1)如果给出了法线，直接作法线的垂线，那么此垂线的位置即是平面镜的位置.(2)如果没给出法线，而给出了反射光线和入射光线，那么作反射光线和入射光线夹角的角平分线，即作出法线，然后过入射点作法线的垂线即是平面镜的位置.

题型八　探究平面镜成像特点的实验方法

例 10 (贵阳中考)小明在"探究平面镜成像特点"的实验中，将一块玻璃板竖直放在水平桌面上，把点燃的蜡烛 A 放在玻璃板前，然后将与 A 等大的蜡烛 B 放在像的位置，如图 1-4-11 所示. 在此实验中:

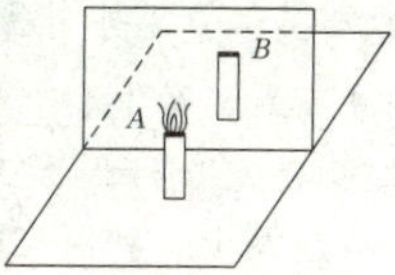

图 1-4-11

(1)他还要用到的测量工具是:________，选用此测量工具是为了____________.

(2)选用两支等大的蜡烛是为了____.

(3)若移去蜡烛 B，在像的位置放一光屏，光屏上________(选填"能"或"不能")接收到蜡烛 A 的像，这说明平面镜成________像.

解析

探究平面镜成像时要测量物与像到平面镜的距离，所以需要刻度尺，选用等大的蜡烛，是看未点燃的蜡烛是否与蜡烛的像完全重合，以比较像与物的大小关系，由于平面镜成的像是虚像，是反射光线反向延长的交点，故不能用光屏接收到.

答案: (1)刻度尺　比较像与物到平面镜的距离是否相等(或比较像距与物距之间的关系)　(2)比较像与物是否等大(或比较像与物大小的关系)　(3)不能　虚

方法技巧: 关于平面镜成像实验必须明确:(1)刻度尺的用途是为了比较物、像到镜面的距离是否相等.(2)两支等大的蜡烛是为了比较像与物是否大小相等.(3)用玻璃板代替平面镜的目的是便于找到像的位置;玻璃板应放正，否则可能找不到像的位置.(4)选玻璃板进行实验时，玻璃板越薄越好，否则，蜡烛通过玻璃板的前后两面会成两个像，影响实验效果.(5)平面镜所成的像是虚像，不能用光屏承接.(6)将点燃的蜡烛放在多个不同位置，多次实验后总结归纳出结论.(7)为使蜡烛的像更清晰，实验应在较黑暗的环境中进行.

题型九　应用平面镜成像特点分析实际问题的技法

例 11 (哈尔滨中考)小丽同学正在对着镜子整理自己的着装,如图 1-4-12 所示.她身高为 1.6 m.她在镜中像的高度是________m;她到镜面的距离是 0.4 m,像到她的距离是________m.

图 1-4-12

解析

物体在平面镜中所成的像是和物体大小相等的虚像,像到镜面的距离与物到镜面的距离相等,所以小丽在镜中像的高度与她的身高相同,即像的高度是 1.6 m,像到她的距离是她到镜面的距离的 2 倍,即像到她的距离为 0.8 m.

答案:1.6　0.8

方法技巧:应用平面镜成像特点分析解答实际问题时,把握以下几个关键点:(1)像与物的大小相等;(2)像与物到镜面的距离相等;(3)像与物之间的距离是物体到镜面距离的 2 倍;(4)像与物相对于镜面的运动速度相等;(5)若物体通过"水面"成像,则像到"水面"的距离等于物体到"水面"的距离,与水的深度无关.

题型十　利用光的折射规律作图技法

例 12 (湖北黄冈中考)如图 1-4-13 所示,潜水员眼睛在水下 A 点处,B 点有条小鱼,C 点有只小鸟,请作出潜水员观察鱼、鸟的光路图.

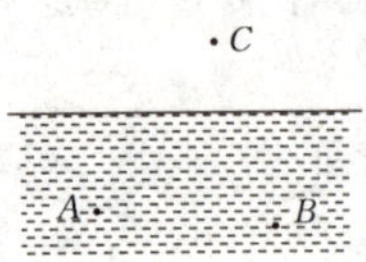

图 1-4-13

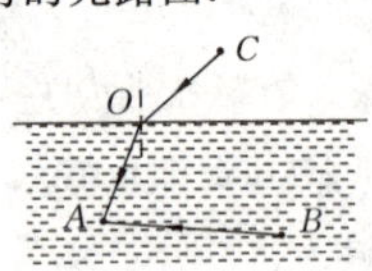

图 1-4-14

解析

光在同种均匀介质中沿直线传播,所以潜水员在水中观察 B 点的鱼时的光路就是直线 BA;在观察空中的小鸟时,小鸟 C 点的光线在由空气经过水面进入水中时要发生折射,光由空气斜射入水中时折射角小于入射角,所以进入潜水员眼睛的折射光线 OA 相对于入射光线 CO 向法线一侧偏折.

答案:如图 1-4-14 所示.

方法技巧:(1)明确法线位置;(2)看清光是从空气中进入水(或其他介质)中,还是从水(或其他介质)中进入空气中;(3)光从空气斜射入水(或其他介质)中时,折射角小于入射角,光从水(或其他介质)中斜射入空气中时,折射角大于入射角.

题型十一　判断物体颜色的方法

例 13 (广东中考)广告公司在拍摄水果广告时,为了追求某种艺术效果,在暗室里用红光照射装在白色瓷盘中的红色苹果及黄色香蕉.站在旁边的摄影师将看到(　　)

A.苹果呈黑色,瓷盘呈白色,香蕉呈黑色

B. 苹果呈红色，瓷盘呈黑色，香蕉呈黑色

C. 苹果呈黑色，瓷盘呈红色，香蕉呈红色

D. 苹果呈红色，瓷盘呈红色，香蕉呈黑色

解析

不透明物体的颜色是由它所反射的色光决定的，某种颜色的物体只能反射与其本身颜色相同的色光，白色物体反射各种色光，所以当红光照射到红色的苹果上时被反射进入摄影师的眼中，摄影师看到的是红色；而红光照射到白色的瓷盘上时也被反射，所以看到的瓷盘也呈现红色；而红光照射到黄色的香蕉上时，红光被吸收，由于没有色光进入摄影师的眼中，所以摄影师看到的香蕉是黑色的.

答案：D

方法技巧：(1)透明物体的颜色由它透过的色光决定；(2)不透明物体的颜色由它反射的色光决定；(3)白色的物体可以反射任何色光，却不能透过任何色光；(4)黑色物体吸收各种色光，不反射任何色光.

题型十二　识别红外线、紫外线及其应用的方法

例 14 小刚的妈妈常与验钞机打交道，使用验钞机可鉴别钞票真伪. 小刚好奇地启动家里的一台验钞机，看到钞票在灯光照射下显现出平时用肉眼看不到的数字和字母，这是因为(　　)

A. 钞票的某些部位含有荧光物质，只要有光照射就会发光

B. 钞票的某些部位含有荧光物质，只要照射它的灯光中含有大量紫外线，涂有荧光物质的地方就会发光

C. 灯光中含有大量红外线，能使钞票中的荧光物质感光

D. 灯光中含有大量 X 射线，能穿透钞票中涂有荧光物质的部分

解析

钞票的防伪措施之中有一项是使用荧光防伪，在钞票上用荧光物质写上“50”或“100”而人眼又无法见到，钞票放入验钞机中，开启紫光灯，紫光灯中发出的光中含有大量的紫外线，会使涂有荧光物质的地方发光，而显示出“50”或“100”的数字，这时人眼就能看清“50”或“100”的字样了.

答案：B

方法技巧：(1)红外线的热作用强，红外线可以用来加热物体，进行遥控等；(2)紫外线的化学作用强，可以使底片感光，能杀菌，可以验钞防伪等.

典题针对训练

1. (江西中考)如图 1-4-15 所示，下列成语与其物理知识相符的是(　　)

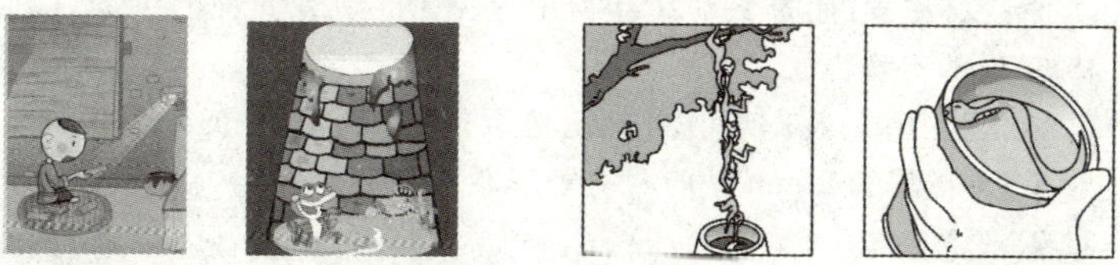

A.凿壁偷光　　B.井底之蛙　　C.猴子捞月　　D.杯弓蛇影

图 1-4-15

A. 凿壁偷光——光的折射　　　B. 井底之蛙——光的反射
C. 猴子捞月——光的折射　　　D. 杯弓蛇影——光的反射

2.(天津中考)检查视力的时候,视力表放在被测者头部的后上方,被测者识别对面墙上镜子里的像(如图 1-4-16 所示).视力表在镜中的像与被测者相距(　　)

A. 2.1 m　　B. 2.5 m　　C. 4.6 m　　D. 5 m

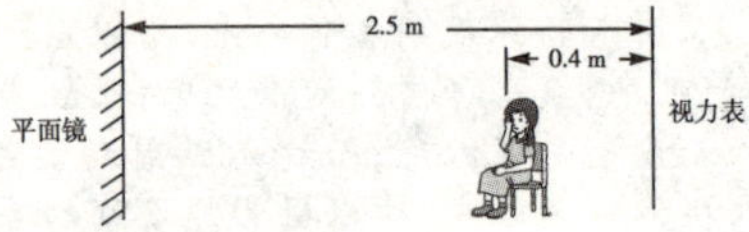

图 1-4-16

3.(武汉中考)2012 年 5 月 21 日黎明时刻,在我国许多地方能观察到如图 1-4-17 所示的"金环日食"天象,这是由于光沿________传播,当月球运行至________之间时,挡住了一部分太阳光.太阳还在地平线以下时,人们就可以看到"金环日食",这是因为太阳光穿过大气层时发生了________现象.

图 1-4-17

4.(安徽中考)一束光从空气斜射到某液面上发生反射和折射,入射光线与液面成 30°角(如图 1-4-18 所示),反射光线与折射光线的夹角为 83°,则反射角的大小为________,折射角的大小为________.

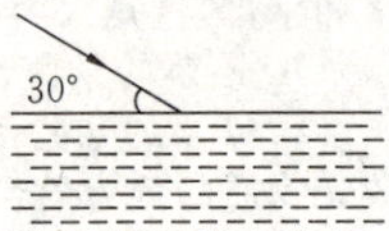

图 1-4-18

5.(湖北黄冈中考)如图 1-4-19 所示,暗室内有一盛水的水槽,水槽上方一激光束入射到平面镜(图中未画出)上的 O 点,光束经平面镜反射后照射到水槽中的 B 点,请画出平面镜,并作出光从 O 点传播到 B 点的光路图.

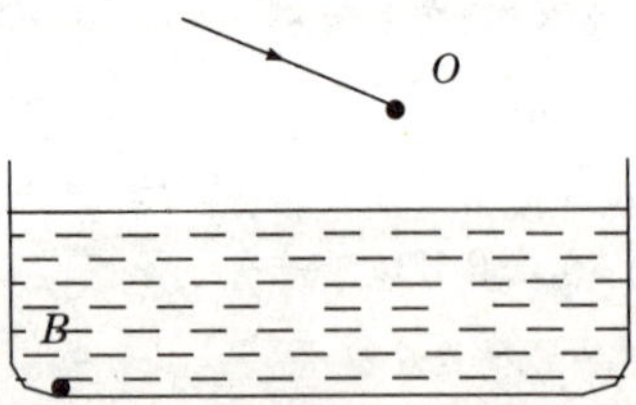

图 1-4-19

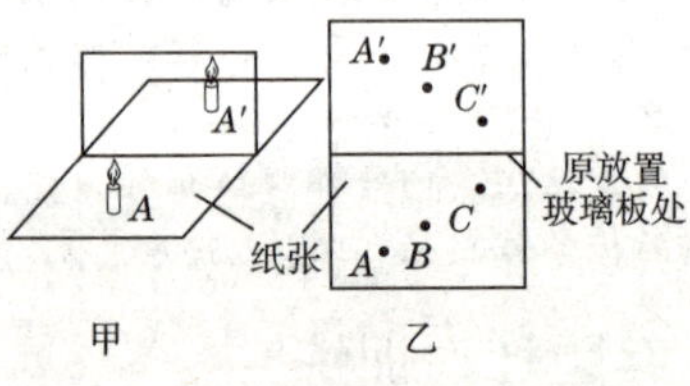

图 1-4-20

6.(广西桂林中考)如图 1-4-20 甲所示,是小明在水平桌面上探究"平面镜成像的特点"时的实验装置.

(1)在实验中用平板玻璃代替平面镜,主要是利用玻璃透明的特点,便于________;如果有 3 mm 厚和 2 mm 厚的两块玻璃板,应选择________ mm 厚的玻璃板做实验.

(2)在竖立的玻璃板前 A 处放一支点燃的蜡烛,可以看到玻璃板后面出现蜡烛的像.小明拿另一支大小相同的蜡烛在玻璃板后面移动,当蜡烛移动到 A' 处时,可以看到它跟像完全重合.由此可以得出的结论是____________________________.

(3)如果玻璃板放置得不竖直,将对实验产生的影响是____________________.

(4)经过三次实验,记录的像与物对应的位置如图 1-4-20 乙所示.为了得到更多的实验结论,接下来小明应该进行的操作是____________________________.

针对训练答案

1.D　解析:"凿壁偷光"和"井底之蛙"都是与光的直线传播有关;"猴子捞月"和"杯弓蛇影"都是与光的反射有关.

2.C　解析:从题图中可以看出,被测者与镜子的距离是 2.1 m,视力表与镜子的距离是 2.5 m,根据平面镜成像规律知,视力表的像与镜子的距离也是 2.5 m,故视力表的像与被测者的距离为 2.1 m+2.5 m=4.6 m.

3.直线　太阳和地球　折射　解析:日食是由于光沿直线传播形成的,当月球运行至太阳和地球之间时,太阳射向地球的光被月球挡住,从而在地球上形成一个太阳光所不能到达的区域,这就是"日食";当太阳还在地平线以下时,由于空气不均匀,所以太阳光穿过大气层时发生了折射,在地球上就看到了"金环日食".

4.60°　37°　解析:入射光线与液面成 30°角,则入射光线与法线的夹角是 60°,即入射角为 60°,根据光的反射定律知,反射角也为 60°,则折射光线与法线的夹角为 180°−60°−83°=37°,即折射角为 37°.

5.光路如图 1-4-21 所示　解析:由题可知,反射光线从空气斜射入水中时,在水面处发生折射,折射角小于入射角,所以反射光线入射到水面的入射点应在 OB 连线与水面交点和 B 到水面垂线的垂足之间,确定好入射到水面的入射点后,可先画出反射光线,根据光的反射规律,再画反射光线与入射光线夹角的角平分线即法线,过入射点 O 作法线的垂线即平面镜的位置,最后连接水面入射点与 B 点,并标出光的传播方向.

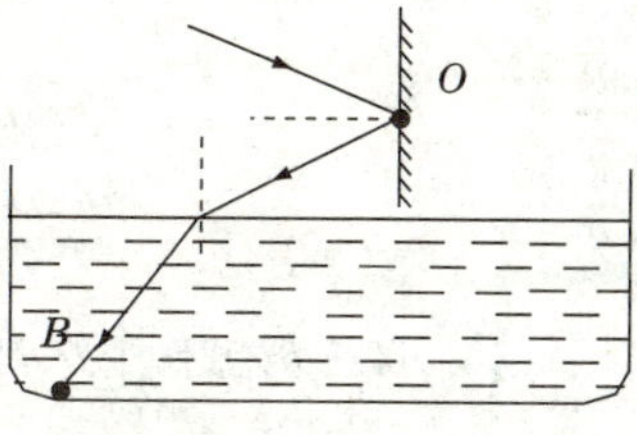

图 1-4-21

6.(1)确定像的位置(或比较像和物的大小)　2　(2)像和物大小相等　(3)后面的蜡烛无法和像重合　(4)将对应的像点和物点相连,判断连线是否和镜面垂直,测出像距和物距并进行比较(只要写出其中一个步骤即可)　解析:在探究平面镜成像特点时,由于玻璃板是透明的,在烛焰一侧能透过玻璃板看到另一侧未点燃的蜡烛,使烛焰的像恰好成在未点燃蜡烛的焰心,这样能正确找到像的位置;由于玻璃板前后有两个反射面,为避免由于两次反射成像对实验的影响,实验时应选用较薄的玻璃板来做实验;当未点燃的蜡烛与玻璃板后面所成的像重合时,这说明像与物体大小相等;由于像物对称,所以若玻璃板不竖直,则蜡烛通过玻璃板成像在斜上方或斜下方,这样就很难用另一支未点燃的蜡烛来确定像的位置;在实验记录的基础上,将像点与物点用线相连,判断连线是否和镜面垂直,测出像距和物距并进行比较,由此得出像、物之间的对称关系.

第五章 透镜及其应用

学习思维导图

- 透镜及其应用
  - 透镜
    - 凸透镜
      - 定义　中间厚边缘薄的透镜
      - 名词　主光轴、光心、焦点、焦距
      - 对光的作用　会聚作用
    - 凹透镜
      - 定义　中间薄边缘厚的透镜
      - 名词　主光轴、光心、(虚)焦点、焦距
      - 对光的作用　发散作用
  - 三条特殊光线
    - 凸透镜
      - 过光心的光线,传播方向不变
      - 过焦点的光线,折射后平行于主光轴
      - 平行于主光轴的光线,折射后过焦点
    - 凹透镜
      - 过光心的光线,传播方向不变
      - 延长线过焦点的光线,折射后平行于主光轴
      - 平行于主光轴的光线,折射后反向延长线过焦点
  - 凸透镜成像规律及应用
    - $u>2f$
      - 成像特点　倒立、缩小的实像
      - 应用　照相机
    - $u=2f$
      - 成像特点　倒立、等大的实像
    - $f<u<2f$
      - 成像特点　倒立、放大的实像
      - 应用　幻灯机、投影仪
    - $u=f$　不成像
    - $u<f$
      - 成像特点　正立、放大的虚像
      - 应用　放大镜
  - 眼睛与光学仪器
    - 近视眼
      - 特点　视近不视远
      - 成因　晶状体折光能力变强或眼球的前后径过长
      - 矫正　佩戴凹透镜制成的近视镜
    - 远视眼
      - 特点　视远不视近
      - 成因　晶状体折光能力太弱或眼球的前后径太短
      - 矫正　佩戴凸透镜制成的远视镜
    - 显微镜、望远镜
      - 构造
      - 原理

解题知识必备

1. 透镜及与透镜相关的概念

名称	概念	说明
透镜	透镜是利用光的折射来工作的光学元件，它是由透明物质(如玻璃、塑料、水晶等)制成的，表面是球面的一部分	按其厚薄的形状可分为两类：凸透镜和凹透镜
主光轴	通过透镜的两个球面球心的直线叫主光轴，如下图所示 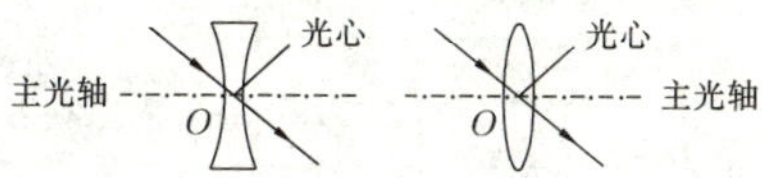	每个透镜都有一条主光轴，画主光轴应用点划线
光心	主光轴上有个特殊的点，通过它的光线传播方向不变，这个点叫做透镜的光心，如上图所示	用字母“O”表示，可以认为透镜的光心就在透镜的中心
焦点	凸透镜能使跟主光轴平行的光线会聚在主光轴上的一点，这一点叫凸透镜的焦点，如图甲所示. 凹透镜能使跟主光轴平行的光线通过凹透镜后变得发散，且这些发散光线的反向延长线相交在主光轴上的一点，这一点不是实际光线的会聚点，所以叫凹透镜的虚焦点，如图乙所示 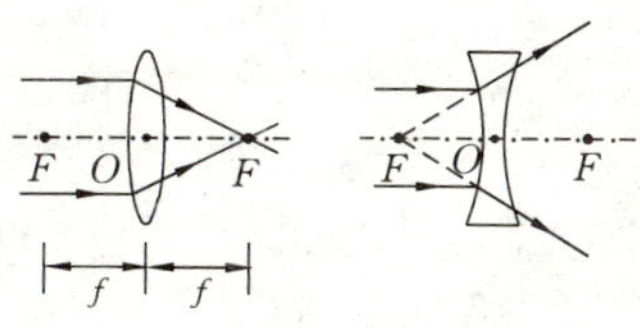 甲 乙	透镜两侧各有一焦点，且对称，用字母“F”表示
焦距	焦点到凸透镜光心的距离叫焦距，如上图甲所示；凸透镜的焦距越小，透镜对光线的会聚作用越强	焦距用字母“f”表示

2. 透镜的三条特殊光线

凸透镜	凹透镜
通过透镜光心的光线，经过透镜后传播方向不变. 如图所示 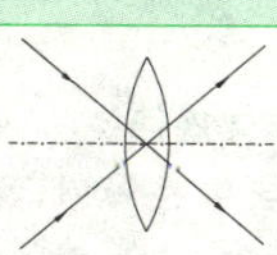	通过透镜光心的光线，经过透镜后传播方向不变. 如图所示 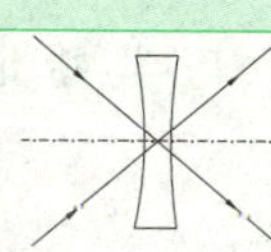

续表

凸透镜	凹透镜
与透镜主光轴平行的光线，经凸透镜折射后过焦点. 如图所示 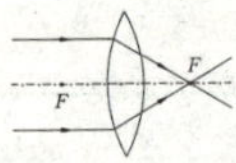	与透镜主光轴平行的光线，经凹透镜折射后发散，这些发散光线的反向延长线过虚焦点. 如图所示 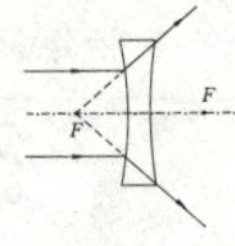
经过凸透镜焦点的光线，通过凸透镜后平行于主光轴. 如图所示 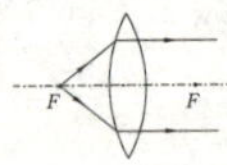	延长线过虚焦点的光线，通过凹透镜后平行于主光轴. 如图所示 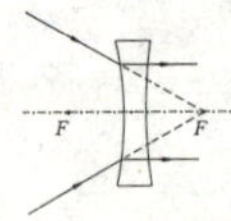

3. 凸透镜的会聚作用和凹透镜的发散作用比较

凸透镜	凹透镜
凸透镜对任何光线都有会聚作用	凹透镜对任何光线都有发散作用
会聚作用是指经透镜射出的光线相对于入射光线更“靠近”主光轴些，不能将会聚作用理解成就是将光线会聚于一点	发散作用是指经透镜射出的光线相对于入射光线更“远离”主光轴些，不能将发散作用理解成不能会聚于一点
在判断光线是否被透镜会聚时，可用延长入射光线的方法来判断. 若入射光线的延长线在折射光线的外面，如下图所示，则透镜把光线会聚了，所用的透镜就是凸透镜 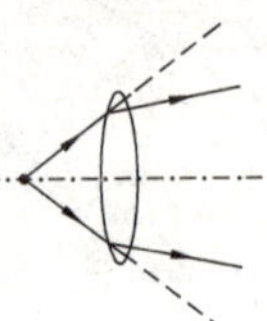	在判断光线是否被透镜发散时，可用延长入射光线的方法来判断. 若入射光线的延长线在通过透镜后的光线的里面，如下图所示，则光线就被透镜发散了，该透镜就是凹透镜 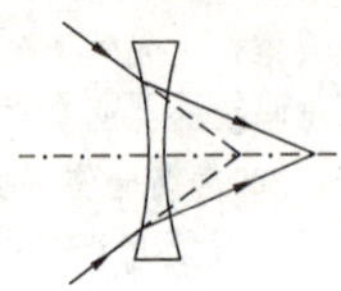

4. 凸透镜成像规律

物体到凸透镜的距离 物距 u	像到凸透镜的距离 像距 v	像的情况			应用
		倒正	大小	虚实	
$u>2f$	$f<v<2f$	倒立	缩小	实	照相机
$u=2f$	$v=2f$	倒立	等大	实	
$f<u<2f$	$v>2f$	倒立	放大	实	幻灯机
$u=f$		不成像			
$u<f$	$v>u$	正立	放大	虚	放大镜

巧学妙记

凸透镜成像规律

一焦定虚实，二焦定大小；实像异侧倒，物远像变小.

虚像同侧正，比物大多了；不论实与虚，进退随物跑.

由此我们可以得出下面两个性质.

(1)焦点分界:$2F$ 处是放大实像与缩小实像的分界点,F 处是成实像与虚像的分界点.

(2)动态特性:成实像时,物体沿主光轴移动时,物像关于凸透镜移动方向一致,即物距(物体到凸透镜的距离)减小,像距(像到凸透镜的距离)增大,且像的大小变大.

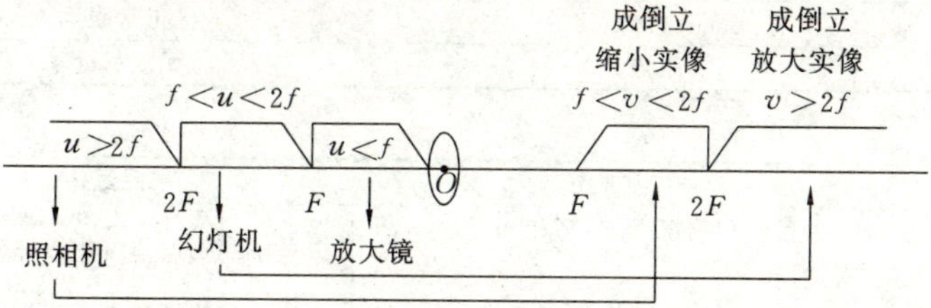

图 1-5-1

注意

(1)像的放大与缩小、正立与倒立都是物体成的像与物体本身相比较而言的.

(2)像变大、变小是物距发生变化后的像对于物距发生变化前的像而言的,变大不一定放大,变小不一定缩小.

(3)实像一定是倒立的,且像物异侧,虚像一定是正立的,且像物同侧.

(4)成实像时,物近像远像变大;成虚像时,物近像近像变小.

5. 眼睛和眼镜

(1)眼睛与照相机对比

		眼睛	照相机
相同点		成像原理:物体在 2 倍焦距之外成倒立、缩小的实像	
不同点	凸透镜	角膜和晶状体的共同作用	镜头
	光屏	视网膜	胶片

(2)视力矫正

	近视眼	远视眼
特点	近视眼只能看清近处的物体,看不清远处的物体	远视眼只能看清远处的物体,看不清近处的物体
形成原因	晶状体太厚,折光能力太强,或者眼球在前后方向上太长,使来自远处某点的光会聚在视网膜前,到达视网膜时已经不是一点而是一个模糊的光斑 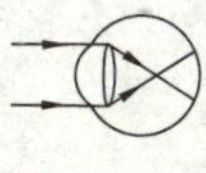	晶状体太薄,折光能力太弱,或者眼球在前后方向上太短,使来自近处某点的光还没有会聚成一点就到达视网膜了,在视网膜上形成一个模糊的光斑 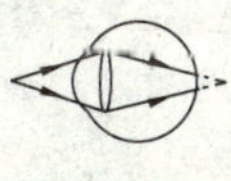

续表

	近视眼	远视眼
矫正方法	戴凹透镜，利用凹透镜对光的发散作用 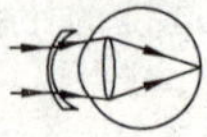	戴凸透镜，利用凸透镜对光的会聚作用 
近点	比正常眼近	比正常眼远
远点	有限点	无限远处

6. 显微镜和望远镜

	显微镜	望远镜
组成	由目镜和物镜组成，都相当于一个凸透镜	由目镜和物镜两组凸透镜组成
成像原理	物体经物镜成放大的实像，目镜再将这个实像放大(两次放大)	物体通过物镜在焦点附近成实像，目镜再将这个像放大(先缩小后放大)

题型技法归纳

题型一　根据折射光线判断透镜类型的方法

例 1　根据图 1-5-2 中光线通过透镜前后的方向，在图中填上适当类型的透镜.

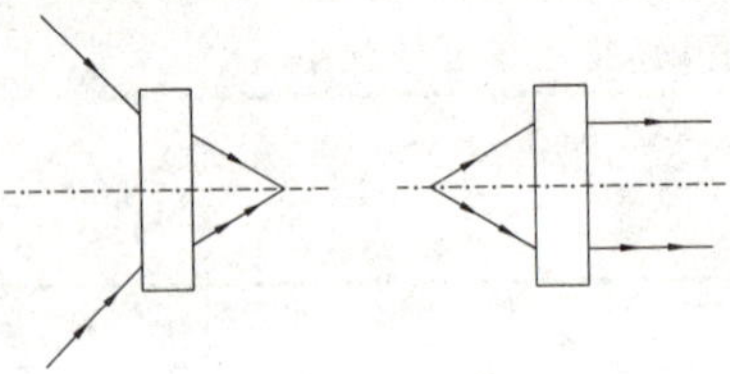

甲　　乙

图 1-5-2

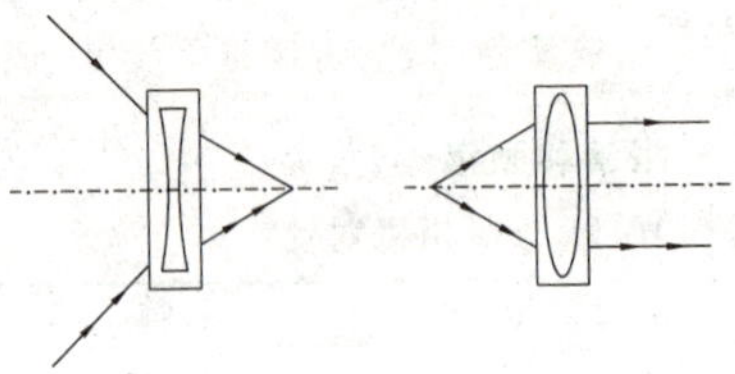

甲　　乙

图 1-5-3

解析

甲图中，假设没有透镜，则光线在方框中将沿直线传播，对主光轴而言，主光轴上部的折射光线相对于入射光线向上偏折，下部的光线向下偏折，说明甲图中方框内透镜有发散作用，甲图方框内是凹透镜. 乙图中，主光轴上部的折射光线相对于入射光线向下偏折，下部的光线向上偏折，方框内的透镜有会聚作用，乙图方框内是凸透镜.

答案：如图 1-5-3 所示.

方法技巧：解这类题目，关键是分析折射光线相对于入射光线传播方向发生了什么变化，是发散了，还是会聚了. 如果是会聚了，则为凸透镜；如果是发散了，则为凹透镜.

(1)会聚作用是指加大会聚程度或减小发散程度，是相对于原来的光线而言的. 发散作用是指加大发散程度或减小会聚程度，也是相对于原光线而言的.

(2)我们可以延长原来的入射光线，这是没有光学元件时沿直线传播的路径（用虚线表示）. 把折射光线与虚线方向相比较，若折射光线在虚线的内侧，则透镜为凸透镜，若折射光线在虚线的外侧，则透镜为凹透镜.

题型二　关于透镜的三条特殊光线的作图方法

例 2　（安徽中考）凸透镜成像规律可以通过画光路图去理解. 在光路图中凸透镜用图 1-5-4 甲表示，O 点为光心，F 为其焦点. 图乙是运用经过凸透镜的两条特殊光线，所画物体 AB 经凸透镜成的像 $A'B'$ 的光路图. 请参照图乙，在图丙中画出物体 CD 经过凸透镜所成的像 $C'D'$ 的光路图.

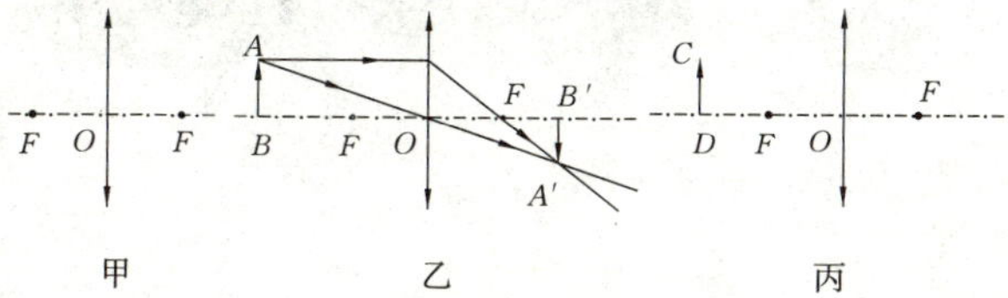

图 1-5-4

解析

在凸透镜的三条特殊光线中，平行于主光轴的光线经凸透镜折射后过凸透镜焦点，过光心的光线经凸透镜折射后方向不变，由这两条特殊光线可确定 C' 点的位置，从而画出物体 CD 经过凸透镜所成的像 $C'D'$ 的光路图.

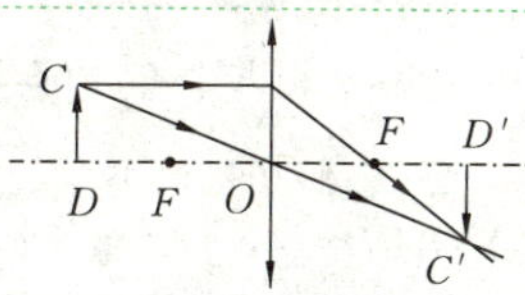

图 1-5-5

答案：如图 1-5-5 所示.

方法技巧：作图时注意，(1)要明确透镜的种类，即透镜是凸透镜还是凹透镜；(2)明确光线的种类，是过光心的光线、平行于主光轴的光线还是过焦点的光线；(3)根据三条特殊光线的传播特点作图.

题型三　应用凸透镜成像规律判断成像性质的方法

例 3　（南京中考）把一个凸透镜对准太阳光，在距凸透镜 10 cm 处得到一个最小最亮的光斑. 若将一物体放在此透镜前 15 cm 处，经凸透镜所成的像是（　　）

A. 倒立、缩小的实像　　　　B. 倒立、放大的实像

C. 正立、放大的虚像　　　　D. 正立、缩小的虚像

解析

凸透镜的焦距为 10 cm，物体放在凸透镜前 15 cm 处，即物距大于 1 倍焦距且小于 2 倍焦距，根据凸透镜成像规律，物体成倒立、放大的实像，故 B 选项正确.

答案：B

方法技巧：(1)明确焦距的大小；(2)确定物距和焦距的关系；(3)根据凸透镜成像规律判断出成像情况. 若 $u>2f$，则成倒立、缩小的实像，且 $f<v<2f$；若 $f<u<2f$，则成倒立、放大的实像，且 $v>2f$；若 $u<f$，则成正立、放大的虚像.

题型四　物距、像距、像的大小其中之一变化时，其他两方面变化情况的判断方法

例 4　(山东威海中考)图 1-5-6 甲是城市很多路口安装的监控摄像头，它可以拍摄违章行驶或发生交通事故时的现场照片. 摄像头的镜头相当于一个凸透镜，它的工作原理与________相似. 图乙和丙是一辆汽车经过路口时与一辆自行车相撞后拍摄的两张照片，由图可以看出汽车所成的像变小，与此对应的像距将变________.

甲　　乙　　丙

图 1-5-6

解析

摄像头所拍摄的像是一个倒立、缩小的实像，这与照相机的原理是相同的，根据凸透镜成像规律可知，凸透镜在成实像时，物体离凸透镜越远，像距越小，所成的像越小，从图片上看，由乙到丙，汽车所成的像变小，即像距在变小.

答案:照相机　小

方法技巧:(1)摄像头(照相机)是利用物体通过凸透镜成倒立、缩小的实像工作的；(2)成实像时，物远像近像变小，则由像变小可以推知像距变小，物距变大. 解题的关键是善于将实际应用与凸透镜成像规律联系起来.

例 5　(天津中考)某同学在探究凸透镜成像的规律时，在光屏上得到了一个清晰的烛焰的像(如图 1-5-7 所示)，为使光屏上清晰的像变大些，下列调节方法可行的是(　　)

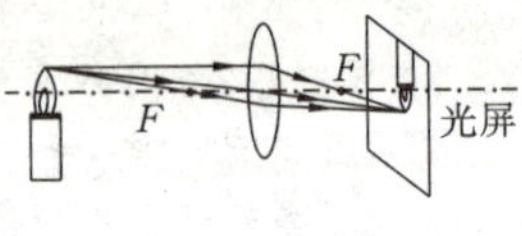

图 1-5-7

A. 将蜡烛适当远离透镜，光屏适当靠近透镜

B. 将蜡烛适当靠近透镜，光屏适当远离透镜

C. 将透镜适当靠近蜡烛

D. 将透镜适当靠近光屏

解析

根据凸透镜成像规律可知，要使光屏上的像变大，应减小物距，增大像距，B、C 选项正确.

答案:BC

方法技巧:根据成实像时物近像远像变大，成虚像时物近像近像变小来判断. 即当物距大于焦距时，物距减小，像距必须增大，像也随之增大；物距增大，像距必须减小，像也随之减小. 而物距小于焦距时，物距减小，像距也将减小，像也随之减小.

题型五　光屏上的像的位置变化与物体的位置变化的判断方法

例 6　小泉同学在做“凸透镜成像”的实验时，他在光具座上依次放置蜡烛、凸透镜和光屏，点燃蜡烛，移动光屏，发现在光屏上出现如图 1-5-8 所示的现象，其原因是________. 实验中在光屏上得到一个清晰的像，这个像是________(选填“实”或“虚”)像.

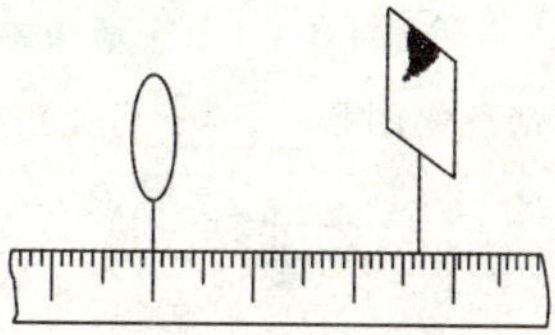

图 1-5-8

要使烛焰的像成在光屏的中央，透镜和光屏不动，蜡烛________(选填“向上”或“向下”)移动，若蜡烛和透镜不动，光屏________(选填“向上”或“向下”)移动.

解析

从题图可知，像成在光屏的偏上方，说明凸透镜高度偏高，或蜡烛偏低，即烛焰、凸透镜和光屏三者中心不在同一高度. 在光屏上得到的像是实像，虚像不能用光屏承接，只能用眼睛观察. 像的位置移动与物体的位置移动相反，要使像呈现在光屏中央，因此蜡烛应向上移动；假定蜡烛和透镜不动，显然只有当光屏向上移动时，烛焰的像才会成在光屏中央.

巧学妙记

物像变化规律

透镜固定是前提，
物体移动像也移.
像的位置随物变，
变化规律恰相反.

答案: 烛焰、凸透镜和光屏三者中心不在同一高度　实　向上　向上

方法技巧: 在透镜位置不动时，像的位置和大小随物体位置的变化而变化，其变化规律恰好与物体相反.

题型六　判断焦距取值范围的方法

例 7　**(安徽芜湖中考)** 物体从距凸透镜 12 cm 移到距凸透镜 18 cm 的过程中，调整光屏的位置，总能在光屏上得到倒立、放大的像，由此可知，此凸透镜的焦距可能是(　　)

A. 6 cm　　B. 10 cm　　C. 16 cm　　D. 20 cm

解析

根据凸透镜成像规律，当在光屏上成倒立、放大的像时，物体一定在大于 1 倍焦距小于 2 倍焦距处，即 $f<12\ \text{cm}<2f$ 且 $f<18\ \text{cm}<2f$，由此得到 $9\ \text{cm}<f<12\ \text{cm}$，所以 B 选项正确.

答案: B

方法技巧: (1)明确题目中所成像的性质；(2)根据凸透镜成像规律，由题中所给的成像性质找到对应的物距与焦距的关系；(3)借助不等式作出相应判断；(4)若题目中物距未知，而像距已知，则要根据凸透镜成像规律确定像距和焦距的关系，然后借助不等式作出判断.

题型七　近视眼与远视眼的识别及矫正方法

例 8　（山东菏泽中考）如图 1-5-9 所示的四幅图中，能正确表示近视眼成像情况的图是________，能正确表示近视眼矫正方法的是________.

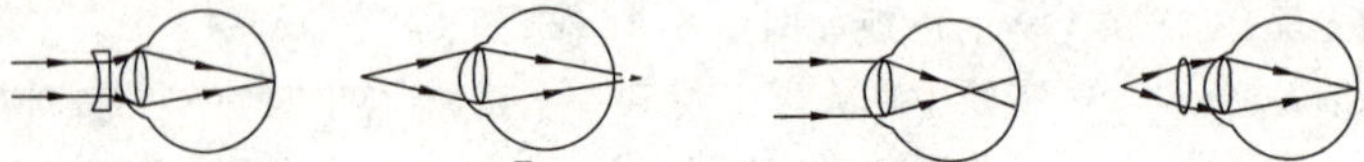

A　B　C　D

图 1-5-9

解析

近视眼是由于晶状体会聚本领过大或眼球前后方向太长，使本来会聚在视网膜上的像，成在了视网膜前方，C 图表示近视眼成像情况；为使像成在视网膜上，应戴发散透镜以矫正近视眼，A 图所示为矫正过程；B 图表示远视眼成像情况，D 图表示远视眼的矫正过程.

答案：C　A

方法技巧：(1)近视眼与远视眼的成因和矫正可结合下面的框图来理解：

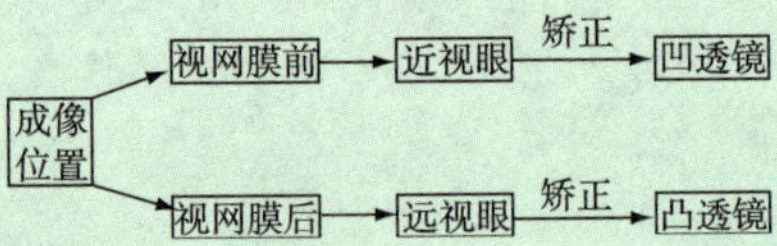

(2)凹透镜对光线有发散作用，用它矫正近视眼能使进入眼中的光线的会聚延迟，使原来成在视网膜前的像后移到视网膜上.

(3)凸透镜对光线有会聚作用，用它矫正远视眼能使进入眼中的光线的会聚提前，使原来成在视网膜后的像前移到视网膜上.

题型八　照相机、幻灯机、投影仪、放大镜的调节方法

例 9　（江西中考）临近毕业，承承所在班级拍摄毕业照时，摄影师看到两边有些同学没有进入镜头，他及时进行了调整，顺利完成了拍照，请你说说摄影师是怎样进行调整的？

解析

照相机是应用了物体在凸透镜的 2 倍焦距之外成倒立、缩小实像的原理制成的，此时像在 1 倍焦距之外、2 倍焦距之内，物体到凸透镜的距离为物距，底片到凸透镜的距离为像距；在本题中，要想将所有同学都进入镜头，即要将像变小，根据凸透镜成像规律，要使像变小，必须使像距变小同时物距变大，这就要求镜头离同学远一点，同时，摄影师还应将暗箱的长度缩短一些.

答案：摄影师应将镜头离同学远一点；同时，摄影师还应将暗箱的长度缩短一些.

方法技巧：(1)明确物距和像距：物体到凸透镜的距离为物距，底片到凸透镜的距离为像距；(2)根据题意明确是使像变大还是变小，如本题中要使“两边的同学进入镜头”，说明是使像变小；又如由照“全身像”改照“半身像”，说明是使像变大；(3)根据“物近像远像变大，物远像近像变小”进行调节，注意物距和像距要同时调节，才能得到清晰的像.

例 10 (山东潍坊中考)如图1-5-10 所示是上课经常使用的投影仪,请按要求回答.

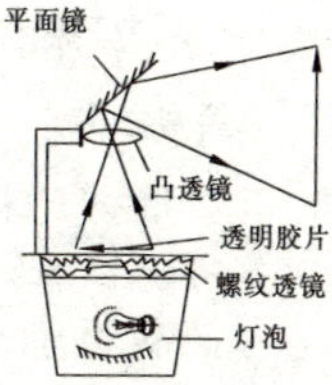

图 1-5-10

(1)平面镜的作用是:________________________.

(2)灯泡的作用是:________________________.

(3)若在屏幕上的像比较模糊(与投影片无关),调整方法是:________________________.

解析

投影仪是将胶片内容清晰地投射到竖直幕墙上,便于观察,从题图可看出,平面镜的作用是改变光的传播方向,使光线射到竖直幕墙上面;根据凸透镜成实像的特点,物体亮度越高,所成像就越亮,灯泡的作用是将胶片照亮,便于成清晰的像;若屏幕上的像比较模糊,则可能是像距与物距比例不符合要求,需要调节物距或像距,使屏幕上成一个清晰的像.

答案:(1)改变光的传播方向,使图像成在屏幕上

(2)充当光源,增加投影片的亮度,使投影更清晰

(3)适当调整镜头与投影片的距离、屏幕与投影仪的距离

方法技巧:(1)投影仪(幻灯机)的成像大小的调节方法与照相机完全一样;(2)凸透镜成像时,一个物距对应一个像距,只有当物距与像距对应时,才能在屏幕上得到一个清晰的像.

题型九 探究凸透镜成像规律题目的解答方法

例 11 (苏州中考)小明利用一未知焦距的凸透镜探究透镜的成像规律,进行了如下操作并得到了相关结论,请你将空缺部分补充完整.

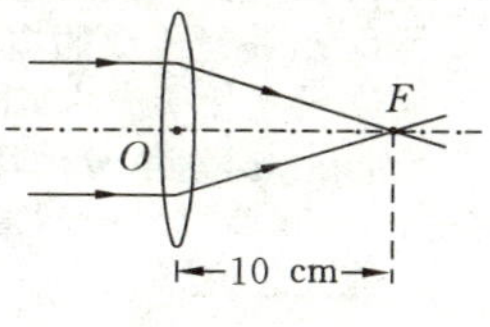

图 1-5-11

(1)将一束平行光射向凸透镜,得到如图 1-5-11 所示的光路图,则该透镜的焦距为______cm.

(2)将蜡烛、透镜和光屏放在光具座上,并使烛焰、透镜和光屏三者的中心大致在______.

(3)按要求进行观察和测量,并将观测情况记录在下表中.

实验序号	物距 u/cm	像距 v/cm	像的性质
1	30	15	倒立、缩小的实像
2	25	16.7	
3	20	20	倒立、等大的实像
4	15		倒立、放大的实像
5	5		正立、放大的虚像

①上表中实验序号 2 中像的性质为______,实验序号 4 中像距为______cm.

②当烛焰从远处向透镜靠近时,仍要在光屏上得到清晰的像,光屏应向______

(选填“靠近”或“远离”)透镜的方向移动.

解析

“(1)”中一束平行光线垂直入射到凸透镜上,经凸透镜折射后将会聚于一点,这一点到透镜中心的距离为焦距,结合题图判断,该透镜的焦距为 10 cm.“(3)”中在序号 2 的实验中,物距 $u=25\ cm>2f$,此时所成的像为倒立、缩小的实像,由序号 1 和序号 4 的两实验对比,根据光路可逆可知,序号 4 的实验中像距为 30 cm,在凸透镜成像时,“物远像近像变小,物近像远像变大”,本题中烛焰靠近透镜,光屏应远离透镜.

答案:(1)10 (2)同一高度 (3)①倒立、缩小的实像 30 ②远离

方法技巧:解答探究凸透镜成像规律的题目,应注意以下几点:(1)实验前,一般通过“聚焦法”来测出凸透镜的焦距.(2)蜡烛的烛焰、凸透镜、光屏的中心应该在同一直线且大致在同一高度上,这是保证烛焰的像成在光屏中央的前提,若像的位置偏上,则应向上调节蜡烛或光屏.(3)探究物距满足 $f<u<2f$ 时的成像情况,物体不能太靠近焦点,否则像离凸透镜太远,像也太大,光屏可能接收不到.(4)若将凸透镜的一部分用遮光板遮住,则成像性质不变,但像会变暗.(5)无论怎样移动光屏,在光屏上都得不到像的原因可能有:①蜡烛在焦点以内;②蜡烛恰好在焦点上;③烛焰、凸透镜、光屏的中心不在同一高度上;④蜡烛到凸透镜的距离稍大于焦距.

典题针对训练

1. (河北中考)下列有关凸透镜的说法不正确的是( )
A. 凸透镜对光有会聚作用
B. 凸透镜可以矫正近视眼
C. 凸透镜所成的虚像一定是放大的
D. 凸透镜所成的实像可以是放大的,也可以是缩小的

2. (山东潍坊中考)如图 1-5-12 所示,把蜡烛放在距离凸透镜 50 cm 的某一位置时,在透镜另一侧得到一个清晰的、倒立的、缩小的像.则此凸透镜的焦距不可能是( )

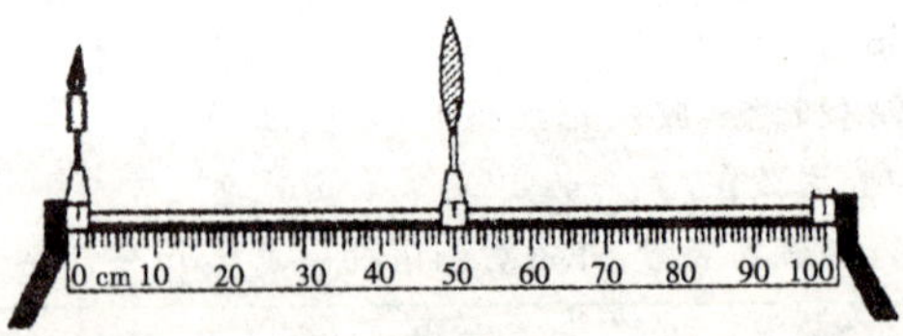

图 1-5-12

A. 10 cm B. 20 cm C. 30 cm D. 5 cm

3. (山西中考)如图 1-5-13 是小伟通过实验得到的凸透镜的像距 v 和物距 u 关系的图象,由图可知凸透镜的焦距是________cm;当物距为30 cm时的成像特点可应用于________(选填“照相机”“投影仪”或“放大镜”).

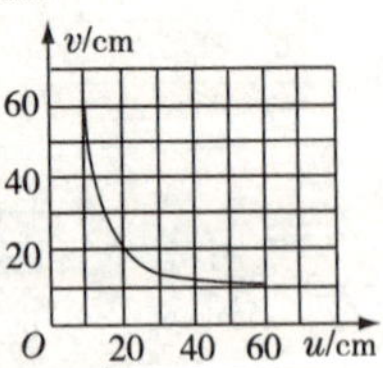

图 1-5-13

4. (沈阳中考)某物体通过一凸透镜成倒立、放大的实像,此时像距为 15 cm;当物体移到该透镜前 20 cm 处时,能够用

光屏承接到的像为________立、________(选填“放大”“缩小”或“等大”)的像，________就是利用这一原理制成的.

5.(武汉中考)小明用凸透镜、蜡烛、光屏和刻度尺等器材探究凸透镜成像规律.

(1)为了测出凸透镜的焦距，小明同学将凸透镜正对着太阳光，再把光屏放在它的另一侧，改变凸透镜与光屏的距离，直到光屏上出现一个________的光斑，如图 1-5-14 所示，则该凸透镜的焦距为________cm.

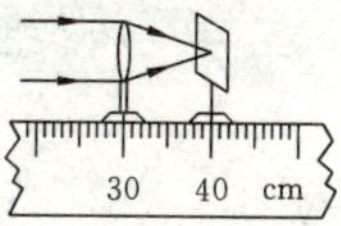

图 1-5-14

(2)请在图中画出凸透镜的主光轴.

(3)小明将烛焰、凸透镜和光屏的中心调整到同一高度后，在水平桌面上无论怎样移动光屏，都不能承接到烛焰的像，原因可能是________________.

(4)实验一段时间后，蜡烛变短了，要使烛焰的像仍然成在光屏的中心，应该将光屏向________移动.

针对训练答案

1.B　解析：凸透镜对光有会聚作用，A 说法正确；矫正近视眼应该用凹透镜，B 说法错误；凸透镜成虚像的条件是物距小于焦距，此时凸透镜成正立、放大的虚像，C 说法正确；当物距大于 2 倍焦距时，凸透镜成倒立、缩小的实像，当物距大于 1 倍焦距小于 2 倍焦距时，凸透镜成倒立、放大的实像，D 说法正确.

2.C　解析：由题意知，在光屏上得到的是一个清晰的、倒立的、缩小的像，那么可以判断蜡烛在凸透镜的 $2f$ 以外，即有 $2f<50$ cm，所以 $f<25$ cm，因此可判断 C 选项是不可能的.

3.10　照相机　解析：根据凸透镜成像规律，当物距 $u=2f$ 时，成倒立、等大的实像，像距 $v=2f$，从图象中可以看出，当物距 u 与像距 v 相等时，物距与像距均为 20 cm，则焦距 $f=10$ cm；当物距为 30 cm 时，物距大于 2 倍焦距，凸透镜成倒立、缩小的实像，这是照相机的原理.

4.倒　缩小　照相机　解析：根据凸透镜成像规律，当物距 $f<u<2f$ 时，凸透镜成倒立、放大的实像，像距 $v>2f$，即 15 cm$>2f$，所以 $f<7.5$ cm；当物体移到凸透镜前 20 cm 处时，物距 $u>2f$，凸透镜成倒立、缩小的实像，照相机就是利用这一原理制成的.

5.(1)最小(最亮、最清晰)　10

(2)凸透镜的主光轴如图 1-5-15 所示.

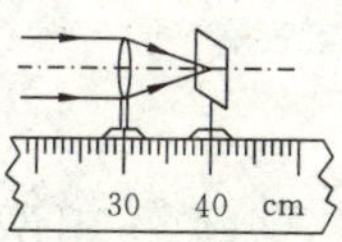

图 1-5-15

(3)蜡烛在凸透镜的 1 倍焦距以内(或焦点上)　(4)上

解析：凸透镜将平行的太阳光会聚在焦点上，焦点到凸透镜光心的距离为焦距，所以太阳光会聚在光屏上应为最小、最亮的点，此位置为焦点，通过题图可知，焦距为 10 cm；主光轴为过凸透镜光心和焦点的直线；光屏上所承接的像均为实像，如果蜡烛在凸透镜的 1 倍焦距之内(或焦点上)，则成像为虚像，光屏不能承接；蜡烛变短后，烛焰的中心降低，为使烛焰、凸透镜及光屏中心在一条直线上，则应将光屏向上移动.

第六章　质量与密度

学习思维导图

- 质量与密度
  - 质量
    - 定义：物体所含物质的多少
    - 单位及换算
      - 国际单位:千克(kg),常用单位:吨(t)、克(g)、毫克(mg)
      - 1 t=1 000 kg,1 kg=1 000 g,1 g=1 000 mg
    - 影响因素
      - 与物体本身有关
      - 无关因素：物体所处的位置、物体的形状、物态
    - 测量
      - 生活中：杆秤、案秤、台秤、电子秤
      - 实验室
        - 物理天平
        - 托盘天平
        - 使用方法
      - 常规测量(托盘天平)
        - 使用前：水平放置,调平衡
        - 使用时
          - 左物右码
          - 添加砝码先大后小
          - 砝码总质量加游码所对的刻度值
        - 测量完毕：砝码放回砝码盒,游码归零
      - 特殊测量：累积法(测多算少)
  - 密度
    - 定义：某种物质组成的物体的质量与它的体积之比
    - 公式：$\rho=\frac{m}{V}$
    - 单位
      - 国际单位：kg/m^3
      - 常用单位：g/cm^3
      - $1\ g/cm^3=10^3\ kg/m^3$
    - 测量
      - 固体
        - 规则固体：天平、刻度尺
        - 不规则固体：天平、量筒、水、细线
        - 原理:$\rho=\frac{m}{V}$
      - 液体：天平、量筒
    - 应用
      - 已知ρ、m求V,$V=\frac{m}{\rho}$
      - 已知ρ、V求m,$m=\rho\cdot V$
      - 物质的鉴别

解题知识必备

1. 质量

定义	单位	说明
物体所含物质的多少	千克(kg)、克(g)、毫克(mg)、吨(t),$1\ t=10^3\ kg=10^6\ g=10^9\ mg$	质量是物体本身的一种属性,物体的质量不随它的形状、物态、位置的改变而改变

2. 质量的测量——天平的使用方法与步骤

放	天平应水平放置,游码放在标尺左端零刻线处
调	调节天平两端的平衡螺母,使指针在分度盘的中央刻线处,这时天平的横梁平衡
称	左"物"右"码",增减砝码、移动游码,直到横梁恢复平衡
读	左盘物体质量=右盘砝码的总质量+游码所对应的刻度值
注意事项	(1)每个天平都有自己的"称量",被测物体的质量不能超过称量; (2)向盘中加减砝码时要用镊子,不能用手接触砝码,不能把砝码弄湿、弄脏; (3)潮湿的物体和化学药品不能直接放到天平的托盘中

3. 测量物体质量的特殊方法

"累积法"测量	"取样法"测量
若被称物体的质量小于天平的感量,则天平不能读取其质量,可采用"累积法"测量.即测出 n 个这样物体的总质量 m,则一个物体的质量为$\frac{m}{n}$	如果要数出 2 kg 相同材料纸有多少张是很麻烦的,通常可采用的方法有:测出 2 kg 该纸张的总质量,记作 m,然后数出 20 张纸,称出其质量,记作 m_1,则2 kg 纸张的数目是$\frac{m}{m_1}\times 20$

4. 密度的概念

定义	公式	单位	密度的特性	密度的可变性
某种物质组成的物体的质量与它的体积之比	$\rho=\frac{m}{V}$	国际单位:千克/米^3(kg/m^3) 常用单位:克/厘米^3(g/cm^3) $1\ g/cm^3=10^3\ kg/m^3$	(1)每种物质都有一定的密度,密度大小跟质量和体积无关;(2)不同物质的密度一般不同	同一种物质的密度会随温度的改变而改变

5. 密度的应用

应用	适用范围	方法
求物体的质量	不便于直接称量质量的物体	(1)查出该物体的密度 ρ,测出其体积 V (2)根据 $\rho=\frac{m}{V}$ 的变形公式 $m=\rho V$ 求出质量
求物体的体积	形状不规则或不便于直接测量体积的物体	(1)查出该物体的密度 ρ,测出其质量 m (2)根据 $\rho=\frac{m}{V}$ 的变形公式 $V=\frac{m}{\rho}$ 求出体积
求物质的密度	鉴别物质	(1)根据 $\rho=\frac{m}{V}$ 算出物质的密度 (2)对照密度表,鉴别是什么物质

6. 密度的测量

(1)测量物体体积的方法

测量液体的体积	直接用量筒(杯)来测量
测量形状规则固体的体积	用刻度尺测出它的几何尺寸,然后用公式计算出体积(公式法)

续表

测量密度大于水的形状不规则的固体的体积	较小固体	(1)在量筒中倒入适量的水，记下刻度值 V_1；(2)用细线拴住固体，慢慢放入量筒的水中，记下刻度值 V_2；(3)求出固体的体积 $V=V_2-V_1$(排水法)
	较大固体	(1)把水装满大烧杯，以水刚好溢出为准；(2)把较大固体浸入烧杯的水中，同时用另一水杯承接从烧杯中溢出的水；(3)用量筒或量杯测出溢出水的体积 V，则 V 就是较大固体的体积(溢水法)
测量密度小于水的形状不规则固体的体积		(1)重物法：将待测物体与一密度大于水的重物用细线拴在一起，先将重物浸没在量筒内的水中，记下此时水面上升到的刻度值 V_1，再把待测物体也浸没入水中，记下水面到达的刻度值 V_2，则 (V_2-V_1) 就是待测物体的体积； (2)针压法：在量筒中倒入适量的水，记下水的体积为 V_1，用一细针刺入待测物体，将待测物体全部压入水中，记下总的体积 V_2，则待测物体的体积是 $V=V_2-V_1$

(2)测量物质的密度

测量固体的密度	(1)用天平测出固体的质量 m；(2)用公式法、排水法、溢水法、重物法或针压法测出固体的体积 V；(3)利用公式 $\rho=\frac{m}{V}$ 计算出密度
测量液体的密度	(1)将被测液体倒入烧杯中，用天平测出其总质量 m_1； (2)将烧杯中适量的液体倒入量筒中，测出量筒中液体的体积 V；用天平测出烧杯和剩余液体的总质量 m_2； (3)计算出液体的密度 $\rho=\frac{m}{V}=\frac{m_1-m_2}{V}$

题型技法归纳

题型一　质量的估测方法

例1　(广东中考)以下选项中质量最接近 50 g 的是(　　)

A. 一个乒乓球　　B. 一只母鸡　　C. 一只鸡蛋　　D. 一张课桌

解析

一只鸡蛋的质量约为 50 g，一个乒乓球的质量约为 5 g，一只母鸡的质量约为 2 kg，一张课桌的质量约为 10 kg，故选 C.

答案：C

方法技巧：解答此类问题的方法是：(1)把不常用的单位换算成我们常用的单位(kg)，比较起来会更方便些；(2)熟知常见物体的大约质量.

题型二　对质量概念的理解方法

例2　下列说法中正确的是(　　)

A. 登月舱从地球到月球质量会变小

B. 1 kg 铁比 1 kg 棉花的质量大

C. 玻璃杯打碎后,形状发生了变化,但质量不变

D. 一杯水凝固成冰后体积变大,质量也变大

解析

质量是物体的一种属性,不随物体的温度、位置、形状、状态的变化而变化,所以登月舱、玻璃杯、水的质量都不变,铁和棉花尽管不是同种物质构成,但所含物质的多少都是 1 kg,即它们的质量是一样大的.

答案:C

方法技巧:解答此类问题常用的方法是概念辨析法.(1)明确质量是表示物体中所含物质多少的物理量,只要物体中所含物质的多少没有改变,物体的质量就不会改变.(2)知道质量是物体的一种属性,物体的质量不随它的形状、物态和位置改变而改变.

题型三　用天平测物体质量的解答技法

例 3 (苏州中考)小明利用天平测一块小石块的质量.

(1)他将天平放在水平桌面上,当调节天平横梁平衡时,将游码移至横梁标尺左端零刻线处,发现指针停在分度盘的右侧,他应将平衡螺母向________(选填“左”或“右”)移动,使天平平衡.

(2)他测量小石块质量时的情形如图 1-6-1 所示,其中违反操作规定的是________.

(3)图中小石块的实际质量是________ g.

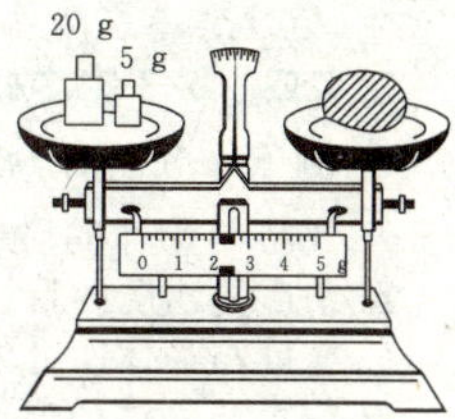

图 1-6-1

解析

(1)在调节横梁平衡时,“右偏左调,左偏右调”,即指针偏向分度盘的右侧,平衡螺母向左调,指针偏向分度盘的左侧,平衡螺母向右调.(2)使用天平测质量时,物体放在左盘,砝码放在右盘.(3)若物体和砝码放错位置,砝码的总质量减去游码所对的数值就是被测物体的实际质量,25 g−2.2 g=22.8 g.

答案:(1)左　(2)被测物体放在右盘,砝码放在左盘　(3)22.8

方法技巧:(1)天平使用前要使横梁平衡:横梁平衡的标志是指针指在分度盘的中央刻线处;调节的原则是“右偏左调,左偏右调”;(2)测量时,左盘放物体,右盘放砝码,由大到小加减砝码,需要时可移动游码,直至天平恢复平衡;(3)移动游码时,相当于向右盘中添加小的砝码;(4)物体的质量=右盘中砝码的总质量+游码在标尺上所对的刻度值.

巧学妙记

托盘天平的使用

托盘天平要放平,游码复位再调平.左盘放物右砝码,砝码要用镊子夹.

例 4　某同学用托盘天平称一个物体的质量，将天平调节平衡后，估计这个物体的质量约为 50 g，就把物体和砝码分别正确地放入盘中，发现指针明显地偏向分度盘中线的左侧，那么他应该(　　)

A. 减少砝码

B. 增加砝码

C. 将横梁右端的平衡螺母向右移动

D. 将横梁右端的平衡螺母向左移动

巧学妙记

天平的使用

称时不调，调时不称.
调后不动，动后必调.

解析

指针明显向左偏，说明左盘质量比右盘质量大很多，在测量过程中出现这种情况不能调节平衡螺母，只能向右盘添加砝码.

答案：B

方法技巧：天平不平衡问题的解决办法：(1)测量质量前，调节平衡螺母；(2)测量过程中，通过游码或砝码来调节.

题型四　关于密度概念问题的解答方法

例 5　(山东聊城中考)关于密度，下列说法正确的是(　　)

A. 密度与物体的质量成正比，与物体的体积成反比

B. 密度是物质的特性，与物体的质量和体积无关

C. 密度与物体所处的状态无关

D. 密度与物体的温度无关

解析

密度是物质的一种特性，每种物质都有一定的密度，当物体的温度、状态不变时，物质的密度不变，所以 A 选项错误，B 选项正确；当物体的状态发生改变时，其密度会发生改变，如水的密度是 $1.0\times10^3\ kg/m^3$，而冰的密度是 $0.9\times10^3\ kg/m^3$，故 C 选项错误；一般物体都有“热胀冷缩”的性质，物体的温度改变，其体积会发生改变，根据 $\rho=\frac{m}{V}$ 可知，其密度也发生改变，故 D 选项错误.

答案：B

方法技巧：解决此类问题的关键，是从以下三个方面对密度加以理解：一是同一种物质密度是一定的，与质量、体积、形状无关；二是不同物质的密度一般不同；三是同种物质的密度还与温度、物态有关，当温度、物态发生改变时，物质的密度将发生改变.

题型五　测物体密度的常规方法

例 6　(安徽中考)为测量某金属块的密度：

(1)用调节好的天平测金属块的质量，天平平衡时，右盘中所加的砝码和游码位置如图 1-6-2 甲所示，则所测金属块的质量是________g；

(2)把金属块放入装有 60 cm³ 水的量筒中，液面上升的位置如图乙所示，则金属

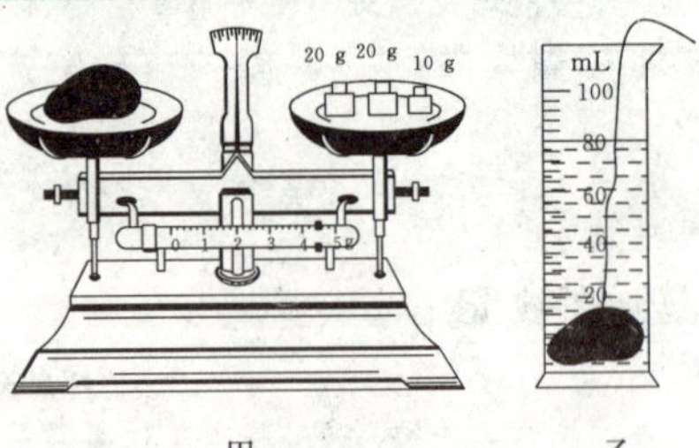

甲　　乙

图 1-6-2

块的体积是________ cm^3，该金属块的密度是________ kg/m^3.

解析

(1)用天平测量物体的质量时，物体的质量等于右盘中砝码的总质量加上游码在标尺上所对的刻度值，题图右盘中砝码的总质量是 50 g，游码在标尺上所对的刻度值是 4.4 g，故所测金属块的质量是 $m=54.4$ g；(2)把金属块放入量筒中后，量筒的读数是 80 cm^3，故金属块的体积是 $V=80\ cm^3-60\ cm^3=20\ cm^3$，该金属块的密度是 $\rho=\frac{m}{V}=\frac{54.4\ g}{20\ cm^3}=2.72\ g/cm^3=2.72\times10^3\ kg/m^3$.

答案：(1)54.4　(2)20　2.72×10^3

例 7 (重庆中考)在测定盐水密度的实验中，小东同学按照正确的实验方法和步骤进行操作，并设计了如下记录数据的表格.

(1)小东将天平放在水平台上，把游码归零后，发现指针静止时如图 1-6-3 甲所示，这时他应将横梁右端的平衡螺母向________调节(选填"左"或"右")，使天平平衡.

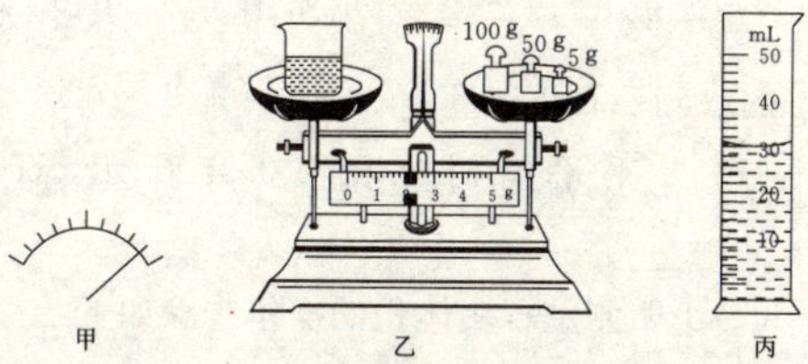

图 1-6-3

(2)如图 1-6-3 乙显示的是烧杯中装入适量盐水后，置于调平的天平上，天平重新平衡时的情景；丙显示的是将烧杯中部分盐水倒入量筒后的情景. 根据图中情景帮小东将下表填写完整.

烧杯和盐水的总质量 $m_{总}$/g	烧杯和剩余盐水的总质量 m'/g	倒出盐水的质量 m/g	倒出盐水的体积 V/cm^3	盐水的密度 $\rho/(g\cdot cm^{-3})$
		33		

(3)另一位同学的实验方法是：先测出空烧杯的质量为 m_1，接着向空烧杯中倒入适量盐水后，测出总质量为 m_2，再把烧杯中的盐水全部倒入量筒中，测出盐水的体积为 V，然后计算出盐水的密度 $\rho'=\frac{m_2-m_1}{V}$. 与小东测出的盐水密度 ρ 相比较，则 ρ'________ρ(选填"<"">"或"=").

解析

(1)从题图中可以看出，此时指针向右偏，因此应向左调节平衡螺母；(2)烧杯和盐水的总质量 $m_{总}=100\ g+50\ g+5\ g+2\ g=157$ g，则烧杯和剩余盐水的总质量 $m'=m_{总}-m=157g-33\ g=124$ g，倒出盐水的体积 $V=30\ cm^3$，故盐水的密度 $\rho=\frac{m}{V}=\frac{33\ g}{30\ cm^3}=1.1\ g/cm^3$；(3)该同学在把烧杯中的盐水倒入量筒中时，烧杯壁上会有残留，因此测出的盐水体积将变小，故所测密度偏大.

答案:(1)左　(2)如下表所示　(3)>

烧杯和盐水的总质量 $m_{总}$/g	烧杯和剩余盐水的总质量 m'/g	倒出盐水的质量 m/g	倒出盐水的体积 V/cm^3	盐水的密度 ρ/($g\cdot cm^{-3}$)
157	124	33	30	1.1

方法技巧:为了减小实验误差,测固体物质的密度时,应先测质量后测体积,如果先测体积后测质量,物体上会沾有一些水,测出的结果会偏大;测液体的密度时,应先测烧杯和液体的质量,倒出部分液体后再测剩余液体和烧杯的质量,如果先测空烧杯的质量,再测液体和烧杯的总质量,把液体全部倒入量筒时,烧杯壁上会残留液体,导致液体的体积偏小,使所测密度的结果偏大.

题型六　测物质密度的特殊方法

例 8　(广州中考)小明用天平、大杯、小杯和密度为 ρ 的水测一石块密度.

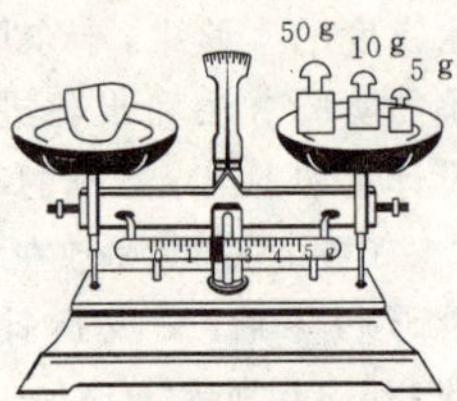

图 1-6-4

(1)天平平衡时如图 1-6-4 所示,石块的质量 m=________.

(2)小明测量石块体积的操作步骤如下:

a.测出空小杯的质量 m_1(g)

b.把装了水的大杯和空的小杯如图 1-6-5 放置

c.把石块缓缓放入大杯中,大杯中部分水溢进小杯

d.测出承接了溢出水的小杯总质量 m_2(g)

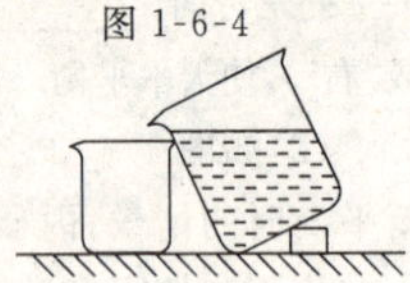
图 1-6-5

请你指出步骤 b 的错误之处:________________.

(3)用本题中出现过的物理量符号表示石块体积为________;石块密度为________(设步骤 b 中的错误已改正).

解析

用天平测量物体的质量时,物体的质量=砝码质量数+游码示数,故石块的质量为67 g;石块体积的测量采用了排水法,放入石块前应使大杯中的水处于恰好不溢出状态(即装满),此时放入石块后排到小杯中的水的体积才与石块的体积相等,即 $V_{石}=V_{排水}=\frac{m_2-m_1}{\rho}$,石块的密度根据 $\rho_{石}=\frac{m}{V_{石}}$ 可求出.

答案:(1)67 g　(2)大杯装的水还没有到溢水位(或大杯的水没有刚好装满)

(3)$\frac{m_2-m_1}{\rho}$　$\frac{67\rho}{m_2-m_1}$

方法技巧:测量固体密度时,若无量筒或固体体积太大用量筒无法测量,可运用转换法,即通过"溢水法"来测量固体的体积.用"溢水法"测固体体积的关键是在溢水杯中装满水,且要先测出空小杯的质量,后测小杯和溢出水的总质量.

例 9 （四川广安中考）小刚同学想测酱油的密度，但家里只有天平、小空瓶，而没有量筒. 他思考后按照自己设计的实验步骤进行了测量，测量内容及结果如图1-6-6所示.

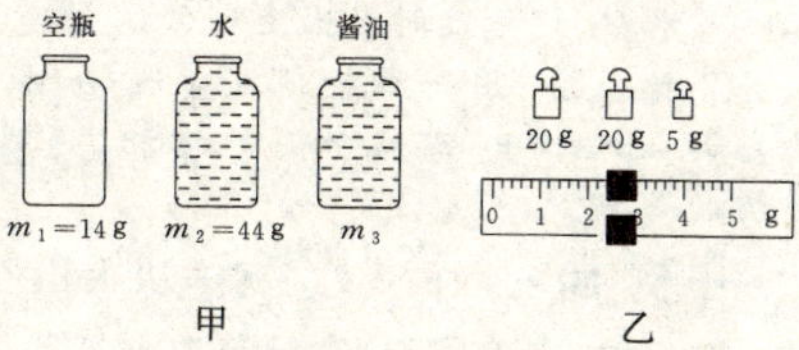

图 1-6-6

(1) 他第三次测得物体的质量如图 1-6-6 乙中砝码和游码所示，其结果 $m_3=$________g.

(2)请按照图 1-6-6 甲的顺序写出对应的实验步骤：

第一步：____；

第二步：____；

第三步：____.

(3)请你根据小刚测量的数据帮他计算出酱油的密度.（写出主要的计算步骤）

解析

本实验的关键是设法测出小空瓶的容积，充分利用水的密度（已知），测出瓶中水的质量，再根据公式 $V=\frac{m_水}{\rho_水}$ 算出小空瓶的容积.

答案：(1)47.4　(2)第一步：测出小空瓶的质量 $m_1=14$ g

第二步：测出小空瓶装满水后的总质量 $m_2=44$ g

第三步：测出小空瓶装满酱油后的总质量 $m_3=47.4$ g

(3)$m_水=m_2-m_1=44\text{ g}-14\text{ g}=30\text{ g}$　$V_水=\frac{m_水}{\rho_水}=\frac{30\text{ g}}{1\text{ g/cm}^3}=30\text{ cm}^3=V_{酱油}$

$m_{酱油}=m_3-m_1=47.4\text{ g}-14\text{ g}=33.4\text{ g}$　$\rho_{酱油}=\frac{m_{酱油}}{V_{酱油}}=\frac{33.4\text{ g}}{30\text{ cm}^3}\approx1.11\text{ g/cm}^3$.

方法技巧：(1)无量筒测液体密度法

原理：$V_液=V_水$.

转换方法：
- 测空瓶质量 m_0 ⇒ 测满瓶液体和空瓶的总质量 m_1
- ⇒ 测满瓶水和空瓶的总质量 m_2 ⇒ $\rho=\frac{m_1-m_0}{m_2-m_0}\cdot\rho_水$

(2)无量筒测不规则固体密度法

原理：$V_固=V_水$.

转换方法：
- 测固体质量 m_1 ⇒ 测满瓶水和瓶的总质量 m_2
- ⇒ 将固体没入水中并取出
- ⇒ 测剩余水和瓶的总质量 m_3
- ⇒ $\rho=\frac{m_1}{m_2-m_3}\cdot\rho_水$

(3)如果被测物体放入液体中是漂浮的，采取的办法有两种：

①重物法：将待测物与一能沉入水中的重物用细线拴在一起，手提待测物上端的细线，先将重物浸没在量筒的水中，记下水面上升处的刻度 V_1，再把拴好的两物体一

起放入水中，记下此时水面上升处的刻度 V_2，那么 V_2-V_1 就是待测物的体积.

②针压法：用一细针刺入待测物，将待测物浸入水中后，用力压细针，把待测物全部压入水中，忽略针尖的体积，通过观察水面上升刻度的变化，便可求出待测物的体积.

例 10 （陕西中考）有一块火山石可以漂浮在水中，小王用天平、量筒和水等器材测量这块火山石的密度. 实验步骤如下：

①用天平测出石块的质量 m，天平的示数如图 1-6-7 所示；

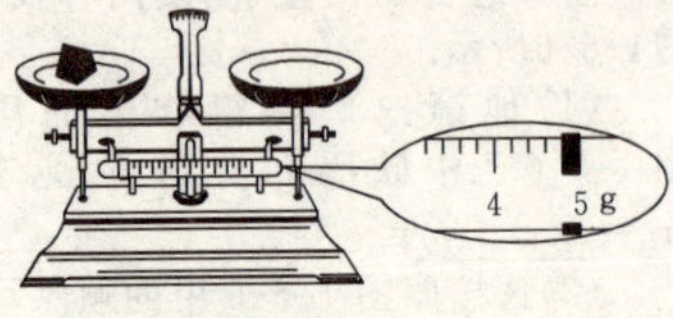

图 1-6-7

②向量筒中倒入 $V_1=60$ mL 的水；

③用细线系住石块，放入量筒中，用细铁丝将其压入水中足够长时间，水面到达 $V_2=65$ mL 处；

④取出石块，水面降到了 $V_3=58$ mL 处；

⑤小王认为石块体积的测量不够准确，石块的体积应该包含材质和其中空隙部分的体积，于是又向量筒中加水到 60 mL 处，将刚才取出的石块表面吸附的水清除后，再次没入量筒的水中，此时水面到达 $V_4=66$ mL.

请回答下面问题：

(1)该实验的原理为________(用物理量符号表示).

(2)在步骤④中，水面未回到 60 mL 处的原因________.

(3)请你根据小王的实验思路，将有关数据及计算结果填入以下表格的空白处.

物理量 / 实验序号	火山石块的质量 m/g	V_1	V_2	V_3	V_4	火山石块的体积 V/cm^3	火山石块的密度 $\rho/(\text{g}\cdot\text{cm}^{-3})$
1	____	60	65	58	66	____	____

(4)观察表格的设计，请你指出其中存在的两处不足（相同类型的不足点只写一条）. ①________；②________.

解析

测量石块密度的原理是 $\rho=\dfrac{m}{V}$，火山石块取出后水减少了，是因为火山石块吸收了一部分水，从题图中可读出火山石块的质量为 4.8 g，火山石块的体积 $V=V_4-V_1=66\text{ mL}-60\text{ mL}=6\text{ mL}=6\text{ cm}^3$，则火山石块的密度 $\rho=\dfrac{m}{V}=\dfrac{4.8\text{ g}}{6\text{ cm}^3}=0.8\text{ g/cm}^3$. 表格设计存在的不足之处主要有：①实验次数太少；② V_1、V_2、V_3、V_4 的体积数据无单位（或数据 60、65、58、66 无单位）.

答案：(1) $\rho=\dfrac{m}{V}$　(2)火山石块吸收了 2 mL 的水　(3)如下表　(4)①实验次数太少　②体积无单位

物理量 / 实验序号	火山石块的质量 m/g	V_1	V_2	V_3	V_4	火山石块的体积 V/cm^3	火山石块的密度 $\rho/(\text{g}\cdot\text{cm}^{-3})$
1	4.8	60	65	58	66	6	0.8

方法技巧：若被测物体具有吸水性，可用以下方法测量其体积：(1)可以在测完质量后，先放在水中浸泡一段时间，让物体吸足水，再利用排水法测量体积；(2)先用一层塑料薄膜或用蜡将固体封住，再用排水法测出其体积；(3)用排沙法测量：用细沙代替量筒中的水测出其体积.

题型七　应用密度鉴别物质的方法

例 11　(山东潍坊中考)社会上食品造假事件时有发生.小明的奶奶从自由市场上购买了一箱牛奶，小明想知道牛奶是否掺水.通过查阅资料得知，在牛奶中掺水后，掺水含量与牛奶密度的关系如下表所示.小明取100 mL这种牛奶，测得它的质量为 102.2 g，则这种牛奶(　　)

牛奶中掺水含量	0%	10%	20%	30%	40%	50%	60%	70%	80%	90%	100%
牛奶密度/($g\cdot cm^{-3}$)	1.030	1.027	1.024	1.021	1.018	1.015	1.012	1.009	1.006	1.003	1.000

A. 未掺水　　　　　　　　B. 掺水含量 20%以下

C. 掺水含量 20%～30%　　D. 掺水含量 30%以上

解析

从题中提供的数据可以计算出牛奶的密度$\rho=\frac{m}{V}=\frac{102.2\ g}{100\ cm^3}=1.022\ g/cm^3$，通过数据表格可知，此种牛奶中掺水含量在 20%～30%.因此 C 选项正确.

答案：C

方法技巧：(1)不同物质的密度一般不同，所以可由密度鉴别物质的种类；(2)根据公式 $\rho=\frac{m}{V}$ 计算出物质的密度后，将计算得到的密度值与“标准值”(如本题表格中的密度值)相比较得出结论；(3)如果仅通过密度无法鉴别，就需要根据其他性质，如颜色、气味、硬度、电学特性等进一步鉴别.

题型八　有关密度计算题的解答技法

例 12　(江西中考)江西省富“硒”的矿泉水资源非常丰富.如果要将其开发为瓶装矿泉水，且每瓶净装 550 g，则：

(1)每个矿泉水瓶的容积至少要多少毫升？

(2)若用该矿泉水瓶来装家庭常用的酱油，装满后至少能装多少毫升的酱油？($\rho_{矿泉水}=1.0\times10^3\ kg/m^3$，$\rho_{酱油}=1.1\times10^3\ kg/m^3$)

解析

(1)由 $\rho=\frac{m}{V}$ 知，矿泉水瓶的容积 $V=\frac{m_{矿泉水}}{\rho_{矿泉水}}$，代入数据可求.

(2)因为矿泉水瓶的容积一定，故所装酱油的体积就等于瓶的容积.

解：(1)$V_{矿泉水}=\frac{m_{矿泉水}}{\rho_{矿泉水}}=\frac{0.55\ kg}{1.0\times10^3\ kg/m^3}=5.5\times10^{-4}\ m^3=550\ cm^3$，矿泉水瓶的

容积至少 550 mL.

(2)$V_{酱油}=V_{瓶}=550$ mL,装满后至少能装酱油 550 mL.

方法技巧:(1)灵活选用公式 $\rho=\frac{m}{V}$ 及其变形公式 $m=\rho V$、$V=\frac{m}{\rho}$;(2)注意挖掘题中的隐含条件,如本题中"矿泉水瓶的容积一定",再如物体状态发生改变时,质量 m 一定;(3)计算过程中,注意单位一定要统一.

题型九　运用密度与温度的关系分析问题的方法

例 13 (广州中考)夏天,用橡皮膜封闭一锥形瓶的瓶口,把锥形瓶放在冰水中后,瓶口的橡皮膜会向下凹,如图 1-6-8 所示,由此可知:该瓶内气体温度降低,密度________(选填"变大""不变"或"变小").根据气体密度的这种变化规律,发生火灾时为了避免吸入燃烧后产生的有毒气体,人应尽量贴近地面爬行的理由是______________________________.

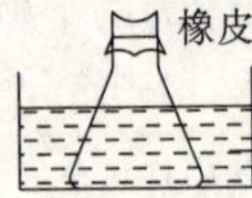

图 1-6-8

解析

封闭在锥形瓶内气体的质量是不变的,当把锥形瓶放在冰水中后,橡皮膜向下凹,表明气体温度降低时,瓶内气体的体积变小,根据密度公式 $\rho=\frac{m}{V}$ 知,气体的密度变大.根据气体温度高、密度小的规律,在发生火灾时,燃烧后的有毒气体由于温度高、密度小而分布在房间的上方,所以人应尽量贴近地面爬行.

答案:变大　燃烧产生的有毒气体温度较高,密度较小,会分布在房间上方

方法技巧:运用密度与温度的关系分析问题时,要把握以下几个关键点:(1)温度能够改变物质的密度,一般物体的密度随温度的升高而减小;(2)对于气体来说,温度升高,气体密度变小而上升;(3)结合题目中的具体情景作进一步的分析.

题型十　鉴别物体是否空心的方法

例 14　有一铁球,其体积为 100 cm³,其质量为 750 g,那么这只铁球是空心的还是实心的?($\rho_{铁}=7.9\ \text{g/cm}^3$)

解:方法一:(比较质量法)

假设这个铁球是实心球,已知 $V=100\ \text{cm}^3$,$m=750$ g,$\rho_{铁}=7.9\ \text{g/cm}^3$.

$m'=\rho_{铁}\cdot V=7.9\ \text{g/cm}^3\times100\ \text{cm}^3=790$ g

因为 790 g>750 g,即 $m'>m$,所以此球为空心球.

方法二:(比较体积法)

假设这个铁球是实心球,则 750 g 铁球的体积应为 $V'=\frac{m}{\rho_{铁}}=\frac{750\ \text{g}}{7.9\ \text{g/cm}^3}=94.9\ \text{cm}^3$.

因为 $94.9\ \text{cm}^3<100\ \text{cm}^3$,即 $V'<V$,所以此球为空心球.

方法三:(比较密度法)

假设此球为实心球,则 $\rho'=\frac{m}{V}=\frac{750\ \text{g}}{100\ \text{cm}^3}=7.5\ \text{g/cm}^3$.

因为 $7.5\ \text{g/cm}^3<7.9\ \text{g/cm}^3$,即 $\rho'<\rho_{铁}$,所以此球为空心球.

说明:如果需要求出空心部分的体积,最好采用方法二,因为这样既可以判断此

球是空心的，还可利用$V_空=V-V'$进一步计算出空心部分的体积.

方法技巧：判断物体是实心的还是空心的，解决问题的方法有很多，实质上都是根据密度定义式，比较实际物体与实心物体的质量、体积或密度之间是否存在差异，即：比较质量法、比较体积法和比较密度法. 如果存在差异，则实际物体为空心物体.

(1)如果是实心的，则该物体的密度应该和组成物体的物质密度相同. 因此只要用“比较密度法”比较，即可确定该物体的空实性.

(2)假设该球是实心的，可以由$V=\frac{m}{\rho}$求得等质量实心物体的体积是多少，再跟该物体的真实体积相比较，可确定物体的空实性，这种方法称为“比较体积法”.

(3)假设该球是实心的，可以由$m=\rho V$求得等体积的实心物体的质量是多少，再跟该物体的真实质量相比较，可确定物体的空实性，这种方法称为“比较质量法”.

题型十一　图象类问题的解答方法

例 15　(哈尔滨中考)甲、乙两种物质，它们的质量跟体积的关系如图 1-6-9 所示，则$\rho_甲$________(选填“>”“<”或“=”)$\rho_乙$. 其中乙物质可能是________.

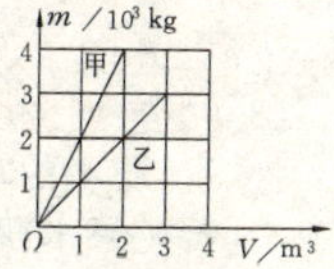

图 1-6-9

解析

在体积相同(横坐标相同)的情况下，物体的质量$m_甲>m_乙$，根据密度公式$\rho=\frac{m}{V}$知密度$\rho_甲>\rho_乙$，任取一组数据计算乙物质的密度：$\rho_乙=\frac{m}{V}=\frac{2\times10^3\ kg}{2\ m^3}=1\times10^3\ kg/m^3$，这种物质的密度与水的密度相同，则乙物质可能是水.

答案：>　水

方法技巧：密度公式$\rho=\frac{m}{V}$，可以变换成$m=\rho V$，当ρ一定时，m与V成正比. m-V图象就可以反映这种物体质量与体积的变化关系. 在图 1-6-10 中，横轴表示体积，纵轴表示质量，直线A、B就反映了两种物质的密度大小，以及它们各自质量与体积的关系. 不难看出，直线A(或B)与横轴的倾角的大小就反映了它们各自密度的大小，倾角越大，密度越大.

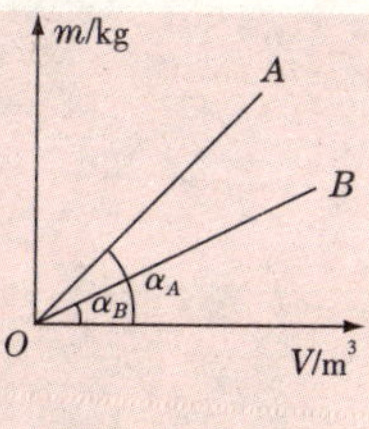

图 1-6-10

典题针对训练

1. 下表给出了在常温常压下一些物质的密度，阅读后请判断下列结论中正确的是(　　)

物质	密度/(kg·m⁻³)	物质	密度/(kg·m⁻³)
纯水	1.0×10^3	冰	0.9×10^3
煤油	0.8×10^3	干松木	0.5×10^3
酒精	0.8×10^3	铜	8.9×10^3
水银	13.6×10^3	铅	11.3×10^3

A. 固体的密度都比液体的大
B. 不同的物质，密度一定不同
C. 同种物质在不同状态下，其密度不同
D. 质量相等的实心铜块和实心铅块，铜块的体积比铅块小

2.(沈阳中考)如图 1-6-11 所示，点燃蜡烛会使它上方的扇叶旋转起来.这是因为蜡烛的火焰使附近空气的温度升高，体积膨胀，空气的密度变________，所以热空气______(选填“上升”或“下降”)，形成气流，气流流过扇叶时，带动扇叶转起来.

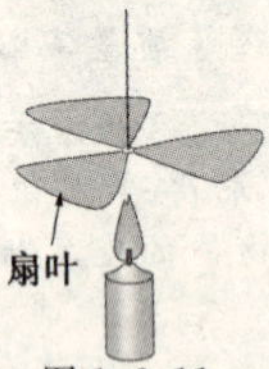

图 1-6-11

图 1-6-12

3.(山东烟台中考)如图 1-6-12 所示，一个矿泉水瓶里有不多的水，乌鸦喝不到水，聪明的乌鸦就衔了很多的小石块填到瓶子里，水面上升了，乌鸦喝到了水.若矿泉水瓶的容积为 450 mL，内有 0.2 kg 的水，乌鸦投入其中的石块的体积是______，石块质量是________.(石块密度为 $2.6\times10^3\ kg/m^3$)

4.(河北中考)小明用天平、细绳、烧杯和水($\rho_水=1.0\ g/cm^3$)测定某工艺品(实心)的密度.

(1)实验过程如下：

①往烧杯中倒入适量的水，用调节好的天平测出烧杯和水的总质量为 200 g.

②用绳将工艺品拴好并浸没在水中(如图 1-6-13 所示)，在右盘中增加砝码并移动游码，当天平平衡后，得出质量为 208 g，则工艺品的体积为________ cm^3.

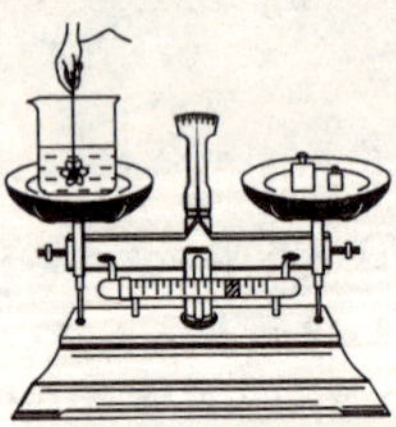
图 1-6-13

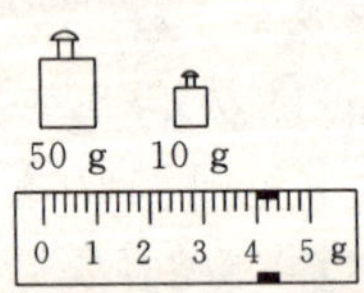

图 1-6-14

③从烧杯中取出工艺品，用天平测量其质量，当天平平衡后，右盘中砝码和游码的位置如图 1-6-14 所示，工艺品的质量为________ g.

④工艺品的密度为 $\rho=$________ g/cm^3.

(2)小明测量的工艺品密度比真实值________(选填“偏大”或“偏小”)，是由于________________________________.

(3)被测工艺品是由下表中的某种金属制成的.这种金属在生产和生活中有着广泛的应用，如____________________(举一例).

物质	金	铅	铜	铁	铝
密度/($g\cdot cm^{-3}$)	19.3	11.3	8.9	7.9	2.7

5. 今年小明家种植柑橘获得了丰收. 小明想:柑橘的密度是多少呢? 于是,他将柑橘带到学校实验室,用天平、溢水杯来测量柑橘的密度. 他用天平测出一个柑橘的质量是 114 g,测得装满水的溢水杯的总质量是 360 g;然后借助牙签使这个柑橘浸没在溢水杯中,当溢水杯停止排水后再取出柑橘,接着测得溢水杯的总质量是 240 g.

请根据上述实验过程解答下列问题:

(1)溢水杯中排出的水的质量是多大?

(2)这个柑橘的体积和密度各是多大?

(3)小明用这种方法测出的这个柑橘的密度与它的实际密度比较,是偏大还是偏小?

针对训练答案

1. C 解析:由表格中数据可知:固体密度可能比液体密度小,如干松木的密度比水的密度小;不同物质的密度可以相同,如煤油和酒精;同种物质在不同状态下密度不同,如水和冰;因为铜的密度比铅的小,所以根据密度公式可判断铜块的体积大. 故 C 正确.

2. 小 上升 解析:气体受热会膨胀,体积变大,密度变小,小于周围空气的密度,此时气体会上升形成气流,气流带动扇叶转动.

3. 250 cm^3 0.65 kg 解析:0.2 kg 水的体积为 $V_水=\frac{m}{\rho_水}=\frac{200\ g}{1\ g/cm^3}=200\ cm^3$;需要投入的石块的体积是 $V_石=V-V_水=450\ cm^3-200\ cm^3=250\ cm^3$;石块的质量 $m=\rho_石V_石=2.6\times10^3\ kg/m^3\times2.5\times10^{-4}\ m^3=0.65\ kg$.

4. (1)②8 ③64 ④8 (2)偏大 工艺品从烧杯中取出时沾有水,使测量的质量偏大 (3)铁锅 解析:(1)工艺品的体积等于它排开水的体积,由题意知,工艺品排开水的质量 $m=208\ g-200\ g=8\ g$,则排开水的体积 $V=\frac{m}{\rho_水}=\frac{8\ g}{1.0\ g/cm^3}=8\ cm^3$;工艺品的质量为 $50\ g+10\ g+4\ g=64\ g$,则工艺品的密度 $\rho=\frac{m}{V}=\frac{64\ g}{8\ cm^3}=8\ g/cm^3$. (2)工艺品从烧杯中取出时会沾有一部分水,从而使所测的质量偏大,则所测的密度偏大. (3)从题表中可以看出,被测工艺品的密度基本与铁的密度相同,故这个工艺品是由铁制成的,举出铁在生活中的一项应用即可.

5. 解:(1)溢水杯中排出水的质量:

$m_排=m_总-m_剩=360\ g-240\ g=120\ g$

(2)由 $\rho=\frac{m}{V}$ 可得

柑橘的体积:$V_橘=V_排=\frac{m_排}{\rho_水}=\frac{120\ g}{1.0\ g/cm^3}=120\ cm^3$

柑橘的密度:$\rho_橘=\frac{m_橘}{V_橘}=\frac{114\ g}{120\ cm^3}=0.95\ g/cm^3$

(3)偏小

解析:根据柑橘排开水的质量,通过密度公式的变形公式 $V=\frac{m}{\rho}$ 可以计算得到排开水的体积,由此可知柑橘的体积,然后根据密度公式即可求得柑橘的密度 $\rho_橘=\frac{m_橘}{V_橘}$. 由于柑橘取出时会带走一部分水,从而使测得的柑橘体积偏大,密度偏小.

第七章 力

学习思维导图

- 力
  - 力
    - 力的作用效果
      - 力能改变物体的形状
      - 力可以改变物体的运动状态
    - 力的初步概念
      - 力是物体对物体的作用
      - 单位:牛(N)
    - 力的三要素
      - 内容:力的大小、方向、作用点
      - 表示方法 力的示意图
    - 相互性
      - 物体间力的作用是相互的
      - 施力物体、受力物体
  - 弹力
    - 对弹力的认识
      - 产生原因 物体发生弹性形变
      - 类型 推力、拉力、支持力、压力等
      - 方向 跟施力物体的形变方向相反
    - 弹簧测力计
      - 原理 在弹性限度内,弹簧受到的拉力越大,弹簧伸长就越长
      - 使用方法
        - 观察量程,认清分度值
        - 校零
        - 被测力的大小不能超出量程
        - 挂钩不要与外壳相摩擦
        - 读数时视线与刻度面垂直
  - 重力
    - 定义 由于地球的吸引而使物体受到的力
    - 大小 $G=mg(g=9.8\ \mathrm{N/kg})$
    - 方向 竖直向下
    - 重心 质量分布均匀、形状规则的物体的重心在其几何中心上
    - 由来 万有引力
    - 应用 重垂线

解题知识必备

1. 力的初步认识

力的定义	力是物体对物体的作用
力的作用效果	力能改变物体的形状;力可以改变物体的运动状态
力的单位	牛顿,简称牛,符号是 N
力的三要素	力的大小、方向、作用点

续表

力的相互性	物体间力的作用是相互的(相互作用力在任何情况下都是大小相等,方向相反,作用在一条直线上,作用在两个不同的物体上);有力存在时,施力物体同时也是受力物体
力产生的条件	(1)必须有两个或两个以上的物体;(2)物体间必须有相互作用(物体可以不接触)

注意

(1)运动状态改变应包括两个方面:物体运动方向的改变和物体运动速度大小的改变,如:物体由静到动、由动到静、由慢到快、由快到慢都属于速度大小的改变.概括起来运动状态的改变有以下三种情况:①运动方向不变,速度大小发生改变;②速度大小不变,运动方向发生改变;③速度大小和运动方向同时改变.

(2)力作用在物体上会使物体发生形变或使运动状态改变;反过来,如果物体发生了形变或运动状态发生改变,则一定是受到了力的作用.

巧学妙记

力

首先明确力来源,
产生物体相互间.
是力都有三要素,
大小方向作用点.
力的图示要画准,
示意只需一支箭.

2. 力的示意图

力的三要素	力的示意图
力的大小	用线段的长短粗略表示力的大小
力的方向	箭头所指的方向表示力的方向
力的作用点	力的作用点画在线段的起点或箭头处

3. 弹力和弹簧测力计

概念	塑性	物体变形后不能自动恢复原来形状的特性
	弹性	物体受力会发生形变,不受力时又恢复到原来形状的特性
弹力	产生	物体由于发生弹性形变而产生的力
	作用方式	直接接触
	大小	跟物体的弹性强弱和形变量的大小有关
	方向	与使物体发生形变的外力方向相反 压力方向:跟受力面垂直且指向受力物体内部 支持力方向:跟受力物体表面垂直且指向被支持的物体
	常见弹力	压力、拉力、支持力等

续表

弹簧测力计	作用	测量力的大小(主要测量物体的重力、拉力)
	结构	钢质弹簧、刻度盘、挂钩、指针、外壳、吊环
	测力原理	在弹性限度内,弹簧的伸长与受到的拉力成正比
	使用	①首先看清它的量程,加在弹簧测力计上的力不允许超过它的最大测量值;②认清它的分度值,以便读数时快速准确;③观察指针是否指在零刻度线上,若没有,需要校零;④使用之前,最好轻轻拉动几次它的挂钩,可以避免弹簧被外壳卡住;⑤使用时,拉力方向应与弹簧轴线方向一致,确保测量准确
其他测量工具	握力计、托盘秤	

4. 重力

定义	由于地球的吸引而使物体受到的力	
由来	万有引力	
三要素	大小	物体所受的重力跟它的质量成正比,$G=mg$,g 取 9.8 N/kg
	方向	总是竖直向下(垂直于水平面向下)
	作用点	重心:质量分布均匀、形状规则的物体,它的重心在它的几何中心上

注意

(1)质地均匀、外形规则的物体的重心,在它的几何中心上;每个物体的重心位置是不变的,但是如果物体的形状发生变化,重心位置也将发生变化.还要注意有些物体的重心并不在物体上,如圆环状物体.

(2)物体受到的重力可以用弹簧测力计来测量.体现的是物体静止时,受到弹簧测力计的拉力 F 与物体所受的重力相等.

5. 重力和质量的区别与联系

		质量	重力
区别	定义	物体所含物质的多少	由于地球的吸引而使物体受到的力
	方向	没有方向	竖直向下
	大小	不随物体所处位置的改变而改变	随地球上位置的改变而改变
	符号	m	G
	单位	千克(kg)	牛顿(N)
	测量工具	托盘天平	弹簧测力计
联系		$G=mg$,其中 g 取 9.8 N/kg	

题型技法归纳

题型一　力的作用效果的判断方法

例 1　(新疆中考)图 1-7-1 四个选项中表示力能使物体的运动状态发生改变的是(　　)

A. 用力将拉力器拉长　B. 飞来的网球使球拍的网变形　C. 熊猫将竹子拉弯　D. 运动员用头顶球，使球改变运动方向

图 1-7-1

解析

物体运动状态的改变包括速度大小的改变和运动方向的改变两个方面. 运动员用头顶球，使球的运动方向发生改变，所以力使球的运动状态发生了改变，故 D 选项正确. 其他三个选项都是力改变了物体的形状.

答案:D

方法技巧:(1)力的作用效果包括两个方面:力可以改变物体的形状，力可以改变物体的运动状态;(2)一个物体相对于另一个物体的位置发生了改变，则这个物体是运动的;(3)物体运动状态的改变包括物体运动的速度大小发生改变和运动方向发生改变，两个方面只要有其中一个方面发生了变化，则物体的运动状态就发生了改变.

题型二　物体间力的作用是相互的理解方法

例 2　(贵州铜仁中考)人踢球时，对球施力的物体是________，同时________也受到球的作用力，这一事例说明________.

解析

人踢球，所以人(脚)是施力物体，球是受力物体;同时人(脚)也会感觉疼，这是因为球也给了人(脚)一个力，这一事例说明物体间力的作用是相互的.

答案:人(脚)　人(脚)　物体间力的作用是相互的

方法技巧:(1)物体间力的作用是相互的，施力物体同时也是受力物体;(2)分析问题时，要先确定研究对象，明确研究对象是施力物体还是受力物体，然后作出分析与判断.

题型三　力的作用效果影响因素探究方法

例 3　如图 1-7-2 所示，使一根薄钢条的下端固定，分别用不同的力去推它，使其发生甲、乙、丙、丁各图中的形变，如果力的大小 $F_1=F_3=F_4>F_2$，那么，能说明力的作用效果跟力的作用点有关的图是(　　)

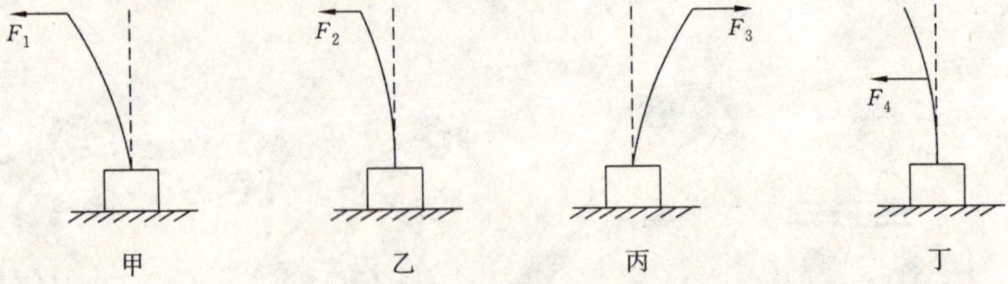

图 1-7-2

A. 图甲和图乙　　B. 图甲和图丙　　C. 图甲和图丁　　D. 图乙和图丁

解析

题中要求能说明力的作用效果与力的作用点有关的图，即要保证在力的大小和方向相同的情况下进行判断. 甲和乙力的方向相同，力的作用点相同，力的大小不同，所以 A 选项是研究力的作用效果与力的大小的关系. 甲和丙力的大小相同，力的作用点相同，力的方向不同，所以 B 选项是研究力的作用效果与力的方向的关系. 甲和丁力的大小相同，力的方向相同，力的作用点不同，薄钢条的形变量不同，故 C 选项研究力的作用效果与力的作用点的关系. 乙和丁只有力的方向相同，力的作用点和力的大小均不同，故排除 D 选项.

答案：C

方法技巧：力的作用效果跟力的大小、方向、作用点都有关系，在探究力的作用效果与某一因素的关系时，应采用控制变量法.

题型四　力的示意图的作图技法

例 4　在图 1-7-3 中，小球从水平桌面上滚下，画出小球在 A 位置时所受重力的示意图.

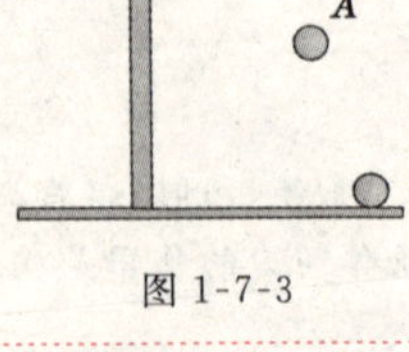

图 1-7-3

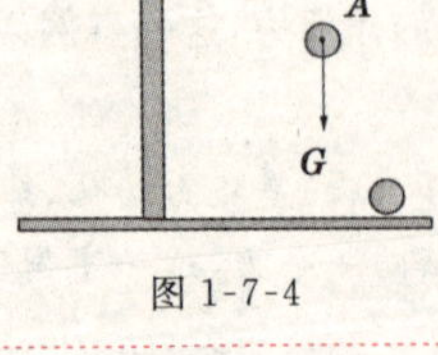

图 1-7-4

解析

重力的方向总是竖直向下的，所以过重心沿竖直向下的方向画出带箭头的线段，即为小球所受重力的示意图.

答案：如图 1-7-4 所示.

方法技巧:"三定"、"三标"法画力的示意图,具体如下:(1)"三定":①定作用点,即在受力物体上画出力的作用点;②定方向,根据题意正确作出力的方向,有时要注意角度;③定长度,即确定表示力的线段的长度,在同一图中,力越大,表示力的线段应该画得越长.(2)"三标":①标箭头,表示力的方向;②标上力的符号;③标上力的数值和单位.

题型五 弹力的理解与辨析技法

例5 关于弹力,下列说法错误的是( )

A. 相互接触的物体间不一定产生弹力

B. 弹力仅仅是指弹簧形变时对其他物体的作用

C. 弹力是指发生弹性形变的物体,由于要恢复原状,对接触它的物体产生的力

D. 压力、支持力、拉力都属于弹力

解析

如果两个物体只相互接触,但不发生挤压(即没有发生形变),就没有弹力作用.弹力是发生弹性形变的物体要恢复原状,对阻碍它恢复原状的物体产生的力,所以A、C选项正确.压力、支持力和拉力都是由于物体发生弹性形变而产生的力,它们都属于弹力,故D选项也正确.任何发生弹性形变的物体,都要对阻碍它恢复原状的物体产生弹力,所以B选项是错误的.

答案:B

方法技巧:明确:(1)弹力是物体由于发生弹性形变而产生的力,即弹力的产生必须同时满足互相接触和发生弹性形变两个条件;物体发生非弹性形变不产生弹力;(2)弹力的大小与物体形变的大小及形变的强度有关.

题型六 弹簧测力计的认识与使用方法

例6 使用弹簧测力计时,下列注意事项中错误的是( )

A. 弹簧测力计必须竖直放置,不得倾斜

B. 使用前必须检查指针是否指在零刻线上

C. 使用中,弹簧、指针、挂钩不能与外壳摩擦

D. 测量力的大小不能超出测量范围

解析

弹簧测力计使用前必须校零,使用中应使弹簧的伸长方向与所测力的方向在一条直线上,避免弹簧、指针、挂钩跟外壳摩擦.但不限于测量竖直方向的力,各个方向的力都可以测量,所测力不能超过弹簧测力计的最大刻度值,故只有A选项是错误的.

答案:A

方法技巧:(1)弹簧测力计的原理是弹簧的伸长与所受的拉力成正比;(2)弹簧测力计上的字母"N"表示所测力的单位是"牛顿";(3)使用弹簧测力计时弹簧与外壳不能摩擦.

题型七 弹簧的伸长与拉力关系的探究技法

例 7 (江苏无锡中考)为制作弹簧测力计，某物理实验小组对弹簧的伸长与拉力的关系作了探究. 下表是他们利用甲、乙两根不同的弹簧做实验时所记录的数据.

表一

甲弹簧受到的拉力/N	0	1	2	3	4	5	6
甲弹簧的长度/cm	6.0	9.0	12.0	15.0	18.0	21.0	24.0

表二

乙弹簧受到的拉力/N	0	1	2	3	4	5	6
乙弹簧的长度/cm	6.0	7.5	9.0	10.5	12.0	13.5	15.0

(1)分析表一和表二数据可知：①在一定条件下，弹簧伸长的长度与它所受的拉力成________；

②在拉力相同的情况下，甲弹簧伸长的长度比乙弹簧________(选填"大"或"小").

(2)如图 1-7-5 所示的 A、B 两弹簧测力计分别使用了甲、乙两弹簧，它们的外壳相同，刻度线分布情况相同. 则量程较大的是________(选填"A"或"B"，下同)测力计，精度较高的是________测力计.

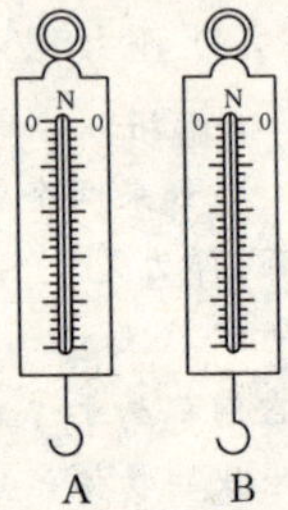

图 1-7-5

(3)经实验探究发现：在拉力相同的情况下，弹簧伸长的长度与弹簧的材料、粗细、原长(弹簧不受外力时的长度)等均有关系，请设计一个简单实验，证实弹簧伸长的长度与弹簧原长有关. ________________

解析

从数据表格可看出，弹簧所受的拉力增大时，弹簧伸长量等比例增大，这说明弹簧伸长的长度与它所受的拉力成正比；表一中弹簧所受拉力每增加 1 N，其长度伸长 3 cm，而表二中弹簧所受拉力每增加 1 N，弹簧的伸长量增加 1.5 cm，所以在拉力相同的情况下，A 弹簧伸长的长度比 B 弹簧大；用这两种弹簧来制作弹簧测力计时，A 弹簧受较小的力就有明显的长度变化，灵敏度高，而 B 弹簧所能承受的拉力较大，称量范围较大. 若要验证弹簧伸长的长度与弹簧原长是否有关，控制弹簧的其他条件不变，选取长度不同，分别用相同的力拉，看两弹簧伸长的长度关系即可比较弹簧伸长的长度是否与弹簧的原长有关.

答案：(1)①正比 ②大 (2)B A (3)将一根弹簧剪成长度不同的两段，分别用大小相同的力拉两弹簧，比较弹簧伸长的长度(其他答案合理同样给分)

方法技巧：探究弹簧的伸长与拉力的关系时，要注意控制变量法的运用. (1)探究弹簧的伸长与拉力的关系，要用同一根弹簧来进行实验；(2)比较不同弹簧的伸长时，要控制拉力相同.

题型八 重力与物体质量关系的探究方法

例 8 (广西桂林中考)下表是小华在探究"重力的大小跟什么因素有关"实

验中得到的实验数据.

测量对象	质量 m/kg	重力 G/ N	比值 $g/(N\cdot kg^{-1})$
物体 1	0.1	0.98	9.8
物体 2	0.2	1.96	9.8
物体 3	0.3	2.94	9.8

(1)实验中,需要的测量工具是________和________.

(2)分析表中数据,可以得出的结论是______________________________.

(3)在通常情况下,我们将 g 值取为 9.8 N/kg. 但经过精确测量,发现在某些不同的地理位置,g 值存在着微小差异. 下表列出了一些城市和地区的 g 值大小.

地点	赤道	广州	武汉	上海	北京	纽约	莫斯科	北极
g 值大小/$(N\cdot kg^{-1})$	9.780	9.788	9.794	9.794	9.801	9.803	9.816	9.832
地理纬度	0°	23°06′	30°33′	31°12′	39°56′	40°40′	55°45′	90°

根据表中提供的信息,回答下列问题:

①g 值相同的城市是____________.

②造成 g 值不同的原因可能是____.

③我国与许多国家之间的贸易往来频繁,在这些往来的货物运输中,发货单上所标示的“货物重量”,实质上应该是货物的__________.

解析

要探究重力与质量的关系,应该用弹簧测力计和天平测出物体的重力和物体的质量,然后通过分析同一物体的重力与质量之间的关系来得出结论,因此在探究时,需要的测量工具有弹簧测力计和天平;从表中的数据可知,每个物体的重力与质量的比值都等于9.8 N/kg,这说明物体的重力与质量成正比;从城市和地区的 g 值表格中可以看出,武汉和上海的 g 值都是 9.794 N/kg. 另外,从表格中还可以看出,不同地区的 g 值不同,这说明造成 g 值不同的原因可能是地理位置(或地理纬度)等;由于 g 值是变化的,根据 $G=mg$ 可知,物体的重力也是变化的,而质量不随物体位置的改变而改变,所以,在货物运输中,在发货单上应注明的是物体的质量.

答案:(1)天平　弹簧测力计　(2)重力和质量成正比(重力和质量的比值是个定值或重力和质量的比值是 9.8 N/kg)　(3)①武汉和上海　②地理位置(地理纬度或地球的吸引力)不同　③质量

方法技巧:本题既是实验探究题,又是阅读分析题,即问题的答案能够从题目的叙述或题目中的表格中找到,所以,认真审题、细致分析,是解答本题的关键.

典题针对训练

1.(河南中考)下列过程中,有一个力的作用效果与其他三个不同类,它是(　　)

A. 把橡皮泥捏成不同造型　　　　B. 进站的火车受阻力缓缓停下

C. 苹果受重力竖直下落　　　　D. 用力把铅球推出

2. (湖北黄冈中考)在弹性限度内,弹簧的弹力大小与弹簧的伸长量成正比,即 $F=kx$,其中 F 为弹力大小,x 为伸长量,k 为弹簧的劲度系数. 已知某弹簧劲度系数为 100 N/m,原始长度为 10 cm,则在弹力为 5 N 时,弹簧长度可能为(　　)

A. 10 cm　　B. 15 cm　　C. 20 cm　　D. 25 cm

3. (北京中考)图 1-7-6 是描述地球上不同位置的人释放手中石块的四个示意图,图中虚线表示石块下落的路径, 则对石块下落路径的描述最接近实际的示意图是(　　)

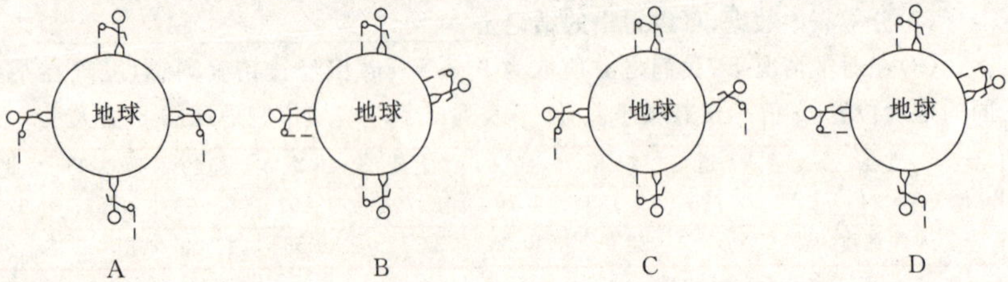

图 1-7-6

4. (河南中考)小亮参加立定跳远考试,起跳时他用力向后蹬地,就能向前运动,一是利用了物体间力的作用是________,二是利用了力可以改变物体的________.

5. (河北中考)阅读短文,回答问题.

无处不在的弹簧

弹簧在生活中随处可见,它在不同的领域发挥着重要作用.

弹簧的特点就是在拉伸或压缩时都要产生反抗外力作用的弹力,而且形变越大,产生的弹力越大;一旦外力消失,形变也消失. 物理学家胡克研究得出结论:在弹性限度内,弹簧的形变量与它受到的拉力(或压力)成正比.

弹簧具有测量功能、紧压功能、复位功能和缓冲功能,以及储存能量的功能. 弹簧在生产和生活中有许多应用,例如,制作弹簧测力计、钢笔套上的夹片、机械钟表的发条等.

(1)弹簧被拉伸或压缩时都产生反抗外力作用的弹力,这说明________________________.

(2)胡克的结论是________________________.

(3)下表是小明研究弹簧长度与所受拉力大小关系时记录数据的表格,空格中的数据是________.

钩码重/N	0	0.5	1.0		2.0	2.5
弹簧长度/cm	4	5	6	7	8	9

(4)举一个生活中应用弹簧的实例:________________.(短文中实例除外)

6. (兰州中考)如图 1-7-7 所示，抛出的铅球落回地面，画出铅球受到重力的示意图.

图 1-7-7

针对训练答案

1. A　解析：力的作用效果一是改变物体的运动状态，二是改变物体的形状，A 选项是力改变了物体的形状；B、C、D 选项都是力改变了物体的运动状态.

2. B　解析：根据 $F=kx$，弹簧长度的变化量 $x=\frac{F}{k}=\frac{5\ \text{N}}{100\ \text{N/m}}=0.05\ \text{m}=5\ \text{cm}$，所以弹簧的长度为 10 cm＋5 cm＝15 cm 或 10 cm－5 cm＝5 cm，故选 B.

3. B　解析：重力的方向总是竖直向下的，因此站在地球上不同位置的人释放手中的石块后，石块在重力作用下总是沿竖直向下的方向下落，也可以说是垂直于水平面向下.

4. 相互的　运动状态　解析：用力向后蹬地是利用了力的作用是相互的，在用力蹬地的同时，地面也会给人一个向前的力，这个力使人的运动状态发生改变，由静止变为向前运动.

5. (1)力的作用是相互的　(2)在弹性限度内，弹簧的形变量与它受到的拉力(或压力)成正比　(3)1.5　(4)弹簧减震器　解析：(1)弹簧受到力的作用的同时产生反抗外力作用的弹力，说明物体间力的作用是相互的；(2)胡克的结论可以从原文直接找到；(3)从题表中数据可以看出，当弹簧受到的拉力是 0.5 N 时，弹簧伸长了 1 cm，当弹簧长度为 7 cm 时，弹簧伸长了 3 cm，故受到的拉力为 0.5 N×3＝1.5 N；(4)生活中的弹簧减震器是应用弹簧的实例.

6. 如图 1-7-8 所示

图 1-7-8

解析：重力的方向是竖直向下的，以重力的作用点(重心)为起点，竖直向下画一带箭头的线段，即为铅球受到的重力的示意图.

第八章　运动和力

学习思维导图

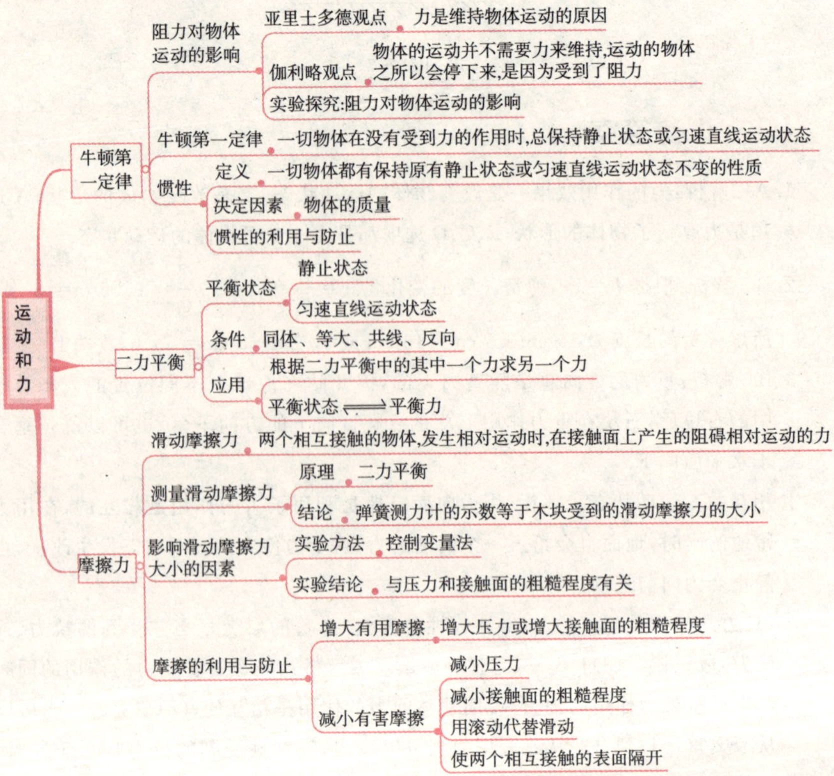

解题知识必备

1. 牛顿第一定律

(1)建立的过程

错误观点:力是维持物体运动的原因 → 伽利略认为:力是改变物体运动的原因 → 牛顿:总结了伽利略等人的研究成果,总结出牛顿第一定律

(2)内容:一切物体在没有受到力的作用时,总保持静止状态或匀速直线运动状态.

(3)牛顿第一定律是在大量经验事实的基础上,通过进一步推理概括出来的.

(4)理解关键词,把握牛顿第一定律.

关键词	含义
“一切物体”	表示定律的适用范围是所有物体，普遍适用，没有特殊
“没有受到力的作用”	表示了定律的适用条件
“总”	表示“一定”的意思，没有任何例外
“保持”	表示原来是什么状态，后来还是什么状态
“或”	表示两种状态必居其一，不能同时存在

2. 惯性

(1)对惯性的理解

概念	一切物体都有保持原有静止状态或匀速直线运动状态不变的性质
特点	一切物体在任何情况下都具有惯性
影响因素	惯性的大小是由物体的质量决定的，与其他因素无关

(2)惯性与力的区别

	惯性	力
定义	物体保持运动状态不变的性质	物体对物体的作用
性质	惯性是物体的一种固有属性，它与外界条件的变化与否无关	物体间力的作用是相互的，单独一个物体没有力的作用
大小	惯性只有大小，惯性的大小是由物体的质量决定的	与外部条件有关
说明	惯性是物体的一种固有属性，力是物体对物体的作用. 惯性和力是完全不同的两个概念. 惯性不是力，不能将惯性说成“惯性力”“受惯性作用”或“克服物体惯性”等	

3. 二力平衡的概念及条件

二力平衡	二力平衡条件	
物体在两个力作用下保持静止或匀速直线运动状态，我们就说这两个力平衡	同物	两个力作用在同一物体上
	等值	两个力大小相等
	反向	两个力方向相反
	共线	两个力在同一直线上
注意	①二力平衡时要求四个条件同时具备，缺一不可. ②判断二力是否平衡既可以用二力平衡条件来判断，也可以根据物体是否处于平衡状态来确定受到的力是否平衡	

4. 平衡力与相互作用力的区别

		作用力和反作用力	相互平衡的两个力
相同点	大小	相等	相等
	方向	相反,且在同一直线上	相反,且在同一直线上
区别	作用对象	分别作用在两个物体上	共同作用在同一个物体上
	作用时间	同时产生,同时消失	没有时间关系
	力的作用效果	作用力和反作用力分别作用在不同的物体上,一般产生不同的效果	两个力共同作用在同一个物体上,使物体保持平衡状态

5. 力与运动的关系

条件	力的方向与物体的运动方向	物体所处状态	运动状态是否改变	遵循的规律或满足的条件
不受力、受平衡力}合力为零		静止状态或匀速直线运动状态	运动状态不变	牛顿第一定律 二力平衡条件
合力不为零	相同	速度增大,并且做直线运动	运动状态一定改变	力可以改变物体的运动状态
	相反	速度减小,仍做直线运动		
	不一致	运动方向改变,做曲线运动		

6. 摩擦力的理解

	滑动摩擦力	滚动摩擦力	静摩擦力
定义	一个物体在另一个物体表面上滑动时产生的摩擦力	一个物体在另一个物体表面上滚动时产生的摩擦力	相对静止的两个物体之间的摩擦力
产生条件	(1)两物体相互接触、挤压 (2)接触面粗糙 (3)有相对运动		(1)两物体相互接触、挤压 (2)接触面粗糙 (3)有相对运动趋势
大小	与物体间接触面的粗糙程度和压力大小有关		根据平衡条件确定
方向	与物体相对运动方向相反		与物体相对运动趋势方向相反

注意

判断两个相对静止的物体间有没有静摩擦力可以采取假设法.

假设两相对静止的物体之间不存在静摩擦力，若两物体会由静止变为运动，说明两物体间有相对运动趋势，即它们之间存在静摩擦力；若两物体仍静止，则说明它们之间没有相对运动的趋势，即不存在静摩擦力. 如：斜面上的物体，若无摩擦就要下滑，所以静止时有向下运动的趋势，受到沿斜面向上的静摩擦力.

7. 根据二力平衡知识求摩擦力

如用 5 N的水平拉力使物体沿水平方向做匀速直线运动，此时摩擦力 f 与拉力 F 是作用在物体上的一对平衡力(因为物体做匀速直线运动)，因此 $f=F$.

用弹簧测力计测摩擦力的大小也是根据上述原理. 即用弹簧测力计拉着物体在水平面上做匀速直线运动，则弹簧测力计的拉力的大小就等于物体受到的摩擦力的大小.

8. 增大和减小摩擦的方法

增大摩擦的方法	(1)增大接触面的粗糙程度. 如：汽车轮胎做上花纹 (2)增大压力. 如：骑自行车捏闸的力越大，摩擦力越大 (3)变滚动为滑动. 如：汽车急刹车时车轮只滑不滚 (4)变湿摩擦为干摩擦
减小摩擦的方法	(1)使接触面变光滑 (2)减小压力 (3)用滚动代替滑动 (4)使接触面分离. 如：气垫船、磁悬浮列车 (5)变干摩擦为湿摩擦

题型技法归纳

题型一 “运动和力的关系”探究题解题技法

例 1 (安徽芜湖中考)在学习“运动和力的关系”时，我们曾追随着物理学家的足迹，设计过这样的“斜面”实验：

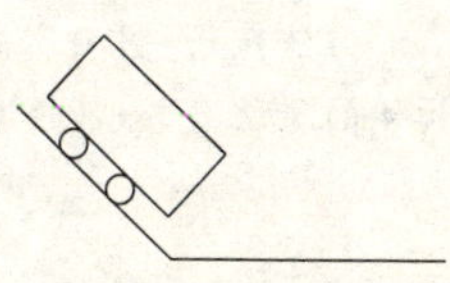

图 1-8-1

(1)如图 1-8-1 所示，让小车从斜面滑下后沿水平面运动，是为了使小车在水平面运动时，竖直方向上受到的________力和________力相平衡，相当于小车只受水平方向上的摩擦力.

(2)每次都让小车从同一斜面的________位置由静止开始滑下，是为了使小车在滑到底端时具有相同的速度.

(3)减小图 1-8-1 中水平面的粗糙程度，比较小车在不同表面滑行的最大距离，可以得出：在初速度相同的条件下，水平面越光滑，小车受到的摩擦力越________，小车运动得越________.

(4)进一步推理可知,若水平面绝对光滑,则小车会在水平面上做________运动.

解析

小车在水平面上运动时,竖直方向上受到的支持力和重力平衡,作用效果相抵消,相当于小车只受水平方向上的摩擦力作用;实验中为了使小车滑到斜面底端时的速度相同,须让小车从同一高度由静止滑下;滑到粗糙程度不同的水平面上时,小车滑行的距离不同,水平面越光滑,小车受到的摩擦力越小,小车滑行的距离就越远,那么就可以推理得出如果水平面绝对光滑,小车将会在水平面上做匀速直线运动.

答案:(1)支持　重　(2)同一　(3)小　远　(4)匀速直线

方法技巧:(1)在“探究运动和力的关系”时,要注意控制变量法的运用,即用同一小车、同样的斜面,让小车从斜面上同一高度由静止开始滑下,改变水平面的粗糙程度,从而改变小车受到的摩擦力;(2)实验中还应用到了理想实验法:初速度相同的小车在水平面上运动时,受到的摩擦力越小,运动距离越长,由此可以推理得出,如果小车运动时不受摩擦力,小车的速度不会减小,将一直运动下去,做匀速直线运动.

题型二　利用惯性知识解答问题的技法

例 2　(河北中考)下列有关惯性的说法正确的一组是(　　)

①小明没有推动静止的汽车,是由于汽车具有惯性

②火车刹车后不能马上停下来,是由于火车具有惯性

③高速飞行的子弹具有惯性,穿入木头静止后惯性消失

④将锤子的木柄在硬地上撞击几下,锤头便套紧了,利用了物体的惯性

A. ①②　　B. ①③　　C. ②④　　D. ③④

解析

力是改变物体运动状态的原因,小明没有推动汽车,是由于推力等于阻力,①说法错误;惯性是物体本身固有的一种性质,一切物体在任何时候都有惯性,故③说法错误,其余两种说法是正确的.

答案:C

方法技巧:明确惯性是物体的一种属性,任何物体都具有惯性;惯性的大小只与物体的质量有关;任何物体都具有保持原来运动状态不变的性质.

巧学妙记

惯性及影响因素

物体有惯性,惯性是属性.大小看质量,不管动和静.

题型三　惯性现象分析题的解答技法

例 3　(贵阳中考)在一条东西方向的平直公路上,一辆沿公路行驶的汽车上有水滴落在路面上,路面上部分水滴的印迹如图 1-8-2 所示.请根据水滴印迹的特点指出该车行

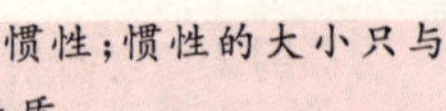

图 1-8-2

第一篇　解题技法篇

驶的方向,并应用所学物理知识加以解释.(图中虚线为汽车的行驶路线)

解析

任何物体在任何情况下都有惯性,下落的水滴最先接触地面的部分停止运动,但其余部分由于惯性要继续向前运动而抛洒在地面上形成不规整的痕迹.从题图中水滴印迹的形状左圆右不规整可知,汽车由西向东运动.

答案:行驶方向:由西向东

原因:水滴离开汽车后,由于惯性,在水平方向仍保持向前的运动状态,滴到地上后,最初先接触地面呈圆形的部分很快停止,其余部分由于惯性继续向前运动而向前抛洒,因此出现了先圆后不规整的痕迹.

方法技巧:惯性现象分析题的解答步骤:①明确研究的是哪个物体,它原来处于怎样的运动状态;②当外力作用在该物体的某一部分(或外力作用在与该物体有关联的其他物体上)时,这一部分的运动状态的变化情况;③该物体另一部分由于惯性仍保持原来的运动状态;④最后得出出现的现象.

题型四　平衡力的识别技法

例 4　(天津中考)图 1-8-3 中,物体所受的两个力彼此平衡的是(　　)

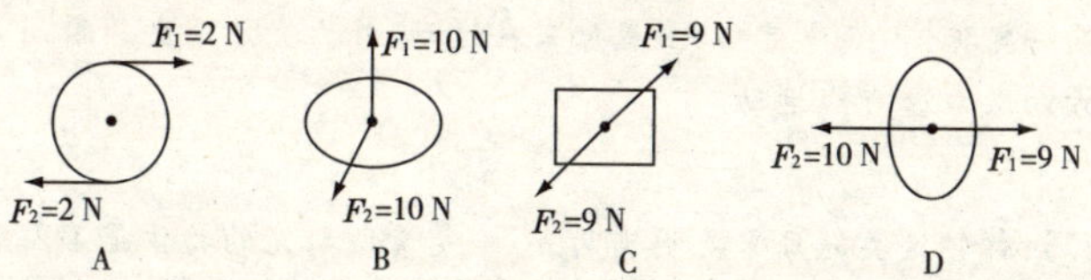

图 1-8-3

解析

一对平衡力满足的条件是大小相等、方向相反、作用在一个物体上、作用在同一条直线上,A、B 选项中,两个力都不在同一条直线上;D 选项中,两个力大小不相等.只有 C 选项中两个力满足同体、等值、反向、共线四个条件,是一对平衡力.

答案:C

方法技巧:判断两个力是不是平衡力,关键看这两个力是否满足:①作用在同一个物体上;②大小相等;③方向相反;④作用在同一条直线上,四个条件缺一不可.

题型五　平衡力与相互作用力的区分技法

例 5　(成都中考)如图 1-8-4 所示,无风时,站在地面上的小蚂蚁骄傲地托着果实.对于该静止的果实,下列说法正确的是(　　)

图 1-8-4

A.果实受到重力和蚂蚁的支持力作用,这是一对平衡力

B.果实受到重力和蚂蚁的支持力作用,这是一对相互作用力

C.果实能够静止,是因为蚂蚁对它的支持力小于果实受到的重力

D.果实能够静止,是因为蚂蚁对它的支持力大于果实受到的重力

解析

果实保持静止，说明果实受到的力是平衡力，果实在竖直方向上受到重力与蚂蚁的支持力作用，所以果实受到的重力和蚂蚁的支持力是一对平衡力，根据平衡力的特点可知，这两个力大小相等、方向相反、作用在同一条直线上，故 A 选项正确，B、C、D 选项错误.

答案：A

方法技巧：解答此类题目时，必须明确以下几点：(1)物体处于静止状态或匀速直线运动状态时，一定受力平衡；(2)平衡力与相互作用力的特点都是两个力大小相等、方向相反、作用在同一条直线上，但平衡力作用在同一个物体上，而相互作用力分别作用在两个不同的物体上.

题型六　运动和力关系的问题解答技法

例 6　人造地球卫星绕地球做圆周运动，在地球对它的吸引力突然消失的瞬间(不计其他阻力)，它将(　　)

A. 继续做圆周运动　　B. 做匀速直线运动

C. 竖直向下运动　　D. 静止在空中

解析

卫星受到的地球吸引力突然消失的瞬间，可把卫星看成受力物体，其运动规律遵循牛顿第一定律. 由题意可知，卫星原来在运动，外力突然消失的瞬间，它将沿原来的运动方向做匀速直线运动.

答案：B

方法技巧：解答这类题目需要明确两点：一是看所研究的物体是否符合牛顿第一定律的研究对象——“不受力的物体”；二是看物体原来的运动状态. 如果物体原来是运动的，不受力时物体将做匀速直线运动；如果物体原来是静止的，不受力时物体仍将保持静止状态.

例 7　(广州中考)忽略空气阻力，抛出后的小球在空中的运动轨迹如图 1-8-5 所示，抛出后的小球由于(　　)

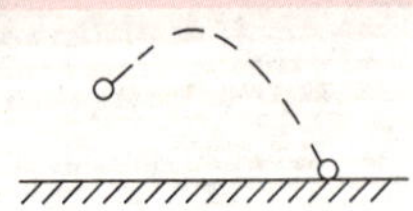

图 1-8-5

A. 不受力，运动状态发生改变

B. 不受力，运动状态不发生改变

C. 受到重力作用，运动状态发生改变

D. 受到推力作用，运动状态发生改变

解析

抛出后的小球在空中向前运动时，受到竖直向下的重力的作用，在重力的作用下，其运动状态发生改变，其运动轨迹是抛物线.

答案：C

方法技巧：

(1) 物体不受力 / 物体受平衡力 ⇒ 物体处于平衡状态 ⇒
- 物体处于静止状态(原来静止)
- 物体做匀速直线运动(原来运动)

(2) 物体受非平衡力 ⇒ 物体运动状态改变 ⇒
- 加速运动(合力方向与运动方向相同)
- 减速运动(合力方向与运动方向相反)
- 曲线运动(合力方向与运动方向不共线)

题型七　关于二力平衡条件的探究题解答技法

例 8　(江苏无锡中考)如图 1-8-6 甲是小华同学探究二力平衡条件时的实验情景.

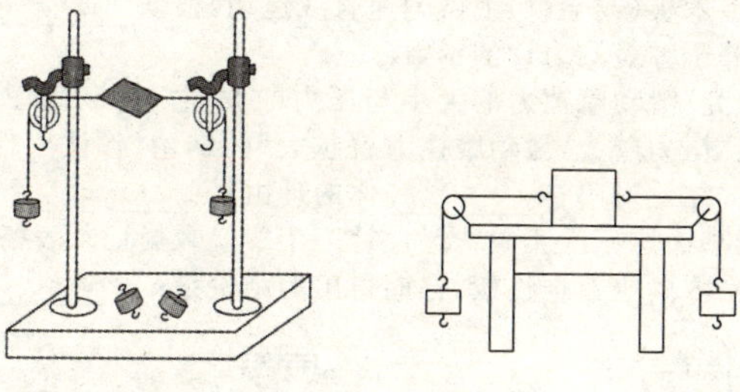

甲　　　　　　　　　　乙

图 1-8-6

(1)小华将系于小卡片(重力可忽略不计)两对角的线分别跨过左右支架上的滑轮,在线的两端挂上钩码,使作用在小卡片上的两个拉力方向________,并通过调整________来改变拉力的大小.

(2)当小卡片平衡时,小华将小卡片转过一个角度,松手后小卡片________(选填"能"或"不能")平衡.设计此实验步骤的目的是探究________.

(3)为了验证只有作用在同一物体上的两个力才能平衡,在图甲所示情况下,小华下一步的操作是:____________________.

(4)在探究同一问题时,小明将木块放在水平桌面上,设计了如图乙所示的实验,同学们认为小华的实验优于小明的实验.其主要原因是________.

A. 减小摩擦力对实验结果的影响

B. 小卡片是比较容易获取的材料

C. 容易让小卡片在水平方向上保持平衡

D. 小卡片容易扭转

解析

从小卡片两对角线所在的水平方向施加力的作用,则两个力在同一直线上,两个力的大小可以通过增减两边钩码来调节;当卡片转过一个角度后,两对角的拉力便不在同一直线上,这两个拉力会使小卡片旋转,使其不能平衡,这是验证不在同一直线上的两个力是不平衡的;若验证不作用在同一个物体上,可用剪刀将卡片剪为两半;将木块放置在水平桌面上探究二力平衡时,由于木块与桌面间有摩擦会影响实验的效果.

答案:(1)相反　钩码的数量　(2)不能　不在同一直线上的两个力能否平衡　(3)把小卡片一剪两半　(4)A

方法技巧:解答探究二力平衡条件的题目时,应注意以下几点:(1)设计实验时,要尽量减小摩擦力和研究对象所受重力的影响;(2)探究两个力的方向对平衡的影响时,要保证力的大小相等且在同一条直线上;(3)探究两个力是否在同一直线上对平衡的影响时,要保证两个力的大小相等、方向相反.

题型八　影响摩擦力大小的因素探究方法

例9　(广东中考)在探究“滑动摩擦力的大小与哪些因素有关”的实验中.

(1)小明的三次实验情况分别如图1-8-7中的甲、乙、丙所示.实验时,用弹簧测力计拉木块在水平木板(或毛巾)上做匀速直线运动,根据________知识可知,这时滑动摩擦力的大小等于弹簧测力计的示数.

(2)小明在探究“滑动摩擦力的大小与压力的关系”时,利用图1-8-7中甲、乙两组数据比较得出:“压力越大,滑动摩擦力就越大”的结论.你认为他这样对比这两组数据就得出这样的结论对吗?________.你的理由是:________________________.

(3)请你根据小明这三次实验情况设计一个实验数据记录表格.

(4)从图中甲、丙两组数据比较,你能得出的结论是:________________.

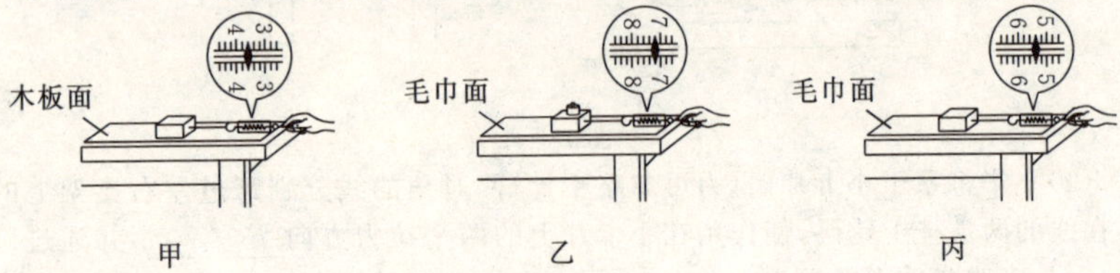

图1-8-7

解析

匀速拉动木块时,拉力与摩擦力是一对平衡力,而拉力的大小能通过弹簧测力计读出,从而间接测出了摩擦力;要研究摩擦力与压力大小的关系,应控制接触面的粗糙程度相同,只改变压力大小,对比甲、乙两个实验装置可知,两接触面不相同,没有采用控制变量的思想,故得出的结论不对;要探究影响摩擦力大小的因素,则记录的表格中应有接触面粗糙程度、压力大小及摩擦力大小的记录;对甲、丙两组装置和数据可以看出,压力相同,只是接触面粗糙程度不同,所测出的摩擦力不同,在毛巾面上时,摩擦力较大,所以得出在压力一定时,滑动摩擦力的大小与接触面的粗糙程度有关,接触面越粗糙,摩擦力越大.

答案:(1)二力平衡　(2)不对　没有控制接触面的粗糙程度相同　(3)表格如下

接触面粗糙程度	压力大小	摩擦力大小
光滑	小	小
粗糙	大	大
粗糙	小	大

(4)当压力大小一定时,接触面越粗糙,摩擦力越大

方法技巧:(1)用弹簧测力计拉木块在水平面上做匀速直线运动,根据二力平衡的知识,弹簧测力计的示数就是滑动摩擦力的大小;(2)由于影响滑动摩擦力大小的因素有压力的大小和接触面的粗糙程度,所以在探究过程中应采用控制变量法;(3)若探究滑动摩擦力与接触面积的关系,可把同一长方体木块分别侧放、平放、竖放在同一物体表面上,拉动木块做匀速直线运动,在探究时要保持接触面的粗糙程度、压力相同,改变接触面积的大小;(4)解答时仔细观察所给出的图片,找出相同与不同之处,然后分析实验数据,归纳总结得出结论.

题型九　增大和减小摩擦的方法

例 10　(湖北咸宁中考)如图 1-8-8 所示的四个实例中,目的是增大摩擦的是(　　)

A.给车轴加润滑油　　B.自行车脚踏板上有花纹　　C.给木箱装上轮子　　D.磁悬浮列车悬浮行驶

图 1-8-8

解析

选项 A 加润滑油可使接触面光滑,减小摩擦,选项 B 中脚踏板上的花纹是增加接触面粗糙程度从而增大摩擦,选项 C 木箱加轮子变滑动摩擦为滚动摩擦可减小摩擦;选项 D 中磁悬浮列车与轨道脱离减小摩擦. 故选 B.

答案:B

方法技巧:明确增大摩擦的方法:(1)增大压力;(2)增大接触面的粗糙程度;(3)变湿摩擦为干摩擦等.

减小摩擦的方法:(1)减小压力;(2)使接触面变光滑;(3)用滚动代替滑动;(4)使接触面分离等.

题型十　摩擦力大小的求解方法

例 11　(兰州中考)在水平桌面上有一质量为 1 kg 的长方体. 用 4 N 的水平拉力向右拉,长方体静止,此时它所受的摩擦力为________N;拉力增大至 6 N 时长方体做匀速直线运动;若拉力增大至 8 N 时长方体所受的摩擦力为________N.

解析

当拉力为 4 N 时,长方体静止,说明长方体受到的拉力和摩擦力是一对平衡力,则此时的摩擦力为 4 N;当拉力增大到 6 N 时,长方体做匀速直线运动,此时长方体受到的拉力和摩擦力是一对平衡力,所以此时的滑动摩擦力为 6 N;当拉力变为 8 N 时,由于滑动摩擦力的大小只与压力的大小和接触面的粗糙程度有关,在压力和接触面的粗糙程度不变时,摩擦力保持不变,仍为 6 N,此时物体做加速运动.

答案:4　6

方法技巧:(1)明确静止或做匀速直线运动的物体处于平衡状态;(2)分析物体的受力情况,判断出要求的摩擦力与哪个力是平衡力;(3)根据已知力的大小确定摩擦力的大小;(4)特别要注意滑动摩擦力的大小只与压力和接触面的粗糙程度有关,压力和接触面的粗糙程度不变时,物体的运动状态改变,物体所受摩擦力的大小不变.

典题针对训练

1. (天津中考)公安部门要求小型客车的驾驶员行驶时必须使用安全带. 其目的是

防止(　　)

A. 受到向前的冲击力而撞击车体

B. 受到座椅靠背向前的推力而撞击车体

C. 受到向前的惯性力而撞击车体

D. 由于惯性继续向前运动而撞击车体

2. **(北京中考)**如图 1-8-9 所示的四个实例中，目的是减小摩擦的是(　　)

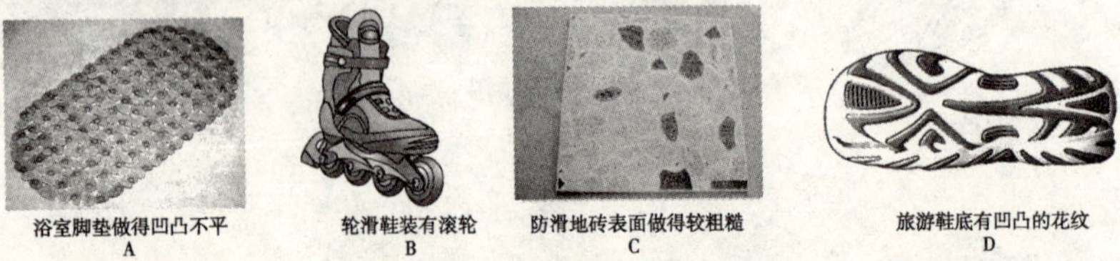

图 1-8-9

3. **(广西桂林中考)**如图 1-8-10 所示，跳伞运动员在从飞机上跳下，降落伞没有打开时，下落得越来越快，此时运动员受到的阻力________重力；当降落伞打开后，运动员匀速下落时，受到的阻力________重力.(选填“大于”“小于”或“等于”)

图 1-8-10

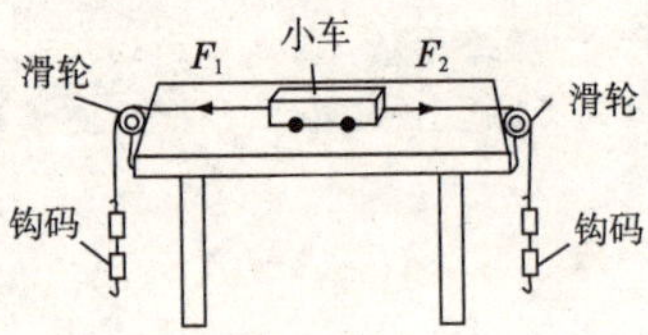

图 1-8-11

4. **(成都中考)**在探究“二力平衡的条件”的实验中：

(1)实验装置如图 1-8-11 所示. 实验目的是探究________在水平方向上所受两个拉力 F_1、F_2 的关系.

(2)实验中，通过调整________来改变 F_1 和 F_2 的大小.

(3)实验中，保持 F_1 与 F_2 大小相等，用手将小车扭转一个角度，松手后，小车将________.

5. **(山西中考)**骑自行车上学的路上，大梦远远看见红灯亮起时，就停止了蹬踏，车在自由滑行后，恰好停在斑马线前. 她又想如果是雨雪天气，滑行距离又会怎样呢？车滑行的距离究竟与哪些因素有关呢？为此她进行了实验探究.

她猜想：①车滑行的距离与车速有关. ②车滑行的距离与路面的光滑程度有关.

猜想①探究方案：用圆柱形的玻璃瓶模拟车轮滚动，把一个玻璃瓶分别放在同一斜面的不同高度 h 处，让它由静止开始下滑，测出它在水平面上滑动的距离 s，记录如下表：

序号	h/cm	s/cm
1	5	25
2	7	32
3	10	45

(1)大梦停止蹬踏后，自行车由于具有________继续向前滑行.

(2)根据实验记录，能得到的结论是________________________.

(3)根据上述所得结论,写一句交通警示语(要求简明扼要)________.
(4)利用上述圆柱形玻璃瓶探究猜想②时,需要控制________.请你设计实验记录表格.

6.(兰州中考)在探究运动和力的关系实验中,将同一辆小车分别从相同的高度处由静止开始沿斜面滑下,小车在三种不同的水平面上运动一段距离后,分别停在如图 1-8-12 所示的位置.

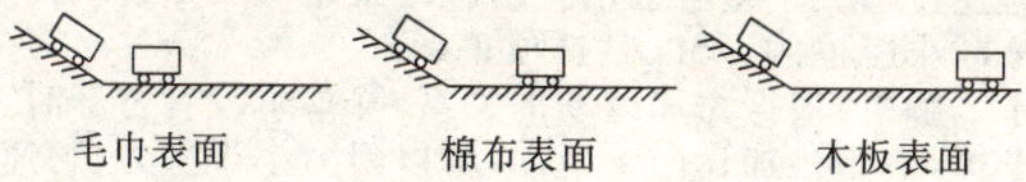

图 1-8-12

(1)让小车从斜面的同一高度滑下,是为了使小车到达水平面时的________相同;
(2)小车在三个水平面上运动时,水平面越光滑,小车运动的距离越________,这表明小车受到的摩擦力越________.由此推断,当小车不受摩擦力作用时,将保持________运动状态不变;
(3)由这个实验可以推理得出的物理学基本定律是________.

7.(福建厦门中考)某兴趣小组在探究"滑动摩擦力的大小与什么因素有关"的实验时,提出了以下几种猜想:
A. 与压力的大小有关;
B. 与接触面积的大小有关;
C. 与接触面的粗糙程度有关.

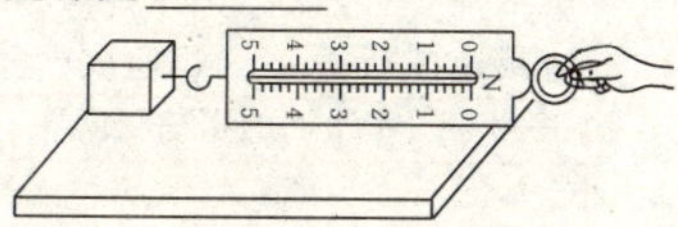

图 1-8-13

为了验证以上猜想是否正确,该小组利用如图 1-8-13 所示装置进行实验,实验数据如下:

序号	实验条件			摩擦力/N
	木块的放置	表面情况	压力/N	
1	平放	木板表面	4	0.8
2	平放	木板表面	6	1.2
3	平放	木板表面	8	1.6
4	侧放	木板表面	8	1.6
5	竖放	木板表面	8	1.6
6	平放	木板上铺棉布	4	1.2
7	平放	木板上铺毛巾	4	2.0

(1)本实验中滑动摩擦力的大小是由弹簧测力计的示数得出的,要使水平拉力大小与滑动摩擦力的大小相等,木块必须保持________状态;
(2)由序号 1、2、3 的实验,可验证猜想________(填字母),要验证猜想 C,应选择序号是________的三组实验;
(3)根据表格数据判断,图 1-8-14 中 a 图线表示滑动摩擦力 f 的大小随________变化的关系,b 图线表示滑动摩擦力 f 的大小随________变化的关系.

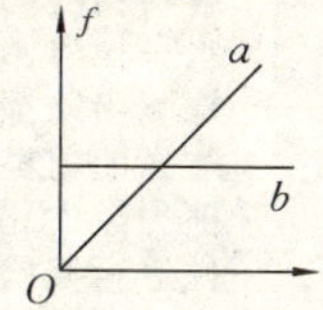

图 1-8-14

针对训练答案

1.D 解析:小型客车在行驶时,一旦发生交通事故导致急刹车时,驾驶员由于惯性,还会继续向前运动,从而撞击车体受到伤害,使用安全带可起到缓冲作用,减少由于惯性带来的伤害.

2.B 解析:浴室脚垫做得凹凸不平、防滑地砖表面做得较粗糙、旅游鞋底有凹凸的花纹均是通过增大了接触面的粗糙程度来增大摩擦,只有轮滑鞋装有滚轮是通过滚动来减小摩擦的,所以B选项正确.

3.小于 等于 解析:根据力和运动的关系,降落伞没有打开时,加速下落的运动员受力不平衡,由于是加速向下运动,所以阻力小于重力;匀速直线运动的物体受力平衡,当降落伞打开后,运动员匀速下落,受到的阻力和重力平衡,即阻力等于重力.

4.(1)小车 (2)钩码个数 (3)转动 解析:在探究"二力平衡的条件"的实验中,研究的对象是小车,通过改变两侧钩码个数的多少来改变小车受到的拉力 F_1、F_2 的大小,观察二力符合什么条件时小车才能处于平衡状态.二力的平衡条件是二力作用在同一物体上、大小相等、方向相反、且作用在同一条直线上,如果二力不在同一条直线上,那么物体将会转动.

5.(1)惯性(或动能) (2)滑行距离与速度有关(或相同情况下,速度越大,滑行距离越远) (3)超速危险(或严禁超速、十次肇事九次快、为了你和他人的安全,请减速慢行等) (4)速度 实验表格如下:

序号	水平面的粗糙程度	滑行的距离 s/cm
1		
2		
3		

解析:(1)停止蹬踏后,自行车由于具有惯性,仍能继续向前滑行.(2)从表格中的数据可以得出,在接触面粗糙程度相同的情况下,高度越高,玻璃瓶滚到水平面上时速度越大,在水平面上滑行的距离越远.(3)由于猜想玻璃瓶滑行的距离与速度和水平面的粗糙程度有关,所以要探究滑行距离与水平面的粗糙程度的关系,必须控制速度相同,多次改变水平面的粗糙程度,分别测量玻璃瓶滑行的距离.

6.(1)速度 (2)远(或长) 小 匀速直线 (3)牛顿第一定律(或惯性定律)
解析:小车只有从斜面的同一高度处滑下时,到达水平面上的速度才会相同;水平面越光滑,小车受到的摩擦力越小,小车运动的距离越远,由此推断,小车不受摩擦力时将保持匀速直线运动状态,即可进一步推理得出:一切物体在不受外力作用时,将保持原来的匀速直线运动或静止状态,这就是牛顿第一定律(或惯性定律).

7.(1)匀速直线运动 (2)A 1、6、7 (3)压力大小 接触面积
解析:在探究"滑动摩擦力的大小与什么因素有关"的实验中,要用弹簧测力计水平拉着木块在木板上匀速运动,这时拉力与摩擦力是一对平衡力,从而间接地测出摩擦力的大小;实验记录表格中的1、2、3三次实验均控制受力面积和接触面的粗糙程度不变,只改变了压力的大小,发现在这个条件下,压力越大,摩擦力越大;要验证猜想C,可选受力面积、压力相等,接触面粗糙程度不同的条件进行实验,如1、6、7三组,可得出,在压力相同时,接触面越粗糙,摩擦力越大;通过3、4、5三次实验可以看出,滑动摩擦力的大小与接触面积的大小无关;图线中的 a 线表示摩擦力与其成正比,故横坐标是压力大小,而 b 图线表示摩擦力大小不变,故横坐标为接触面积的大小.

第九章 压强

学习思维导图

- 压强
  - 固体压强
    - 压力
      - 定义 垂直作用在物体表面上的力
      - 方向 与受力物体的表面垂直
      - 作用点 受力物体的表面
      - 大小 取决于相互挤压的程度
    - 压强
      - 定义 物体所受压力的大小与受力面积之比
      - 公式及单位 $p=\frac{F}{S}$,帕斯卡,简称帕(Pa)
      - 增大或减小压强的方法
        - 面积一定,改变压力大小 } 控制变量法
        - 压力一定,改变受力面积的大小 } 控制变量法
        - 同时改变压力和受力面积
  - 液体压强
    - 产生原因
      - 液体受重力作用
      - 液体具有流动性
    - 特点
      - 液体内部向各个方向都有压强
      - 液体的压强随深度的增加而增大
      - 同一深度,向各个方向的压强都相等
      - 在深度相同时,液体的密度越大,压强越大
    - 测量工具 压强计
    - 计算公式 $p=\rho gh$
    - 连通器及应用 船闸、茶壶、锅炉水位计
  - 大气压强
    - 产生原因
      - 气体受重力作用
      - 气体具有流动性
    - 证明实验
      - 马德堡半球实验
      - 覆杯实验、瓶吞鸡蛋实验等
    - 测量
      - 托里拆利实验
      - 结果 大气压约为760 mm高水银柱产生的压强
      - 标准大气压 等于760 mm高水银柱产生的压强,约为1.013×10^5 Pa
      - 与高度的关系 随高度的增加而减小
      - 与沸点的关系 气压增大,沸点升高;气压减小,沸点降低
  - 流体压强
    - 流体压强与流速的关系
      - 流体的流速越大,压强越小
      - 流体的流速越小,压强越大
    - 应用
      - 飞机的升力
      - 地铁、火车站台上设置安全线
      - 放风筝

解题知识必备

1. 压力

定义	物理学中，把垂直作用在物体表面上的力叫做压力
方向	垂直于物体的表面并指向被压物体
产生原因	由于互相接触的物体相互挤压发生形变而产生的力

2. 压力与重力的区别与联系

		重力	压力
区别	定义	由于地球的吸引而使物体受到的力	垂直作用在物体表面上的力
	产生原因	地球对物体的吸引	物体间的相互挤压
	力的方向	竖直向下	垂直于物体表面并指向被压物体
	力的大小	$G=mg$	
	力的性质	重力	弹力
	作用点(面)	物体的重心	被压物体表面
	施力物体	地球	另一物体
	受力物体	地面附近的物体	被挤压的物体
联系		物体在水平支持面上，在竖直方向上只受重力和支持力且物体处于平衡状态时，$F=G$	
注意		(1)压力不一定是由于物体受到重力而产生的 (2)物体由于受到重力作用，可以产生压力，但压力的大小不一定等于物体的重力	

3. 压强

物理意义	表示压力的作用效果
定义	物体所受压力的大小与受力面积之比叫做压强
公式	$p=\dfrac{F}{S}$
单位	帕斯卡，简称帕，符号是 Pa. $1\ \text{Pa}=1\ \text{N/m}^2$
增大压强的方法	①受力面积一定时，增大压力；②压力一定时，减小受力面积；③在增大压力的同时减小受力面积
减小压强的方法	①受力面积一定时，减小压力；②压力一定时，增大受力面积；③在减小压力的同时增大受力面积

4. 液体的压强

产生原因	①液体受到竖直向下的重力作用，对支撑它的容器底部产生压力和压强 ②液体没有固定的形状，能够流动，对限制它流动的容器的侧壁产生压力和压强 ③液体内部各相邻部分之间互相挤压，液体内部向各个方向都有压强
特点	液体内部朝各个方向都有压强；在液体内部的同一深度，向各个方向的压强都相等；深度增大，液体的压强增大；液体的压强还与液体的密度有关，在深度相同时，液体的密度越大，压强越大
计算公式	$p=\rho gh$

5. 液体压强的计算

(1)公式推导

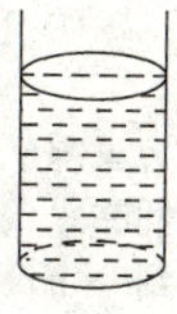

图 1-9-1

如图 1-9-1 所示,圆柱体容器中液体密度为 ρ,深度为 h,容器底面积为 S,则液体体积 $V=Sh$,质量 $m=\rho V=\rho Sh$,重力 $G=mg=\rho Shg$,液体对容器底部的压力 $F=G$,则容器底部受到的液体的压强 $p=\frac{F}{S}=\frac{G}{S}=\frac{\rho Shg}{S}=\rho gh$. $p=\rho gh$ 即为液体内部的压强公式.

公式中 ρ 表示液体的密度,单位是 kg/m^3;h 表示液体的深度,即液体内某点到自由液面的竖直距离,单位是 m;g 取 9.8 N/kg;p 是液体内部的压强,单位是 Pa.

(2)由公式 $p=\rho gh$ 可知,液体内部的压强只跟液体的密度和深度有关,而跟液体的质量、重力、体积以及容器的形状、底面积等无关.

(3)压强的计算公式 $p=\frac{F}{S}$ 是定义式,对固体、液体和气体都是普遍适用的;而公式 $p=\rho gh$ 一般只适用于液体;质地均匀,体积满足 $V=Sh$ 的固体对水平接触面的压强的计算,$p=\rho gh$ 也适用,此时 ρ 表示固体的密度,h 表示固体的高度.

(4)液体对容器底部的压力并不一定等于液体自身的重力.如图 1-9-2 所示,只有在丙图所示的情况下(容器粗细均匀),液体对容器底部的压力才等于液体的重力;而甲图中,液体对容器底部的压力小于液体的重力;乙图中,液体对容器底部的压力大于液体的重力.对甲、乙两种情况,要计算液体对容器底部的压力,应先利用公式 $p=\rho gh$ 计算出容器底部所受的压强,再利用公式 $F=pS$(S 是容器的底面积)计算出容器底部受到的液体的压力.

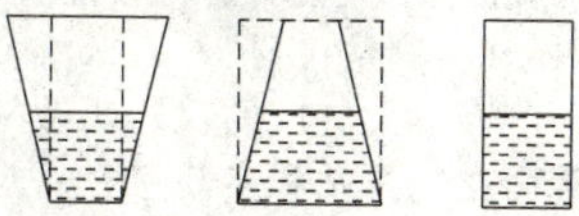

图 1-9-2

巧学妙记

液体内部压强的计算

不管容器粗和细,哪怕管子斜又曲,液体压强真稀奇,只看 ρg 和 h.

注:液体内部的压强公式:$p=\rho gh$.

6. 连通器

(1)上端开口、下端连通的容器叫连通器.

(2)连通器的原理:连通器里的同种液体不流动时,各容器中的液面总保持相平.

(3)船闸是利用连通器的原理工作的.通过闸门和阀门的打开、关闭,调节船闸内的水位分别与上、下游水位相平,使船经过船闸从上游驶往下游或从下游驶往上游.另外,水壶、锅炉水位计、自来水装置、排水管的 U 形管等都是连通器在生活和生产中的具体应用.

7. 大气压强

定义	大气对浸在它里面的物体的压强叫做大气压强,简称大气压或气压
产生原因	包围地球的空气由于受到重力的作用,而且能够流动,因而空气对浸在它里面的物体产生压强,空气内部向各个方向都有压强,且空气中某一点向各个方向的压强大小相等
存在证明	①马德堡半球实验 ②覆杯实验 ③瓶吞鸡蛋实验
应用	生活中:①钢笔吸墨水 ②吸管吸饮料 ③针管吸药液 ④塑料吸盘
	生产中:①活塞式抽水机 ②离心式水泵

8. 大气压的测量

(1)托里拆利实验

①托里拆利实验的实验方法：如图1-9-3所示，在长约1 m、一端封闭的玻璃管里灌满水银，用手指将管口堵住，然后倒插在水银槽中，放开手指，管内水银面下降到一定高度时就不再下降，这时管内与水银槽中的水银面高度差约为760 mm. 把管子倾斜，竖直高度差也不发生变化.

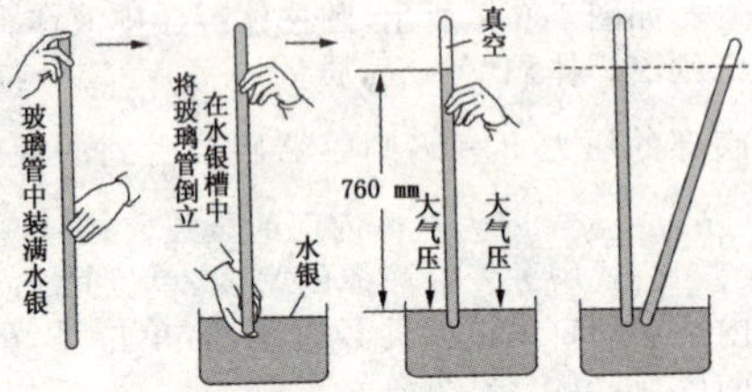

图1-9-3 托里拆利实验

②托里拆利实验原理分析：实验中玻璃管内水银面的上方是真空，管外水银面的上方是大气，因此，是大气压支持管内这段水银柱不会落下，大气压的数值就等于这段水银柱产生的压强. 可见在同一地点、同一时刻做托里拆利实验，大气支持的水银柱高度是一定的，即大气压的值是一定的，与实验中所用玻璃管的粗细、水银槽内水银的多少、玻璃管是否竖直以及管内水银面到管顶的距离等无关.

(2)测量仪器

测量大气压的仪器叫做气压计，一种是水银气压计，测量比较准确，但携带不便，常用在气象站和实验室；一种是金属盒气压计，又叫无液气压计，氧气瓶和灭火器上的气压计，也是一种无液气压计.

(3)标准大气压

托里拆利实验测得的水银柱高度为760 mm，通常把这样大小的大气压叫做标准大气压. $p_0=1.013\times10^5$ Pa.

9. 与气体压强有关的四个关系

关系	规律	应用说明
大气压与高度的关系	大气压随高度的增大而减小	由于大气压是大气层受到重力作用而产生的，因此离地面越高，空气越稀薄，大气压越小
大气压与天气、季节的关系	一般晴天比阴天气压高，冬季比夏季气压高	空气中水蒸气含量越大，气压越低
液体沸点与气压的关系	一切液体的沸点都是随气压的增大而升高，随气压减小而降低	在青藏高原上，水的沸点仅在80 ℃左右，家用压力锅内水的沸点可达120 ℃左右
气体压强与体积的关系	一定质量的气体，在温度不变时，体积越小，压强越大；体积越大，压强越小	打气筒打气

10. 流体压强

流体	流动的液体或气体叫做流体
流体压强与流速的关系	流体在流速大的地方压强小，流速小的地方压强大
飞机的升力	飞机的升力是机翼的上下表面承受的压力差. 因为飞机机翼的上下表面形状是“上曲下平”，所以机翼上方气流流速大，压强小；下方气流流速小，压强大. 这样机翼受到向上的压力大于向下的压力，飞机受到向上的合力，这就是向上的升力

题型技法归纳

题型一　压力示意图的判断方法

例 1　在图 1-9-4 中，正确表示压力的是(　　)

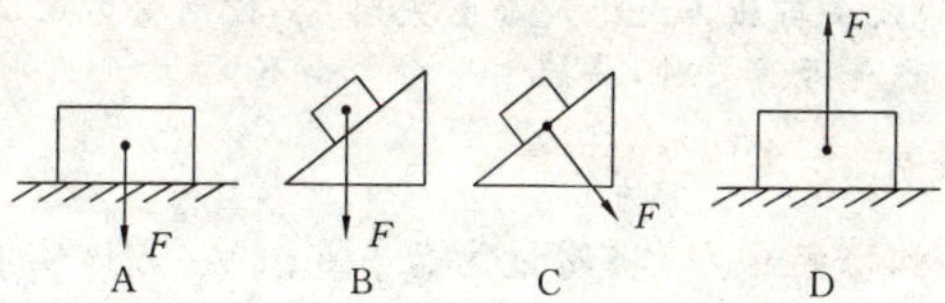

图 1-9-4

解析

因为压力的作用点在被压物体(受力物体)上，压力的方向与被压物体(受力物体)表面垂直，而 A、B、D 选项中压力作用点都标注在施力物体上，故 A、B、D 选项错，正确选项为 C.

答案:C

方法技巧:从三个方面来判断压力的示意图:①明确被压物体;②压力的作用点在被压物体上;③压力的方向与被压物体表面垂直并指向被压物体.

题型二　"探究压力的作用效果跟哪些因素有关"实验题解答技法

例 2　(广东中考)在探究"压力的作用效果与哪些因素有关"实验中，小邹同学用一块海绵和两块规格相同的长方体砖块做了如图 1-9-5 所示的一系列实验，请仔细观察，并分析回答下列问题:

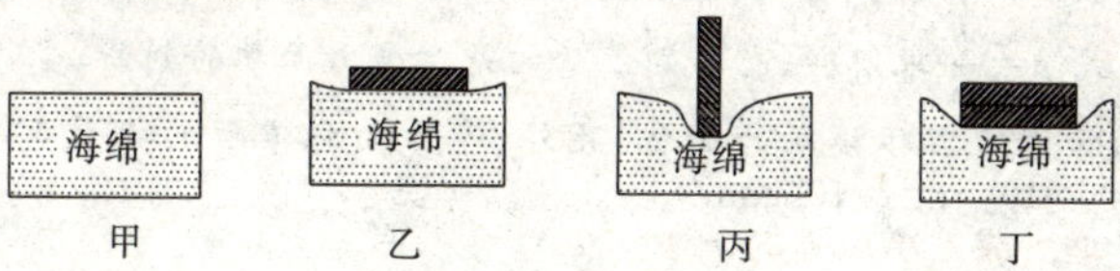

图 1-9-5

(1)压力的作用效果的大小是通过比较海绵的________程度来确定的.

(2)分析比较图乙和丙的实验现象，可以得出结论:________________________.

(3)分析比较图__________的实验现象，可得出结论:当受力面积相同时，压力越大，压力的作用效果越显著.

(4)进一步综合分析图 1-9-5 甲、乙、丙和丁的实验现象，并归纳得出结论:______

____.

解析

实验中利用砖块压在海绵上探究压力的作用效果，是因为海绵受力后形状容易改变，通过其凹陷的程度反映压力的作用效果的大小;图乙与丙实验中砖对海绵的压力相同，受力面积不同，压力的作用效果不同，说明压力的作用效果与受力面积有关;图乙、丁中海绵的受力面积相同，而压力大小不同，压力较大的丁图中海绵凹陷得深，说明压力的作用效果明显，从而得出压力的作用效果与压力的大小有关.

答案:(1)凹陷 (2)当压力相同时,受力面积越小,压力作用效果越显著 (3)乙和丁 (4)压力的作用效果与压力的大小和受力面积的大小有关,压力越大,受力面积越小,压力的作用效果越显著

方法技巧:在"探究压力作用的效果跟哪些因素有关"的实验中,应用了转换法和控制变量法.(1)通过海绵的凹陷程度来确定压力作用的效果,是转换法的具体应用;(2)探究压力作用的效果与压力大小是否有关时,要控制受力面积不变,探究压力作用的效果与受力面积是否有关时,要控制压力大小不变,这是应用了控制变量法.

题型三 利用 $p=\frac{F}{S}$ 求压强的方法

例3 (呼和浩特中考)将质量为 7.9 kg 的立方体实心铁块放在面积为 0.5 m^2 的正方形水平桌面的正中央.求铁块对桌面的压强.($\rho_{铁}=7.9\times10^3\ kg/m^3$,$g$ 取 10 N/kg)

解析

若要求解铁块对桌面的压强,需要求出桌面的受力面积,而题中只给出桌面的面积,没有给出受力面积,所以需要根据铁块的质量和密度求出铁块的体积,再根据铁块是立方体求出棱长,从而求出铁块底面积,最后判断桌面的受力面积后,利用公式 $p=\frac{F}{S}$ 计算压强.

解:$V_{铁}=a_{铁}^3=\frac{m}{\rho_{铁}}=\frac{7.9\ kg}{7.9\times10^3\ kg/m^3}=10^{-3}\ m^3$

所以 $a_{铁}=0.1\ m$,则 $S_{铁}=a_{铁}^2=0.01\ m^2<0.5\ m^2$

$p=\frac{F}{S_{铁}}=\frac{G_{铁}}{S_{铁}}=\frac{7.9\ kg\times10\ N/kg}{0.01\ m^2}=7.9\times10^3\ Pa.$

方法技巧:①分析题意,确定 F 的值和 S 的值,当物体放在水平面上时,$F=G=mg$.②根据公式 $p=\frac{F}{S}$ 求解即可.特别注意的是对受力面积的判断,受力面积应是两个相互挤压的物体的实际接触的面积.此外,受力面积单位的换算也要引起重视:$1\ m^2=10^2\ dm^2=10^4\ cm^2=10^6\ mm^2$.

题型四 增大或减小压强的方法

例4 (山东烟台中考)在日常生产和生活中,有时需要增大压强,有时需要减小压强,在如图 1-9-6 所示的事例中,属于增大压强的是( )

书包带做得宽些 A　菜刀刃磨得很薄 B　铁轨下垫枕木 C　滑雪时的雪橇 D

图 1-9-6

解析

压强大小取决于压力和受力面积的大小,A、C、D选项中都是在压力一定时增大受力面积,从而减小压强;而只有B选项中,目的是通过减小受力面积,增大压强.

答案:B

题型五　关于压强比值问题的求解方法

例 5　(河南中考)如图 1-9-7 所示是甲、乙两种物质的质量和体积的关系图象.若用质量相等的甲、乙两种物质分别制成实心立方体 A、B,把它们平放在水平地面上,则两立方体 A、B 对水平地面的压强之比为(　　)

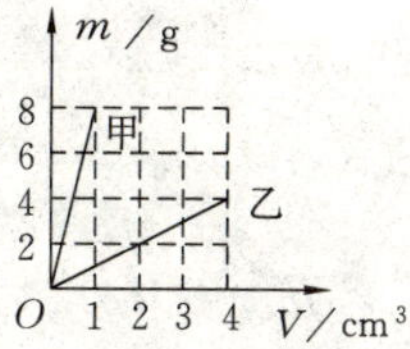

图 1-9-7

A. 8∶1　　B. 4∶3

C. 1∶2　　D. 4∶1

解析

从题图可看出,甲、乙两种物质的密度之比为 8∶1,质量相等的 A、B 两立方体的体积之比为 1∶8,所以得出其棱长之比为1∶2,底面积之比为 1∶4,由于两立方体均放在水平地面上,则它们对地面的压力等于其重力,由压强公式 $p=\frac{F}{S}$可得 A、B 对水平地面的压强之比为 4∶1,D 选项正确.

答案:D

方法技巧:(1)若压力 F 相等,则 $\frac{p_1}{p_2}=\frac{S_2}{S_1}$;(2)若受力面积 S 相等,则 $\frac{p_1}{p_2}=\frac{F_1}{F_2}$;(3)若压力 F 和受力面积 S 均不相等,则 $\frac{p_1}{p_2}=\frac{F_1}{F_2}\cdot\frac{S_2}{S_1}$;(3)解题时,要注意挖掘题目中的隐含条件.如本题中,“质量相等”、“平放在水平地面上”说明 A、B 两物体对水平地面的压力 F 相等;由图象可以得到甲、乙两物质的密度之比,从而进一步推导出受力面积之比.

题型六　运用公式 $p=\rho gh$ 分析固体压强的方法

例 6　(天津中考)如图 1-9-8 所示,质地均匀粗细相同的实心圆柱体 A、B 放在水平地面上.已知它们的密度之比 $\rho_A∶\rho_B=1∶2$,对地面的压强之比 $p_A∶p_B=1∶3$.则(　　)

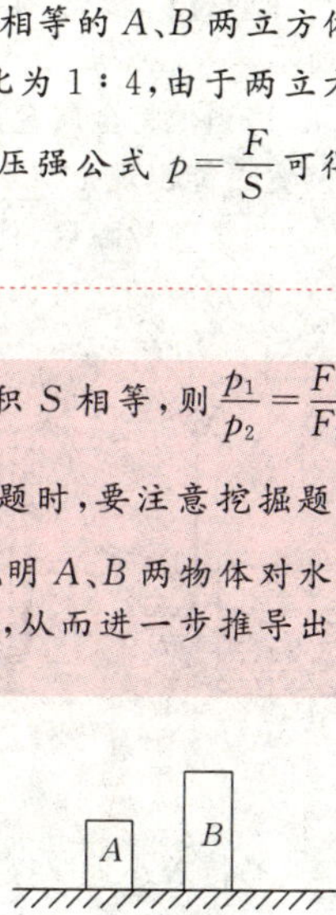

图 1-9-8

A. 它们的高度之比 $h_A∶h_B=2∶3$

B. 它们的高度之比 $h_A∶h_B=3∶4$

C. 它们的质量之比 $m_A∶m_B=2∶3$

D. 它们的质量之比 $m_A∶m_B=1∶3$

解析

圆柱体 A、B 粗细相同,则它们的底面积相同,即 $S_A=S_B$,由 $p=\frac{F}{S}=\frac{G}{S}=\frac{mg}{S}$知,$m_A∶m_B=p_A∶p_B=1∶3$,故 C 选项错误,D 选项正确;又进一步推理得,$p=\frac{F}{S}=\frac{G}{S}=\frac{mg}{S}=\frac{\rho Vg}{S}=\rho gh$,即 $h=\frac{p}{\rho g}$,故 $\frac{h_A}{h_B}=\frac{p_A}{p_B}\times\frac{\rho_B}{\rho_A}=\frac{1}{3}\times\frac{2}{1}=\frac{2}{3}$,故 A 选项正确,B 选项错误.

答案:AD

方法技巧:(1)当物体放在水平面上时,$F=G=mg$,根据压强公式 $p=\frac{F}{S}=\frac{mg}{S}$ 可以判断 p、m、S 之间的关系;

(2)密度均匀的圆柱体、长方体、立方体对受压物体表面产生的压强同样可以用 $p=\rho gh$ 进行计算.应用此公式判断压强的变化以及计算压强的大小非常方便,但一定注意公式的适用范围;通过公式 $p=\rho gh$ 也可以分析与压强有关的其他量的变化.

题型七 "研究液体内部的压强"实验题目解答技法

例 7 (贵阳中考)小强利用U形管压强计和装有水的大烧杯来探究液体内部压强的特点.实验前,他注意到U形管两边的液面已处在同一水平线上,如图1-9-9甲所示.

(1)当他将金属盒浸没于水中后,发现U形管两端液面如图乙所示的情景,则实验装置可能出现了________问题.

(2)排除故障后,他重新将金属盒浸没于水中,发现随着金属盒没入水中的深度增大,U形管两边液面的高度差逐渐变大,如图丙所示,由此可知液体内部的压强与________有关.

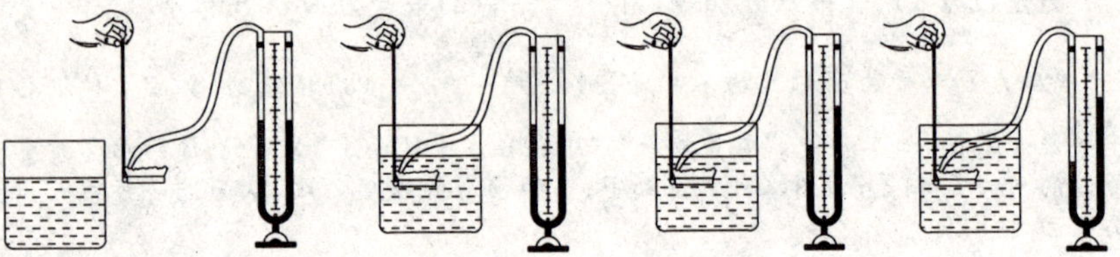

甲　　　　乙　　　　丙　　　　丁

图 1-9-9

(3)接着小强要探究液体内部压强与液体密度的关系,则应保持________不变.

(4)小强保持丙图中金属盒的位置不变,并将一杯浓盐水倒入烧杯中搅匀后,实验情形如图丁所示.比较丙、丁两次实验,小强得出了:在同一深度,液体的密度越大,其内部的压强越大的结论.你认为他的结论是否可靠? ________,原因是:________________.

解析

(1)如果实验装置的气密性不好,如橡皮管破裂或橡皮管与U形管之间没有连接好而漏气时,这样使U形管两侧都与外界大气连通,故U形管两侧始终保持相平状态;(2)在液体密度保持不变时,金属盒浸没的深度增加时,U形管两边液面高度差逐渐变大,说明液体内部压强与深度有关;(3)因为液体内部的压强与液体的密度及深度有关,故研究液体内部压强与液体密度关系时,应该保持深度不变;(4)实验过程中,虽然保持金属盒的位置没有改变,但是因为往烧杯中加入了浓盐水,使得金属盒所在深度增大,也就是说没能保持金属盒在液体中的深度不变,故不能正确研究液体内部压强与密度的关系.

答案:(1)橡皮管破裂(其他答案合理均可)　(2)深度　(3)深度　(4)不可靠

小强没有考虑到烧杯内因加入浓盐水而使金属盒到液面的深度发生了变化

方法技巧:(1)实验时,通过U形管两端液面的高度差来反映(或显示)金属盒受到的压强大小,若金属盒受到压强但U形管两端液面高度差为零,说明压强计的气密性很差,有漏气的部位存在;(2)在探究过程中,要注意控制变量法的运用,如要研究液体压强与深度的关系,可将压强计的金属盒依次放入同种液体不同深度的地方,观察U形管两端液面高度差的变化,分析得出结论.

题型八　求液体压强的方法

例 8　如图 1-9-10 所示,有一个底面积是 200 cm^2、高 10 cm 的柱形容器,顶部有一个面积是 40 cm^2 的小孔,孔上装有一根倾斜管子,从管子上端灌水,当 $h_1=20$ cm 时,水对容器底的压强是多少?水对容器顶面的压强是多少?

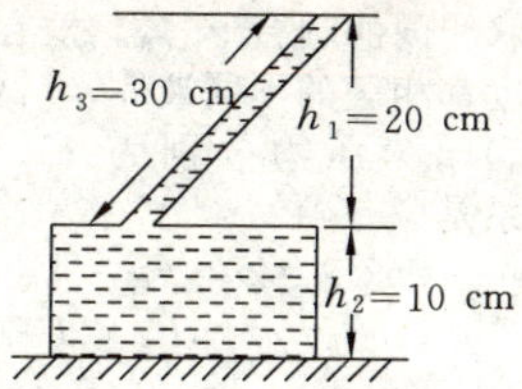

图 1-9-10

解析

根据 $p=\rho gh$,要求水对容器底和容器顶面的压强,需要知道水的密度和水的深度.

解:$\rho_水=1.0\times10^3\ kg/m^3$,$h_1=20\ cm=0.2\ m$,$h_2=10\ cm=0.1\ m$,$h_3=30\ cm=0.3\ m$.

容器底的深度 $h=h_1+h_2=0.2\ m+0.1\ m=0.3\ m$,则水对容器底的压强 $p_1=\rho_水 gh=1.0\times10^3\ kg/m^3\times9.8\ N/kg\times0.3\ m=2.94\times10^3\ Pa$.

容器顶面的深度 $h'=h_1=0.2\ m$,水对容器顶面的压强 $p_2=\rho_水 gh'=1.0\times10^3\ kg/m^3\times9.8\ N/kg\times0.2\ m=1.96\times10^3\ Pa$.

方法技巧:利用公式 $p=\rho gh$ 计算液体内部压强时,准确判断 h 的大小是关键,h 是指自由液面到所求压强处的竖直高度.另外,计算时注意公式中各物理量的单位要统一.

题型九　求液体对容器底压力的方法

例 9　(四川广安中考)在一个重 2 N、底面积为 0.01 m^2 的容器里装 8 N 的水,容器中水的深度为 0.05 m,把它放在水平桌面上,如图 1-9-11 所示(g 取 10 N/kg).求:

(1)水对容器底部的压强和压力;

(2)容器对桌面的压力和压强.

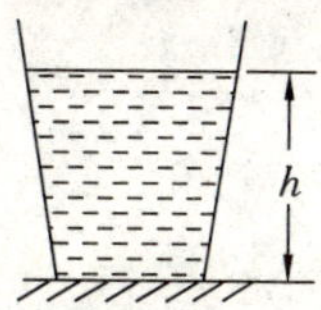

图 1-9-11

解析

利用公式 $p=\rho gh$ 和 $F=pS$ 求出水对容器底部的压强和压力;把水和容器看成整体,利用 $F=G_水+G_容$ 和 $p=\frac{F}{S}$ 求出容器对桌面的压力和压强.

解:(1)水对容器底部的压强:$p_1=\rho_水 gh=1.0\times10^3\ kg/m^3\times10\ N/kg\times0.05\ m=500\ Pa$

水对容器底的压力:$F_1=p_1S=500\ Pa\times0.01\ m^2=5\ N$

(2)容器对桌面的压力:$F_2=G_水+G_容=8\ N+2\ N=10\ N$

容器对桌面的压强:$p_2=\frac{F_2}{S}=\frac{10\ N}{0.01\ m^2}=1\ 000\ Pa$.

方法技巧：要计算液体对容器底部的压力，对于上下粗细不均匀的容器，应先利用公式 $p=\rho gh$ 计算出容器底部所受的压强，再利用公式 $F=pS$（S 是容器的底面积）计算出容器底部受到液体的压力，即 $F=pS=\rho ghS$. 对于上下粗细均匀的容器，容器底受到液体的压力等于液体的重力，即 $F=G_{液}$. 当然若条件充足，也可用 $F=pS=\rho ghS$ 计算液体产生的压力.

例 10 在图 1-9-12 中，有甲、乙两个大小相等、形状相同的圆台形容器，放在水平桌面上，分别装有质量和深度都相等的不同液体，容器底部受到液体的压强分别为 $p_{甲}$ 和 $p_{乙}$，压力分别为 $F_{甲}$ 和 $F_{乙}$，则它们之间的大小关系是（　　）

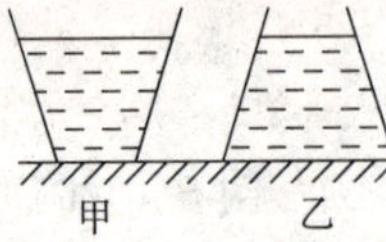

图 1-9-12

A. $p_{甲}=p_{乙}$，$F_{甲}=F_{乙}$　　B. $p_{甲}>p_{乙}$，$F_{甲}>F_{乙}$

C. $p_{甲}>p_{乙}$，$F_{甲}<F_{乙}$　　D. $p_{甲}<p_{乙}$，$F_{甲}<F_{乙}$

解析

由于 $m_{甲}=m_{乙}=m$，$h_{甲}=h_{乙}=h$，可知 $F_{甲}<G_{液}$，$F_{乙}>G_{液}$，所以 $F_{甲}<F_{乙}$.

要想知道压强的大小，就要知道 $\rho_{甲}$ 与 $\rho_{乙}$ 的关系. 在质量相等的条件下，关键是找 $V_{甲}$ 与 $V_{乙}$ 的关系. 由于甲、乙两容器相同，所以将甲容器倒置过来可知甲中的液面比乙中的液面低，所以 $V_{甲}<V_{乙}$. 根据 $\rho=\frac{m}{V}$ 可得 $\rho_{甲}>\rho_{乙}$，再由 $p_{甲}=\rho_{甲}gh$，$p_{乙}=\rho_{乙}gh$ 得到 $\frac{p_{甲}}{p_{乙}}=\frac{\rho_{甲}\ gh}{\rho_{乙}\ gh}=\frac{\rho_{甲}}{\rho_{乙}}>1$，所以 $p_{甲}>p_{乙}$，则 C 选项正确.

答案：C

方法技巧：根据容器的形状，液体对容器底部的压力通常有三种情况，如图 1-9-13 所示，如果装入三个容器的液体的重力都为 $G_{液}$，则有如图中所示的三种关系.

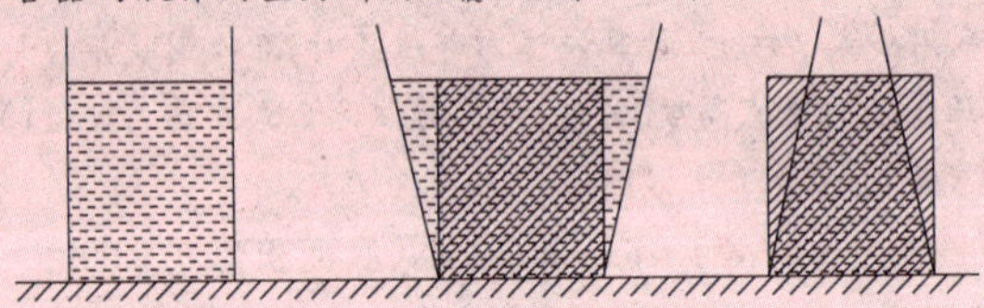

图 1-9-13

液体对容器底部的压力 $F=pS=\rho ghS$，而 Sh 的含义是以容器底为底面积，以液体深度为高的柱体的体积，即 $V_{柱}=Sh$，所以 $F=pS=\rho ghS=\rho gV_{柱}=m_{柱}\ g=G_{柱}$，$G_{柱}$ 的含义为以 $V_{柱}$ 为体积的那部分液体的重力，如图中斜线部分. 即若容器为柱体，则 $F=G_{液}$；若容器为非柱体，则 $F\neq G_{液}$. 因此，求液体对容器底部压力时，一般是根据公式 $p=\rho gh$ 先计算液体对容器底部产生的压强，再根据 $F=pS$ 来判断压力.

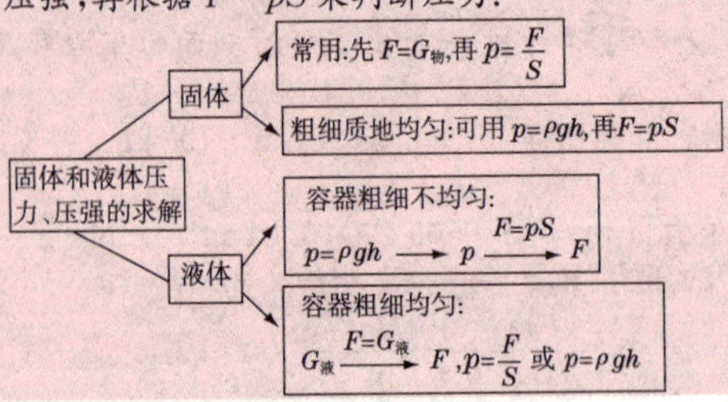

题型十　分析连通器实际应用实例的方法

例 11　(河南中考)三峡船闸是世界上最大的人造连通器.图 1-9-14 是轮船通过船闸的示意图.此时上游阀门 A 打开,下游阀门 B 关闭.下列说法正确的是(　　)

A.闸室和上游水道构成连通器,水对阀门 A 两侧的压力相等

B.闸室和上游水道构成连通器,水对阀门 A 右侧的压力大于左侧的压力

C.闸室和下游水道构成连通器,水对阀门 B 右侧的压力大于左侧的压力

D.闸室和下游水道构成连通器,水对阀门 B 两侧的压力相等

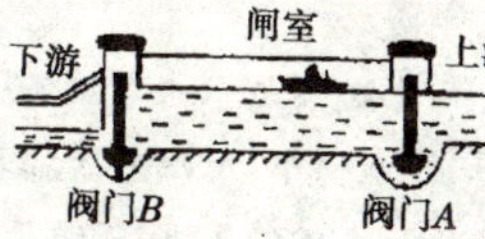

图 1-9-14

解析

连通器是上端开口且底部互相连通的容器,所以当上游阀门 A 打开,下游阀门 B 关闭时,闸室和上游水道构成连通器.由于阀门 A 两侧水的深度相同,所以水对阀门 A 两侧的压强相等,压力也相等.阀门 B 右侧的水位比左侧的高,由于液体压强随深度的增加而增大,所以水对阀门 B 右侧的压强大于左侧的压强,受力面积相同,因此水对阀门 B 右侧的压力大于左侧的压力,但闸室和下游水道不构成连通器,C、D 选项错误.

答案:A

方法技巧:(1)根据连通器的定义准确判断应用实例中哪部分是连通器;(2)根据连通器的原理判断液面是否相平,注意连通器各部分液面保持相平的条件;(3)若分析有关液体压强的大小,可运用 $p=\rho gh$ 来分析.

题型十一　大气压应用问题的解答技法

例 12　(山东烟台中考)如图 1-9-15 所示,用塑料管可以把瓶子中的水吸到嘴里,这是由于(　　)

A.人对水产生吸引力的作用

B.吸管本身有吸水的作用

C.大气压作用在水面上的结果

D.水压的作用

图 1-9-15

解析

人用力吸塑料管时,管内空气减少,管内气压降低,瓶子内的水在大气压的作用下被压入塑料管内并上升,直至压入嘴里,这是大气压作用在水面上的结果.

答案:C

方法技巧:(1)解释大气压的应用现象时,要注意产生的现象是大气压产生的压力的作用效果;(2)钢笔"吸"墨水、吸管"吸"饮料、针管"吸"药液等,都是大气压作用在液面上的结果.

例 13　(江苏盐城中考)小华想用空易拉罐来体验大气压强的存在,下列操作能达到目的的是(　　)

A.用手捏易拉罐,易拉罐变瘪

B.将密封易拉罐置于深水中,易拉罐变瘪

C.让易拉罐从高处下落撞击地面,易拉罐变瘪

D.用注射器抽取密封易拉罐中的空气,易拉罐变瘪

解析

A选项与C选项中所述说明力可以改变物体的形状,B选项说明了液体内部有压强,D选项中,用注射器抽取密封易拉罐中的空气时,罐内气压减小,小于外界大气压,在气压差的作用下,将罐压瘪,说明了大气压强的存在.

答案:D

方法技巧:(1)首先要确定哪部分气压有变化,哪部分与大气相通,气压不变;(2)物体受到一个压强差的作用而产生怎样的表现形式或现象.

题型十二　用吸盘或注射器、弹簧测力计、刻度尺测大气压的方法

例14 (江西中考)洋洋同学家的卫生间下水道堵塞了,他爸爸利用吸盘很快就将下水道疏通了,如图1-9-16所示.为此他突然联想到所学过的大气压知识,于是,洋洋和瑞瑞同学合作利用吸盘设计了一个估测大气压强的实验方案.

图1-9-16

【方案设计】

(1)用刻度尺测出吸盘的直径D;

(2)将吸盘周围沾上水,挤出里面的空气压在光滑的水平地面上;

(3)用力竖直往上拉吸盘柄,直到吸盘脱离地面,根据经验估测拉脱吸盘所需拉力的大小;

(4)计算出当地大气压强.

【评估交流】

洋洋同学说:我们的实验原理是______,操作过程规范,较方便地估测出了大气压强.

瑞瑞同学说:在操作过程中,我发现存在________、________等问题,尽管我们的操作规范,但估测的结果误差较大.洋洋认真思考后,同意了瑞瑞的意见,然后,他们继续一起探讨如何改进方案,尽量减少测量误差.

根据洋洋和瑞瑞同学的实验记录及自我评估情况,请你回答,洋洋和瑞瑞测出的大气压强$p=$________(用字母表示);实验时洋洋同学将吸盘周围沾上水,这样做的目的是______.

要准确测量,应该利用课本中介绍的____________进行测量.

解析

用吸盘估测大气压值时,根据压强公式$p=\frac{F}{S}$可知,只要我们将吸盘排净空气压在光滑地面上,测出拉脱吸盘所用的力F以及吸盘的直径D,即可求出大气压强的大小$p=\frac{4F}{\pi D^2}$.但在操作过程中,一是不可能将吸盘内的空气排净而形成真空,二是不能准确地测量出拉脱吸盘所需的力的大小,所以造成较大的误差;要想准确测量,可用气压计直接测量或根据托里拆利实验来进行测量.

答案：$p=\frac{F}{S}$　吸盘中的气体挤不干净（不是真空）　拉脱所需力的大小估测偏差大　$\frac{4F}{\pi D^2}$　防止外面的气体进入吸盘　气压计（托里拆利实验）

方法技巧：用吸盘估测大气压的方法：(1)将吸盘压在表面光滑的物体上（如玻璃或瓷砖的表面）；(2)用弹簧测力计拉吸盘，记下刚刚拉脱时弹簧测力计的示数 F；(3)用刻度尺测量出吸盘的直径为 D；(4)大气压的大小 $p=\frac{F}{S}=\frac{4F}{\pi D^2}$.

例 15　小明同学利用注射器、弹簧测力计、刻度尺等器材测量大气压强的值，实验步骤如下.

(1)把注射器的活塞推至注射器的底端，然后用橡皮帽堵住注射器的小孔，这样做的目的是______________________________.

(2)如图 1-9-17 所示，用细尼龙绳拴住注射器活塞的颈部，使绳的另一端与弹簧测力计的挂钩相连，然后水平向右慢慢拉动注射器筒，当注射器中的活塞________时，记下弹簧测力计的示数为 8.2 N.

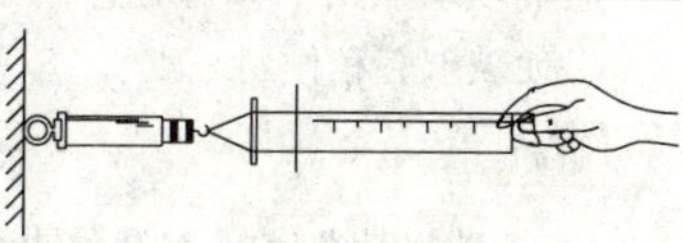

图 1-9-17

(3)如图 1-9-18 所示，用刻度尺测出注射器的全部刻度的长度为________ cm，计算得到活塞的横截面积为________ cm^2.

图 1-9-18

(4)计算得到大气压强的数值为________ Pa.

(5)小明了解到班内同学的实验误差普遍很大，有的偏大，有的偏小. 请分析，该实验过程中导致误差的因素有（请写出两条）________________________.

解析

(1)用注射器、弹簧测力计和刻度尺估测大气压时，要使注射器内为真空，故把注射器的活塞推至注射器的底端，然后用橡皮帽堵住注射器的小孔，目的是排尽注射器内的空气，使其变成真空.

(2)水平向右慢慢拉动注射器筒，注射器中的活塞受向左的拉力和向右的大气压产生的力. 当注射器中的活塞刚开始滑动时，拉力等于大气压产生的压力.

(3)由题图可知，注射器全部刻度的长度为 8.20 cm－2.00 cm＝6.20 cm，已知注射器的容积为 4.5 mL，则注射器活塞的横截面积 $S=\frac{V}{L}=\frac{4.5\ cm^3}{6.20\ cm}=0.7258\ cm^2$.

(4)大气压强的大小 $p=\frac{F}{S}=\frac{8.2\ N}{0.7258\times10^{-4}\ m^2}=1.13\times10^5\ Pa$.

(5)橡皮帽漏气、筒内没有完全排尽空气、活塞与注射器筒间不完全密封会使实验结果偏小；活塞与注射器筒间有摩擦会使实验结果偏大；弹簧测力计示数不稳定或不准确等也会导致结果偏大或偏小.

答案：(1)排尽注射器内的空气，使其变成真空　(2)刚开始滑动　(3)6.20　0.725 8　(4)1.13×10^5　(5)注射器内残余少量气体　活塞与注射器筒存在摩擦

方法技巧：用注射器粗略测量大气压的方法：(1)将活塞推至注射器的底端，使活塞顶部受到的气压为零；(2)记下活塞刚刚开始被拉动时弹簧测力计的示数 F；(3)读出注射器的容积 V，用刻度尺测出注射器内空气柱的长度 L；(4)大气压 $p=\frac{FL}{V}$. (4)在测量过程中，应用到二力平衡的知识和压强公式 $p=\frac{F}{S}$.

题型十三　托里拆利实验有关问题解答技法

例 16　(天津中考)用托里拆利实验测定大气压的数值(玻璃管内水银面上方是真空). 下列过程会导致测量数值发生变化的是(　　)

A. 将实验从山下移到山上　　B. 使玻璃管稍下降一点

C. 使玻璃管稍倾斜一点　　D. 换用稍粗点的玻璃管

解析

在托里拆利实验中，玻璃管内水银面上方是真空，是大气压支持着管内水银柱不下落，因此只要外界大气压不发生变化，水银柱高度就不会发生变化，即测量数值不发生变化，故 B、C、D 选项均不会导致测量数值发生变化. 大气压与高度有关，将实验从山下移到山上，高度增加，大气压减小，故会导致测量数值变小，A 选项正确.

答案：A

方法技巧：大气压强支持着玻璃管内的水银柱不下落，大气压强的数值等于管内水银柱产生的压强，它的大小与管的粗细、是否倾斜、上提些还是下降些无关，但上方进入空气或外界气压变化，都会导致测量数值发生变化.

题型十四　关于大气压的变化问题的解答技法

例 17　(安徽中考)青藏铁路建成后，乘高原列车去西藏旅游的人越来越多. 与普通列车相比，高原列车内还配有供氧系统和医疗应急系统，这样做是因为高原上(　　)

A. 大气压强小，空气中含氧量小　　B. 大气压强大，空气中含氧量大

C. 大气压强小，空气中含氧量大　　D. 大气压强大，空气中含氧量小

解析

在高原地区，空气稀薄，因而大气压小，氧气的含量也小，人进入高原地区，会出现高原反应，所以列车上要配有供氧系统和医疗急救系统.

答案：A

方法技巧：(1)大气压随高度的增大而减小；(2)一般情况下，冬天的气压比夏天高，晴天的气压比阴天高.

题型十五　流体压强的应用问题解答技法

例 18 (南京中考)如图 1-9-19 所示,在一个盛水的玻璃杯内插入一根吸管 A,用另一根吸管 B 对准 A 的管口上方吹气,看到 A 的管口有水喷出. 这是因为流体的流速越________,压强越________. 以下现象中不能用此原理解释的是________(填序号). ①平行于岸边航行的船不能靠岸太近;②用吸管把饮料吸进嘴里;③狂风会把一些不牢固的建筑物的屋顶掀翻.

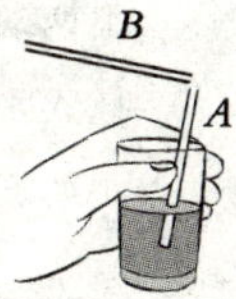

图 1-9-19

解析

用吸管 B 对准 A 的管口上方吹气时,A 的管口上方空气流速加快,压强减小,小于其下面水面的压强,水被压到了上方管口后,随 B 管吹出的气流而喷出,这说明流体流速越大的地方,压强越小. 在三种现象中,①和③都是利用了流体压强与流速的关系原理,而用吸管把饮料吸进嘴里是利用了大气压强的作用.

答案:大　小　②

方法技巧:首先要弄清哪部分流速快,哪部分流速慢;其次要知道:流速快处压强小,压力也小,流速慢处压强大,压力也大;最后要注意流体受压力差作用而产生的各种表现形式和现象.

典题针对训练

1. (湖南湘潭中考)将未装满水且密闭的矿泉水瓶,先正立放置在水平桌面上,再倒立放置,如图 1-9-20 所示. 两次放置时,水对瓶底和瓶盖的压强分别是 p_A 和 p_B,水对瓶底和瓶盖的压力分别是 F_A 和 F_B,则(　　)

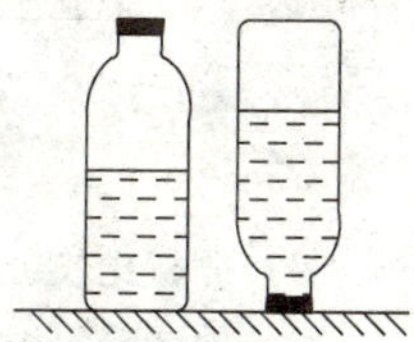
图 1-9-20

A. $p_A>p_B$　$F_A>F_B$　　B. $p_A<p_B$　$F_A=F_B$

C. $p_A=p_B$　$F_A<F_B$　　D. $p_A<p_B$　$F_A>F_B$

2. (广东中考)某实心立方体金属块的质量是 m,棱长是 a,则金属块的密度 $\rho=$________(用 m、a 表示). 取 6 个这样的金属块,分别以图 1-9-21 的甲、乙两种方式放置在水平地面上,则甲、乙两种方式放置的金属块对水平地面的压力之比 $F_甲:F_乙=$________,压强之比 $p_甲:p_乙=$________.

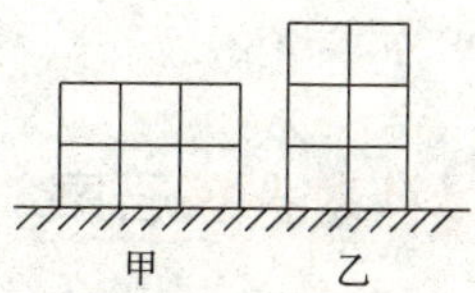

图 1-9-21

3. (成都中考)我国"蛟龙"号潜水器在下潜试验中成功突破 7 000 m 水深大关,"蛟龙"号随着下潜深度的增加,所受水的压强将______(填"变大""不变"或"变小"),若海水的密度为 1.03×10^3 kg/m^3,"蛟龙"号在深7 000 m处所受海水的压强为______ Pa. (g 取 10 N/kg)

4.(武汉中考)如图 1-9-22 所示,在小瓶里装一些带颜色的水,再取一根两端开口的细玻璃管,在它上面画上刻度,使玻璃管穿过橡皮塞插入水中,从管子上端吹入少量气体,就制成了一个简易的气压计.小明把气压计从山脚带到山顶的水平地面上,玻璃管内水柱的高度________,水对容器底的压强________,瓶子对地面的压强________(填"变小""不变"或"变大").如果在瓶中装满水,就可以制成一个较准确的测量仪器________(请写出它的名称).

图 1-9-22

5.(河南中考)如图 1-9-23 所示,在开口的矿泉水瓶上扎一个小孔,水便从小孔喷出.随着瓶内水面的降低,水喷出的距离越来越短,是因为小孔上水的压强逐渐变________.堵住瓶口,水很快就停止流出,此时瓶内水面上方的气压比瓶外大气压________.

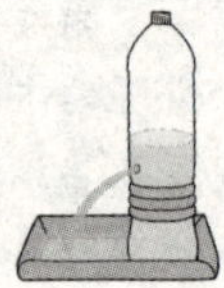

图 1-9-23

6.(山东烟台中考)小明同学利用洗手间的肥皂及海绵探究"压力的作用效果与哪些因素有关",实验探究过程如图 1-9-24 所示.

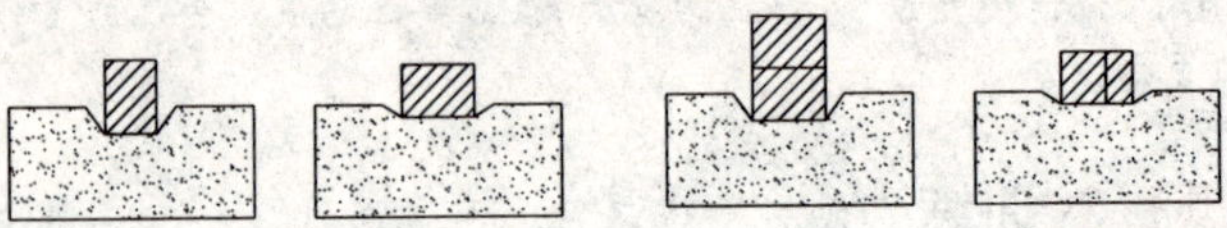

图 1-9-24

(1)分析比较甲、乙两图中的实验现象,得到的结论是什么?

(2)图乙和图丙探究的问题是什么?

(3)小明将肥皂沿竖直方向切成大小不同的两块,如图丁所示,由实验现象,他经过分析、论证得到的结论是:压力的作用效果与受力面积无关.分析评估他的实验结论.

针对训练答案

1. D　解析:从题图示可知,倒置后,水面变高,所以倒置后水对瓶盖产生的压强大,正立放置时,水对瓶底的压力等于水受到的重力,倒置后水对瓶盖的压力小于水受到的重力,故选 D.

2. $\frac{m}{a^3}$　1∶1　2∶3　解析:立方体的棱长是 a,则其体积为 a^3,根据密度公式可求得金属块的密度 $\rho=\frac{m}{V}=\frac{m}{a^3}$;题图中,两种方式均放置在水平地面上,所以在两种情况下对水平地面的压力 $F=G=6mg$，即两种方式放置的金属块对水平地面的压力之比为 1∶1；在甲图所示的放置方式中，水平地面的受力面积 $S_{甲}=3a^2$，在乙图所示的放置方式中，水平地面的受力面积 $S_{乙}=2a^2$，根据压强公式 $p=\frac{F}{S}$ 有 $\frac{p_{甲}}{p_{乙}}=\frac{F_{甲}}{F_{乙}}\times\frac{S_{乙}}{S_{甲}}=\frac{1}{1}\times\frac{2a^2}{3a^2}=\frac{2}{3}$.

3. 变大　7.21×10^7　解析：根据液体压强公式 $p=\rho gh$ 可知，在密度一定时，压强随深度的增加而变大；"蛟龙"号在 7 000 m 处所受水的压强 $p=\rho gh=1.03\times10^3\ \text{kg/m}^3\times10\ \text{N/kg}\times7\ 000\ \text{m}=7.21\times10^7\ \text{Pa}$.

4. 变大　变大　不变　温度计　解析：从山脚到山顶，高度增加，根据气压与高度的关系可知，山顶气压低于山脚，玻璃管外部气压减小后，在瓶内气体压强作用下，玻璃管内水柱上升；根据液体压强规律可知，水对容器底部的压强变大，把瓶子、水和玻璃管看成一个整体，其重力不变，对地面的压力不变，故瓶子对地面的压强不变；若将瓶装满水，则在温度变化时，由于水的热胀冷缩，会使玻璃管内水面变化，相当于温度计原理.

5. 小　小　解析：液体内部的压强与液体的密度和深度有关，深度越小，压强越小，水流越慢；当堵住瓶口时，瓶内水逐渐流出的过程中，瓶内气体的压强减小，当停止流出时，瓶的开口处内外压强相等，即瓶内水产生的压强与瓶内水面上方的气压之和等于外界大气压，所以瓶内水面上方气压小于瓶外大气压.

6. (1)压力相同时，压力的作用效果与受力面积有关，受力面积越小，作用效果越明显.(2)受力面积相同时，压力的作用效果与压力大小的关系.(3)小明得出的结论是错误的.小明同时改变了受力面积和压力的大小，没有控制压力大小不变.

解析：在甲、乙两图中，海绵上都是放置一块肥皂，即海绵受到的压力相等，但肥皂放置的方式不同，海绵的受力面积不同，从图中可以看出海绵的凹陷程度不同，受力面积小的海绵的凹陷程度大，这说明压力相同时，受力面积越小，压力的作用效果越明显；图乙中是一块肥皂正放在海绵上，图丙是两块相同的肥皂叠放在一起正放在海绵上，即受力面积相同而压力不同，所以探究受力面积相同时，压力的作用效果与压力大小的关系；在探究压力的作用效果时，要注意运用控制变量法，将肥皂沿竖直方向切成大小不同的两块时，两块肥皂对海绵的压力不同，即没有控制压力不变，所以不能探究压力的作用效果与受力面积之间的关系.

第十章　浮力

学习思维导图

- 浮力
  - 浮力
    - 定义：浸在液体(或气体)中的物体受到向上的力
    - 原因：浸没在液体(或气体)中的物体,其上、下表面受到液体(或气体)对它的压力不同
    - 方向：竖直向上
    - 施力物体：液体或气体
  - 阿基米德原理
    - 内容：浸在液体中的物体受到向上的浮力,浮力的大小等于它排开的液体所受的重力
    - 适用范围：适用于液体或气体
    - 决定浮力大小的因素
      - 物体浸在液体中的体积
      - 液体的密度
    - 公式
      - $F_{浮}=G_{排}=\rho_{液}gV_{排}$
      - $V_{排}$与$V_{物}$的关系
        - 物体全部浸入液体中,$V_{排}=V_{物}$
        - 物体部分浸入液体中,$V_{排}<V_{物}$
  - 物体的浮沉条件及应用
    - 浮沉条件（物体全部浸入液体中）
      - 比较浮力和重力
        - $F_{浮}>G$,物体上浮
        - $F_{浮}=G$,物体悬浮
        - $F_{浮}<G$,物体下沉
      - 比较密度
        - $\rho_{物}<\rho_{液}$,物体上浮
        - $\rho_{物}=\rho_{液}$,物体悬浮
        - $\rho_{物}>\rho_{液}$,物体下沉
    - 浮力的应用
      - 轮船
        - 原理：利用空心的办法增大可以利用的浮力
        - 排水量：轮船满载时排开水的质量
      - 潜水艇：靠改变自身重力来实现上浮和下潜
      - 热气球和飞艇：热气球或飞艇的气囊中充入密度小于空气的气体

解题知识必备

1. 浮力概念

定义	产生原因	方向	测量	决定因素	施力物体
浸在液体(或气体)中的物体受到的向上的力	液体(或气体)对物体上、下表面产生的压力差	竖直向上	$F_{浮}=G-F$	$\rho_{液}$(或$\rho_{气}$)、$V_{排}$	液体或气体

2. 阿基米德原理

浸在液体中的物体受到向上的浮力，浮力的大小等于它排开的液体所受的重力.用公式表示为：$F_{浮}=G_{排}=\rho_{液}gV_{排}$.

利用阿基米德原理解决问题时应注意：

(1)阿基米德原理也适用于气体.浸在气体中的物体所受的浮力，大小等于它排开的气体所受的重力，用公式表示为：$F_{浮}=G_{排}=\rho_{气}gV_{排}$.

(2)由 $F_{浮}=\rho_{液}gV_{排}$ 可知，浮力的大小只与液体的密度 $\rho_{液}$ 和物体排开液体的体积 $V_{排}$ 有关，与物体的密度、形状、质量、重力、所处深度、运动状态等因素均无关.

(3)公式 $F_{浮}=\rho_{液}gV_{排}$ 中的 $\rho_{液}$ 是液体的密度，而不是物体的密度 $\rho_{物}$；$V_{排}$ 是被物体排开的液体的体积.当物体浸没在液体中时，$V_{排}$ 等于物体的体积 $V_{物}$，当物体部分浸入液体中时，$V_{排}<V_{物}$.

3. 计算浮力大小的四种方法

称重法	压力差法	原理法	平衡力法
浮力等于物体的重力减去物体浸在液体中时弹簧测力计的示数，即 $F_{浮}=G-F$	浮力等于物体受到的液体对它向上和向下的压力差，即 $F_{浮}-F_{向上}-F_{向下}$	根据阿基米德原理计算：$F_{浮}=G_{排}=\rho_{液}gV_{排}$	物体漂浮在液面或悬浮在液体中时，由二力平衡条件得：$F_{浮}=G_{物}$

4. 物体的浮沉条件

(1)实心物体的浮沉条件

物体在液体中处于什么状态，主要取决于物体所受的浮力和重力的大小关系，也可由物体的密度和液体的密度的大小关系来判断，具体情况如下表所示：

上浮	下沉	悬浮	漂浮	沉底
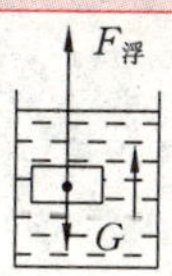	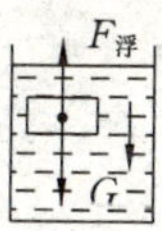	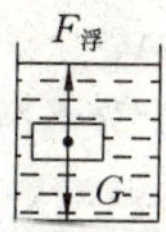	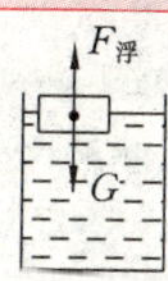	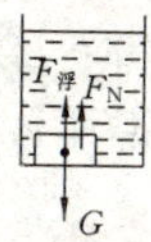
$F_{浮}>G$	$F_{浮}<G$	$F_{浮}=G$	$F_{浮}=G$	$F_{浮}+F_{N}=G$
$\rho_{液}>\rho_{物}$	$\rho_{液}<\rho_{物}$	$\rho_{液}=\rho_{物}$ $V_{排}=V_{物}$	$\rho_{液}>\rho_{物}$ $V_{排}<V_{物}$	$\rho_{液}<\rho_{物}$
处于动态(运动状态不断改变)，受非平衡力作用		可以停留在液体的任何深度处	是“上浮”过程的最终状态	是“下沉”过程的最终状态
		处于静态，受平衡力作用		

(2)悬浮和漂浮的区别和相似之处

		悬浮	漂浮
区别	物体在液体中的位置	物体可以静止在液体内部任一位置	物体静止在液体表面上
	物体实心时，$\rho_{物}$ 和 $\rho_{液}$ 的大小	$\rho_{物}=\rho_{液}$	$\rho_{物}<\rho_{液}$
	物体体积 $V_{物}$ 与物体排开液体体积 $V_{排}$ 的大小	$V_{物}-V_{排}$	$V_{物}>V_{排}$
相似		物体都处于平衡状态，各自所受的浮力和重力是一对平衡力	

5. 浮沉条件的应用

轮船	轮船是采用"空心"法而浮在水面上的，它所受的浮力等于船的重力. 轮船的排水量是指轮船满载时排开水的质量，即排水量＝船自身质量＋满载时货物质量
潜水艇	潜水艇靠水舱充水、放水来改变自身的重力而实现上浮、下沉或悬浮在水中
热气球和飞艇	热气球或飞艇的气囊里充入的是密度小于空气的气体，通过充气和放气改变气球或气囊里气体的质量，从而改变所受的浮力来实现上升和下降
密度计	密度计是测量液体密度的仪器，它是利用物体漂浮在液面的条件来工作的，即 $F_{浮}=G_{物}$ 密度计上所标的刻度是被测液体的密度与水的密度之比，且大的刻度值在下面，小的刻度值在上面
盐水选种	配制盐水，使其密度小于优质种子的密度而大于劣质种子的密度，优质种子在盐水中下沉，劣质种子在盐水中上浮

题型技法归纳

题型一　对决定浮力大小因素的理解方法

例 1　(成都中考)关于物体在液体中受到的浮力，下列说法正确的是(　　)

A. 漂浮的物体比沉底的物体受到的浮力大
B. 物体的密度越大，受到的浮力越小
C. 物体排开水的体积越大，受到的浮力越大
D. 浸没在水中的物体受到的浮力与深度有关

解析

根据阿基米德原理 $F_{浮}=G_{排}=\rho_{液}gV_{排}$ 可知，浮力的大小取决于液体的密度和排开液体的体积，与物体的浮沉、物体的密度、液体的深度都无关，故只有C选项正确.

答案:C

方法技巧:(1)判断浮力的大小时，分析液体的密度和排开液体的体积两个要素是否发生变化，从而确定浮力的大小是否变化;(2)排除无关因素的干扰，如物体自身的体积、密度、形状、浸没在液体中的深度、在液体中是否运动以及液体的多少等.

例 2　"远征号"潜水艇从长江某基地赴东海执行任务过程中(　　)

A. 潜水艇在海水中潜行时所受的浮力大于在江水中潜行时所受的浮力
B. 潜水艇在海水中潜行时所受的浮力等于在江水中潜行时所受的浮力
C. 潜水艇在海水中潜行时所受的浮力小于在江水中潜行时所受的浮力
D. 潜水艇在海水中潜行时所受的重力小于在江水中潜行时所受的重力

解析

从长江到东海后，水的密度发生了变化，长江水的密度小于东海水的密度，由于潜水艇排开水的体积是一定的，由阿基米德原理知，排开的水的密度越大，其浮力越大，所以A选项正确，B、C选项错误，潜水艇处于悬浮状态，其所受浮力等于其所受重力，故潜水艇在海水中潜行时所受重力大于在江水中潜行时所受重力，故D选项错误.

答案:A

方法技巧：(1)浸在液体中的物体所受浮力的大小只与$\rho_{液}$、$V_{排}$有关，$\rho_{液}$与$V_{排}$越大，$F_{浮}$就越大；(2)认真审读题意，明确关键字词的含义，如从长江赴东海指液体的密度发生变化，潜行指排开液体的体积不变.

题型二　阿基米德原理的应用

例3　(浙江衢州中考)如图1-10-1是某同学自制的水上自行车.她在普通自行车上安装8个密闭的空水桶(每个水桶体积为0.02 m^3)，并在车后轮装上若干塑料片.该同学在水面上骑自行车匀速前进时，平均每个水桶约有二分之一体积浸在水中，不计车轮和塑料片排开水的体积，则此时水上自行车受到的浮力约为________N.(g取10 N/kg)

图1-10-1

解析

根据阿基米德原理可求得浮力$F=\rho_{水}gV_{排}=1.0\times10^3\ kg/m^3\times10\ N/kg\times0.02\ m^3\times8\times0.5=800\ N$.

答案：800

例4　(兰州中考)将一块石蜡，分别放入足量的水和酒精中，当石蜡静止时，它排开水的体积与排开酒精的体积之比为________.($\rho_{石蜡}=0.9\times10^3\ kg/m^3$，$\rho_{酒精}=0.8\times10^3\ kg/m^3$)

解析

石蜡在水中漂浮在水面上，则$F_{浮}=G$，$F_{浮}=\rho_{水}gV_{排}$，$G=mg=\rho_{石蜡}gV$，即得$\rho_{水}gV_{排}=\rho_{石蜡}gV$，所以$\frac{V_{排}}{V}=\frac{\rho_{石蜡}}{\rho_{水}}=\frac{0.9\times10^3\ kg/m^3}{1.0\times10^3\ kg/m^3}=\frac{9}{10}$，而石蜡在酒精中会下沉，完全浸没，所以排开酒精的体积等于石蜡的体积，因此石蜡排开水的体积与排开酒精的体积之比为9∶10.

答案：9∶10

方法技巧：(1)通过比较物体与液体的密度大小来判断物体的浮沉；(2)理解阿基米德原理：$F_{浮}=G_{排}=\rho_{液}gV_{排}$.①公式中的$V_{排}$是指排开液体的体积，也就是物体浸入液体里的那部分体积.当物体全部浸入时，$V_{排}=V_{物}$，当物体部分浸入液体中时，$V_{排}<V_{物}$.②结合漂浮条件列方程，即$F_{浮}=G_{物}\Rightarrow\rho_{液}gV_{排}=\rho_{物}gV_{物}$.

题型三　比较物体所受浮力大小的方法

例5　把体积相同的木块、空心铁盒和实心铅块放入盛有水的容器中，静止时它们的位置如图1-10-2所示，比较它们受到的浮力大小.下列说法中正确的是(　　)

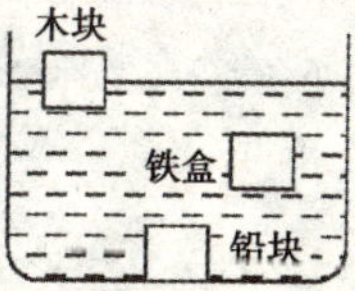

图1-10-2

A. $F_{木}>F_{铁}>F_{铅}$　　　　B. $F_{木}<F_{铁}<F_{铅}$

第一篇　解题技法篇

C. $F_{木}=F_{铁}>F_{铅}$　　D. $F_{木}<F_{铁}=F_{铅}$

解析

根据题意可知，木块、铁盒、铅块的体积相同，则铁盒和铅块排开水的体积相同，故二者受到的浮力相等，即 $F_{铁}=F_{铅}$. 木块漂在水面，排开液体的体积小，故受到的浮力小.

答案:D

例 6　(山西中考)把质量相等的两块橡皮泥分别捏成实心球状和碗状，轻轻放到水面上，静止之后，实心球状橡皮泥沉到容器底部，碗状橡皮泥漂浮在水面，如图1-10-3所示，则它们所受浮力的大小关系是(　　)

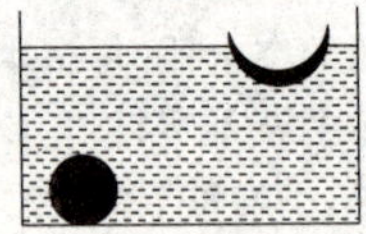

图 1-10-3

A. $F_{球}>F_{碗}$　B. $F_{球}<F_{碗}$　C. $F_{球}=F_{碗}$　D. $F_{球}\geqslant F_{碗}$

解析

两块橡皮泥均放在水中，碗状的橡皮泥漂浮，浮力等于重力，实心球状的橡皮泥下沉到底部，浮力小于重力，由于两块橡皮泥的质量相等，重力相等，故可判断碗状橡皮泥所受的浮力大于球状橡皮泥所受的浮力.

答案:B

方法技巧:浸在同种液体中的物体，比较所受浮力的大小时，若条件告知体积相等时看$V_{排}$，由阿基米德原理知 $F_{浮}=\rho_{液} gV_{排}$，$V_{排}$ 越大 $F_{浮}$ 越大；若条件告知质量相等，即物体的重力相等时，看浮沉，漂浮、悬浮时 $F_{浮}=G$，沉底时 $F_{浮}<G$.

题型四　用物体的浮沉条件解答问题技法

例 7　(福建厦门中考)如图 1-10-4 所示，甲、乙两杯盐水的密度分别为 $\rho_{甲}$、$\rho_{乙}$，同一只鸡蛋先后放入甲、乙两杯中，在甲杯处于悬浮状态，所受浮力为 $F_{甲}$；在乙杯处于漂浮状态，所受浮力为 $F_{乙}$. 可以肯定的是(　　)

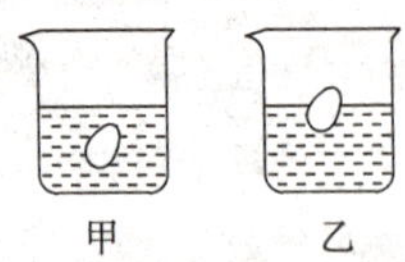

图 1-10-4

A. $\rho_{甲}<\rho_{乙}$　　B. $\rho_{甲}>\rho_{乙}$

C. $F_{甲}>F_{乙}$　　D. $F_{甲}<F_{乙}$

解析

由物体的浮沉条件知，鸡蛋在甲杯中处于悬浮状态，故鸡蛋在甲中所受的浮力 $F_{甲}=G$，甲盐水的密度 $\rho_{甲}=\rho_{蛋}$；鸡蛋在乙杯中处于漂浮状态，故鸡蛋在乙中所受的浮力 $F_{乙}=G$，乙盐水的密度 $\rho_{乙}>\rho_{蛋}$，由此可知，$F_{甲}=F_{乙}$，$\rho_{甲}<\rho_{乙}$.

答案:A

方法技巧:若 $F_{浮}>G_{物}$（或 $\rho_{液}>\rho_{物}$），则上浮；若 $F_{浮}=G_{物}$（或 $\rho_{液}=\rho_{物}$），则悬浮；若 $F_{浮}<G_{物}$（或 $\rho_{液}<\rho_{物}$），则下沉.

例 8 (广东梅州中考)小张看到鸡蛋浮在盐水面上，如图 1-10-5 所示，他沿杯壁缓慢加入清水使鸡蛋下沉. 在此过程中，鸡蛋受到的浮力 F 随时间 t 的变化图象可能是图 1-10-6 中的(　　)

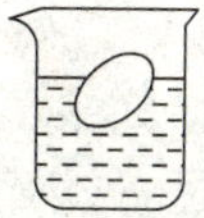

图 1-10-5

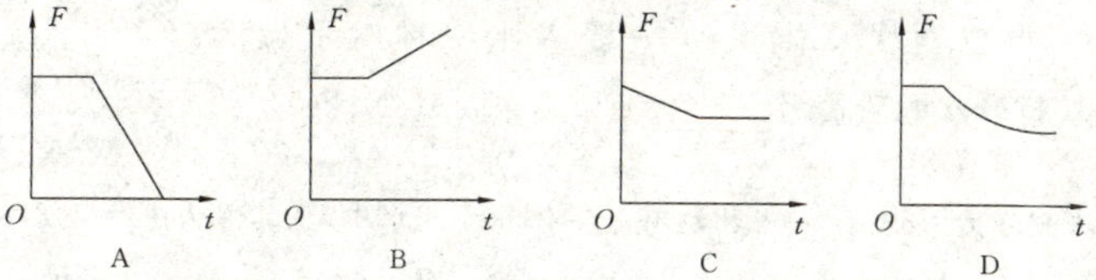

图 1-10-6

解析

在加入清水的过程中，盐水的密度逐渐减小，但只要鸡蛋浮在水面上，它受到的浮力不变，始终等于重力，只是浸入的体积逐渐增大，所以图象中要有一段水平的直线，当盐水的密度小于鸡蛋密度时，鸡蛋开始下沉，最后沉入水底，所受浮力逐渐减小，但不会为零，故本题选 D.

答案:D

方法技巧:解答本题应把握两个关键点:(1)鸡蛋的重力不变，漂浮时 $F_{浮}=G$，下沉时 $F_{浮}<G$;(2)盐水的密度逐渐变小，在盐水密度变小的过程中，鸡蛋不会立即下沉.

题型五　有关浮力综合计算题解答技法

例 9 质量为 0.27 kg 的苹果漂浮在水中时，约有$\frac{1}{10}$的体积位于水面之上，请解答:(1)苹果受到的浮力大小;　(2)苹果的密度.(g 取 10 N/kg)

解析

苹果漂浮在水面上，故有 $F_{浮}=G$，苹果的质量已知，则可求浮力的大小，再利用 $F_{浮}=\rho_{液} gV_{排}$ 可求出苹果排开水的体积，已知 $V_{排}$ 和苹果体积的大小关系可求出苹果的体积，则苹果的密度可求.

解:(1)苹果漂浮在水面上，有 $F_{浮}=G$

苹果受到的重力为 $G=mg=0.27\ \text{kg}\times10\ \text{N/kg}=2.7\ \text{N}$

所以苹果受到的浮力为 2.7 N.

(2)由 $F_{浮}=\rho_{水} gV_{排}$ 可求出苹果排开水的体积为

$$V_{排}=\frac{F_{浮}}{\rho_{水} g}=\frac{2.7\ \text{N}}{1.0\times10^3\ \text{kg/m}^3\times10\ \text{N/kg}}=2.7\times10^{-4}\ \text{m}^3$$

苹果漂浮时，有$\frac{1}{10}$的体积位于水面之上，所以苹果的体积为

$$V=\frac{10}{9}V_{排}=\frac{10}{9}\times2.7\times10^{-4}\ \text{m}^3=3\times10^{-4}\ \text{m}^3$$

苹果的密度为 $\rho=\frac{m}{V}=\frac{0.27\ \text{kg}}{3\times10^{-4}\ \text{m}^3}=0.9\times10^3\ \text{kg/m}^3$.

方法技巧:(1)解答本题时，要准确挖掘题目中的隐含条件，如“漂浮”说明 $F_{浮}=G$;“约有$\frac{1}{10}$的体积位于水面之上”说明 $V_{排}=\frac{9}{10}V_{物}$;(2)正确选用公式进行计算.

例 10 （武汉中考）如图 1-10-7 所示，弹簧测力计吊着物块在空气中称时示数为 1.6 N，当把物块总体积的$\frac{1}{2}$浸入水中称时示数为 0.6 N，则物块受到的浮力为________ N，物块的密度为________ kg/m^3. 当把物块总体积的$\frac{4}{5}$浸入水中称时示数为________ N，物块排开水的质量为________ kg.（g 取 10 N/kg）

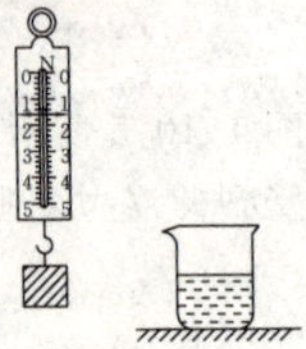

图 1-10-7

解析

根据称重法测浮力知识可知，当物块有一半体积浸入水中时，其浮力 $F_1=1.6\ N-0.6\ N=1\ N$，再由阿基米德原理 $F_{浮1}=\rho_水 gV_{排1}$ 得 $V_{排1}=\frac{F_{浮1}}{\rho_水 g}=\frac{1\ N}{1\times10^3\ kg/m^3\times10\ N/kg}=1\times10^{-4}\ m^3$，所以物块的体积为 $2\times10^{-4}\ m^3$. 根据密度公式可得物块的密度 $\rho=\frac{m}{V}=\frac{G}{gV}=\frac{1.6\ N}{10\ N/kg\times2\times10^{-4}\ m^3}=0.8\times10^3\ kg/m^3$，当物块有$\frac{4}{5}$体积浸入水中时，其浮力 $F_{浮2}=\rho_水 gV_{排2}=1\times10^3\ kg/m^3\times10\ N/kg\times\frac{4}{5}\times2\times10^{-4}\ m^3=1.6\ N$，即此时物块所受浮力与重力大小相等，拉力为零，为漂浮状态，由公式 $m=\frac{G}{g}$ 得排开水的质量为 $m=\frac{1.6\ N}{10\ N/kg}=0.16\ kg$.

答案： 1　0.8×10^3　0　0.16

方法技巧： 浮力的四种计算方法：(1) 称重法：$F_浮=G-F$；(2) 压力差法：$F_浮=F_{向上}-F_{向下}$；(3) 原理法：$F_浮=G_排=\rho_液 gV_排$；(4) 平衡力法：$F_浮=G$.

在使用上述方法时注意：(1) 计算浮力时，可依据物体所处的状态和题目已知条件选择适当的方法来计算；(2) 通常将阿基米德原理与物体的悬浮、漂浮条件结合在一起来计算浮力的大小；(3) 对于悬浮的物体，$F_浮=G_排=G_物$，$m_排=m_物$. (4) 由本题可知，利用称重法测浮力时，结合阿基米德原理还可以计算物体的密度.

例 11 （江苏常州中考）为增加学生的国防知识，阳湖中学九(2)班同学到东海参观某型号潜水艇. 潜水艇的艇壳是用高强度的特种钢板制造，最大下潜深度可达 350 m. 潜水艇的总体积为 $1.5\times10^3\ m^3$，艇内两侧有水舱，潜水艇截面如图 1-10-8 所示. 通过向水舱中充水或从水舱中向外排水来改变潜水艇的自重，从而使其下沉或上浮.（海水密度为 $1.03\times10^3\ kg/m^3$，g 取 10 N/kg）

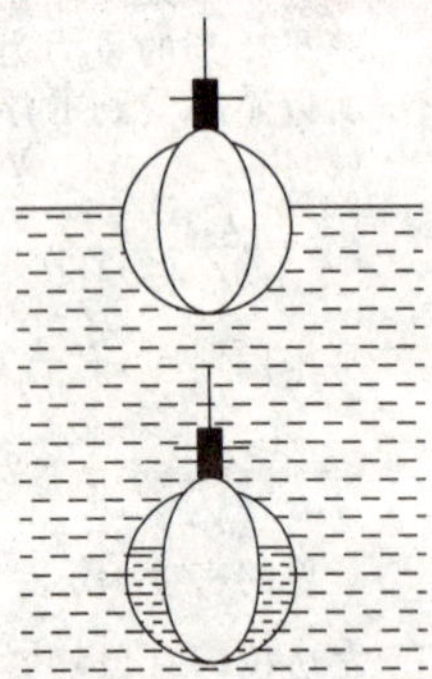

图 1-10-8

(1) 水舱未充海水时，潜水艇总重力为 9.27×10^6 N，此时，漂浮在海面的潜水艇排开海水的体积是多少？

(2) 为使潜水艇完全潜入海水中，至少应向水舱充入海水的重力是多少？

(3)潜水艇的艇壳用高强度的特种钢板制造的原因是什么?

解析

(1)潜水艇漂浮在海面上,根据浮沉条件可知,浮力等于重力.即 $F_{浮}=G_{艇}$,根据阿基米德原理 $F_{浮}=\rho_{海水}gV_{排}$ 可求排开海水的体积 $V_{排}=\frac{F_{浮}}{\rho_{海水}g}$;

(2)潜水艇完全潜入海水中时,潜水艇的重力与注入海水的重力之和等于潜水艇受到的浮力.潜水艇的体积已知,完全浸没时 $V_{排}=V_{物}$,根据 $F_{浮}=\rho_{海水}gV_{排}$ 可求浮力,根据 $G_{海水}=F'_{浮}-G_{艇}$ 可求注入海水的重力.

(3)潜水艇下潜深度较深,而液体内部的压强随深度的增加而增大,故潜水艇的艇壳需要高强度的特种钢板制造.

解:(1)潜水艇受到的浮力 $F_{浮}=G_{艇}=9.27\times10^6\ \text{N}$

潜水艇排开海水的体积 $V_{排}=\frac{F_{浮}}{\rho_{海水}g}=\frac{9.27\times10^6\ \text{N}}{1.03\times10^3\ \text{kg/m}^3\times10\ \text{N/kg}}=9\times10^2\ \text{m}^3$.

(2)潜水艇受到的浮力 $F'_{浮}=\rho_{海水}gV'_{排}=1.03\times10^3\ \text{kg/m}^3\times10\ \text{N/kg}\times1.5\times10^3\ \text{m}^3=1.545\times10^7\ \text{N}$,注入海水的重力 $G_{海水}=F'_{浮}-G_{艇}=1.545\times10^7\ \text{N}-9.27\times10^6\ \text{N}=6.18\times10^6\ \text{N}$.

(3)液体内部的压强随深度的增加而增大.

方法技巧:解浮力综合题的基本步骤是:①确定研究物体,并对物体进行受力分析;②在受力分析的基础上,列出力的关系式;③把阿基米德原理公式或密度、重力的计算公式代入关系式;④根据已知条件解出所求量.

题型六　利用漂浮求液体或固体密度的方法

例 12　有一木块,放入水中时有 $\frac{2}{5}$ 的体积露出水面,放入某种液体中有 $\frac{3}{4}$ 的体积没入液体中,求木块和液体的密度.

解析

木块重力是一定的,当它漂浮在液面上时,浮力等于重力,因此木块在水中和在某液体中所受浮力大小是相等的.

解:当木块漂浮在水中时:$F_{浮水}=G_{木}$,即 $\rho_{水}g\cdot\left(1-\frac{2}{5}\right)V_{木}=\rho_{木}gV_{木}$,

所以 $\rho_{木}=\frac{3}{5}\rho_{水}=0.6\times10^3\ \text{kg/m}^3$,

木块在某液体中漂浮时,$F_{浮液}=G_{木}$,

即 $\rho_{液}g\cdot\frac{3}{4}V_{木}=\rho_{木}gV_{木}$,

所以 $\rho_{液}=\frac{4}{3}\rho_{木}=\frac{4}{3}\times0.6\times10^3\ \text{kg/m}^3=0.8\times10^3\ \text{kg/m}^3$.

方法技巧：对于漂浮的物体，浮力等于重力，而浮力 $F_{浮}=\rho_{液}gV_{排}$，重力 $G_{物}=\rho_{物}gV_{物}$，因 $F_{浮}=G_{物}$，故 $\frac{V_{排}}{V_{物}}=\frac{\rho_{物}}{\rho_{液}}$，所以只要知道 $V_{排}$ 与 $V_{物}$ 的关系和 $\rho_{液}$（或 $\rho_{物}$）就可求出 $\rho_{物}$（或 $\rho_{液}$）.

如在本题中，因为木块漂浮在水和某液体中，所以木块在水中和某液体中所受浮力相等，都等于物体的重力，即 $F_{浮水}=F_{浮液}$，所以 $\rho_{水}g\left(1-\frac{2}{5}\right)V_{木}=\rho_{液}g\cdot\frac{3}{4}V_{木}$，得 $\rho_{液}=\frac{4}{5}\rho_{水}=\frac{4}{5}\times1.0\times10^3\ kg/m^3=0.8\times10^3\ kg/m^3$.

题型七　利用浮力知识测量物质密度的方法

例 13　给足够的水，量筒一只，怎样测定小瓷酒杯的密度？（酒杯直径小于量筒直径）请写出主要的实验步骤及密度表达式.（用实验所测得的物理量表示）

解析

要测出密度，需要测量出质量和体积. 小酒杯的体积可以由量筒测得；将小酒杯漂浮在量筒中的水里，根据 $F_{浮}=G$ 可求得重力，然后求出质量.

答案：实验步骤是：

(1)量筒中装入适量的水（能保证酒杯漂浮和下沉），读出量筒中水的体积 V_1；

(2)将小酒杯放入量筒中，使其漂浮，读出此时水的体积 V_2；

(3)将小酒杯沉入量筒中的水里，读出此时水的体积 V_3；

密度表达式：$F_{浮}=\rho_{水}g(V_2-V_1)=m_{杯}g$，得 $m_{杯}=\rho_{水}(V_2-V_1)$

又 $V_{杯}=V_3-V_1$，故 $\rho_{杯}=\frac{m_{杯}}{V_{杯}}=\frac{V_2-V_1}{V_3-V_1}\rho_{水}$.

方法技巧：(1)若 $\rho_{物}>\rho_{液}$，物体完全浸没在液体中，根据阿基米德原理 $F_{浮}=\rho_{液}gV_{排}$ 及称重法 $F_{浮}=G-F$，可求出 $V_{排}=\frac{G-F}{\rho_{液}g}$，又因为 $G=mg=\rho_{物}gV_{物}$，此时 $V_{物}=V_{排}$，可得 $\rho_{物}=\frac{G}{G-F}\rho_{液}$. 根据此式，已知 $\rho_{液}$，可求出 $\rho_{物}$；已知 $\rho_{物}$，可求出 $\rho_{液}$.

(2)若 $\rho_{物}<\rho_{液}$，物体漂浮在液面上，根据物体漂浮条件 $G_{物}=F_{浮}=\rho_{液}gV_{排}$；利用大头针可使物体完全浸入液体中，求出物体的体积 V；因此物体密度 $\rho_{物}=\frac{m}{V}=\frac{G_{物}}{Vg}=\frac{\rho_{液}V_{排}}{V}$.

题型八　浮力探究题解答技法

例 14　（山东济宁中考）在“探究浮力的大小跟哪些因素有关”时，同学们提出了如下的猜想：

①可能跟物体浸没在液体中的深度有关；

②可能跟物体的重力有关；

③可能跟物体的体积有关；

④可能跟物体浸入液体的体积有关；

⑤可能跟液体的密度有关.

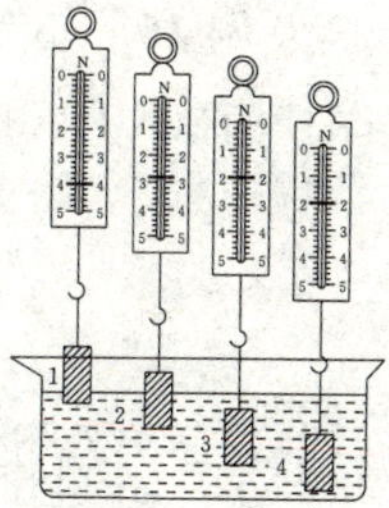

图 1-10-9

为了验证上述猜想，李明做了如图 1-10-9 所示的实验：他在弹簧测力计下端挂一个铁块，依次把它缓缓地浸入水中不同位置.

(1)铁块从位置 1→2→3 的过程中，弹簧测力计的示数________，说明铁块受到的浮力________；从位置 3→4 的过程中，弹簧测力计的示数________，说明铁块受到的浮力________.(选填“变大”“变小”或“不变”)

(2)通过这一实验可以验证上述猜想________是正确的，猜想________是不正确的(填上面猜想的序号).

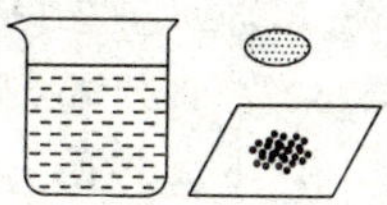
图 1-10-10

(3)给你一杯清水、一个熟鸡蛋和适量的食盐(如图 1-10-10所示)，请你设计实验验证浮力与液体的密度是否有关. 简要写出你的实验验证的方法.

解析

从实验中的 1→2→3 可以看出，随着铁块浸入水中的体积的增大，弹簧测力计的示数逐渐减小，说明物体所受的浮力与物体排开的液体的体积有关；从 3→4 可知，物体排开的水的体积不变，弹簧测力计的示数不变，说明物体所受浮力大小与物体浸没在液体中的深度无关；要验证浮力大小与排开的液体的密度的关系，可使物体排开的液体的体积相同，而排开的液体的密度不同. 取鸡蛋放入清水中使其浸没下沉，此时重力大于鸡蛋受到的浮力，当向清水中逐渐加盐后，盐水的密度变大，鸡蛋会逐渐上浮，说明浮力变大，即验证物体所受浮力大小与物体排开的液体的密度有关.

答案：(1)变小　变大　不变　不变　(2)④　①　(3)先把鸡蛋放入清水中，鸡蛋会下沉，在向水中放入适量的食盐的过程中，鸡蛋会慢慢上浮. 说明鸡蛋浸没在清水和盐水中受到的浮力不同，由此验证物体受到的浮力与液体的密度有关.

方法技巧：解答“浮力的大小与哪些因素有关”实验探究题时，应注意以下几点：(1)正确运用控制变量法，将物体浸入同一液体中，改变浸入液体中的体积，比较浮力的大小；将同一物体浸没在不同液体中，比较浮力的大小；(2)由 $F_{浮}=G-F$ 可知，根据物体浸在液体中时示数 F 的变化可判断浮力的大小变化，若 F 减小，则浮力变大；(3)要探究浮力的大小与其他因素是否有关，可保持物体浸入液体中的体积及液体的密度不变，改变要探究的因素，观察弹簧测力计的示数是否变化，若发生变化，说明浮力的大小与该因素有关；若不变化，说明浮力的大小与该因素无关.

例 15 小明和小华用图 1-10-11 所给器材做“探究物体浮沉条件”的实验.请在下面横线上填上相应正确的内容.

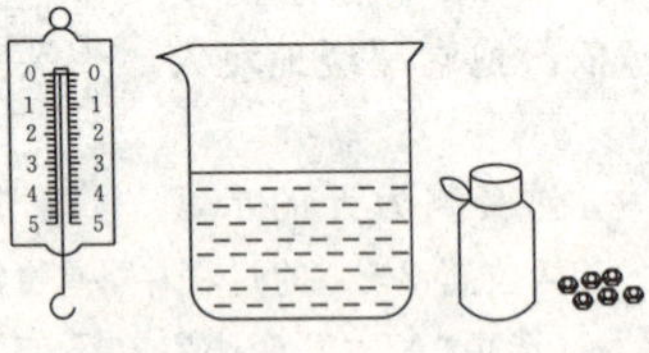

图 1-10-11

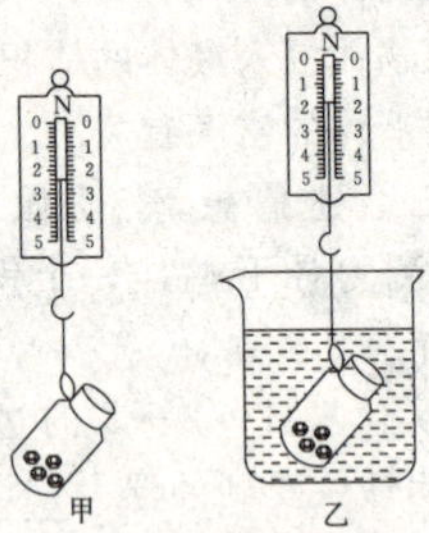

图 1-10-12

(1)他们首先探究物体下沉的条件,过程如下:

A. 将部分螺母放入塑料瓶中,旋紧瓶盖,浸没水中松手后,观察到小瓶下沉;

B. 取出小瓶,________;

C. 将小瓶挂在弹簧测力计下,如图 1-10-12 甲所示,测出其受到的重力为________N;

D. 将小瓶浸没水中,弹簧测力计示数如图 1-10-12 乙所示,则小瓶受到的浮力为________N;

E. 分析比较数据得出物体下沉的条件.

(2)他们接着探究物体上浮的条件,过程如下:

A. 取出小瓶,________;

B. 用弹簧测力计测出小瓶受到的重力;

C. 将小瓶浸没水中松手后,观察到小瓶上浮,在小瓶露出水面前,其受到的浮力为________N,依据是________.

D. 分析比较数据得出物体上浮的条件.

解析

在此探究实验中,是通过往小瓶内放入或从小瓶中拿出螺母来改变整个塑料瓶的质量的,因为物体在液体中上浮时,无法用弹簧测力计测出上浮过程中受到的浮力,因此该实验中用了一个等量替代的方法,即塑料瓶在水中下沉和上浮过程(未露出水面)中,虽然重力大小改变了,但是塑料瓶的体积是不变的,$V_{排}$ 相同,所以受到的浮力也是相同的,这样可间接地测出塑料瓶在上浮过程中受到的浮力,这是此实验设计中的巧妙之处.

答案:(1)B. 用抹布擦干小瓶(目的是减小测量重力时因瓶身有水而带来的误差)

C. 2.4　D. 0.6

(2)A. 用抹布擦干小瓶,取出螺母,旋紧瓶盖

C. 0.6　根据 $F_{浮}=\rho_{液}gV_{排}$,由于 $\rho_{液}$ 和 $V_{排}$ 未变,所以 $F_{浮}$ 不变

方法技巧：本章探究类问题虽多，但总离不开“影响浮力大小的因素”“物体的浮沉条件”等实验原理，因此在解答此处科学探究题时，首先要掌握实验原理，其次发现题目与原型的区别与联系，再次要掌握结论的推导过程，最后结合题目解答.

例 16 (武汉中考)为了探究浸在液体中的物体所受的浮力跟它排开液体所受的重力的关系，某同学进行了如图 1-10-13 所示的实验：

(1)你觉得合理的实验顺序是________.

(2)选用其他液体多次实验后，可得出结论：浸在液体中的物体所受的浮力，大小________.

(3)图乙中，浸没在水中的合金块匀速向下运动的过程中，合金块所受的浮力______(填“变大”“不变”或“变小”).

(4)合金块的密度是________.

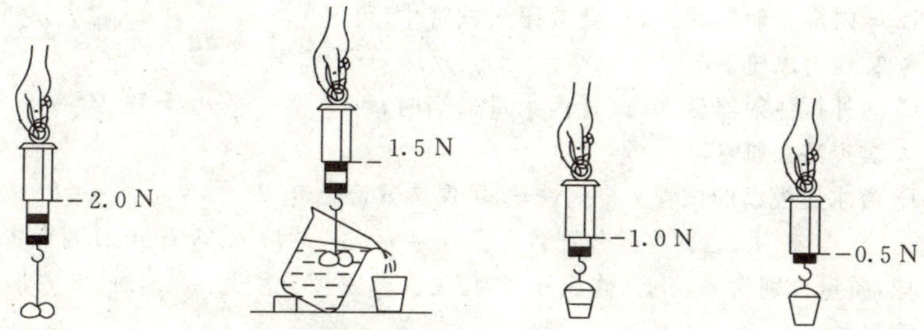

甲. 测出实心合金块所受的重力　乙. 把合金块浸没在装满水的溢水杯中，测出合金块所受的浮力，收集合金块排开的水　丙. 测出桶和排开的水所受的重力　丁. 测出空桶所受的重力

图 1-10-13

解析

从实验图示看，甲、乙两图用来测量合金块所受水的浮力大小，而丙、丁两图用来测量合金块排开的水的重力，所以合理的顺序应该是丁甲乙丙(甲丁乙丙)，注意乙一定不能在甲的前面，这是因为附着的水对测量合金块的重力有影响；从实验数据可以看出，利用称重法测出合金块的浮力大小与合金块排开的水的重力大小相等，即说明物体所受的浮力大小等于它排开的液体所受的重力，若合金块浸没在水中匀速向下运动，其排开的液体的体积不变，排开的液体的重力不变，则浮力大小不变，从题中实验数据可知，合金块的重力 $G=2.0\ \text{N}$，浮力 $F_{浮}=G-F_{示}=2.0\ \text{N}-1.5\ \text{N}=0.5\ \text{N}$，则根据阿基米德原理、密度公式及重力与质量的关系式可得：$V_{合金}=\frac{F_{浮}}{\rho_{水}g}$，$m_{合金}=\frac{G}{g}$，$\rho_{合金}=\frac{m_{合金}}{V_{合金}}$，所以合金块的密度 $\rho_{合金}=\frac{G\rho_{水}}{F_{浮}}=\frac{2.0\ \text{N}\times1.0\times10^3\ \text{kg/m}^3}{0.5\ \text{N}}=4\times10^3\ \text{kg/m}^3$.

答案：(1)丁甲乙丙(甲丁乙丙)　(2)等于它排开液体所受的重力　(3)不变　(4)$4\times10^3\ \text{kg/m}^3$($4\ \text{g/cm}^3$)

方法技巧：(1)本实验中，浮力的大小是通过称重法得到，即 $F_{浮}=G-F$；排开的水重 $G_{排}=G_{总}-G_{桶}$；(2)在探究时，如果溢水杯中的水没有加满，会使所测物体排开的水重偏小；(3)要先测量物体的重力和空桶的重力，以免因物体或空桶沾有水而影响测量的准确性；(4)在本实验中，物体的选择必须满足以下要求：不能太重，以免超过弹簧测力计的量程；物块不能吸水；物块的密度大于水的密度.

典题针对训练

1.(哈尔滨中考)某同学制作了如图 1-10-14 所示的潜水艇模型，下列说法错误的是(　　)

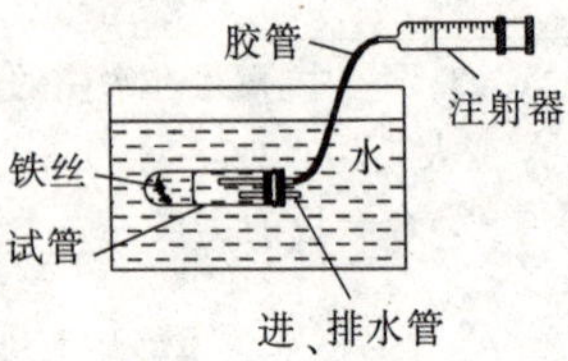

图 1-10-14

A.潜水艇模型是通过改变潜水艇的重力实现沉浮的

B.向内推注射器活塞，水会被压入试管中，可实现潜水艇下沉

C.向外拉注射器活塞，试管内水量适当时，可实现潜水艇悬浮

D.潜水艇模型的试管上绕些铁丝，可保持试管稳定

2.(河北中考)甲、乙两容器分别装有密度为 $\rho_{甲}$、$\rho_{乙}$ 的液体.今有 A、B 两个实心小球，质量分别为 m_A、m_B，体积分别为 V_A、V_B，密度分别为 ρ_A、ρ_B.已知它们的密度关系为 $\rho_{甲}>\rho_A>\rho_B>\rho_{乙}$，则(　　)

A.若 $V_A=V_B$，将两球都放入甲容器中，静止时两球所受浮力相等

B.若 $V_A=V_B$，将两球都放入乙容器中，静止时两球所受浮力之比为 $\rho_A:\rho_B$

C.若 $m_A=m_B$，将 A、B 两球分别放入乙、甲容器中，静止时两球所受浮力相等

D.若 $m_A=m_B$，将 A、B 两球分别放入甲、乙容器中，静止时两球所受浮力之比为 $\rho_B:\rho_{乙}$

3.(南京中考)用手将一重为 5 N 的物体全部压入水中，物体排开的水重为 8 N，此时物体受到的浮力为________N.放手后物体将________(选填“上浮”“下沉”或“悬浮”)，待物体静止时所受浮力为________N，排开水的体积是________m^3.(g 取 10 N/kg)

4.(重庆中考)在探究“浮力大小与哪些因素有关”的实验中，某小组同学用如图 1-10-15 所示的装置，将同一物体分别逐渐浸入到水和酒精中，为了便于操作和准确收集数据，用升降台调节溢水杯的高度来控制物体排开液体的体积.他们观察并记录了弹簧测力计的示数及排

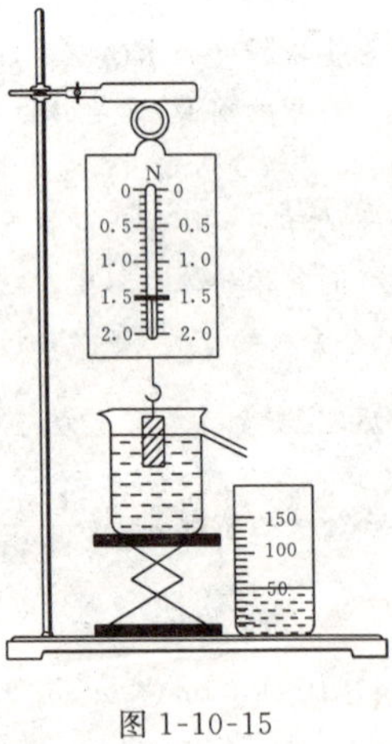

图 1-10-15

开液体的体积.实验数据记录在下表中.

液体种类	实验序号	物体重力 $G_{物}$/N	弹簧测力计示数 F/N	物体受到浮力 $F_{浮}$/N	排开液体体积 $V_{排}/cm^3$
水 $\rho_{水}=1.0\ g/cm^3$	1	2	1.5		50
	2		1.0	1.0	100
	3		0.5	1.5	150
酒精 $\rho_{酒精}=0.8\ g/cm^3$	4	2	1.6	0.4	50
	5		1.2	0.8	100
	6		0.8	1.2	150

(1)分析表中数据,实验所用物体的重力为________N,第一次实验中物体所受的浮力 $F_{浮}=$________N.

(2)分析比较实验序号1、2和3(或4、5和6)可初步得出结论:在同一种液体中,排开液体的体积越________,浸在液体中的物体受到的浮力越大;分析比较实验序号________可初步得出结论:当排开液体的体积相同时,液体的密度越大,浸在液体中的物体受到的浮力越大.

(3)请你计算出第一次实验中物体排开水受到的重力 $G_{排}=$________N.通过比较每次实验中物体受到的浮力和它排开液体的重力的关系,还可以验证________原理.

(4)本实验在探究"浮力的大小与哪些因素"有关时,选用了不同液体并进行了多次实验,其目的是________(选填字母序号).

A.寻找普遍规律

B.取平均值减小误差

(5)实验中小明同学观察到将同一个物体浸没在密度越大的液体中时,弹簧测力计的示数越________.于是他灵机一动在弹簧测力计下挂一个重1.5 N的物块,如图1-10-16甲所示;当他把物块浸没在水中时,如图乙所示,弹簧测力计的读数为0.5 N,他就在0.5 N处对应标上"1.0 g/cm³"的字样;当他把物块浸没在酒精中时,如图丙所示,应该在弹簧测力计刻度盘的________N处对应标上"0.8 g/cm³"字样,聪明的他就将图甲所示装置改装成了一个能测液体密度的密度秤.

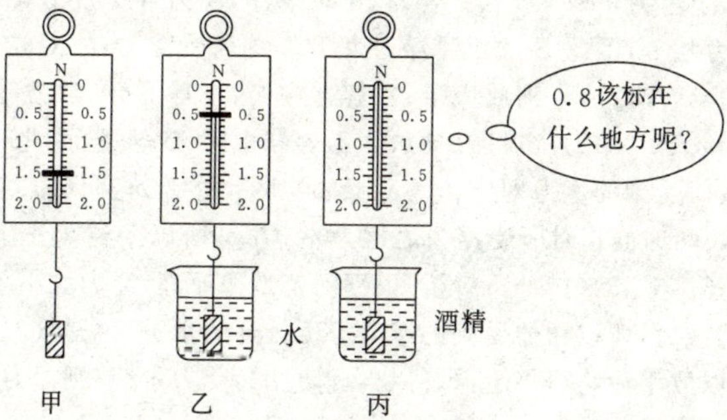

图1-10-16

5.(陕西中考)某同学用圆柱形容器制作了一个测量物体质量的装置，它的底部较重，可以竖直漂浮在水面，总质量为 0.21 kg、底面积为 $3\times10^{-3}\ m^2$，不放物体时，在与水面所对应位置处标为质量的“0”刻度线，如图 1-10-17 所示．请解答下列问题：(g 取 10 N/kg)

(1)不放物体时，该装置所受的浮力是多大？

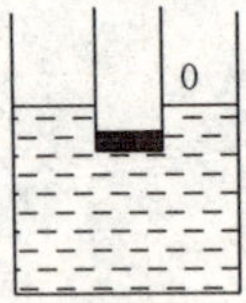

图 1-10-17

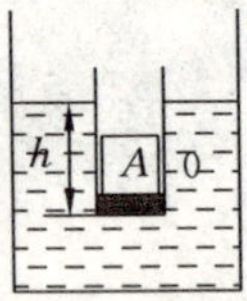

图 1-10-18

(2)如图 1-10-18 所示，在该装置中放入一个体积为 $1.5\times10^{-5}\ m^3$ 的物块 A，它的底部在水面下的深度 $h=0.11$ m．此时，该装置受到的浮力是多大？与水面所对应位置处的刻度线应标为多少克？

(3)物块 A 的密度是多少？

针对训练答案

1.B　解析：向内推注射器活塞，试管中气压增大，水会被压出试管，使模型自身重力减小，当浮力大于重力时，可实现潜水艇上浮，故 B 选项说法错误，其他选项均正确．

2.D　解析：从题中提供的两小球密度与两种液体的密度和物体的浮沉条件可知，若两球都放入甲容器，则两小球均漂浮，浮力均等于其自身重力，由于两小球体积相等，而密度不同，A 球密度大于 B 球密度，所以此时 A 球所受浮力较大，A 选项错误；若将两球都放入乙容器，则两球都下沉，由于两球体积相等，排开的乙液体体积相等，则它们所受浮力相等，B 选项错误；当将质量相等的 A、B 两球分别放入乙、甲容器中时，根据浮沉条件可判断，A 球放入乙容器会下沉，浮力小于重力，B 球放入甲容器，小球漂浮，浮力等于重力，由于两小球质量相等，重力相等，因此 B 球所受浮力大于 A 球所受浮力，故 C 选项错误；当把质量相等的 A、B 两球分别放入甲、乙容器中时，A 球漂浮，浮力等于其重力即 $F_{浮A}=G_A=\rho_A gV_A$　①，当将 B 球放入乙容器中时，B 球下沉，此时所受浮力等于排开乙液体受到的重力即 $F_{浮B}=\rho_{乙} gV_B$　②，由于 $m_A=m_B$　③，联立上述三式得 A、B 两球静止时所受浮力之比为 $\rho_B:\rho_{乙}$，所以 D 选项正确．

3.8　上浮　5　5×10^{-4}　解析：根据阿基米德原理，浮力大小等于物体排开液体所受的重力，所以物体受到的浮力等于排开的水重，也是 8 N，这时浮力大于重力，所以放手后物体将上浮，待物体静止时，受力平衡，则浮力等于重力，即所受浮力为 5 N；根据阿基米德原理公式 $F_{浮}=\rho_{水} gV_{排}$，排开水的体积 $V_{排}=\frac{F_{浮}}{\rho_{水} g}=$

$\frac{5\ N}{10^3\ kg/m^3 \times 10\ N/kg} = 5\times10^{-4}\ m^3$.

4.(1)2　0.5　(2)大　1、4(2、5或3、6)　(3)0.5　阿基米德　(4)A　(5)小　0.7

解析:从题中表格可看出,所用物体的重力为2 N,根据称重法测浮力的原理可知,第一次实验中物体所受的浮力大小为$F_{浮}=2\ N-1.5\ N=0.5\ N$;由控制变量法可知,实验1、2和3(或4、5和6),均是排开的同种液体,排开的液体的体积不同,物体所受的浮力大小不同,排开的液体的体积越大,物体所受的浮力越大;当物体排开相同体积的不同液体时,排开的液体的密度越大,物体所受的浮力越大,故需比较1、4或2、5或3、6;第一次实验排开的水的重力为$G_{排}=m_{水}g=\rho_{水}gV_{排}=1.0\times10^3\ kg/m^3\times10\ N/kg\times50\times10^{-6}\ m^3=0.5\ N$,即物体所受的浮力等于它排开的液体所受的重力,即可验证阿基米德原理;实验中采用了不同的液体进行多次实验是为了使实验规律更具有普遍性;实验乙和丙均是将物体浸没在两种不同的液体中,即排开的液体的体积相等,根据体积相等可得$\frac{1.5\ N-0.5\ N}{\rho_{水}g}=\frac{1.5\ N-F}{\rho_{酒精}g}$,计算可得$F=0.7\ N$,所以应在0.7 N处对应标上$0.8\ g/cm^3$.

5.解:(1)该装置的重力为$G=mg=0.21\ kg\times10\ N/kg=2.1\ N$

由二力平衡可知$F_{浮1}=G=2.1\ N$

(2)该装置排开水的体积为

$V=Sh=3\times10^{-3}\ m^2\times0.11\ m=3.3\times10^{-4}\ m^3$

所受的浮力为

$F_{浮2}=\rho_{水}gV_{排}=1.0\times10^3\ kg/m^3\times10\ N/kg\times3.3\times10^{-4}\ m^3=3.3\ N$

由二力平衡条件可知$G_{总}=F_{浮2}=3.3\ N$

物块A的重力为$G_A=G_{总}-G=3.3\ N-2.1\ N=1.2\ N$

物块A的质量为$m_A=\frac{G_A}{g}=\frac{1.2\ N}{10\ N/kg}=0.12\ kg=120\ g$

与水面所对应位置处的刻度线应标为120 g.

(3)物块A的密度为$\rho_A=\frac{m_A}{V}=\frac{0.12\ kg}{1.5\times10^{-5}\ m^3}=8\times10^3\ kg/m^3$.

解析:由于容器漂浮在水面上,此时浮力与重力相等,有$F_{浮}=G=mg$,从而可以计算出容器所受浮力的大小;放入物块A后,由容器底部到水面的距离和容器的底面积可求出此时容器排开的水的体积,根据阿基米德原理可求得此时整个装置所受浮力大小,由于装置仍漂浮在液面上,所以此时的浮力大小与总重力是一对平衡力,由两次浮力之差便可求出物块A的重力,再根据$m=\frac{G}{g}$求出物块A的质量,即所标的刻度值;物块A的密度可根据上述求出的物块的质量和题中已知物块的体积,利用公式$\rho=\frac{m}{V}$求出物块的密度.

第十一章 功和机械能

学习思维导图

- 功和机械能
  - 功
    - 含义：如果一个力作用在物体上,物体在这个力的方向上移动了一段距离,就说这个力对物体做了功
    - 做功的两个必要因素
      - 作用在物体上的力
      - 物体在这个力的方向上移动的距离
    - 功的计算
      - 功：等于力与物体在力的方向上移动的距离的乘积
      - 公式：$W=Fs$
      - 单位：焦耳,简称焦,符号是J
  - 功率
    - 定义：功与时间之比
    - 物理意义：表示物体做功快慢的物理量
    - 公式及单位
      - 公式：$P=\frac{W}{t}\Rightarrow P=F\cdot v$
      - 单位：国际单位:瓦(W),常用单位:千瓦(kW),$1\ kW=10^3\ W$
  - 机械能
    - 动能
      - 定义：物体由于运动而具有的能
      - 影响因素
        - 物体的质量
        - 物体运动的速度
    - 势能
      - 重力势能
        - 定义：物体由于高度而决定的能
        - 影响因素
          - 物体的质量
          - 物体位置的高低
      - 弹性势能
        - 定义：物体由于发生弹性形变而具有的能
        - 影响因素：物体的弹性形变程度
    - 机械能
      - 定义：动能和势能统称为机械能
      - 动能和势能之间可以互相转化
      - 只有动能和势能相互转化时,机械能是守恒的

解题知识必备

1. 功的理解

定义	如果一个力作用在物体上,物体在这个力的方向上移动了一段距离,就说这个力对物体做了功
做功的两个必要因素	①作用在物体上的力;②物体在这个力的方向上移动的距离
计算公式	$W=F\cdot s$,其中 $\begin{cases}F:力\quad 单位:N\\ s:在力的方向上移动的距离\quad 单位:m\\ W:功\quad 单位:J\end{cases}$

续表

说明	运用公式进行计算时,必须注意以下三个问题 ①力与物体移动的距离在方向上必须一致 ②力与物体移动的距离必须对应于同一物体 ③力与物体移动的距离必须对应于同一段时间

2. 三种不做功的情况

三种情况	原因	实例
不劳无功	要研究的力不作用在物体上,虽然物体移动了距离	踢出去的足球在空中运动,球在空中运动的过程中,踢球的力不做功
劳而无功	有力作用在物体上,物体静止,没有移动距离	"推而不动""搬而未起"
垂直无功	物体受到了力的作用,也通过了一段距离,但二者方向垂直	手提水桶沿水平方向移动,拉力不做功

3. 对功的原理的理解

使用机械时,人们所做的功,都不会少于不用机械所做的功.原因是在使用机械做功时,由于机械有重力,机械之间存在摩擦,所以人要克服重力和摩擦做功.例如,用动滑轮向上提物体时,人在把物体提高一定高度的同时,动滑轮也被提升了同样的高度,所以人在对物体做功的同时,对动滑轮也做了功,并且人也要克服滑轮与绳子、滑轮与轴之间的摩擦做功,所以使用动滑轮不仅不省功,反而费了功.

> **巧学妙记**
>
> **功的计算**
>
> 做功要有两要素,
> 力和距离都得具.
> 两者在一直线上,
> 否则不能直接乘.
> 力乘距离等于功,
> 国际单位焦耳用.

在理想情况下,即不考虑机械自身受到的重力和摩擦的情况下,人们使用机械时所做的功等于不用机械时直接用手做的功,注意这只适用于理想机械.例如,用自重和摩擦可以忽略的动滑轮提起重为 G 的物体,重物移动的距离为 h,手的拉力为 F,手拉绳的一端移动的距离为 s,根据功的原理,应有 $Gh=Fs$.

通过以上分析可知,使用任何机械都不省功.

4. 功率的概念及公式

物理意义	表示做功的快慢
定义	功与时间之比
公式	$P=\frac{W}{t}$ $\begin{cases} W:功 & 单位:\mathrm{J} \\ t:时间 & 单位:\mathrm{s} \\ P:功率 & 单位:\mathrm{W} \end{cases}$
单位及换算	国际单位:W 常用单位:千瓦(kW)　兆瓦(MW) 换算关系:$1\ \mathrm{kW}=10^3\ \mathrm{W}$　$1\ \mathrm{MW}=10^6\ \mathrm{W}$

续表

说明	①运用 $P=\frac{W}{t}$ 时一定要注意三个量的对应关系."W"一定是对应"t"完成的功,不能张冠李戴 ②由于 $W=Fs$,所以 $P=\frac{W}{t}=\frac{Fs}{t}=Fv$,也是计算功率的一个公式,$F$ 的单位:N;v 的单位:m/s;P 的单位:W;本公式适用于做匀速直线运动物体的分析与计算,使用时要注意对物理量单位的要求

5. 动能

定义	物体由于运动而具有的能
判断物体是否具有动能的方法	看此物体是否运动,若物体是运动的则它必定具有动能
实例	航行的帆船、急流的河水、飞行的小鸟
决定因素	物体的质量和物体的运动速度
比较大小的方法	质量相同的物体,运动的速度越大,它的动能越大;运动速度相同的物体,质量越大,它的动能也越大.比较动能的大小时,不能忽略其中任何一个因素

6. 重力势能

定义	物体由于高度而决定的能
判断物体是否具有重力势能的方法	看此物体相对某一个平面有没有一定的高度.若有高度,则物体具有重力势能
实例	被举高的重锤、吊在天花板上的吊灯、山上的石块
决定因素	物体的质量和位置的高低
比较大小的方法	物体的质量越大,位置越高,它具有的重力势能就越大,判断时首先要确定两个决定因素中哪一个是不变的,然后根据另一个因素的变化情况来判断比较
说明	物体所处的高度具有相对性,所以物体重力势能的大小也具有相对性.例如,放在桌面上的铁块,相对于地面来说有一定的高度,所以铁块具有一定的重力势能;若相对于桌面来说其高度为 0,则铁块的重力势能也为 0.在不特别指出参考面的情况下,一般以地面为参考面

7. 弹性势能

定义	物体由于发生弹性形变而具有的能,叫弹性势能
判断物体是否具有弹性势能的方法	看此物体是否发生了弹性形变,物体有弹性无形变或有形变无弹性都没有弹性势能,必须既有弹性又有形变
实例	拉伸的弹簧、被拉弯的弓、压弯的树枝
决定因素	弹性形变的大小和弹性大小
比较大小的方法	同一物体弹性形变量变大,弹性势能变大,不同物体还要看弹性的大小

8. 动能和重力势能可以相互转化

动能和重力势能之间的相互转化,一般发生在重力作用下的运动过程中.例如正在自由下落的石块，它的重力势能逐渐减小，动能逐渐增大，重力势能转化为动能；被向上抛出的石块，在上升过程中速度越来越小，动能逐渐减小，高度越来越大，重力势能增大，动能转化为重力势能. 如果只有动能和重力势能相互转化，机械能的总和不变.

9. 动能和弹性势能可以相互转化

动能和弹性势能的相互转化可以发生在同一物体上，也可以发生在不同物体之间. 例如从高处落下的皮球在撞击地面发生形变的过程中，皮球的动能转化为弹性势能；皮球在恢复原状的过程中，它的弹性势能转化为动能. 再如演员从高处落到蹦床上，使蹦床发生形变的过程中，演员的动能转化为蹦床的弹性势能；蹦床恢复原状的过程中，蹦床的弹性势能转化为演员的动能. 以上两例中，在只有动能和弹性势能相互转化，没有能量损失(或其他能量补充)的情况下，机械能的总量是保持不变的.

10. 机械能守恒

(1)机械能守恒的条件：在动能和势能相互转化的过程中，若没有能量损失(如克服阻力)或其他形式能量的补充(如小孩荡秋千时，在妈妈推力作用下越荡越高)，即只有动能和势能相互转化，机械能的总和保持不变，机械能是守恒的.

(2)注意机械能的不守恒：在判断物体机械能变化时，应该既考虑动能，也考虑势能. 例如某物体从斜面上匀速滑下，它的动能不变，重力势能减小，机械能减小.

(3)正确分析动能和势能的转化：在分析动能和势能相互转化情况时，首先要分析能量转化的全过程，找出它是由哪几个过程组成的，然后对每个过程中各个物体的状态进行分析，什么因素发生了变化，进而确定哪种机械能减小，哪种机械能增大，减小的那种机械能就转化为增大的那种机械能.

题型技法归纳

题型一　判断是否做功的方法

例 1　(重庆中考)如图 1-11-1 所示，李晶同学将放在课桌边的文具盒水平推至课桌中央，她针对此过程提出了如下的猜想，你认为合理的是(　　)

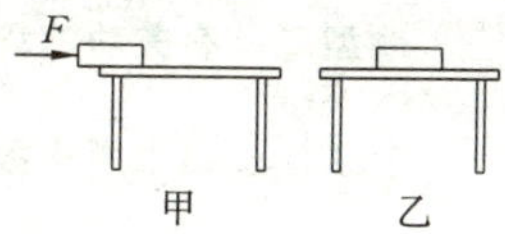

图 1-11-1

A. 文具盒所受重力对它做了功

B. 文具盒所受支持力对它做了功

C. 文具盒所受的推力 F 对它做了功

D. 在此过程中没有力对文具盒做功

解析

推动文具盒从课桌边到课桌中央的过程中，文具盒所受的重力和桌面对它的支持力均与文具盒移动的方向垂直，不满足做功的两个必要因素，即受到了力，却没有在力的方向上移动距离，故 A、B 选项均错；文具盒受力且在力的方向上移动了距离的只有推力，因此推力对文具盒做了功，C 选项正确，D 选项错误.

答案：C

方法技巧:(1)分析物体的受力情况,明确物体所受力的方向;(2)分析物体是在哪个力的方向上移动了距离,并得出结论.

例 2 (北京中考)图 1-11-2 所示的四种情景中,人对物体做功的是(　　)

举重运动员举着杠铃不动
A

工人将货箱从地面搬到桌上
B

修理工用力推汽车,汽车没动
C

大力士支撑着大轮胎静止不动
D

图 1-11-2

解析

有力作用在物体上,且物体在该力的方向上移动一段距离,是做功的两个必要因素,缺一不可. A、C、D 选项中均有力而没有距离,故不做功;只有 B 选项,力对物体做了功.

答案:B

方法技巧:判断是否做功,要分析是否满足做功的两个必要因素:一是有力作用在物体上;二是物体在力的方向上要移动距离,二者缺一不可. 若力的方向和物体移动距离的方向垂直,即使移动距离也不会做功.

题型二　有关功的计算方法

例 3 (上海中考)木块在大小为 10 N 的水平拉力作用下,沿水平面匀速前进 2 m,拉力做功为________ J,木块受到摩擦力的大小为________ N;若木块重 16 N,在此过程中重力做功为________ J.

解析

根据功的公式,拉力做功 $W=Fs=10\ \text{N}\times 2\ \text{m}=20\ \text{J}$,因为木块做匀速直线运动,所以木块在水平方向上受到的拉力与摩擦力是一对平衡力,故木块受到的摩擦力大小与拉力大小相等,都为 10 N;重力方向竖直向下,但在竖直方向上木块移动的距离为 0,根据做功的两个必要因素,重力没有做功.

答案:20　10　0

方法技巧:首先明确题意是求哪个力做功,然后分析物体是否在这个力的方向上通过了距离,最后代入公式 $W=Fs$ 进行求解,计算时注意单位要统一.

题型三　应用功的原理解题的技法

例 4　小明同学用一个距离手 3 m 高的定滑轮拉住重 100 N 的物体，从滑轮正下方沿水平方向移动 4 m，如图1-11-3所示，若不计绳重和摩擦，他至少应做的功为(　　)

A. 200 J　　B. 300 J　　C. 400 J　　D. 500 J

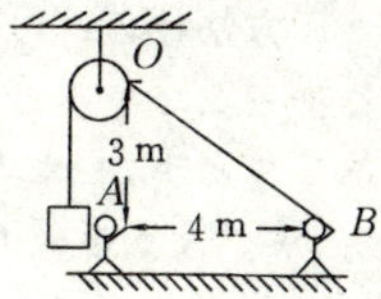

图 1-11-3

解析

此题中该同学向右移动提起物体的过程中，人对绳的拉力不是沿水平方向，而是沿绳的方向. 因为题中拉力的方向是不断变化的，所以不能用功的公式直接求解. 但题中已知绳重和摩擦均不计，属于理想机械，则根据功的原理有 $W_{机械}=W_{直接}$，求出直接提升重物时所做的功即可求解. 已知物体重为100 N，物体沿竖直方向被提升的高度为 h，$h=OB-OA=\sqrt{OA^2+AB^2}-OA=\sqrt{3^2+4^2}$ m－3 m＝2 m，所以该同学使用定滑轮所做的功为 $W_{机械}=W_{直接}=Gh=100\ \text{N}\times 2\ \text{m}=200\ \text{J}$，故选项 A 正确.

答案：A

题型四　功率概念的理解方法

例 5　(湖北宜昌中考)下列关于功率的说法正确的是(　　)

A. 物体做功越多，功率越大　　B. 物体做功时间越短，功率越大

C. 物体做功越快，功率越大　　D. 物体做功时间越长，功率越大

解析

功率是描述物体做功快慢的物理量，其大小决定于做功多少和做功时间这两个物理量，据此判断 A、B、D 选项都不正确.

答案：C

方法技巧：对功率概念的理解常用概念辨析法. 功率是表示物体做功快慢的物理量，功率大，说明做功快. 由公式 $P=\frac{W}{t}$ 可看出功率取决于功 W 和时间 t，而不是由一个物理量决定的. 在分析或比较功率的大小时，不能只考虑其中一个方面.

题型五　功率的计算方法

例 6　某市学业水平体育测试立定跳远项目中，体重为500 N的某同学从最高点到落地点的过程中，重心下降的最大距离为 0.3 m，用时 0.5 s，轨迹如图 1-11-4 所示. 则此过程中重力做的功为________J，重力的功率为________W.

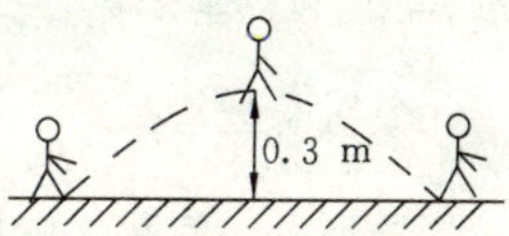

图 1-11-4

解析

根据功的计算公式 $W=Fs=Gh$，可得 $W=Gh=500\ \text{N}\times 0.3\ \text{m}=150\ \text{J}$，功率为 $P=\frac{W}{t}=\frac{150\ \text{J}}{0.5\ \text{s}}=300\ \text{W}$.

答案：150　300

方法技巧:(1)体育项目中,立定跳远、投掷标枪、投掷铅球等项目中的人体下落、标枪或铅球下落时,重力做功,功的大小可由 $W=Gh$ 计算;(2)引力向上、跳绳、爬楼梯等项目中,人体要克服自身重力做功,人所施加的使人体重心提高的力等于自身重力,所以人克服自身重力做功也由 $W=Fs=Gh$ 来计算;(3)计算出所做的功并明确做功所用的时间,运用 $P=\frac{W}{t}$ 即可计算做功的功率.

例 7 (江苏扬州中考)一列质量为 1×10^3 t 的火车,以180 km/h的速度在平直轨道上匀速行驶,整列火车受到的阻力是 9×10^3 N.

(1)火车的牵引力多大?

(2)火车行驶 1 min 时间内,重力做了多少功?火车牵引力做了多少功?牵引力的功率多大?

解析

由于火车做匀速直线运动,所以在水平方向上受力平衡,即牵引力与阻力是一对平衡力,所以它们的大小是相等的.重力方向竖直向下,而火车前进的距离是水平方向的,根据做功的两个必要因素可知,重力没有做功,即 $W_G=0$.根据功的计算公式 $W=Fs$ 可求出火车牵引力做的功,然后再根据功率公式 $P=\frac{W}{t}$ 求出功率.

解:(1)火车在平直轨道上匀速行驶

$F_{牵}=F_{阻}=9\times10^3$ N.

(2)火车在重力方向上没有移动距离,故 $W_G=0$

180 km/h=50 m/s　1 min=60 s

火车在 1 min 内行驶的距离 $s=vt=50\ \text{m/s}\times60\ \text{s}=3\times10^3\ \text{m}$

火车牵引力做的功 $W_{牵}=F_{牵}s=9\times10^3\ \text{N}\times3\times10^3\ \text{m}=2.7\times10^7\ \text{J}$

牵引力的功率 $P=\frac{W}{t}=\frac{2.7\times10^7\ \text{J}}{60\ \text{s}}=4.5\times10^5\ \text{W}$.

方法技巧:运用公式 $P=\frac{W}{t}$ 进行有关计算时,要注意 W 必须是在 t 时间内做的功,且 P、W、t 单位要统一.根据功率的计算公式 $P=\frac{W}{t}$ 及功的计算公式 $W=Fs$,可得 $P=\frac{W}{t}=\frac{Fs}{t}=F\cdot\frac{s}{t}=Fv$.解题时应灵活对公式进行变换,作出正确解答.

题型六　判断物体具有何种机械能的方法

例 8 图 1-11-5 是运动员撑杆跳高时的场景.运动员在①位置时具有________能,在②位置时弯曲的撑杆具有________能,运动员在③位置时具有________能.

图 1-11-5

解析

运动员在①位置时正在助跑具有动能;在②位置时撑杆弯曲,发生了弹性形变,所以撑杆具有弹性势能;在③位置时,人被举到一定的高度,所以具有重力势能.

答案:动　弹性势　重力势

方法技巧:(1)判断一个物体是否具有动能,关键看此物体是否运动,若物体是运动的,则它必定具有动能,如航行的帆船、急流的河水、运动的铅球都具有动能.

(2)判断一个物体是否具有重力势能,关键看此物体相对某一个平面有没有被举高,即相对此平面有没有一定的高度.若有高度,则物体具有重力势能;若没有高度,则物体不具有重力势能.如被举高的重锤、山上的石块都具有重力势能.

(3)判断一个物体是否具有弹性势能,关键看此物体是否发生了弹性形变.若物体发生了弹性形变,则此物体具有弹性势能.如拉伸的弹簧、被拉弯的弓都具有弹性势能.

(4)一个物体可以既有动能,又有势能,把动能和势能这两种能量加起来,就得到机械能,机械能是常见的一种能量.

题型七　判断动能和势能大小和变化的方法

例 9　如图 1-11-6 所示,某地为了防治农田中的害虫,调动了飞机,在农田上空喷洒生物农药,飞机在某一高度水平匀速飞行喷洒农药的过程中,关于该飞机,下列说法正确的是(　　)

图 1-11-6

A. 机械能不变,重力势能不变

B. 机械能变小,重力势能变小

C. 机械能不变,动能变小

D. 机械能变小,动能不变

解析

物体的动能与物体的质量和运动速度有关,物体的重力势能与物体的质量和高度有关,飞机在作业时,其质量在不断地减小,所以其动能在减小,重力势能在减小,机械能在减小,故 B 选项正确.

答案:B

方法技巧:本题考查了对动能、势能、机械能大小变化的判断.在解答此类题目时,除把握影响动能与势能大小的因素外,正确挖掘题目中的隐含条件是解题的关键.如本题中的"喷洒农药的过程中"说明飞机正在洒农药,其质量是不断减小的.

例 10　(河北中考)如图 1-11-7 所示,铅球从出手到将要落地的过程中,下列说法正确的是(不计空气阻力)(　　)

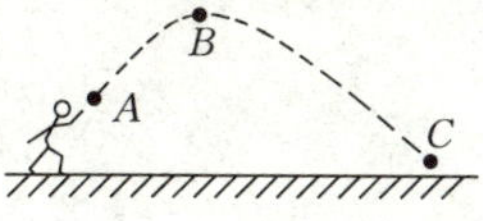

图 1-11-7

A. 铅球由 A 到 B 时,动能逐渐增大

B. 铅球在 B 点的机械能大于在 A 点的机械能

C. 铅球由 B 到 C 时,机械能逐渐减小

D. 铅球在 C 点时动能最大

解析

铅球由 A 到 B 时，高度增大，速度减小，动能逐渐减小，A 选项错误；从出手到将要落地的过程中，由于不计空气阻力，故机械能守恒，即机械能大小不变，B、C 选项错误；铅球在 C 点时高度最小，速度最大，动能最大，D 选项正确.

答案:D

方法技巧:比较动能和势能的大小或判断它们的变化，关键是全面考虑决定它们大小的因素，不能只注意一个因素而忽视其他的因素. 动能只与物体的质量和速度有关；重力势能只与物体的质量和高度有关；弹性势能与物体的弹性形变的大小有关.

题型八　机械能的转化及守恒问题的解答技法

例 11　(江苏苏州中考)如图 1-11-8 所示现象中，由动能转化为重力势能的是(　　)

A. 动车组匀速上坡　B. 脚踩滑板从高处滑下　C. 滚摆自下而上运动　D. 火箭加速升空

图 1-11-8

解析

动车组匀速上坡时，虽然重力势能增加，但动能不变，所以不是动能转化为重力势能，故 A 选项错误；从高处滑下是重力势能转化为动能，故 B 选项错误；滚摆自下而上运动时，高度增加，速度减小，是动能转化为重力势能，故 C 选项正确；火箭加速升空时，重力势能和动能都增加，故 D 选项错误.

答案:C

方法技巧:分析机械能的转化及守恒的问题时，应注意以下两个方面:

(1)无其他形式的能量参与(如题目中说明“不计空气阻力”或“不计摩擦”等)，总机械能守恒，具体如下.

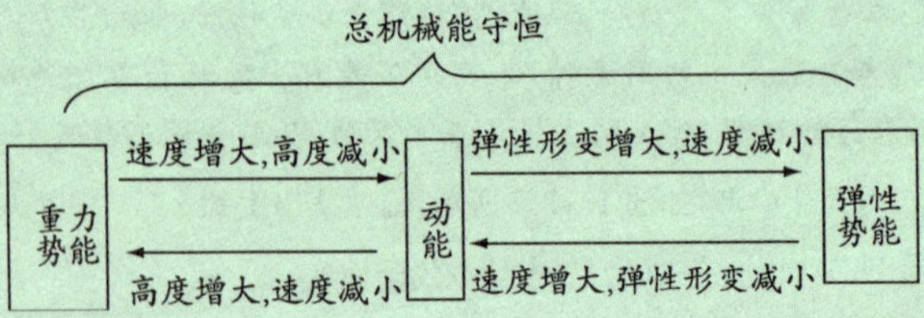

(2)有其他形式的能量参与转化时，机械能不守恒. 如火箭升空时，高温高压燃气做功，内能转化为机械能，使机械能增大；起重机匀速提升货物，起重机对货物做功，货物的动能不变，重力势能增大，机械能不断增大.

例 12 （山东潍坊中考）如图 1-11-9 所示，小球沿轨道由静止从 A 处运动到 D 处的过程中，忽略空气阻力和摩擦力，仅有动能和势能互相转化. 则（　　）

A. 小球在 A 处的动能等于在 D 处的动能

B. 小球在 A 处的动能大于在 D 处的动能

C. 小球在 B 处的机械能小于在 C 处的机械能

D. 小球在 B 处的机械能等于在 C 处的机械能

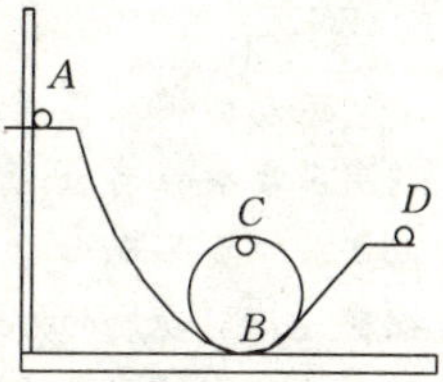

图 1-11-9

解析

小球在运动过程中由于忽略空气阻力和摩擦力，所以小球的机械能保持不变，只是在动能与重力势能之间相互转化，由 A 到 B 和由 C 到 B 过程中重力势能转化为动能，而由 B 到 C 和由 B 到 D 过程是动能转化为重力势能，在机械能保持不变的情况下，D 处高度小于 A 处高度，故 A 处小球的重力势能大于 D 处小球的重力势能，所以 D 处小球的动能大于 A 处小球的动能，正确的选项只有 D.

答案：D

方法技巧：①明确研究对象和所要研究的过程；②明确物体在起始位置所具有的动能、势能；③在运动过程中，物体的位置、形状、速度是否发生变化，如何变化，物体的重力势能、弹性势能、动能是否变化；④物体在运动中是否受摩擦力，如果不计摩擦力，只有动能和势能的相互转化，机械能守恒.

题型九　影响动能大小的因素探究方法

例 13 如图 1-11-10 所示，是研究动能的大小跟哪些因素有关的实验.

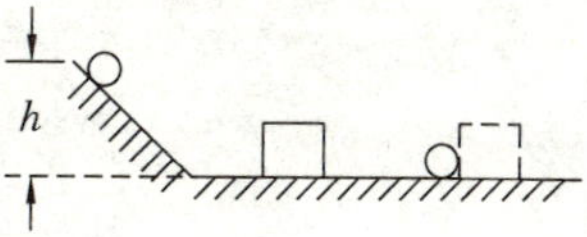

图 1-11-10

(1)小明在实验前猜想动能大小可能跟物体的________和________有关，因此他认为应该用________的实验方法来设计实验. 实验中可根据________________来反映钢球具有的动能的大小.

(2)为了探究钢球的动能与钢球的质量是否有关，在实验中小明使________的钢球从________高度滚下，通过观察木块被推的远近程度，可得出的结论是________________________________.

(3)为了探究钢球的动能与钢球的速度是否有关，在实验中小明使________钢球从________高度滚下，通过观察木块被推的远近程度，可得出的结论是________________________________.

(4)下表是小明在某次实验中记录的分别用甲、乙两钢球进行实验的数据，由表中数据可知：在质量和速度两个物理量中，对动能影响较大的是________.

小球	小球质量	小球碰撞 A 时的速度	物体 A 被推动的距离
甲球	$2m$	v	s
乙球	m	$2v$	$2s$

第一篇　解题技法篇

解析

运动的钢球具有动能，可通过它对外做功的多少来反映其动能大小，本实验是利用木块被推动的远近程度来实现这一目的的.因动能大小与质量和速度有关，所以实验中要体现出控制变量的思想，探究质量对动能的影响时，要控制速度相同；探究速度对动能的影响时，要控制质量相同.在影响动能大小的两个因素中，速度对动能的影响程度更显著.

答案:(1)质量　速度　控制变量　木块被推的远近程度　(2)质量不同　同一速度相同时，物体质量越大，动能越大　(3)同一　不同　质量相同时，物体速度越大，动能越大　(4)速度

方法技巧:(1)明确影响动能大小的因素:物体的质量和物体运动的速度.

(2)实验中应用了重力势能与动能的相互转化、力对物体做功，采用了控制变量法和转换法.当某一个物理量受多个因素影响时，实验中要用控制变量的实验方法.实验中动能的大小无法测量，我们采用了动能产生的效果——对外做功的多少来反映动能大小，这是一种运用转换法进行实验设计的思想.

(3)为了使小球到达水平面时速度一定，小球必须从斜面的同一高度由静止释放.

题型十　影响重力势能大小因素的探究方法

例 14 (山东烟台中考)小明利用装有细沙的盒子、小桌、砝码、木块等器材，探究"重力势能的大小与哪些因素有关"，其过程如图 1-11-11 所示.

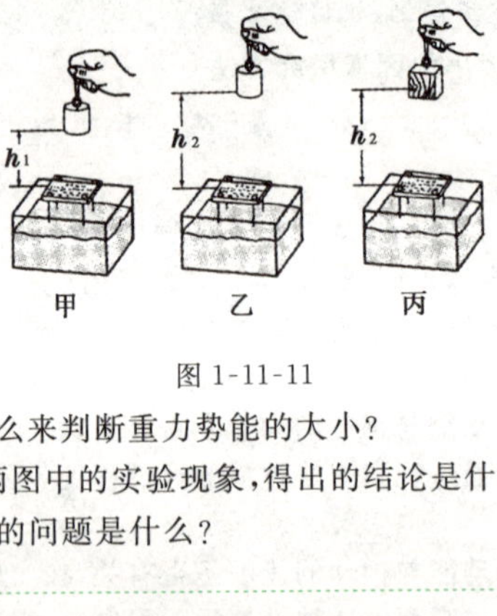

图 1-11-11

(1)小明通过观察什么来判断重力势能的大小?

(2)分析比较甲、乙两图中的实验现象，得出的结论是什么?

(3)图乙和图丙探究的问题是什么?

解析

砝码下落时击打小桌进入细沙的深度取决于砝码对小桌做功的多少，做功越多，说明砝码的重力势能越大；从甲、乙装置图可看出，乙图中砝码的高度大，击打小桌后，小桌陷入沙中的深度大，说明物体高度越高，重力势能越大；从乙、丙两图可以看出图丙中换为木块，其高度与乙图中砝码高度相同，而击打小桌后，小桌陷入沙中的深度小于砝码击打小桌进入沙中的深度，说明重力势能的大小与物体的质量有关，质量越大，重力势能越大.

答案:(1)观察小桌陷入沙中的深度. (2)质量相同,高度越高,重力势能越大. (3)重力势能的大小与物体的质量的关系.

方法技巧:(1)运用控制变量法设计实验:控制质量不变,改变重物的高度,研究重力势能的大小与高度的关系;控制高度不变,改变重物的质量,研究重力势能的大小与质量的关系;(2)运用转化法判断物体重力势能的大小:通过小桌陷入沙中的深度来显示重力势能的大小,小桌陷入沙中越深,重力势能越大.

典题针对训练

1.(沈阳中考)举重是我国的优势体育项目. 一位身高 180 cm 的运动员和一位身高 160 cm 的运动员,在挺举项目中用相同时间把同样重的杠铃举起,如果他们对杠铃所做的功分别为 W_1 和 W_2,功率分别为 P_1 和 P_2,则下列关系式正确的是(　　)

A. $W_1=W_2$　$P_1=P_2$　　B. $W_1>W_2$　$P_1>P_2$

C. $W_1>W_2$　$P_1=P_2$　　D. $W_1<W_2$　$P_1<P_2$

2.(浙江宁波中考)学习了功率的知识后,小科和几位同学准备做"比一比谁的功率大"的活动. 以下是他们设计的三套方案,其中可行的是(　　)

①控制爬楼的时间相同,测量出各自的体重、爬上楼的高度,算出功率进行比较.

②控制爬楼的高度相同,测量出各自的体重、爬楼用的时间,算出功率进行比较.

③测量出各自的体重、爬楼用的时间和爬楼的高度,算出功率进行比较.

A. 只有①　　B. 只有①②　　C. 只有②③　　D. ①②③

3.(山东烟台中考)过山车是一项非常惊险刺激的娱乐休闲活动. 过山车时而从轨道的最低端上升到最高端,时而从最高端飞驰而下(如图1-11-12所示). 不计能量损失,下列说法正确的是(　　)

A. A 点机械能小于 B 点机械能

B. A 点动能最大,B 点势能最大,C 点机械能最大

C. 由 A 到 B 的过程中,动能减小,势能增大,机械能不变

D. 由 B 到 C 的过程中,动能增大,势能减小,机械能变大

图 1-11-12

4.(天津中考)人造卫星沿椭圆轨道绕地球运行,当它由近地点向远地点运行时,卫星的动能________(选填"增大""减小"或"不变"),卫星的势能________(选填"增大""减小"或"不变").

5.(新疆中考)某同学质量是 40 kg,在体育中考"1 min 跳绳"测试中,她每次起跳的高度约 5 cm,测试成绩是 150 次,1 min内该同学克服自身重力做的功约为________ J,平均功率约为________ W.(g 取 10 N/kg)

6.(安徽中考)如图 1-11-13 所示为探究"物体动能的大小跟哪些因素有关"的

实验.

实验步骤如下：

Ⅰ.让同一钢球从斜面上不同的高度由静止滚下，观察木块被撞击后移动的距离.

Ⅱ.让不同质量的钢球从斜面上相同的高度由静止滚下，观察木块被撞击后移动的距离.

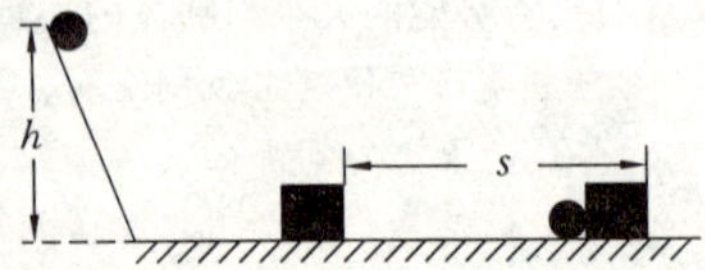

图 1-11-13

回答下列问题：

(1)步骤Ⅰ是为了研究动能大小与__________的关系.

(2)步骤Ⅱ是为了研究动能大小与__________的关系.

(3)该实验中斜面的作用是为了控制钢球________的大小，木块的作用是为了比较钢球________的大小.

针对训练答案

1.B　解析：举重时，身高较高的举重运动员将杠铃举的高度大，在杠铃重和举起所用时间相同的情况下，根据 $W=Fs=Gh$ 及 $P=\frac{W}{t}$ 可知，身高较高的举重运动员对杠铃做的功多，功率大，所以正确的选项是 B.

2.D　解析：在爬楼的过程中，人要克服自身重力做功，即人所做的功 $W=Gh=mgh$，故爬楼的功率 $P=\frac{W}{t}=\frac{mgh}{t}$，可知只要明确每个人的体重、爬楼的高度和爬楼所用的时间，即可比较功率的大小，故①、②、③方案均可行.

3.C　解析：由于不计能量损失，也就是说没有机械能转化为其他形式的能量，所以在动能与重力势能的相互转化过程中，总的机械能保持不变；过山车在整个运动过程中质量不变，重力势能的大小取决于高度，动能大小取决于速度的大小，所以过山车在 B 点时重力势能最大、动能最小，在 A 点时重力势能最小，动能最大，在 C 点时重力势能和动能都居于 A、B 之间，由 A 到 B 的过程中，动能转化为重力势能，动能减少，势能增大.故 C 选项正确.

4.减小　增大　解析：人造卫星由近地点向远地点运行时，高度越来越大，速度越来越小，所以重力势能越来越大，而动能越来越小；由于没有其他能量参与转化，所以机械能守恒.

5.3 000　50　解析：该同学每起跳一次克服自身重力做的功 $W_1=Gh=mgh=40\ \text{kg}\times10\ \text{N/kg}\times0.05\ \text{m}=20\ \text{J}$，该同学在 1 min 内克服自身重力做的功 $W=150W_1=150\times20\ \text{J}=3\ 000\ \text{J}$，平均功率 $P=\frac{W}{t}=\frac{3\ 000\ \text{J}}{60\ \text{s}}=50\ \text{W}$.

6.(1)速度　(2)质量　(3)速度　动能　解析：(1)步骤Ⅰ中用同一个钢球从不同的高度滚下，到达水平面时的速度不同，而质量相同，所以是为了研究动能大小与速度的关系.(2)步骤Ⅱ中钢球的质量不同，从斜面的相同高度滚下后速度相同，因此是为了研究动能大小与质量的关系.(3)当钢球从斜面的不同高度滚下时速度不同，因此该实验中斜面的作用是为了控制钢球速度的大小；钢球动能的大小可以通过观察木块被撞击后移动的距离来比较，因此木块的作用是为了比较钢球动能的大小.

第十二章　简单机械

学习思维导图

- 简单机械
  - 杠杆
    - 定义：一根硬棒,在力的作用下能绕着固定点O转动,这根硬棒就是杠杆
    - 关于杠杆的五个名词
      - 支点：杠杆可以绕其转动的点O
      - 动力：使杠杆转动的力F_1
      - 阻力：阻碍杠杆转动的力F_2
      - 动力臂：从支点O到动力F_1作用线的距离l_1
      - 阻力臂：从支点O到阻力F_2作用线的距离l_2
    - 平衡条件：动力×动力臂=阻力×阻力臂,$F_1l_1=F_2l_2$
    - 生活中的杠杆
      - 省力杠杆：$l_1>l_2$
      - 费力杠杆：$l_1<l_2$
      - 等臂杠杆：$l_1=l_2$
  - 滑轮
    - 定滑轮
      - 实质：等臂杠杆
      - 特点：不省力,但能改变力的方向
    - 动滑轮
      - 实质：动力臂是阻力臂 2 倍的杠杆
      - 特点：省一半力,不能改变力的方向
    - 滑轮组
      - 构成：定滑轮和动滑轮组合在一起使用
      - 特点：既省力又可以改变力的方向
      - 省力的判断：$F=\frac{1}{n}G_{物}$(n为承担物重的绳子的段数)
  - 轮轴和斜面
    - 轮轴
      - 特点：动力作用在轮上省力
      - 应用：扳手、汽车的方向盘等
    - 斜面
      - 特点：通过多移动距离达到省力的目的
      - 应用：盘山公路、钻头的螺纹
  - 机械效率
    - 三种功（$W_{总}=W_{有}+W_{额}$）
      - 有用功：使用机械时,必须要做的功,用$W_{有}$表示
      - 额外功：克服机械自重及摩擦等所做的功,用$W_{额}$表示
      - 总功：使用机械时,有用功与额外功之和叫总功,用$W_{总}$表示
    - 定义：有用功跟总功的比值
    - 公式：$\eta=\frac{W_{有}}{W_{总}}$
    - 提高机械效率的方法：改进结构,使其更合理、轻巧;经常保养,使其处于良好的状态

解题知识必备

1. 杠杆的有关概念

定义	杠杆的五要素					一根硬棒成为杠杆的条件
	支点(O)	动力(F_1)	阻力(F_2)	动力臂(l_1)	阻力臂(l_2)	
能绕固定点转动的硬棒	杠杆绕着转动的固定点	使杠杆转动的力	阻碍杠杆转动的力	从支点到动力作用线的距离	从支点到阻力作用线的距离	①要有力的作用 ②能绕其固定点转动

特别提醒：(1)杠杆可以是直的，也可以是弯曲的；

(2)分析问题时，可想象转动杠杆的情景，由此确定杠杆绕着转动的固定点——支点；

(3)动力和阻力都是杠杆自身受到的力，而不是杠杆对其他物体的作用力；

(4)动力和阻力使杠杆转动的方向相反.

2. 杠杆力臂的画法——一找点，二画线，三作垂线段

(1)如图 1-12-1 所示，首先在杠杆的示意图上确定支点 O.

(2)画好动力作用线及阻力作用线，画的时候要用虚线将力的作用线延长.

(3)再从支点 O 向力的作用线作垂线，画出垂足，则从支点到垂足的距离就是力臂，力臂用虚线(或实线)表示并用大括号标明，在旁边标上字母 l_1 和 l_2，分别表示动力臂和阻力臂.

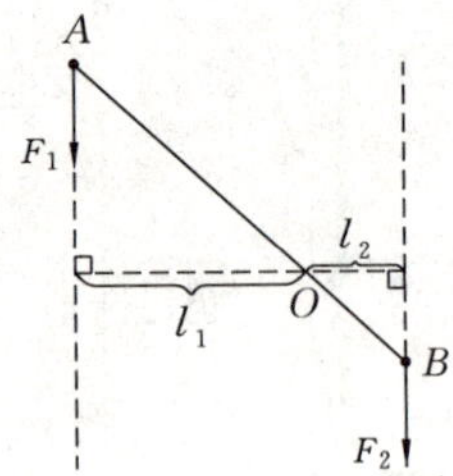

图 1-12-1

3. 杠杆的平衡和杠杆的平衡条件

(1)杠杆的平衡：当杠杆在动力和阻力作用下静止或匀速转动时，杠杆处于平衡状态.

(2)杠杆的平衡条件：动力×动力臂=阻力×阻力臂，即：$F_1l_1=F_2l_2$.

4. 杠杆的分类

根据杠杆的平衡条件 $F_1l_1=F_2l_2$，可以把杠杆分成三类：

种类＼特点	动力臂和阻力臂的大小	省力情况	应用
省力杠杆	动力臂>阻力臂($l_1>l_2$)	省力(费距离)	起子、铡刀等
费力杠杆	动力臂<阻力臂($l_1<l_2$)	费力(省距离)	镊子、缝纫机踏板、钓鱼竿
等臂杠杆	动力臂=阻力臂($l_1=l_2$)	不省力也不费力；不省距离也不费距离	天平、定滑轮等

5. 定滑轮、动滑轮、滑轮组的定义、实质及特点

类型	定义	实质	特点	重物提升的高度 h 与绳子通过的距离 s 的关系
定滑轮	在使用过程中，轴固定不动的滑轮	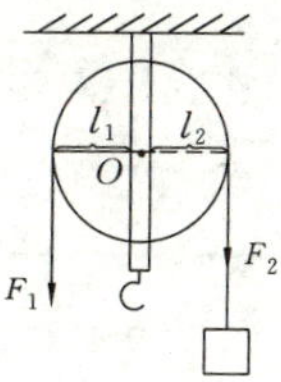 等臂杠杆	不省力也不省距离，可以改变力的方向	$s=h$
动滑轮	在使用过程中，轴随物体一起移动的滑轮	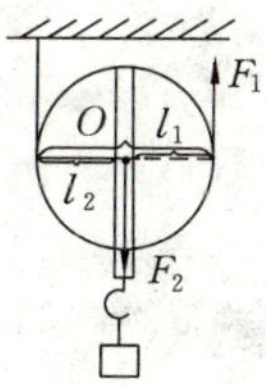 动力臂是阻力臂二倍的杠杆	可省一半的力，但不能改变力的方向	$s=2h$
滑轮组	将动滑轮和定滑轮组合在一起即为滑轮组	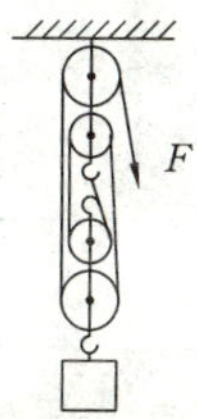	既可以省力又可以改变力的方向，若通过动滑轮承担物重的绳子段数为 n 段，则绳端施加的力为物重的 $\frac{1}{n}$（忽略动滑轮重）	$s=nh$（n 指承担物重的绳子的段数）

6. 设计滑轮组的方法——“奇动偶定”法

（1）当承重的绳子段数 n 为偶数时，绳子的固定端应拴在定滑轮上（即“偶定”）. 如不改变作用力的方向（例如：自由端向上拉），则需要的动滑轮为 $\frac{n}{2}$（个），定滑轮为 $\left(\frac{n}{2}-1\right)$（个）（比动滑轮少一个），如图 1-12-2 甲所示；如果改变作用力的方向（例如，自由端向下拉），则需再加一个定滑轮，这时动滑轮的个数＝定

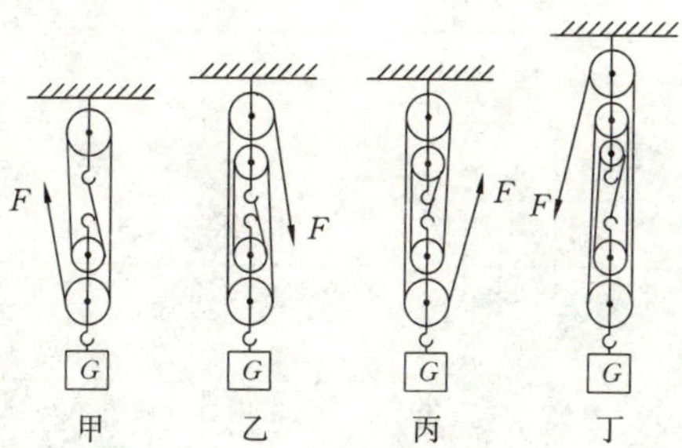

图 1-12-2

滑轮的个数$=\frac{n}{2}$(个),如图 1-12-2 乙所示.

(2)当承重绳子的段数 n 为奇数时,绳子的固定端应拴在动滑轮上(即"奇动").(图 1-12-2 丙、丁所示,此时 $n=5$)如不改变力的方向,则需要的动滑轮的个数=定滑轮的个数$=\frac{n-1}{2}$(个),如图 1-12-2 丙所示;如要改变力的方向,则需要再加一个定滑轮,即动滑轮的个数$=\frac{n-1}{2}$(个),定滑轮的个数$=\frac{n-1}{2}+1=\frac{n+1}{2}$(个),如图 1-12-2 丁所示.

7. 轮轴和斜面

对比 种类	构成	省力情况	应用
轮轴	由轴和轮组成,能绕共同轴线旋转的机械	轮轴是杠杆的变形,当动力作用在轮上时,它是一种省力杠杆,此时轮半径是轴半径的几倍,作用在轮上的力就是轴上的力的几分之一;若动力作用在轴上,则费力	门把手、汽车方向盘、拧螺丝的扳手等
斜面	与水平方向有一定倾角的面	使用斜面能省力.若斜面长为 L,高为 h,物体重为 G,在不计摩擦的情况下,所需要的推力 $F=\frac{Gh}{l}$,即斜面长是斜面高的几倍,推力就是物重的几分之一	盘山公路等

8. 有用功、额外功和总功的区别与联系

名称	定义	符号	公式	实例
有用功	使用机械做功时对人们有用的功	$W_{有}$	$W_{有}=Gh$	从井中打水时提水所做的功
额外功	对人们没有用但又不得不做的功	$W_{额}$		从井中打水时提水桶和绳子做的功
总功	有用功与额外功之和	$W_{总}$	$W_{总}=W_{有}+W_{额}$	从井中打水时手的拉力所做的功

9. 机械效率与功率的区别

物理量 区别 项目	机械效率	功率
定义	有用功跟总功的比值	功与时间之比
公式	$\eta=\frac{W_{有}}{W_{总}}$	$P=\frac{W}{t}$
单位	无(常用百分数表示)	瓦特(W)
物理意义	反映了机械性能,指有用功占总功的比例	反映做功的快慢

10. 不同机械效率分类辨析

		$W_{有}$	$W_{额}$	$W_{总}$	η
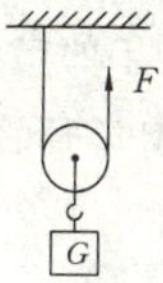	拉力 F 物体上升 h 物重 G 动滑轮重 $G_{动}$	$W_{有}=Gh$	$W_{额}=G_{动}h$	$W_{总}=Fs$ 或 $W_{总}=W_{有}+W_{额}$ 或 $W_{总}=Gh+G_{动}h$	$\eta=\frac{W_{有}}{W_{总}}=\frac{Gh}{Fs}=\frac{Gh}{Gh+G_{动}h}=\frac{G}{G+G_{动}}$
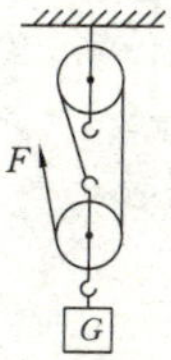	拉力 F 物体上升 h 物重 G 动滑轮重 $G_{动}$	$W_{有}=Gh$	$W_{额}=G_{动}h$	$W_{总}=Fs=Gh+G_{动}h$	$\eta=\frac{W_{有}}{W_{总}}=\frac{Gh}{Fs}=\frac{Gh}{F\cdot nh}=\frac{G}{nF}$ 或 $\eta=\frac{Gh}{Gh+G_{动}h}=\frac{G}{G+G_{动}}$ 注：n 为承担重物的绳子段数
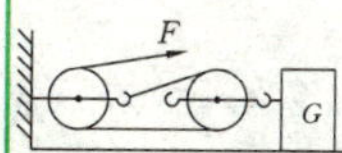	拉力 F 物重 G 物体匀速移动时与地面间摩擦力 f 物体移动距离 $s_{物}$ 拉力 F 移动距离 s	$W_{有}=fs_{物}$		$W_{总}=Fs=F\cdot ns_{物}$	$\eta=\frac{W_{有}}{W_{总}}=\frac{f\cdot s_{物}}{F\cdot s}=\frac{f\cdot s_{物}}{F\cdot ns_{物}}=\frac{f}{n\cdot F}$ 注：n 为通过动滑轮拉物体的绳子段数
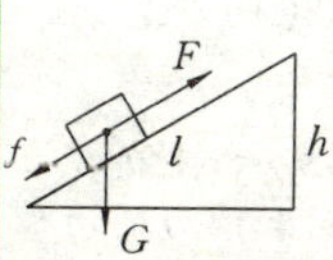	拉力 F 物重 G 斜面长 l 斜面高 h 物体匀速移动与斜面间的摩擦力为 f	$W_{有}=Gh$	$W_{额}=fl$	$W_{总}=Fl$ 或 $W_{总}=Gh+fl$	$\eta=\frac{Gh}{Fl}$ 或 $\eta=\frac{W_{有}}{W_{总}}=\frac{Gh}{Gh+fl}$
说明：不计绳重和绳子与滑轮之间的摩擦					

11. 滑轮组机械效率的测量

(1)原理：$\eta=\frac{W_{有}}{W_{总}}=\frac{Gh}{Fs}$. 对于滑轮组来说，额外功主要有两部分：一是提升动滑轮(或载货工具)所做的功；二是克服摩擦力所做的功. 要提高滑轮组的机械效率，一般采用减小摩擦或减轻动滑轮的办法.

(2)需要测量的物理量：钩码受到的重力 G，钩码上升的高度 h，加在绳端的拉力 F，绳子末端移动的距离 s.

(3)测量工具：弹簧测力计、刻度尺.

题型技法归纳

题型一　杠杆力臂的作图方法

例 1　如图 1-12-3 甲所示的钢丝钳，其中 A 为剪钢丝处，B 为手的用力点，O 为转动轴，图乙为单侧钳柄及相连部分示意图，请在图乙中画出剪钢丝时的动力 F_1、阻力 F_2、动力臂 l_1、阻力臂 l_2.

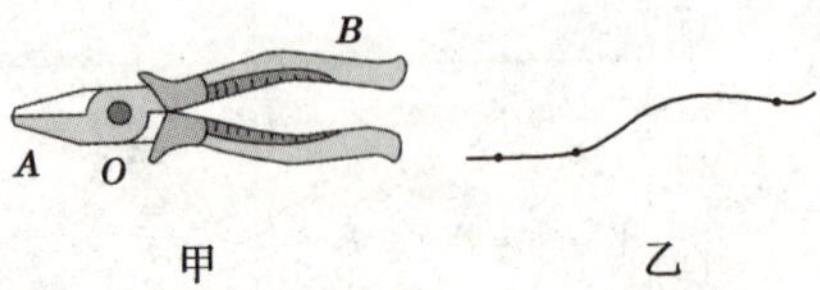

图 1-12-3

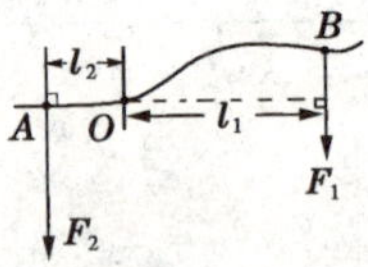

图 1-12-4

解析

动力作用在 B 点，方向竖直向下，阻力作用在 A 点，方向竖直向下. 表示 F_1 的线段应比表示 F_2 的线段短一些，因为钢丝钳是省力杠杆；然后从支点 O 向动力与阻力的作用线作垂线，即得到动力臂与阻力臂.

答案：如图 1-12-4 所示.

方法技巧：(1)由实物抽象出杠杆模型；(2)找出杠杆的支点 O；(3)确定动力与阻力的作用点，作出动力与阻力的示意图（注意表示动力与阻力的线段的长度），必要时用虚线将力的作用线正向或反向延长；(3)从支点向力的作用线作垂线，画出垂足；(4)支点到垂足之间的线段就是该力的力臂，并用双向箭头或大括号标出，在附近标上动力臂与阻力臂的符号 l_1、l_2.

题型二　使杠杆最省力的判断方法

例 2　（河南中考）如图 1-12-5 所示，在课桌的 C 点用最小的力把桌腿 B 抬离地面，在抬起时桌腿 A 没有滑动，请在 C 点画出这个力的示意图，并标出它的力臂 l.

解析

在抬起桌子的过程中，可以把桌子看作是一个杠杆，此时 A 是支点，要在 C 点用最小的力把桌腿 B 抬离地面，根据杠杆的平衡条件知，在 C 点施加的力的力臂需最长，在图中最大的动力臂就是支点与力的作用点的连线，而与该力臂垂直的力最小，由此可作出图 1-12-6.

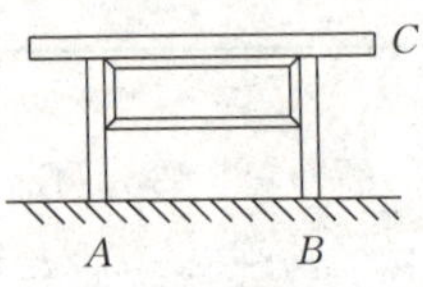

图 1-12-5

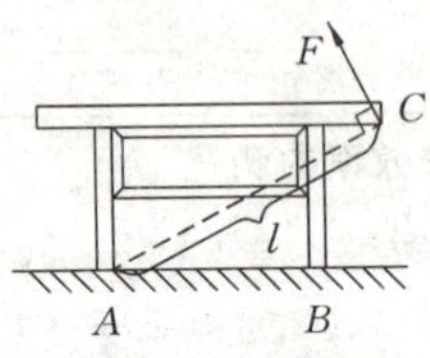

图 1-12-6

答案：如图 1-12-6 所示.

方法技巧：(1)在力的作用点一定的情况下，当力跟支点与力的作用点的连线垂直时，最省力.(2)力和力臂的找法：若力的作用点一定，则按(1)的方法找力臂；若力的作用点任意，则先找出离支点最远的点，连接支点和最远点，在最远点作支点和最远点连线的垂线，根据需要标出的力为最小力.(3)根据动力和阻力使杠杆转动的方向相反以确定动力的方向.

题型三　三类杠杆的识别方法

例 3　(山西中考)下列工具按图 1-12-7 所示使用时，属于费力杠杆的是(　　)

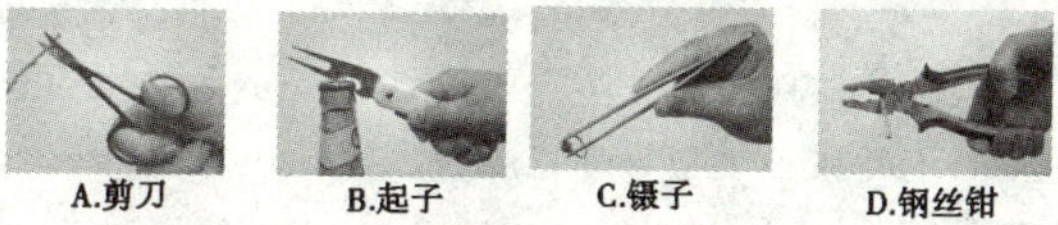

图 1-12-7

解析

费力杠杆的特点是动力臂小于阻力臂，从图示来看，剪刀、起子、钢丝钳的动力臂均大于阻力臂，是省力杠杆，只有镊子是费力杠杆.

答案：C

例 4　(长沙中考)要剪开较硬的白铁皮，图 1-12-8 中哪种剪刀最合适(　　)

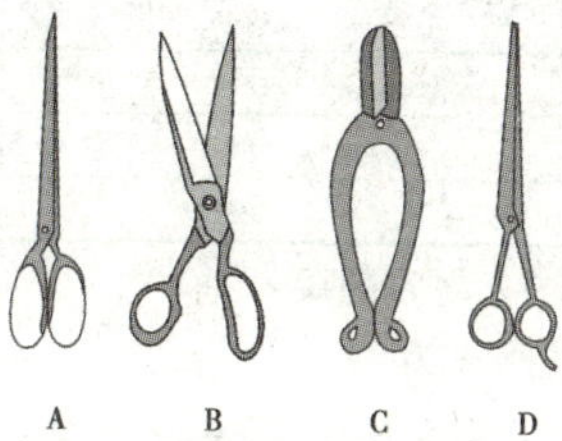

图 1-12-8

解析

剪开较硬的铁皮需要用很大的力，因此应用省力的杠杆，从图示可以看出，只有 C 选项中的剪刀的动力臂大于阻力臂，因此应用 C 选项中的剪刀剪白铁皮.

答案：C

方法技巧：先确定杠杆的支点、动力作用点和阻力作用点，然后分别确定动力臂 l_1 和阻力臂 l_2.若 $l_1>l_2$，则为省力杠杆；若 $l_1<l_2$，则为费力杠杆；若 $l_1=l_2$，则为等臂杠杆.

题型四　杠杆平衡条件的应用技法

例 5　(福建厦门中考)如图 1-12-9 所示，秤砣的质量为 100 g，秤杆的质量忽略不计.秤杆水平静止时，$l_{OA}=5$ cm，$l_{OB}=25$ cm，则被测物的质量为________kg.若秤砣有缺损

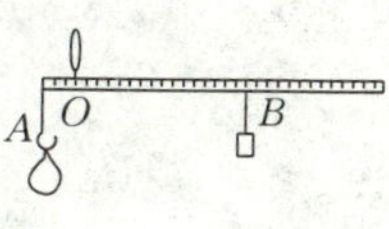

图 1-12-9

时，则杆秤所示的质量值________被测物的真实质量值（选填“小于”“等于”或“大于”）.

解析

根据杠杆的平衡条件，设物体的质量为 m_1，秤砣的质量为 m_2，则有 $m_1gl_{OA}=m_2gl_{OB}$，则 $m_1=\frac{m_2gl_{OB}}{gl_{OA}}=\frac{100\ g\times25\ cm}{5\ cm}=500\ g$；若秤砣有缺损时，其实际质量减小，为使杠杆平衡，应增大秤砣的力臂，所测数值偏大.

答案：0.5　大于

方法技巧：应用杠杆平衡条件解决问题的一般步骤：(1)将实物抽象为杠杆模型；(2)确定支点；(3)明确动力、阻力的大小和方向，画出力的示意图；(4)画出动力臂和阻力臂；(5)利用杠杆平衡条件进行计算或判断.

例 6　（湖南湘潭中考）如图 1-12-10 所示，长 3.0 m、重 10 N 且密度不均匀金属杆，可绕 O 点在竖直平面内自由转动. 现用竖直向上的拉力 F 使金属杆保持水平，测出 O 点到拉力 F 的距离及 F 的大小，再改变拉力 F 作用点的位置，测出相应的 F 与 x 的大小，所得实验数据如下表所示.

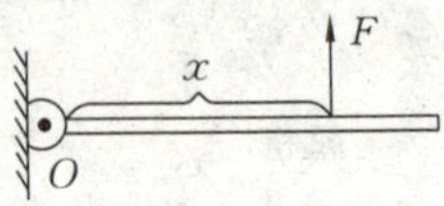

图 1-12-10

实验序号	x/m	F/N
1	0.5	20
2	1.0	10
3	1.5	6.7
4	2.0	5
5	2.5	4

(1)由表中数据可得 F 与 x 之间的关系是________.

(2)O 点到金属杆重心的距离为________m.

(3)若测力计量程为 25 N，则 x 应控制在________范围.

解析

从所测数据可以看出，力 F 与 x 之积为一个常数 $Fx=10$，即 $F=\frac{10}{x}$，说明力 F 与 x 成反比；由于金属杆始终处于水平位置，其重心不变，重力的力臂不变，根据杠杆的平衡条件，由 $Fx=Gl_G=10$，得 $l=1$ m；当测力计的示数为最大25 N时，由 $25x=10$，得 $x=0.4$ m，即 x 应不小于 0.4 m.

答案：(1)成反比（或“F 随 x 的增大而减小”）　(2)1.0　(3)0.4～3 m（或大于等于 0.4 m 小于 3 m）

方法技巧：(1)确认杠杆及其五要素；(2)利用公式 $F_1l_1=F_2l_2$ 及变形公式 $F_1=\frac{F_2l_2}{l_1}$ 解题；(3)运用杠杆平衡条件进行计算时，动力臂与阻力臂的单位只要一致就可以，不需要都换算为国际单位.

题型五　运用杠杆平衡条件分析杠杆转动方向的方法

例 7　(河南中考)如图 1-12-11 所示,在调节平衡后的杠杆两侧,分别挂上相同规格的钩码,杠杆处于平衡状态.如果两侧各去掉一个钩码,则(　　)

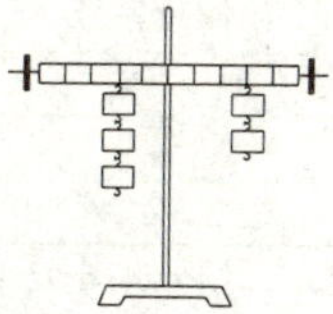

图 1-12-11

A. 左端下降　　B. 右端下降

C. 仍然平衡　　D. 无法判断

解析

从题给装置图可以看出,此时杠杆是不等臂杠杆,左右力臂之比为 2∶3,设每个钩码的重力为 G,杠杆上每个格的长度为 L,则根据杠杆的平衡条件有 $3G\times 2L=2G\times 3L$,若两侧各去掉一个钩码,则左侧力与力臂之积为 $2G\times 2L=4GL$,右侧力与力臂之积为 $G\times 3L=3GL$,因为 $4GL>3GL$,所以杠杆左端下降.

答案:A

方法技巧:在判断杠杆变化后是否仍平衡的问题时,一般规律是将变化后的动力与动力臂之积的大小与阻力与阻力臂之积的大小进行比较,乘积大的那端将下移.

题型六　杠杆的动态平衡解答技法

例 8　如图 1-12-12 所示,一根重木棒在水平动力(拉力)F 的作用下以 O 点为轴,由竖直位置逆时针匀速转到水平位置的过程中,若动力臂为 l,动力与动力臂的乘积为 M,则(　　)

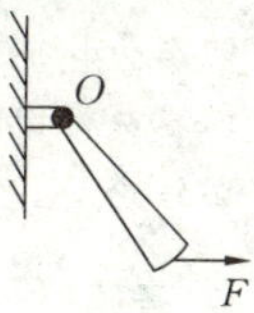

图 1-12-12

A. F 增大,l 增大,M 增大　　B. F 增大,l 减小,M 减小

C. F 增大,l 减小,M 增大　　D. F 减小,l 增大,M 增大

解析

题图中木棒由竖直位置转到水平位置的过程中,动力臂 l 逐渐减小,而木棒的重力不变,重力的力臂 l_G 逐渐增大.由杠杆的平衡条件 $M=Fl=Gl_G$,得水平动力 $F=\frac{Gl_G}{l}$,由上述两式可知 M 增大,l 减小,F 增大.

答案:C

方法技巧:解答这类题目的关键是要先弄清哪些是不变量,哪些是变化量,然后利用杠杆的平衡条件作出判断.

题型七　关于杠杆平衡条件的探究题解答技法

例 9　(南京中考)物理实验小组的同学,利用如图 1-12-13 所示的装置,在杠杆支点的两边分别挂上钩码来探究杠杆的平衡条件.

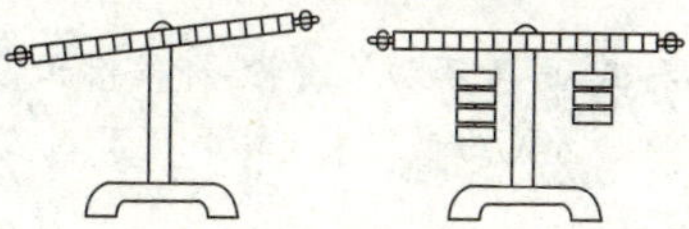

图 1-12-13

测量序号	动力 F_1/N	动力臂 l_1/cm	阻力 F_2/N	阻力臂 l_2/cm
①	1	20	2	10
②	2	15	1.5	20
③	3	5		15

(1)如图 1-12-13 甲所示，为使杠杆在水平位置平衡，应将右端的平衡螺母向________(选填“左”或“右”)移动，将杠杆调在水平位置的目的是为了方便测量________.

(2)实验中测得的数据如表中所示，表格中漏填的数据为________N.

(3)有的同学按现有方案得出如下结论：“动力×支点到动力作用点的距离=阻力×支点到阻力作用点的距离”. 这个结论与杠杆平衡条件不符，原因是实验过程中________(填字母).

A. 没有改变力的大小　　B. 没有改变力的方向

C. 没有改变力的作用点　　D. 实验次数较少，结论具有偶然性

解析

杠杆向左倾斜时，无论调哪端的平衡螺母，都应该向右调；杠杆在水平位置平衡，力的方向竖直向下或竖直向上，这样力臂刚好在杠杆上，方便测量. 根据杠杆平衡条件 $F_1l_1=F_2l_2$ 可以得出表中漏填的阻力为 1 N. 在实验中如果力是在竖直方向上而且杠杆在水平位置平衡，则力臂大小就会等于支点到力的作用点的距离，所以容易得出此错误结论，只要利用弹簧测力计斜拉杠杆重新实验就会否定这个错误结论.

答案：(1)右　力臂　(2)1　(3)B

方法技巧：(1)调节杠杆使其在水平位置平衡，可以使杠杆的重心与支点重合，避免杠杆的重力对平衡产生影响；同时也便于直接从杠杆上测出力臂的大小；(2)调节杠杆使其在水平位置平衡的原则是“左低右调、右低左调”，如杠杆右端下沉，应向左调节平衡螺母；(3)调好平衡，更换钩码的数量后，不能再通过调节平衡螺母来使杠杆再次平衡；(4)探究时，要改变钩码的数量或改变悬挂钩码的位置或改用弹簧测力计斜拉杠杆进行多次实验，以避免实验数据的偶然性，从而得出普遍性的结论.

题型八　定滑轮和动滑轮的区分方法

例 10 (湖南株洲中考) 如图 1-12-14 是现代家庭经常使用的自动升降衣架的结构示意图，它可以很方便晾起洗好的衣服，取下晒干的衣服，其实就是通过一些简单机械的组合来实现此功能. 图中动滑轮有________个，此装置________(选填“能”或“不能”)改变动力的方向.

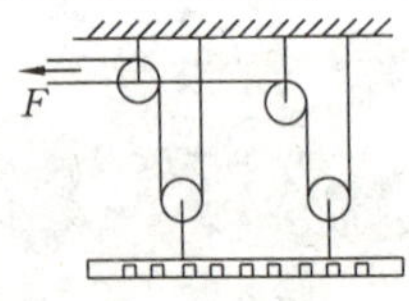

图 1-12-14

解析

从题图示装置可以看出，固定不动的滑轮，即定滑轮，是在天花板上的两个，而在上下可移动的杆上的两个滑轮为动滑轮，由于向下用力时，杆能向上移动，所以此装置能够改变动力的方向.

答案：2　能

方法技巧:(1)随被提升的物体一起运动的滑轮为动滑轮,固定不动的滑轮为定滑轮;(2)判断滑轮组能否改变动力方向的方法有两个:①绳的最末端是否与定滑轮相连;②动力的方向是否与物体移动的方向相反.

题型九　组装滑轮组的方法

例 11　一条绳子最多能承受 1 000 N 的拉力.请设计一个滑轮组,用这条绳子吊起 3 300 N 的重物,画出滑轮组安装示意图.(动滑轮重及摩擦不计)

解析

绳子的段数 $n=\frac{G}{F}=\frac{3\ 300\ \text{N}}{1\ 000\ \text{N}}=3.3$,则 n 应取 4,不能按四舍五入处理,然后,根据求得的数值及所需的拉力方向确定动滑轮与定滑轮个数及绕线方法.如果不要求改变用力的方向,则只需要用一个定滑轮,绕线如图 1-12-15 甲所示;如果要求改变用力的方向,则需要用两个定滑轮,绕线如图 1-12-15 乙所示.

答案:如图 1-12-15 所示.

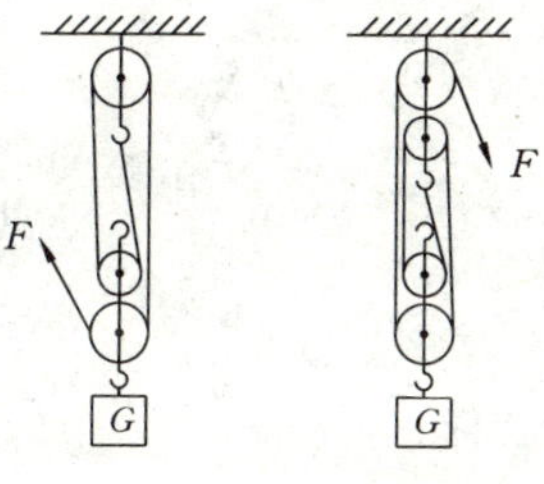

甲　　　　乙

图 1-12-15

例 12　**(沈阳中考)**如图 1-12-16 所示,用滑轮组沿水平地面拉动物体 A,请画出最省力的绕绳方法.

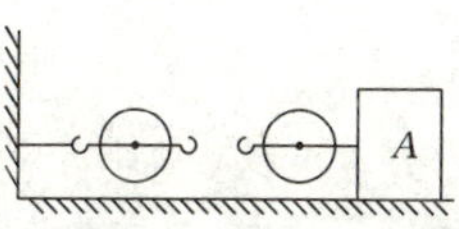

图 1-12-16

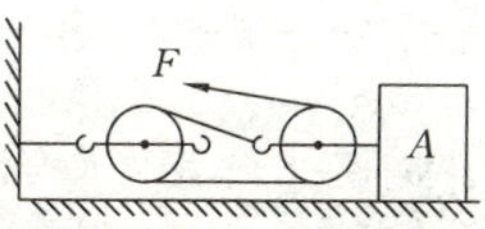

图 1-12-17

解析

拉物体的绳子的段数越多越省力,由于只有一个定滑轮和一个动滑轮,所以最多能绕 3 段绳子来拉物体和动滑轮.

答案:如图 1-12-17 所示.

方法技巧:(1)首先计算出承担物重的绳子的段数,即 $n=\frac{G}{F}$.注意取整数,若 n 为小数则采用"入"的办法;(2)要画出最省力的绕绳方法,必须使落在动滑轮上的绳子的段数最多.

题型十　理解机械效率的方法

例 13　(多选)关于机械效率,下列说法正确的是(　　)

A. 功率越大的机械,机械效率越高

B. 机械效率大小与功率大小无关

C. 机械效率越低的机械,做的功越少

D. 由于有用功总小于总功,故机械效率总小于 1

解析

功率与机械效率是两个截然不同的概念,两者不存在联系,功率大的机械,机械效率不一定高,故 A 选项错误,B 选项正确;机械效率反映了有用功在总功中所占的比例大小,机械效率越高,说明有用功在总功中所占比例越大,不能由此判断出做功的多少,故 C 选项错误;由于机械自重及摩擦等因素,使用机械做功时必然存在额外功,即有用功总小于总功,故机械效率总小于 1,D 选项正确.

答案:BD

方法技巧:机械效率是机械做功性能好坏的重要标志,它表示有用功占总功的比值.机械效率高,表示有用功占总功比例大,而不表示做的有用功多,机械效率高低与做功多少、做功快慢无关.

题型十一　机械效率的计算方法

例 14　(湖南湘潭中考)小勇用如图 1-12-18 所示的滑轮组拉着物体匀速前进了 0.2 m,则绳子自由端移动的距离为________m.若物体与地面间的摩擦力为 9 N,则他所做的有用功是________J.如果小勇对绳的拉力 $F=4$ N,该滑轮组的机械效率为________%.

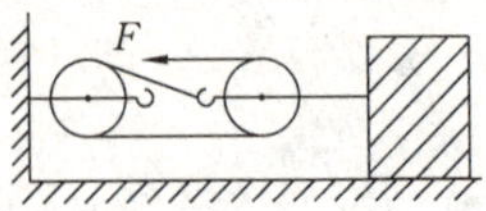

图 1-12-18

解析

从题图可知,有三段绳与动滑轮相连接,则自由端移动的距离为动滑轮移动距离的 3 倍,当物体前进了 0.2 m 时,自由端移动了 0.6 m,拉动物体克服摩擦力做的功为有用功,即 $W_{有}=F_f s=9\ \text{N}\times0.2\ \text{m}=1.8\ \text{J}$,拉力 F 做的功为总功 $W_{总}=F\times 3s=4\ \text{N}\times3\times0.2\ \text{m}=2.4\ \text{J}$,机械效率 $\eta=\frac{W_{有}}{W_{总}}=\frac{1.8\ \text{J}}{2.4\ \text{J}}=75\%$.

答案:0.6　1.8　75

方法技巧:(1)用滑轮组提升物体或在粗糙平面上拉动物体时,拉绳子自由端的力 F 所做的功为总功,一般用 $W_{总}=Fs$ 计算;克服重力或水平面的摩擦力所做的功为有用功,一般用 $W_{有}=Gh$ 或 $W_{有}=F_f s'$ 计算;(2)运用 $\eta=\frac{W_{有}}{W_{总}}$ 计算机械效率.

例 15 （安徽中考）如图 1-12-19 所示，有一斜面长为 L，高为 h，现用力 F 沿斜面把物重为 G 的物体从底端匀速拉到顶端. 已知物体受到斜面的摩擦力为 f，则下列关于斜面机械效率 η 的表达式正确的是（　　）

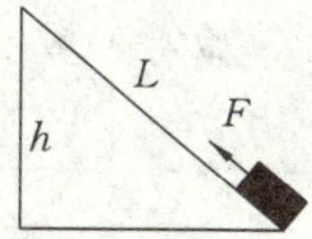

图 1-12-19

A. $\eta=\frac{Gh}{fL}$　　B. $\eta=\frac{Gh}{(F-f)L}$

C. $\eta=\frac{Gh}{(F+f)L}$　　D. $\eta=\frac{Gh}{Gh+fL}$

解析

此过程中，所做的有用功 $W_{有}=Gh$，额外功 $W_{额}=fL$，总功 $W_{总}=FL$，而总功又等于有用功和额外功的总和，即 $W_{总}=Gh+fL$，斜面的机械效率 $\eta=\frac{W_{有}}{W_{总}}$，故斜面机械效率的表达式为 $\eta=\frac{Gh}{FL}$ 或 $\eta=\frac{Gh}{Gh+fL}$.

答案：D

方法技巧：用斜面升高物体时，沿斜面向上的推力 F 所做的功是总功，一般用 $W_{总}=FL$ 表示；重物在竖直方向上升高了 h，$W_{有}=Gh$；沿斜面向上推（拉）物体时，克服摩擦所做的功是额外功，即 $W_{额}=F_fL$.

题型十二　机械效率探究题的解答技法

例 16 （贵阳中考）小悦在"测量滑轮组机械效率"的实验中，设计了如图 1-12-20 所示的装置. 小悦想：如果同一滑轮组的绕线方式不变，还有哪些因素会影响滑轮组的机械效率？通过思考，小悦提出了下面的猜想：

猜想 A：被提升的钩码重可能会影响滑轮组的机械效率.

猜想 B：钩码匀速上升的速度可能会影响滑轮组的机械效率.

为了验证自己的猜想是否正确，小悦分别对两个猜想进行了探究，实验数据如下表：

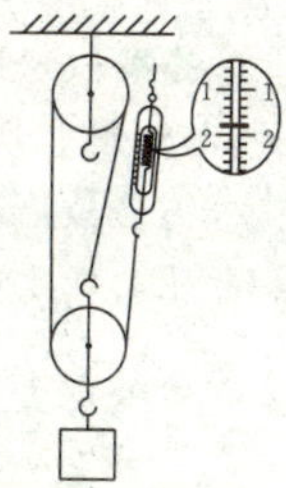
图 1-12-20

表一：钩码以相同的速度匀速上升

实验序号	钩码重 G/N	钩码上升的高度 h/m	弹簧测力计的示数 F/N	弹簧测力计移动的距离 s/m	机械效率 η
1	4	0.1		0.3	74.1%
2	6	0.1	2.4	0.3	83.3%
3	8	0.1	3.1	0.3	

第一篇　解题技法篇

表二:钩码以不同的速度匀速上升

实验序号	钩码重 G/N	钩码上升的高度 h/m	弹簧测力计的示数 F/N	弹簧测力计移动的距离 s/m	机械效率 η
4	6	0.1	2.4	0.3	83.3%
5	6	0.1	2.4	0.3	83.3%
6	6	0.1	2.4	0.3	83.3%

(1)第 1 次实验时,弹簧测力计的示数如图 1-12-20 所示,读数为________N.

(2)第 3 次实验中滑轮组的机械效率是____________________.

(3)小悦在实验中用到的科学研究方法是____________________.

(4)综合分析表一、表二中的数据,可得出结论:____________________.

解析

由弹簧测力计的指针位置可知,此时读数为1.8 N.利用滑轮组提升重物时,克服重物重力做的功为有用功即 $W_{有}=Gh=8\ \text{N}\times 0.1\ \text{m}=0.8\ \text{J}$,拉力 F 做的功为总功,即 $W_{总}=Fs=3.1\ \text{N}\times 0.3\ \text{m}=0.93\ \text{J}$,此时机械效率 $\eta=\frac{W_{有}}{W_{总}}=\frac{0.8\ \text{J}}{0.93\ \text{J}}\approx 86.0\%$.表一中三次实验是以相同速度提升重物,表二是以不同速度提升重物,所以小悦在实验中采用了控制变量的方法研究问题.通过分析表一、表二可以看出,同一滑轮组的机械效率与所提升重物受到的重力大小有关,重力越大,机械效率越高,与提升重物时的速度无关.

答案:(1)1.8 (2)86.0% (3)控制变量法 (4)滑轮组的机械效率与钩码重有关,与钩码上升的速度无关

方法技巧:(1)实验时,要竖直匀速拉动弹簧测力计;(2)对已组装好的滑轮组,承担物重的绳子的段数 n 是确定的,绳子自由端移动的距离 s 与物体上升的高度 h 的关系是 $s=nh$,则滑轮组的机械效率 $\eta=\frac{W_{有}}{W_{总}}=\frac{Gh}{Fs}=\frac{G}{nF}$;(3)正确理解机械效率的"可变性":由 $\eta=\frac{W_{有}}{W_{总}}=\frac{W_{有}}{W_{有}+W_{额}}$ 可知,当有用功 $W_{有}$ 一定时,$W_{额}$ 越小,机械效率越高;当 $W_{额}$ 一定时,$W_{有}$ 越大,机械效率越高;(4)对滑轮组来说,提高其机械效率的方法有:减小机械装置间的摩擦、减小动滑轮重、增加提升的物重.

例 17 **(福州中考)**小刚小组探究了影响滑轮组机械效率的因素后,联想斜面也是一种机械,那么斜面的机械效率与斜面的哪些因素有关呢?

小刚猜想斜面的机械效率可能跟斜面的粗糙程度有关,小萌猜想可能跟斜面的倾斜程度有关.于是他们将一块长木板的一端垫高,构成长度一定、高度可调的斜面,用弹簧测力计拉着同一木块沿不同的斜面匀速向上运动,如图 1-12-21

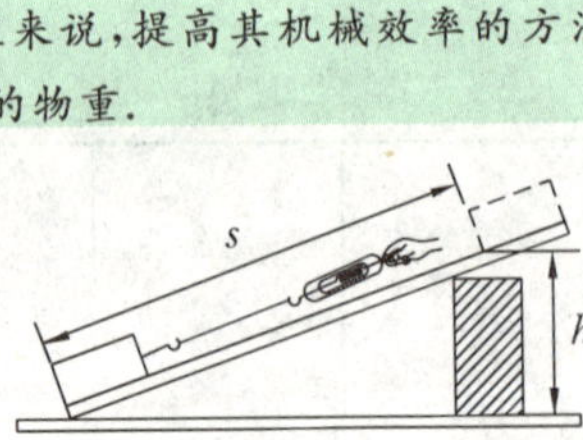

图 1-12-21

所示．下表是他们实验记录的有关数据．

实验次序	斜面倾角	斜面材料	物重 G/N	斜面高度 h/m	沿斜面拉力 F/N	斜面长 s/m	有用功 $W_{有}$/J	总功 $W_{总}$/J	机械效率 η
1	30°	玻璃	7	0.5	4.9	1	3.5	4.9	71.4%
2	30°	木板	7	0.5	6.0	1	3.5		
3	30°	毛巾	7	0.5	6.5	1	3.5	6.5	53.8%
4	20°	木板	7	0.34	4.9	1	2.38	4.9	48.6%
5	15°	毛巾	7	0.26	5.1	1	1.82	5.1	35.7%

(1)在第1、2、3次实验中，选用玻璃、木板、毛巾作为斜面表面的材料，是为了______________________________．

(2)在第2次实验中，拉力做的总功是________J，斜面的机械效率是________．

(3)分析第1、2、3次实验数据，可以得出：当其他条件一定时，________________．

(4)若通过分析第1、4、5次实验数据，得出斜面倾斜程度越大，斜面的机械效率越大．你认为存在的问题是：____．

(5)实验中还发现，斜面材料相同时，斜面倾角越小，越______(选填“省力”或“费力”)．

解析

从题意可猜想到斜面的机械效率可能与斜面的倾角及斜面的粗糙程度有关，在研究是否与斜面的粗糙程度有关时，应保持倾角不变，改变斜面的粗糙程度，实验选用玻璃、木板、毛巾就是为了改变斜面的粗糙程度；通过表格中1、2、3三次实验可以看出，斜面的机械效率与斜面粗糙程度有关，斜面越粗糙，机械效率越低；拉动物体时拉力沿斜面向上，拉力做的功为总功，则 $W=Fs=6.0\ \text{N}\times 1\ \text{m}=6.0\ \text{J}$，克服木块重力做的功为有用功，则 $W_{有}=Gh=7\ \text{N}\times 0.5\ \text{m}=3.5\ \text{J}$，其机械效率 $\eta=\frac{W_{有}}{W_{总}}\times 100\%=\frac{3.5\ \text{J}}{6.0\ \text{J}}\times 100\%=58.3\%$；1、4、5三次实验中斜面的倾角不同，斜面的粗糙程度不同，没有很好地控制变量，故不能得出正确的结论，通过2与4或3与5可以看出，在斜面粗糙程度相同时，斜面的倾角越小，所用的拉力越小，即越省力．

答案：(1)改变接触面的粗糙程度　(2)6.0　58.3%　(3)斜面的粗糙程度越大(或小)，斜面的机械效率越低(或高)　(4)没有控制接触面的粗糙程度相同　(5)省力

方法技巧：把握以下考点，正确解答探究斜面机械效率的题目．(1)猜想影响斜面机械效率的因素可能有斜面的材料、斜面的粗糙程度、斜面的倾斜程度、物体的重力大小；(2)在探究时，要注意运用控制变量法；(3)要沿斜面用弹簧测力计匀速拉动物体；(4)探究结论是斜面的机械效率与斜面的粗糙程度有关，与斜面的倾斜程度有关，与物体的重力大小无关；(5)提高斜面的机械效率的方法有减小斜面的粗糙程度(在斜面倾斜程度相同时)；使斜面变陡(在斜面的粗糙程度不变时)．

典题针对训练

1.(河北中考)小明用两个相同的滑轮组成不同的滑轮组(如图1-12-22所示),分别将同一物体匀速提高到相同高度,滑轮组的机械效率分别为 η_1、η_2. 下列关系正确的是(忽略绳重及摩擦)(　　)

A. $F_1 > F_2$, $\eta_1 = \eta_2$　B. $F_1 > F_2$, $\eta_1 > \eta_2$　C. $F_1 < F_2$, $\eta_1 = \eta_2$　D. $F_1 < F_2$, $\eta_1 > \eta_2$

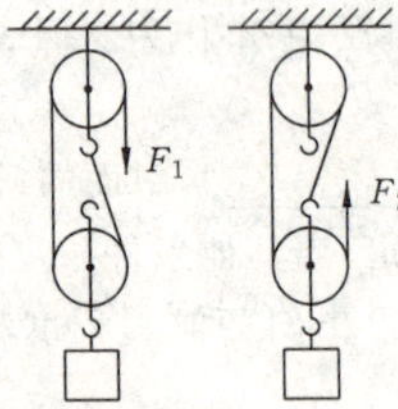

图 1-12-22

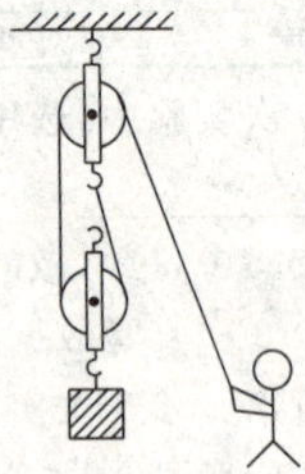

图 1-12-23

2.(重庆中考)用如图 1-12-23 所示的滑轮组匀速提升重为 200 N 的物体,人对绳的拉力为125 N,不计绳重和摩擦,滑轮组的机械效率为________. 如果人的体重为 600 N,拉动过程中绳始终未断裂,他用此滑轮组能提升的最大物重为________.

3.(山东烟台中考)如图 1-12-24 所示,一位母亲推着婴儿车行走,当前轮遇到障碍物时,母亲向下按扶把,若把婴儿车视为杠杆,这时杠杆的支点是________;当后轮遇到障碍物时,母亲向上抬起扶把,这时婴儿车可视为________杠杆(选填"省力"或"费力").

图 1-12-24

4.(江西中考)"测算简单机械的效率"实验

(1)下表是小明做"测算斜面的机械效率"的实验记录数据:

斜面倾斜程度	小车重力 G/N	斜面高度 h/m	沿斜面拉力 F/N	斜面长 s/m	有用功 $W_有$/J	总功 $W_总$/J	机械效率 η
较缓	10	0.1	3	1	1	3	33%
较陡	10	0.2	4	1	2		50%
最陡	10	0.3	5	1	3	5	

①将表格中数据补充填写完整.

②分析实验数据可知:同一斜面,倾斜程度越大,拉同一个物体所用的拉力越________,机械效率越________.

(2)请您尝试做"测算滑轮组的机械效率"实验:

①在图 1-12-25 中用笔画线按最省力的方法组装好滑轮组.

②设计一个记录此实验数据的表格.

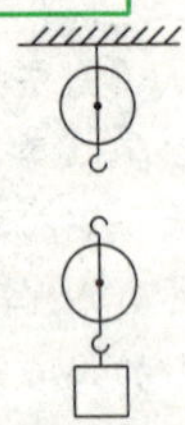

图 1-12-25

5. **(广西桂林中考)**如图 1-12-26 所示，为自行车脚踏板的示意图，作用在脚踏板上的力为 F，请在图中画出该力的力臂.

图 1-12-26

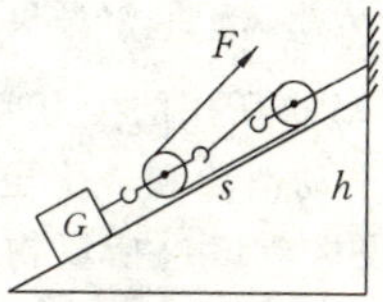

图 1-12-27

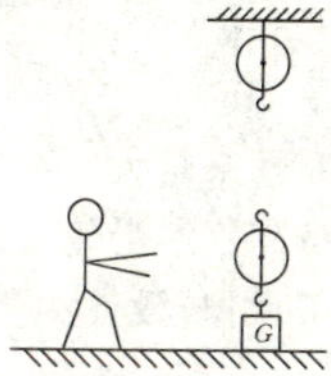

图 1-12-28

6. **(兰州中考)**如图 1-12-27 所示，物重 G 为2 000 N，斜面长 5 m，高 3 m，斜面和滑轮组装置的总机械效率为 80%，若将重物沿斜面以0.2 m/s 的速度拉上来，求：(1)所需拉力 F 是多少？(2)机械的总功率是多少？

7. **(江苏南通中考)**如图 1-12-28 所示，工人师傅用一个定滑轮和动滑轮组成滑轮组，把重为 500 N 的箱子匀速提升 5 m，动滑轮的质量为8 kg，不计绳重和摩擦，g 取10 N/kg.

(1)在图中用笔画线代替细绳组装滑轮组.

(2)在向上提升箱子的过程中，人对绳子的拉力为多大？

(3)在向上提升箱子的过程中，滑轮组的机械效率为多少？

针对训练答案

1. A　解析：从题图可以看出，两个滑轮组分别由 2 段绳和 3 段绳承担，故 $F_1=\frac{1}{2}G_{总}$，$F_2=\frac{1}{3}G_{总}$，因此$F_1>F_2$；不计绳重和摩擦，滑轮组的机械效率 $\eta=\frac{W_{有}}{W_{总}}=\frac{W_{有}}{W_{有}+W_{额}}=\frac{G_{物}h}{G_{物}h+G_{动}h}=\frac{G_{物}}{G_{物}+G_{动}}$，故两滑轮组机械效率相等，即 $\eta_1=\eta_2$.

2. 80%　1 150 N　解析：从题中装置图看出，在不计绳重与摩擦的情况下，有 $2F=G_{物}+G_{动}$，所以 $G_{动}=2F-G_{物}=2\times125\ \text{N}-200\ \text{N}=50\ \text{N}$，由公式 $\eta=\frac{W_{有}}{W_{总}}=\frac{G_{物}h}{(G_{物}+G_{动})h}=\frac{G_{物}}{G_{物}+G_{动}}=\frac{G_{物}}{2F}$得滑轮组的机械效率为 $\eta=\frac{200\ \text{N}}{125\ \text{N}\times2}=80\%$；人的拉力最大时，人提升的物重最大，人的最大拉力与人的体重相等，所以有 $G_{最大}=600\ \text{N}\times2-50\ \text{N}=1\ 150\ \text{N}$.

3. 后轮　省力　解析：当向下按扶把时，婴儿车会绕着后轮转动，所以若把婴儿车看成杠杆，则后轮是支点；当后轮遇到障碍物时，向上抬起扶把，这时前轮是支点，婴儿车的总重力是阻力，抬起扶把的力是动力，由于动力臂大于阻力臂，所以此时的婴儿车可视为省力杠杆.

4. (1)①4　60%　②大　高　(2)①如图 1-12-29 所示　②如下表

实验序号	重力 G/N	提升高度 h/m	拉力 F/N	绳子自由端移动距离 s/m	有用功 $W_{有}$/J	总功 $W_{总}$/J	机械效率 η
1							
2							
3							

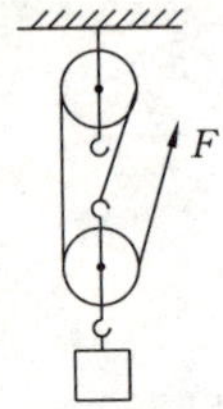

图 1-12-29

解析：(1)较陡时的总功 $W_{总}=\frac{W_{有}}{\eta}=\frac{2\ J}{50\%}=4\ J$；最陡时的机械效率 $\eta=\frac{W_{有}}{W_{总}}=\frac{3\ J}{5\ J}=60\%$. 从题表中的数据可以看出，从上到下，倾斜程度越来越大，拉同一个物体所用的拉力也越来越大，机械效率越来越高；(2)滑轮组由一个动滑轮和一个定滑轮组成，最多有 3 段绳子承担；设计的数据表格应该包括重物的重力、重物提升的高度、拉力 F、绳子自由端移动的距离、有用功、总功和机械效率等栏目.

5. 如图 1-12-30 所示　解析：力臂是支点到力的作用线的距离，所以作力 F 的力臂时，先找出支点 O(即杠杆上能够绕着转动的固定点)，过力的作用点沿力的方向画出力的作用线，然后过支点 O 向力的作用线作垂线，支点到垂足的距离 l 就是力 F 的力臂，如图 1-12-30 所示.

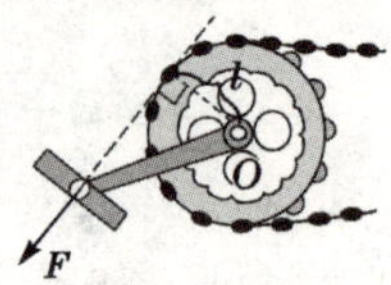

图 1-12-30

6. 解：(1) $W_{总}=\frac{W_{有}}{\eta}=\frac{Gh}{\eta}=\frac{2\ 000\ N\times 3\ m}{80\%}=7\ 500\ J$

$F=\frac{W_{总}}{3s}=\frac{7\ 500\ J}{3\times 5\ m}=500\ N$.

(2) $P_{总}=Fv=500\ N\times 3\times 0.2\ m/s=300\ W$.

解析：沿斜面提升重物时，克服物体重力所做的功为有用功，即 $W_{有}=Gh$，根据题中提供的装置的机械效率可求得拉力 F 做的总功，即 $W_{总}=\frac{W_{有}}{\eta}=F\cdot 3s$，所以拉力 F 可求；机械的总功是拉力 F 所做的功，根据题意和公式 $P=\frac{W}{t}=\frac{Fs}{t}=Fv$，可求得机械的总功率.

7. 解：(1)如图 1-12-31 所示

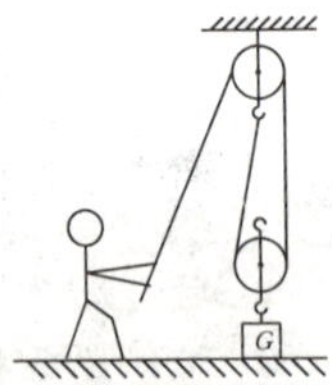

图 1-12-31

(2)人对绳子的拉力

$F=\frac{1}{2}(G_{物}+G_{动})=\frac{1}{2}\times(500\ N+8\ kg\times 10\ N/kg)=290\ N$.

(3)提升过程的有用功 $W_{有}=Gh$

总功 $W_{总}=Fs=F\cdot 2h$

机械效率 $\eta=\frac{W_{有}}{W_{总}}=\frac{Gh}{Fs}=\frac{500\ N\times 5\ m}{290\ N\times 10\ m}\approx 86.2\%$.

(答 $\eta=\frac{Gh}{Fs}=\frac{500\ N\times 1}{290\ N\times 2}\approx 86.2\%$，同样正确)

解析：站在地面上提升重物，只能有 2 段绳吊着动滑轮，由于绳重及摩擦不计，则两段绳共同承担物重与动滑轮重，则拉力为其总重的一半，拉力做的功为总功，对重力做的功为有用功，当箱子上升 5 m 时，拉力移动的距离为10 m，所以 $W_{总}=Fs=F\cdot 2h$，$W_{有}=Gh$，机械效率 $\eta=\frac{W_{有}}{W_{总}}$.

第十三章　电流和电路

学习思维导图

- 电流和电路
  - 电荷
    - 摩擦起电现象：摩擦过的物体能够吸引轻小物体,则这个物体带了电荷
    - 正、负电荷的规定
      - 绸子摩擦过的玻璃棒所带的电荷叫正电荷
      - 毛皮摩擦过的橡胶棒所带的电荷叫负电荷
    - 电荷的相互作用规律：同种电荷相互排斥,异种电荷相互吸引
    - 电荷量(Q)
      - 电荷的多少叫电荷量
      - 单位:库仑,符号:C
    - 验电器的工作原理：同种电荷相互排斥
    - 导体和绝缘体
      - 导体：容易导电的物体,如金属、大地、人体、酸碱盐的水溶液
      - 绝缘体：不容易导电的物体,如橡胶、塑料、陶瓷等
  - 电路
    - 电路的组成：电源、用电器、开关、导线
    - 两种连接方式
      - 串联
        - 定义:用电器首尾顺次相连
        - 特点:电流只有一条路径,各用电器工作互相影响
      - 并联
        - 定义:各用电器首尾并列连接
        - 特点:电流有多条路径,各支路互不影响
    - 三种电路状态
      - 通路
      - 开路
      - 短路
  - 电流
    - 形成：电荷的定向移动形成电流
    - 方向
      - 规定正电荷定向移动的方向为电流方向
      - 电源外部:电源正极→用电器→电源负极
    - 形成持续电流的条件
      - 有电源
      - 电路是通路
    - 电流
      - 意义：表示电流强弱的物理量,符号I
      - 单位：安(A)、毫安(mA)、微安(μA),$1A=10^3\ mA=10^6\ \mu A$
    - 电流表
      - 量程
        - 0~0.6 A,分度值为0.02 A
        - 0~3 A,分度值为0.1 A
      - 使用方法
        - 电流“+”进“-”出
        - 电流表与被测用电器串联
        - 被测电流不要超过量程
        - 绝不允许把电流表直接接到电源两极上
    - 串、并联电路中的电流规律
      - 串联电路中各处电流都相等:$I=I_1=I_2=\cdots=I_n$
      - 并联电路中干路电流等于各支路电流之和:$I=I_1+I_2+\cdots+I_n$

解题知识必备

1. 电荷及电荷间的相互作用

摩擦起电	定义	用摩擦的办法使物体带电叫摩擦起电;带电体能吸引轻小物体
	实质	电子从一个物体转移到另一个物体上(电子的转移)
	特点	相互摩擦的两个物体,必然带上等量的异种电荷
电荷	种类	正电荷:被丝绸摩擦过的玻璃棒带的电荷
		负电荷:被毛皮摩擦过的橡胶棒带的电荷
	相互作用	同种电荷互相排斥,异种电荷互相吸引
	电荷量	电荷的多少叫做电荷量,简称电荷;单位是库仑,简称库(C);元电荷 $e=1.6\times10^{-19}$ C
	验电器	根据同种电荷相互排斥的原理制成的,其作用是用来检验物体是否带电

特别注意:原子是由原子核和核外电子组成,原子核位于原子的中心,原子核的半径比原子小得多,原子核的质量比电子大得多;原子核带正电,电子带负电,电子在原子核的库仑力作用下,绕核运动.

2. 导体与绝缘体

类别	定义	例举	说明
导体	容易导电的物体	金属、大地、人体、酸碱盐的水溶液	导体和绝缘体之间没有绝对的界限,在一定条件下,绝缘体可以变成导体
绝缘体	不容易导电的物体	橡胶、玻璃、塑料、陶瓷等	

3. 三种电路状态

	概念	特点	
通路	处处接通的电路	电路中有电流通过,用电器能够工作,如图所示	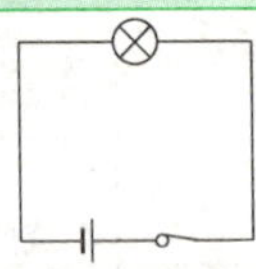
开路	又叫断路,是某处断开的电路	电路中无电流通过,用电器不能工作,如图所示	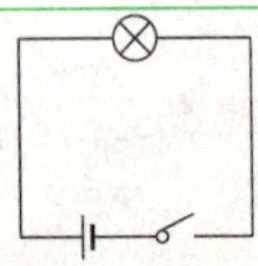 或 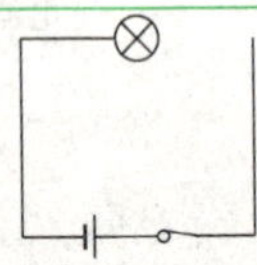
短路	将导线直接连接到电源两端的电路	电路中电流会很大,可能烧坏电源,这是绝对不允许的,如图所示	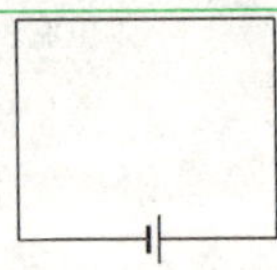

4. 画电路图应注意的五点

(1)电路元件的符号要用统一规定的,不能自造符号.

(2)要注意所画符号和实物的对应性.

(3)合理安排电路元件符号,使之均匀分布在电路中,具有对称性.特别要注意:元件的符号一定不能画在电路的拐角处.

(4)电路图最好呈长方形,导线要横平竖直,力求把电路图画得简洁、美观、大小比例适中.

(5)最好从电源的正极开始,沿着电流的方向依次画起,要知道在电路图中导线无长短之分的原则.

5. 两种基本电路的连接方式和方法

	串联电路	并联电路
连接特点	用电器逐个顺次连接,只有一条电流的路径,无分支	各用电器并列地连接在电路的两个点之间,有干路与支路之分
工作特点	任意一个用电器开路不工作,其他用电器均停止工作	某一支路开路时,其他支路上的用电器仍可工作
开关控制特点	电路中任意位置的一个开关,即可控制整个电路的工作	干路中的开关控制整个电路的用电器,支路中的开关只能控制所在支路的用电器
连接方法和技巧	"逐个顺次,一一连接"	"先串后并法"或"先并后串法"
电路图	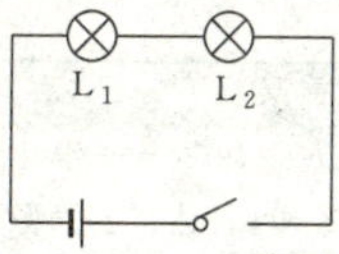	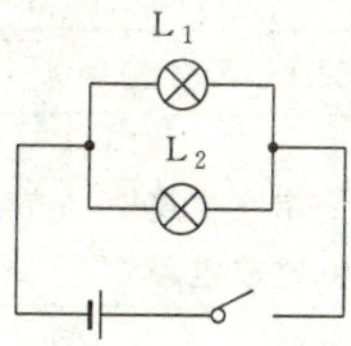

巧学妙记

串联电路及特点

首尾相连为串联,
串联电路一条路.
一个开关控全部,
位置不同作用同.
所有电器互(相)影响,
一个停止全都停.

巧学妙记

并联电路及特点

头头连,尾尾连,
并列连接为并联.
电器独立能工作,
互不影响是特点.
并联电路几条路,
总开关能控全部.

6. 电流和电荷量的区别与联系

	电流	电荷量
定义	1 s内通过导体横截面的电荷量	电荷量是指电荷的多少
单位	安培(A)	库仑(C)
性质	在确定的电路中,电流的大小与时间无关	电荷量随通电时间的增长而增大
联系	由电流的定义式 $I=\frac{Q}{t}$ 可以看出 $Q=It$	

7. 电流表的使用

量程	电流表表盘上有两排示数，分别是0～0.6 A和0～3 A.有三个接线柱，分别是“－”“0.6”和“3”，“－”表示负接线柱，“0.6”和“3”两个接线柱就是“＋”接线柱(注意不是“＋”极和“－”极).使用“0.6”和“－”接线柱时，它的量程是0～0.6 A，最大可测0.6 A的电流；使用“3”和“－”两个接线柱时，量程是0～3 A，最大可测3 A的电流
使用注意事项	(1)电流表必须和被测用电器串联，不允许将电流表和用电器并联 (2)电流表接进电路中时，应使电流从“＋”接线柱流进电流表，从“－”接线柱流出电流表 (3)注意观察所使用的电流表的量程，被测电流不能超过电流表的量程 (4)绝对不允许不经用电器把电流表直接接到电源的两极上
读数方法	(1)分清所选电流表的量程，知道指针满刻度所表示的电流值.如0～0.6 A满刻度表示0.6 A，0～3 A满刻度表示3 A (2)确定每一大格分成几小格，每一小格表示的电流值(即分度值).如“0～0.6 A”的分度值是0.02 A；“0～3 A”的分度值是0.1 A (3)看表针向右总共偏转了多少个小格，判断指针位置所示的电流值，读出电流的大小

8. 串、并联电路的电流规律

	电流关系
串联电路	串联电路中，电流处处相等；表达式：$I=I_1=I_2=\cdots=I_n$
并联电路	并联电路中，干路电流等于各支路电流之和；表达式：$I=I_1+I_2+\cdots+I_n$

题型技法归纳

题型一　判断物体是否带电的方法

例1　三个轻质球分别用丝线悬挂着，其中任意两个球靠近时都互相吸引，则下面结论正确的是(　　)

A. 三个球都带电

B. 有两个球带同种电荷，第三个球不带电

C. 只有一个球带电

D. 有两个球带异种电荷，第三个球不带电

巧学妙记

物体带电情况的判断

同种电荷相排斥，
异种电荷相吸引.
看到排斥的现象，
电荷电性肯定同.
看到吸引的现象，
带电情况细思量.

解析

根据电荷间的相互作用规律：同种电荷相互排斥，异种电荷相互吸引来判断，两轻质球相互吸引，可能一个带正电，一个带负电.根据带电体的特性——带电体能吸引轻小物体来判断，轻质小球还可能不带电.所以本题应选D.

答案：D

方法技巧：两个物体相互吸引有以下两种可能：(1)如果都是较大的物体，则带异种电荷；(2)如果其中有一个轻小物体，则：①一个带电，一个不带电；②带异种电荷.两个物体相互排斥则只有一种情况：带同种电荷.

题型二　判断电流方向的方法

例 2　(天津中考)如图 1-13-1 甲所示,验电器 A 带负电,B 不带电.用带有绝缘柄的金属棒把验电器 A、B 两金属球连接起来的瞬间(如图 1-13-1 乙所示),金属棒中(　　)

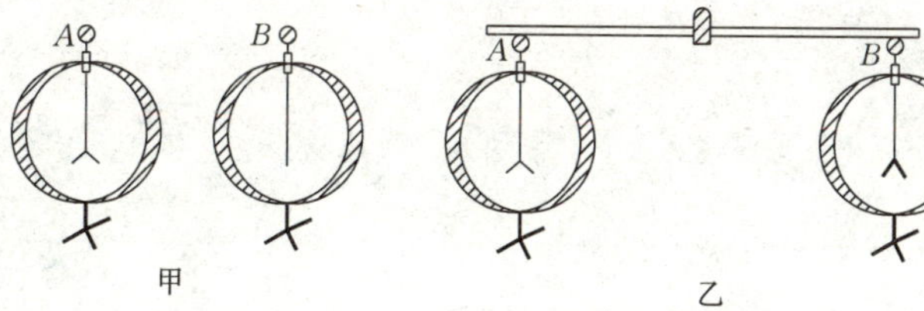

图 1-13-1

A. 电流方向由 A 到 B　　　　B. 电流方向由 B 到 A
C. 有电流但方向无法确定　　　　D. 始终无电流

解析

验电器 A 带负电,说明 A 有多余电子,当将两金属球连接起来的瞬间,电子从 A 流向 B,根据电流方向的规定,电流的方向与电子定向移动的方向相反,故电流方向是由 B 到 A.

答案:B

方法技巧:规定正电荷定向移动的方向为电流方向,在金属导体中是自由电子定向移动形成电流,电子定向移动方向与电流方向相反.

判断电流方向的步骤是:(1)确定发生定向移动的是什么电荷;(2)弄清此种电荷是从哪个物体转移到哪个物体上;(3)如果定向移动的是正电荷,则电流方向与电荷的定向移动方向相同;如果定向移动的是负电荷,则电流方向与电荷的定向移动方向相反.

题型三　导体和绝缘体的识别方法

例 3　(重庆中考)楠楠同学在中考备考中,准备有:①透明塑料笔袋,②金属刀片,③塑料三角板,④铅笔芯,⑤橡皮擦等物品.上述五种物品中属于绝缘体的有(　　)

A. ①③⑤　　B. ②④⑤　　C. ③④⑤　　D. ①②④

解析

容易导电的物体叫导体,不容易导电的物体叫绝缘体.金属刀片、铅笔芯属于导体;透明塑料笔袋、塑料三角板、橡皮擦等物品属于绝缘体.

答案:A

方法技巧:导体和绝缘体之间没有绝对的界限,容易导电的物体是导体,如金属、人体、大地、酸碱盐的水溶液、石墨等;不容易导电的物体是绝缘体,如橡胶、玻璃、塑料、陶瓷、油等.依靠经验判断是常用方法,通过实验验证也是一种方法.

题型四　对断(开)路和短路的区分方法

例 4　(广西桂林中考)小明在使用手电筒时发现小灯泡不亮,在进行检修前,他对造成该现象的直接原因进行了以下几种判断,其中不可能的是(　　)

A. 小灯泡灯丝断了　　　　B. 电池两端电压过低

C. 小灯泡接触不良　　　　　　　　　　D. 开关处出现短路

解析

小灯泡不亮，可能是电路中没有电流或电流太小，原因可能是电路开路或电池两端电压过低，故 A、B、C 选项都有可能；若开关处出现短路，电路仍然处于通路状态，小灯泡应正常发光，故 D 选项是不可能的.

答案：D

方法技巧：知道开路和短路产生的原因及对电路的影响是解答此类题目的关键，具体如下.

连接状态	产生原因	结果
开路	开关未闭合、电线断裂、接头松脱等	电路不通，用电器不能工作
短路	电源短路——导线不经过用电器直接跟电源两极连接起来	轻则引起电路故障，重则烧毁电源、用电器，甚至引起火灾
	局部短路——当电路中有多个用电器串联时，把其中部分用电器两端直接用导线连接起来	被短路的部分用电器不能工作

题型五　串、并联电路的识别方法

例 5　如图 1-13-2 所示，各电路图中属于串联电路的是(　　)

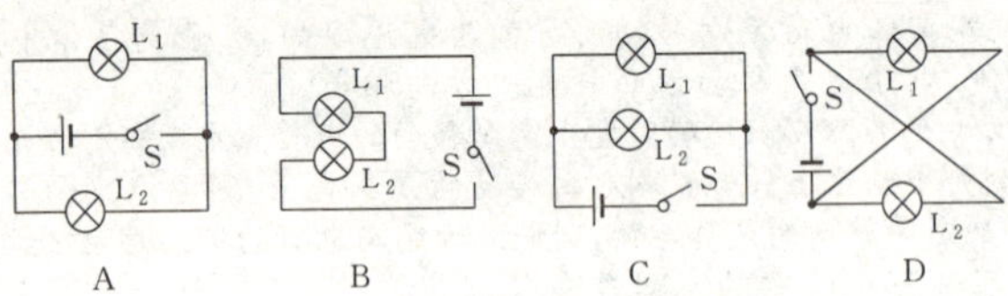

图 1-13-2

解析

本题可采用"电流法"来识别. B 电路中只有一条电流的路径，电流依次流过两个灯泡，所以是串联电路；其他电路均有两条电流的路径，电流分别流过两个灯泡，所以是并联电路. 故 B 选项正确.

答案：B

方法技巧：用"电流法"判断串、并联电路的关键是明确电流的方向和流过的路径.

例 6　(山东菏泽中考)示教板上面安装两个完全相同的灯泡，都能发光. 在不看示教板背面电路连接，不用其他任何仪器的情况下，判断它们是串联还是并联.

方法	现象	结论
		串联
		并联

解析

要判断两灯是串联还是并联，就要根据串联电路与并联电路的特点来判断．在串联电路中，各用电器之间相互影响，其中一个用电器断路，其他所有的用电器都将停止工作；而并联电路中的各用电器互不影响，都能独立工作．因此，可通过拆除法（拧下一只灯泡），观察所发生的现象来作出判断．

答案：

方法	现象	结论
拧下一只灯泡	另一只灯泡灭	串联
	另一只灯泡仍亮	并联

方法技巧：串、并联电路的识别可采用下列方法．

（1）定义法：如电路中各元件（用电器）是逐个顺次首尾相连的，此电路就是串联电路；若各元件（用电器）“首首相接，尾尾相接”（“首”即为电流流入用电器的那一端，“尾”即为电流流出用电器的那一端）并列地连在电路两点间，此电路就是并联电路．

（2）电流法：电流法是识别串、并联电路最常用的方法．所谓“电流法”就是在识别电路时，让电流从电源正极出发经过各用电器回到电源负极，如果途中不分流，电流始终是一条路径，这些用电器的连接方式就是串联；如果电流在某处分为几条支路，每条支路上只有一个用电器，电流在电路中有分有合，则这些用电器之间的连接方式就是并联．

（3）拆除法：拆除法是识别较难电路的一种重要方法．它的原理就是串联电路中各用电器互相影响，并联电路中各用电器互不影响．大家知道，在串联电路中，拆除任何一个用电器，其他用电器中就没有电流；在并联电路中，拆除任何一个用电器，其他用电器仍有电流通过．所谓“拆除法”，就是基于这两个特点，逐个拆除电路中的用电器，根据电路中其他用电器中有无电流通过来识别电路的方法．这种方法思路简单，易学易懂．

题型六　生活中实际电路连接方式的判断方法

例 7　**（江苏无锡中考）**下面是小华同学对身边的一些电路进行观察分析后作出的判断，其中不正确的是（　　）

A. 厨房中的抽油烟机里装有照明灯和电动机，它们既能同时工作又能单独工作，它们是并联的

B. 马路两旁的路灯，晚上同时亮早晨同时灭，它们是串联的

C. 楼道中的电灯是由声控开关和光控开关共同控制的，只有在天暗并且有声音时才能亮，所以声控开关、光控开关及灯是串联的

D. 一般家庭中都要安装照明灯和其他用电器，使用时互不影响，它们是并联的

解析

路灯同时亮、同时灭，但我们发现在某些路灯烧坏不亮时，其他路灯仍正常工作，这说明它们是并联的，因此 B 选项不正确．

答案：B

方法技巧:(1)根据串联电路中的用电器互相影响,并联电路中的用电器互不影响来分析判断.(2)避免开关对判断的影响.若一个开关能同时控制多个用电器,则电路可能是串联,也可能是并联(开关在干路上).(3)积累生活经验,了解生活中实际电路的连接.如用来装饰店堂、居室,烘托欢乐气氛的彩色小灯泡,多数是串联的;家庭电路中的用电器及街道照明灯等都是并联的.

题型七　电路图与实物图的互化

例 8　(兰州中考)如图 1-13-3 所示为一实物图,请画出所对应的电路图.

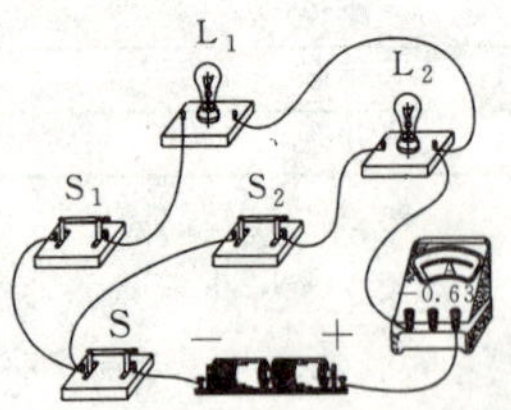

图 1-13-3

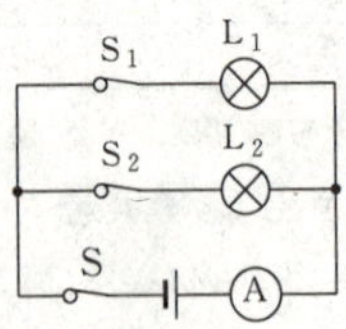

图 1-13-4

巧学妙记

电路图与实物图互化

先串元件多,
再串元件少.
合适位置并联好,
最后再接电压表,
元件安排要适当,
使图美观又大方.

解析

从题中实物图可看出,电路为并联电路,干路部分有电源、电流表和开关 S.电流表靠近电源正极,开关 S 靠近电源负极.支路有两条,一条是灯 L_2 与开关 S_2,另一条为灯 L_1 与开关 S_1.

答案:如图 1-13-4 所示.

方法技巧:观察电路图,把从电源正极到电源负极含元件多的先串联起来,把剩余元件串联后,再结合电路图把它们并联在实物图中合适的位置,如果图中有电压表,电压表可在最后连接,并联在被测电路两端.

例 9　(山东青岛中考)请你根据电路图,帮助小雨同学连接乙实物电路.

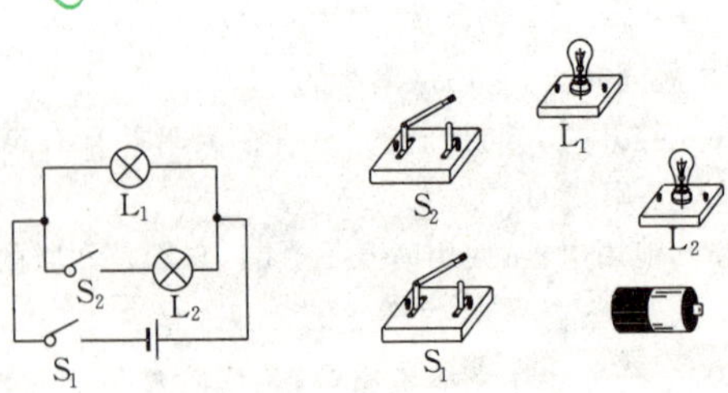

甲　　　　乙

图 1-13-5

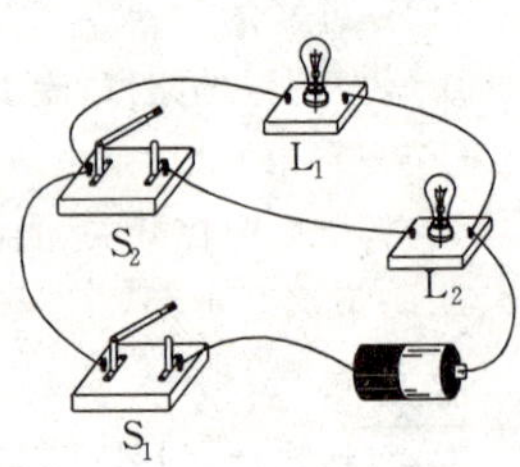

图 1-13-6

解析

由图 1-13-5 可以看出，灯泡 L_1 与 L_2 并联，S_2 在 L_2 支路上，S_1 在干路上；从电源正极开始先将电源正极→灯 L_2→开关 S_2→开关 S_1→电源负极连起来，再将灯泡 L_1 并联在 L_2 与 S_2 串联支路的两端.

答案：如图 1-13-6 所示.

方法技巧：(1)分析电路图，明确各元件之间的连接关系；(2)若电路为串联电路，将电源和各电路元件依次连接；(3)若电路为并联电路，要分清干路和支路上的元件，采用以下两种方法连接：①先串后并法：将电源和一条支路连接成通路，将另一支路与其并联；②分流法：找分流点（电流的分支处）和合流点（电流的汇合处），依次连接.

题型八　设计电路的方法

例 10 (1)如图 1-13-7 所示，按提供的器材设计和连接电路，并画出电路图. 要求值班医生由铃响、灯亮就知道是哪个病房中的病人在叫医生（L_1 和 L_2 分别是病房 1、2 的指示灯）.

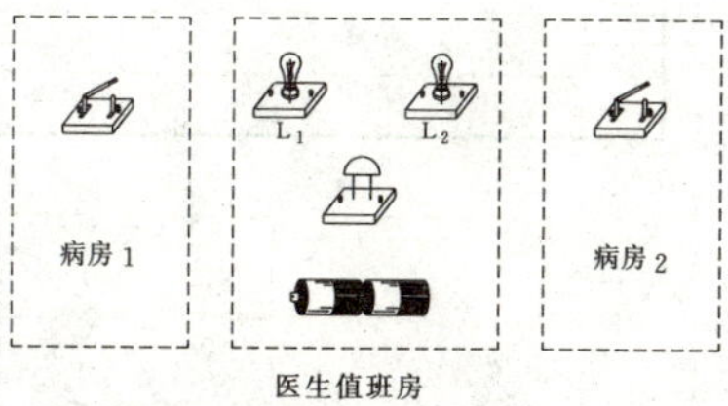

图 1-13-7

(2)实验室里有一个电池组，两只小灯泡 L_1 和 L_2，两个开关 S_1 和 S_2，导线若干. 请你设计一个电路，要求：当 S_1、S_2 闭合时，两灯均发光；若只闭合 S_1，则仅 L_1 发光；断开 S_1，闭合 S_2 时，两灯均不发光，画出电路图.

解析

(1)无论哪个病房按开关，电铃都响，则电铃应连在干路中；根据 1 号病房控制灯 L_1，2 号病房控制灯 L_2，则 L_1 和 L_2 应并联. 因此，该电路应为 L_1 与 L_2 并联后再与电铃串联. 电路图如图 1-13-8 甲所示，实物图如图1-13-8乙所示.

(2)根据题意：当 S_1、S_2 都闭合，两灯均发光，两灯有可能串联，也有可能并联. 只闭合 S_1，仅 L_1 发光，只有一盏灯发光且 S_1 能控制 L_1，则 L_1、L_2 为并联电路. 断开 S_1，闭合 S_2 两灯均不发光，说明 S_1 在干路上，S_2 在 L_2 支路上. 电路图如图1-13-9所示.

答案：(1)如图 1-13-8 所示.　(2)如图 1-13-9 所示.

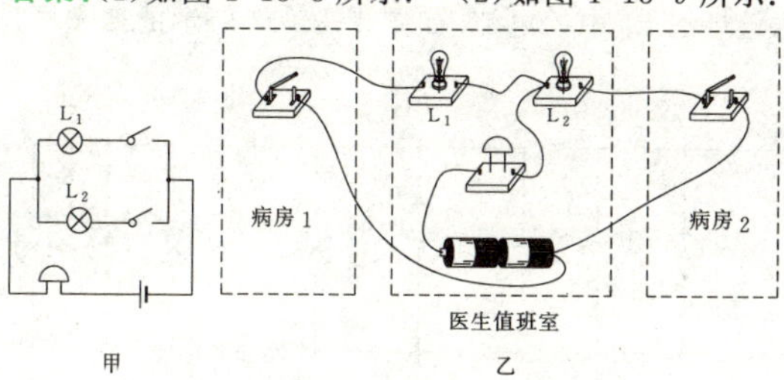

图 1-13-8

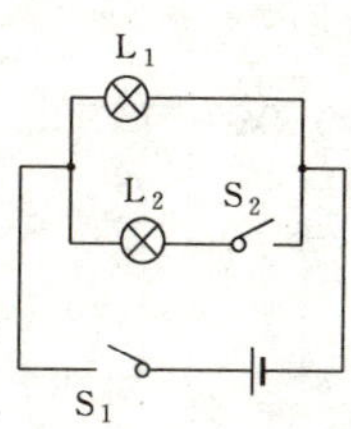

图 1-13-9

方法技巧:设计电路就是运用电路连接的知识,根据具体要求,绘制电路图.一般设计步骤如下:(1)根据设计需要,弄清用电器、开关和电源的连接方式;(2)画出草图后,根据设计要求验证,验证设计的电路图与题目要求是否相符;(3)验证符合题目要求后,画出正规的电路图.

题型九　解决电学"黑箱"问题的方法

例 11　(浙江嘉兴中考)小明家台灯的插头插在如图 1-13-10 所示的插座上,插座上有一个开关和一个指示灯(相当于电阻很大的灯泡).若插座开关和指示灯分别用 S_1、L_1 表示,台灯开关和灯泡分别用 S_2、L_2 表示.小明断开或闭合 S_1、S_2 时,记录的现象如下表所示.则符合事实的电路图是图 1-13-11 中的(　　)

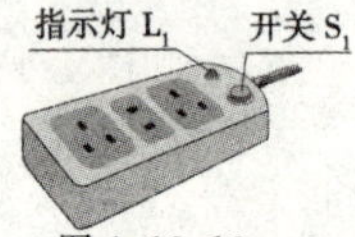

图 1-13-10

开关状态	插座指示灯(L_1)	台灯灯泡(L_2)
闭合 S_1,断开 S_2	亮	不亮
闭合 S_2,断开 S_1	不亮	不亮
S_1 和 S_2 都闭合	亮	亮

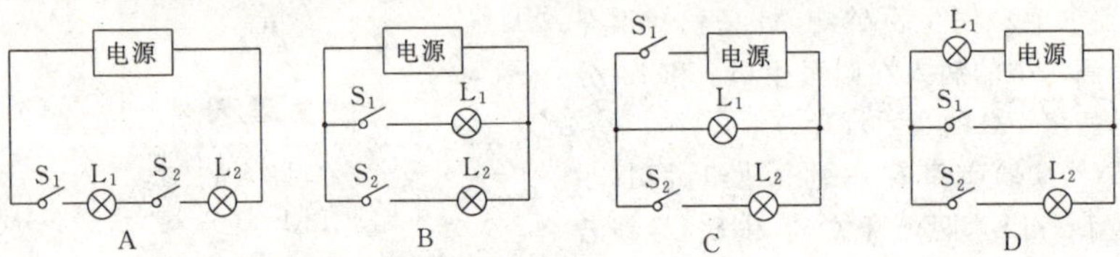

图 1-13-11

解析

插座上指示灯与台灯是并联的,根据开关闭合情况可判断,开关 S_1 控制着开关 S_2,因为只有在 S_1 闭合的情况下,再闭合 S_2,台灯才会发光,所以 S_1 在干路上,S_2 在台灯支路上,正确的电路为 C.

答案:C

方法技巧:(1)台灯不论是否插入插座,闭合开关 S_1,指示灯 L_1 都会亮,说明台灯与 L_1 并联;(2)根据开关的控制作用判断开关的位置;(3)设计电路时,注意短路或断路现象的发生(如本题 D 选项中闭合开关 S_1 会造成短路).

题型十　电流表的连接方法

例 12 要用电流表测量灯泡 L_1 中的电流,如图 1-13-12 所示的四个电路中,接法正确的是(　　)

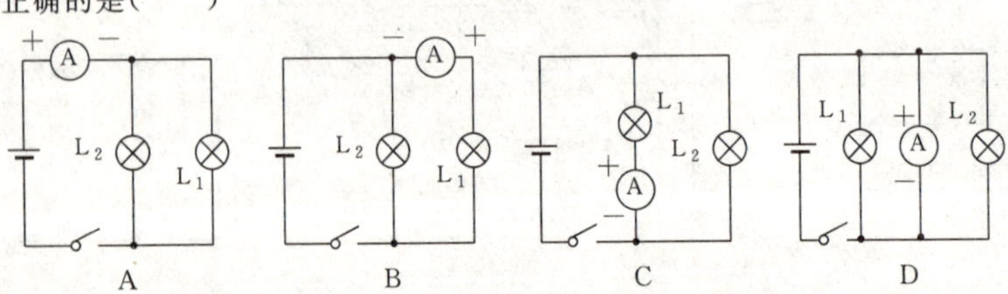

图 1-13-12

解析

判断电路图中的电流表连接是否正确，首先要观察电流表是否与待测电路或导体串联；其次，分析“＋”“－”接线柱连接是否正确. A选项中电流表接在干路中，测的不是通过 L_1 的电流. B选项中电流表的“＋”“－”接线柱接错了，让电流从“－”接线柱流入、“＋”接线柱流出，这样接线易使电流表损坏，所以B选项不正确. D选项中，电流表和 L_1、L_2 并联在电路中，也就是电流表直接接在电源的两端了，造成短路，这样电流表易烧坏，所以D选项不正确. 只有C选项正确.

答案：C

方法技巧：(1)若电路为串联电路，则电流表测串联电路中各用电器的电流；(2)若电路为并联电路，电流表须串联在被测用电器所在的支路上；(3)观察电流表的“＋”、“－”接线柱的接法是否正确.

例 13 (浙江绍兴中考)下列四个电路中，电流表能测量通过灯 L_1 电流的是(　　)

图 1-13-13

解析

A选项中两灯被短路；B选项中两灯并联，电流表在干路中，测总电流；C选项中两灯并联，电流表在 L_2 支路中，测通过灯 L_2 的电流；D选项中两灯并联，电流表在 L_1 支路中，测通过灯 L_1 的电流，故D选项正确.

答案：D

巧学妙记

电流表的使用方法

电流表，测电流，测谁电流跟谁串.“＋”进“－”出右偏转，左转线柱定接反.

禁止直接连电源，短路烧毁电流表. 读数首先看量程，再看最小刻度值.

量程选用 0.6 A，一小格为 0.02 A. 量程选用 3 A，一小格为 0.1 A.

方法技巧：分析实物图中电流表的连接问题必须注意以下四个方面：(1)连接时一定选择合适的量程，否则会烧坏电流表或增大读数误差；(2)电流表必须与被测电路的用电器串联；(3)连接电流表时电流必须从“+”接线柱进，从“-”接线柱出；(4)防止断路或短路现象的发生.

题型十一　电路故障的判断方法

例 14 （乌鲁木齐中考）如图 1-13-14 所示，L_1、L_2 正常发光. 突然一盏灯熄灭了，此时，一个电流表的示数变小，另一个示数不变，可能出现的电路故障是(　　)

A. L_1 短路　　B. L_2 短路

C. L_1 断路　　D. L_2 断路

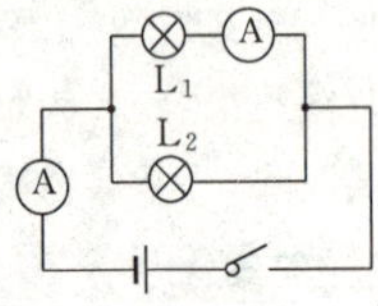

图 1-13-14

解析

电路中灯 L_1、L_2 并联，只要有一盏灯短路，整个电路就会短路，两灯都会熄灭，故 A、B 选项错误；若 L_1 断路，则该支路上电流表示数为零，干路上的电流表示数也会变小，这与题意不符，故 C 选项错误；若 L_2 断路，则 L_1 支路上电流表示数不变，干路上的电流表示数会变小，这与题意相符，故 D 选项正确.

答案：D

方法技巧：电路故障有两类，即断路和短路. 在串联电路中，某处断路会造成整个电路用电器不能工作，某处短路时，其余部分电路的用电器可以工作；在并联电路中，干路断路会造成整个电路用电器不能工作，某支路断路时，其余支路用电器不受影响. 并联电路的短路故障常会造成烧毁电源的严重后果.

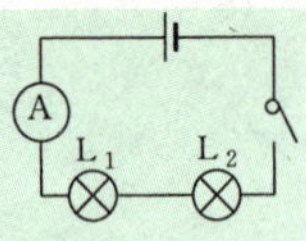

图 1-13-15

(1)在串联电路(如图 1-13-15 所示)中的故障

①只有一个灯泡(如 L_1)亮，其他电路完好，说明问题只在不发光的灯泡 L_2 上，只检查灯泡 L_2 的连接是否有短路故障即可.

②两灯都不亮. 电路中一定有断路，可以用一只好灯泡检测故障部位，将检验灯泡分别与灯泡 L_1、L_2、电流表、开关、电源并联，或与多个元件并联，直到检验灯泡发光，说明所并联电路部分存在着断路故障. 例如：将检验灯泡 L 与灯泡 L_1 并联(如图1-13-16所示)，如果检验灯泡 L 发光，说明灯泡 L_1 处断路；如果检验灯泡 L 不亮，则其他元件处有断路情况.

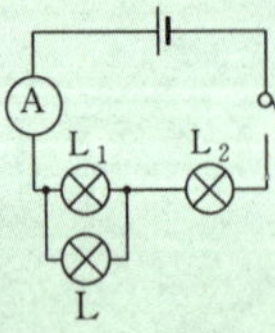

图 1-13-16

也可以用一根导线来检测故障部位，将导线并接在灯泡 L_1 两端，若灯泡 L_2 亮，L_1 不亮，则说明灯泡 L_1 断路；若将导线并联在灯泡 L_2 两端，发现灯泡 L_1 亮，L_2 不亮，则说明灯泡 L_2 断路.

(2)在并联电路(如图 1-13-17 所示)中的故障

①只有一个灯泡(如 L_1)发光. 只能是不发光的灯泡 L_2 支路上存在断路故障，检查灯丝是否烧断，灯座、导线是不是没有接好.

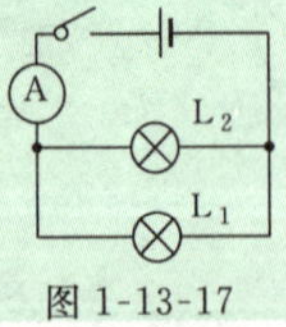

图 1-13-17

②两灯都不亮.一般属于干路故障,检查电源、开关、电流表及干路导线是否断路,也有可能是两条支路同时断路.

(3)由电流表判断故障

如果灯泡发光时,电流表无示数,可能是电流表被短路.

如果电流表的指针反偏,肯定是电流表正、负接线柱接反了.

如果电流表的指针偏转角度过小,可能是量程选择太大;电流表的指针偏转角度过大,可能是量程选择不当或电路中存在短路情况.

题型十二　串、并联电路电流规律探究技法

例 15　小芳和同组的三位同学一起做“探究串联电路中各点的电流关系”的实验,以下是他们的部分实验过程.

(1)提出问题,他们的猜想可能是______________________________.

(2)设计电路图,如图1-13-18所示,并按图所示连接好电路.他们发现,闭合开关后,在导线、开关及各接头处接触都良好的情况下,两灯却不亮.于是,他们做了几次检测,发现将电流表接在B、D两点时,无论开关闭合还是断开,电流表都有读数,且小灯泡L_1发光,则他们判断电路的故障一定是________.

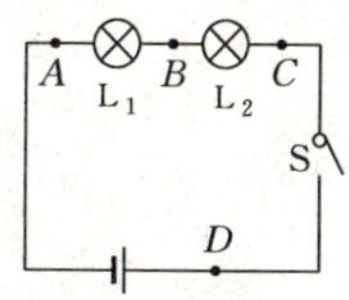

图 1-13-18

(3)他们排除故障后测得的数据记录如下:

实验序号	A点电流/A	B点电流/A	C点电流/A
1	0.24	0.24	0.24
2	1.2	1.2	1.2

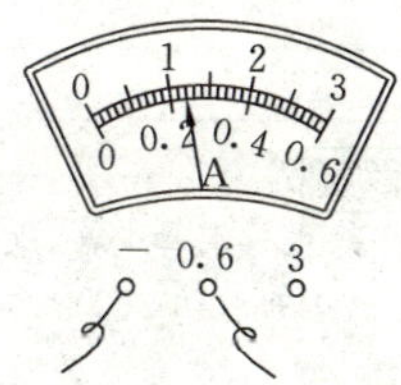

图 1-13-19

上表中第1次测量的数据是小蕾记录的,第2次测量的数据是小丹记录的,其中有一组数据是错误的,对照图1-13-19可知,错误的是第________次测量的数据.

(4)修改数据后,大家经过分析、讨论,得出结论:串联电路中,各点的电流关系是________.

解析

第(1)题中的猜想是根据经验和已有知识对问题的成因或规律进行推测与假设,不一定符合客观事实.第(2)题判断电路故障可按以下思路:闭合开关后,导线、开关、接头处接触都良好,而两灯都不亮→灯L_1或L_2断路→在B、D两点接入电流表,灯L_1亮→L_2断路.第(3)题对照图1-13-19可知,小丹读数时没有看清电流表量程.

答案:(1)电路中各点的电流都相等(或都不相等)　(2)L_2断路　(3)2　(4)处处相等(或都相等)

例 16 (贵阳中考)为了验证并联电路的电流特点,小薇设计了如图1-13-20所示的电路进行实验.

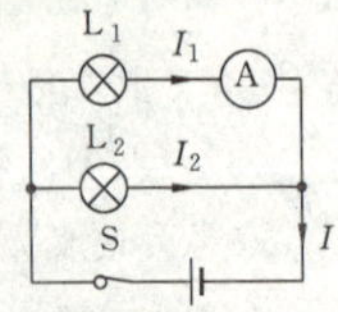

图 1-13-20

(1)在连接电路时,开关应处于______状态.

(2)小薇先将电流表接在 L_1 所在的支路上,闭合开关后,观察到灯 L_2 发光,但灯 L_1 不发光,电流表的示数为零,电路可能存在的故障是:________________.

(3)排除故障后,她测出了 L_1、L_2 支路和干路上的电流分别为 I_1、I_2 和 I,电流表示数如图 1-13-21 中甲、乙、丙所示,可读出:$I_1=0.5$ A,$I_2=$________A,$I=$________A. 根据测量结果,在误差允许范围内你认为并联电路中干路电流和各支路电流的关系是:________.(写出关系式即可)

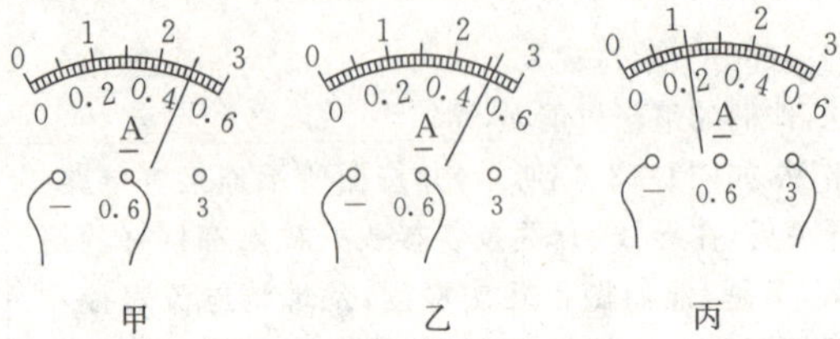

图 1-13-21

(4)为了验证结论的普遍性,小薇采用了更换不同灯泡继续实验的方法进行验证,你还可以采用的方法是:____.

解析

(1)在连接电路的过程中,为避免由于连接过程中出现短路而损坏电器,开关要处于断开状态;(2)灯泡 L_1 不发光,电流表示数为零,说明灯泡 L_1 和电流表所在支路发生断路,可能是灯泡 L_1 或电流表断路,如 L_1 接线柱没有接好,L_1 的灯丝断了,也可能是电流表的接线柱没有接好等,本题答案具有开放性,只要答案合理即可;(3)虽然 I_1+I_2 的和稍微大于 I,但是相差较小,在实验误差允许的情况下,可以得出 $I=I_1+I_2$ 的结论;(4)为了验证结论的普遍性,除采取更换不同的灯泡进行实验外,还可以用改变电源电压继续实验的方法进行验证.

答案:(1)断开 (2)L_1 断路或电流表断路 (3)0.52 1 $I=I_1+I_2$ (4)用改变电源电压继续实验的方法进行验证(其他答案合理均可)

方法技巧:探究串、并联电路的电流规律,在连接电路时开关一定要处于断开状态;检查电路连接无误再闭合开关进行实验;串、并联电路电流规律是从多次实验中归纳出来的,因此多次实验是为了使结论更具普遍性,而不是为了减小误差;为了使实验结论更具普遍性,实验时应选用不同规格的灯泡多做几组实验.

典题针对训练

1. (江苏无锡中考)家用电冰箱中消耗电能的器件主要是电动压缩机和照明灯泡. 其中电动压缩机 M 受温控开关 S_1 控制,照明灯泡 L 受门控开关 S_2 控制. 温控

开关 S_1 和门控开关 S_2 既能单独工作又能同时工作. 如图 1-13-22 所示，是几个同学画的家用电冰箱的电路图，其中正确的是(　　)

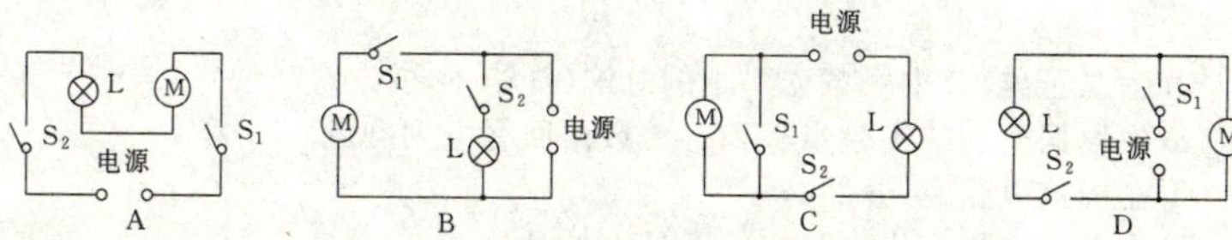

图 1-13-22

2. (呼和浩特中考)(多选)用一个电源、一个电铃、一个小灯泡、两个开关和若干导线组成电路，当有电流通过灯、铃时，灯就亮，铃就响. 要求：只闭合一个开关时铃响灯不亮；只闭合另一个开关时灯亮铃不响，则开关都断开时可能出现的情况是(　　)

A. 铃响灯不亮　　　　B. 铃不响灯亮

C. 铃响灯也亮　　　　D. 铃不响灯也不亮

3. (兰州中考)如图 1-13-23 所示的电路，电流表的量程较大，闭合开关时，发现电流表指针几乎没有偏转. 某同学拿一根导线去查找电路故障，他将导线并接在 BC、CD、DE 两端时，电流表指针没有发生偏转；将导线并接在 AB 两端时，发现电流表指针发生了偏转，由此可知电路故障可能是(　　)

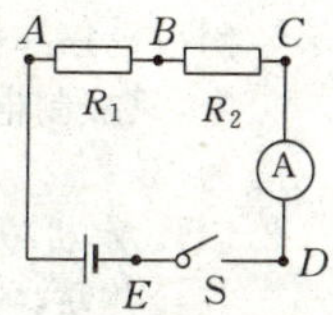

图 1-13-23

A. E 点断路　　　　B. R_1 断路

C. 电流表短路　　　　D. R_2 断路

4. (江苏苏州中考)丝绸与玻璃棒相互摩擦后，玻璃棒带________(选填“正”或“负”)电，将丝绸靠近带负电的轻质小球时会相互________(选填“排斥”或“吸引”).

5. (江西中考)如图 1-13-24 所示，汽车在转向前，司机会拨动方向盘旁边的横杆，汽车同侧的前后两个转向灯就会同时闪亮、同时熄灭，这两个转向灯在电路中的连接方式为________；司机所拨动的这根横杆就相当于电路中的________.

图 1-13-24

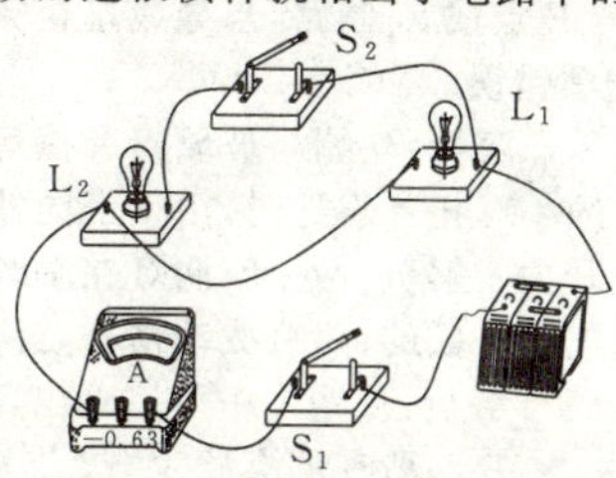

图 1-13-25

6. (成都中考)如图 1-13-25 所示，是小敏同学在某次实验探究中连接的电路. 开关 S_2 控制的是灯______，电流表测量的是________的电流.

7. (长沙中考)小明等 3 人实验小组用如图 1-13-26 所示的电路来探究并联电路中电流的关系，其实验过程如下：

(1)把电流表分别接入到电路中的 A、B、C 处，将第一次测出的电流填入下表：

	A 处的电流 I_A	B 处的电流 I_B	C 处的电流 I_C
第一次测量	0.10	0.12	0.22
第二次测量	0.20	0.24	0.44
第三次测量	0.25	0.30	0.55

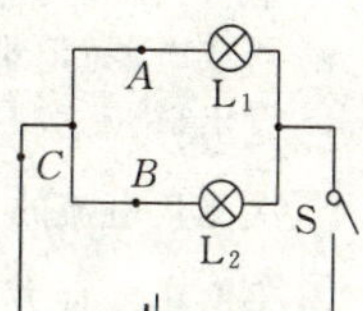

图 1-13-26

(2)为了防止偶然因素的影响,他们采用了以下两种方法之一来重复实验,完成了第二次和第三次测量.

方法一:改变电源电压.

方法二:更换其中一条支路中的灯泡(规格不同).

请你根据他们的实验步骤和有关数据回答下列问题.

①在拆接电路时,开关必须________.

②上面设计的表格中存在的不足之处是________________________.

③表格补充完整后,通过对上面数据的分析可知:后面两次实验是采用方法________来进行的.实验的结论是:并联电路中干路的电流等于__________.

针对训练答案

1. B　解析:从题意可知,电动压缩机与照明灯泡均可以单独工作,且温控开关控制电动压缩机,所以判断电路为并联电路,温控开关与电动压缩机在一条支路上,只控制电动压缩机,门控开关与照明灯泡在一条支路上,正确的电路图为B.

2. CD　解析:从题意知,灯与铃都是完好的,满足题中要求的电路有两种:一是灯与铃并联,各由一个开关在相应支路中来控制;二是灯与铃串联,各有一个开关与其并联,通过短路来控制用电器的工作与否.所以在两开关都断开的情况下,若是第一种情况,则灯不亮铃也不响;若是第二种情况,则铃响灯亮,因此选项C、D正确.

3. B　解析:电流表指针几乎没有偏转,可能是电流表短路或电路中出现了断路,若电流表短路,无论导线接在什么地方,电流表的指针都不会偏转,故C选项错误;若E点或R_2断路,当导线接在AB两端时,电流表的指针不发生偏转,故A、D选项错误.

4. 正　排斥　解析:丝绸与玻璃棒摩擦后,玻璃棒带正电,丝绸带负电,让丝绸与带负电的小球相互靠近时,由于带同种电荷,所以会相互排斥.

5. 并联　开关　解析:两个转向灯在平时的工作中互不影响,因此这两个转向灯在电路中是并联的;司机拨动横杆时两灯发光,所以横杆起到了开关的作用.

6. L_2　干路　解析:从题图中可以看出,灯泡L_1、L_2并联,开关S_1和电流表在干路上,开关S_2在L_2所在的支路上,故开关S_1控制整个电路,开关S_2只控制灯L_2,电流表测量的是干路的电流.

7. ①断开　②缺少电流的单位　③一　各支路上电流之和

解析:在拆接电路时,开关都必须断开,这样可以有效地防止因短路而损坏用电器或电源;记录实验数据时都必须同时记录该物理量的单位;从数据表格可以看出,第二次测量电流均为第一次测量电流的2倍,第三次测量电流均为第一次测量电流的2.5倍,由于并联电路两端电压相等,根据欧姆定律$I=\frac{U}{R}$知,若采取第二种方法,则A处或B处其中一处的电流不变,这与实验数据不符,故采用的是第一种方法,即在实验过程中电灯的阻值不变,只是改变电源电压.根据三次实验数据可以得出结论:并联电路电流的关系是并联电路中干路的电流等于各支路上电流之和.

第十四章　电压　电阻

学习思维导图

- 电压、电阻
  - 电压
    - 作用：使电路中自由电荷定向移动形成电流的原因
    - 常见电压
      - 家庭电路:220 V
      - 干电池:1.5 V
      - 蓄电池:2 V
      - 对人体安全电压:不高于36 V
    - 单位
      - 国际单位：伏特(V)
      - 常用单位：千伏(kV)、毫伏(mV)
        - 1 kV=1 000 V
        - 1 V=1 000 mV
    - 测量：电压表
      - 观察
        - 量程：0~3 V和0~15 V
        - 分度值：0~3 V量程的分度值为0.1 V,0~15 V量程的分度值为0.5 V
        - 未测电压时指针是否指零
      - 使用方法
        - 常用试触法来确定量程
        - 并联在被测电路两端
        - 电流从“+”接线柱进,从“−”接线柱出
    - 串、并联电路电压的规律
      - 串联：$U_{总}=U_1+U_2+\cdots+U_n$
      - 并联：$U_{总}=U_1=U_2=\cdots=U_n$
  - 电阻
    - 意义：导体对电流阻碍作用的大小
    - 单位
      - 国际单位：欧姆(Ω)
      - 常用单位：千欧(kΩ)、兆欧(MΩ)
        - 1 MΩ=10^3 kΩ
        - 1 kΩ-10^3 Ω
    - 决定电阻大小的因素
      - 探究方法：控制变量法
      - 决定因素
        - 导体的材料
        - 导体的长度
        - 导体的横截面积
        - 导体的温度
    - 变阻器
      - 滑动变阻器
        - 构造
        - 原理：改变接入电路中电阻丝的长度从而改变电阻
        - 接法：接线柱使用“一上一下”
        - 阻值变化判断：滑片靠近下面所使用的接线柱时,阻值变小,远离下面所使用的接线柱时,阻值变大
        - 用法：闭合开关前,滑片应放在阻值最大处
        - 作用
          - 改变电路中的电流
          - 对与它串联的用电器起保护作用
        - 铭牌的含义(以20 Ω,2 A为例)
          - 允许通过的最大电流为2 A
          - 滑动变阻器的最大阻值为20 Ω
      - 电阻箱
        - 读数方法
        - 阻值变化范围0~9 999.9 Ω

解题知识必备

1. 电压

<table>
<tr><td colspan="2">作用</td><td colspan="2">使电路中的自由电荷发生定向移动形成电流</td></tr>
<tr><td rowspan="2">单位</td><td>国际单位</td><td>伏特，简称伏，符号是 V</td><td rowspan="2">1 kV=10³ V
1 mV=10⁻³ V</td></tr>
<tr><td>常用单位</td><td>千伏(kV)、毫伏(mV)</td></tr>
<tr><td colspan="2">常用的电压值</td><td colspan="2">家庭电路的电压是 220 V；手机电池电压是 3.7 V；干电池电压是 1.5 V；一节蓄电池的电压是 2 V；对人体安全的电压不高于 36 V</td></tr>
</table>

说明

(1)要在一段电路中产生电流，它的两端就要有电压. 电源的作用就是给用电器两端提供电压.

(2)对人体安全的电压是不高于 36 V，即 $U_{安全} \leqslant 36$ V，是一个电压的范围，不能认为对人体安全的电压是 36 V.

2. 电压表

作用	测量电路两端电压的大小
实物图	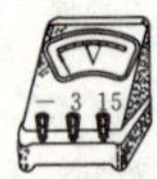
电路符号	Ⓥ
量　程	电压表表盘上有三个接线柱分别是"—"、"3"和"15"，"—"表示负接线柱，"3"和"15"两个接线柱就是"+"接线柱(注意不是"+"极和"—"极). 使用"3"和"—"接线柱时，它的量程是 0～3 V，最大可测量 3 V 的电压；使用"15"和"—"接线柱时，量程是 0～15 V，最大可测量 15 V 的电压
使用注意事项	(1)电压表必须和被测用电器并联 (2)电压表接进电路中时，应使电流从"+"接线柱流入，从"—"接线柱流出 (3)注意观察所使用的电压表的量程，被测电压不能超过电压表的量程 (4)在预先不知道被测电压大约值的情况下，要用"试触法"确定量程；在不超过量程的前提下，为提高读数的准确性，要选用小量程进行测量
读数方法	(1)分清所选电压表的量程，知道指针满刻度所表示的电压值. 如：0～3 V 或0～15 V (2)确定每一大格分成几小格，每一小格表示的电压值(即分度值，如：0.1 V 或 0.5 V) (3)看表针向右总共偏转了多少个小格，判断指针位置所表示的电压值

3. 电压表与电流表比较

比较＼仪表	电压表	电流表
用途	测量电路两端的电压	测量电路中的电流
符号	Ⓥ	Ⓐ
连接方法	并联在被测电路的两端	串联在被测电路中
与电源相接	能够直接并联在电源两极上，此时所测的电压为电源电压	绝对不允许不经过用电器直接连到电源两极上
相同点	使用前要调零，弄清分度值、量程；使用时都要使电流从正接线柱流进，从负接线柱流出；都要选择合适量程；都要等指针稳定时再读数值；不能估计出电压值、电流值时可用试触法判断是否超过量程	

4. 电流与电压比较

比较＼物理量		电压	电流
符号		U	I
含义		在电源两极间产生，使自由电荷发生定向移动，是形成电流的原因	1 s 内通过导体横截面的电荷量
单位及符号		伏(V)	安(A)
测量仪表		电压表 Ⓥ	电流表 Ⓐ
特点	串联电路	$U=U_1+U_2+\cdots+U_n$	$I_1=I_2=\cdots=I_n$
	并联电路	$U_1=U_2=\cdots=U_n$	$I=I_1+I_2+\cdots+I_n$

5. 电阻

物理意义		表示导体对电流阻碍作用的大小；用字母“R”表示	
是导体本身的一种特性		导体的电阻是导体本身的一种性质，在温度一定时，导体的电阻一定，与电流的有无、大小及电压无关	
单位	国际单位	欧(Ω)	$1\ M\Omega=10^6\ \Omega$ $1\ k\Omega=10^3\ \Omega$
	常用单位	千欧(kΩ)、兆欧(MΩ)	
决定因素		导体的材料、长度、横截面积、温度	

6. 变阻器

(1)变阻器的种类及比较

种类	原理	实 物	符号及结构示意图	接线方法
滑动变阻器	常用变阻器是通过改变接入电路中的电阻丝的长度来改变电阻的		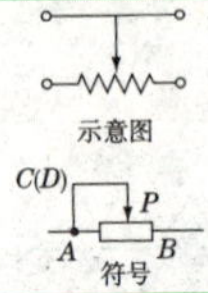	①接入电路时不能只将金属杆 CD 或电阻丝 AB 接入电路 ②按照要求接入 AD(AC)、BC(BD)
电阻箱		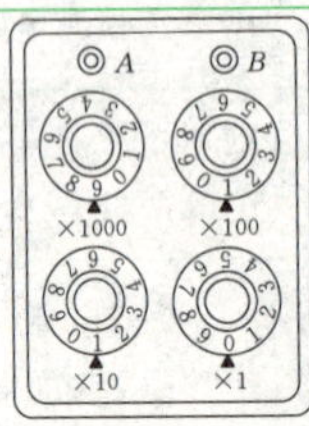	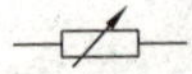 符号	①将 AB 接入电路 ②读数时将各旋盘对应的指示点的示数乘以面板上的倍数,然后加在一起

(2)变阻器的规格:每一个变阻器都标有最大电阻和允许通过的最大电流,使用时要根据需要进行选择,不能使通过的电流超过最大值,否则会烧坏变阻器.通常在使用前应将电阻调到最大.如某一滑动变阻器标有“2 A 20 Ω”,它表示此变阻器允许通过的最大电流是 2 A,最大阻值是 20 Ω.

(3)使用滑动变阻器应注意以下几点.

①要了解所使用滑动变阻器的阻值范围和允许通过的最大电流;

②滑动变阻器要与被控制电路串联;

③将滑动变阻器连入电路时应采用“一上一下”两个接线柱的接法,不能同时使用上面两个接线柱($R=0$),也不能同时使用下面两个接线柱(R 为定值,即最大阻值),这样起不到改变电路中电阻的目的;

④为了保护电路,在通电前应将滑片置于滑动变阻器的连入阻值最大处.

题型技法归纳

题型一 电压表的量程选择技法

例 1 在用电压表测某电阻两端的电压时,若选用 0~3 V 的量程,测得的电压值为 2.2 V;若使用 0~15 V 量程,测得的电压值为 2.0 V,那么该电阻两端电压的大小应是( )

A. 2.2 V　　B. 2.0 V　　C. 2.1 V　　D. 无法确定

解析

在选择电压表量程时,如果被测电压小于小量程,应选用小量程,因为使用小量程测得的结果更准确.所以题中使用 0~15 V 量程,测得的电压值为 2.0 V 是不准确的,选用 0~3 V 的量程,测得的电压值为 2.2 V 是准确的.

答案: A

方法技巧:(1)在被测电压小于小量程时,就选用小量程进行测量,因为小量程的分度值小,测量结果会更准确;(2)在预先不知道被测电压大约值的情况下,要采用"试触法"来选择量程.

题型二 用电压表和电流表判断电路故障的方法

例 2 如图 1-14-1 所示的电路中,电源电压恒定.闭合开关 S 后,电路正常工作.过了一会儿,两电表的示数突然都变为零,则该电路中出现的故障可能是( )

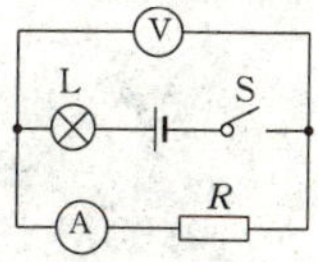

图 1-14-1

A. 电阻 R 断路　　B. 电阻 R 短路

C. 灯泡 L 断路　　D. 灯泡 L 短路

解析

本题可用排除法分析,若电阻 R 断路,则电流表无示数,而电压表有示数,此时约等于电源电压值;若电阻 R 短路,则电压表无示数而电流表有示数;若灯泡 L 短路,则电压表和电流表均有示数,且均变大;只有灯泡 L 断路,此时电路为断路,电流表与电压表均无示数,故正确选项为 C.

答案:C

方法技巧:(1)电流表无示数,说明从电流表两接线柱到电源两极间电路某处断路,或电流表被短路(此种情况极少);(2)电压表无示数,可能是从电压表两接线柱到电源两极间的电路某处断路;(3)由以上两种情况找出交叉的位置,如本题中的灯 L 即为交叉位置,则断定故障可能为 L 出现断路.

例 3 (四川眉山中考)如图 1-14-2 所示,开关 S 闭合后,L_1 和 L_2 都不发光,将电压表并联在 ab 之间时,电压表示数为 0,将电压表并联在 bc 之间时,电压表示数较大,若电路中只有一处故障,则该故障可能是( )

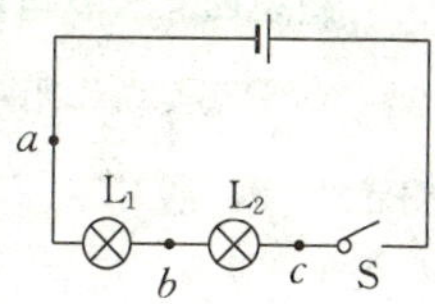

图 1-14-2

A. L_2 断路　　B. L_2 短路

C. L_1 断路　　D. L_1 短路

解析

开关 S 闭合后,L_1 和 L_2 都不发光,说明电路中出现断路;将电压表并联在 ab 之间时,电压表示数为 0,说明与电压表并联电路之外的电路断路;将电压表并联在 bc 之间时,电压表示数较大,说明 bc 之间的电路断路,即 L_1 完好,L_2 断路.故 A 选项正确.

答案:A

方法技巧:如果电压表示数等于零,表明被测电路发生了短路或被测电路以外的电路发生了开路;如果电压表示数等于电源电压,表明被测电路发生了开路或被测电路以外的电路发生了短路.

题型三　电路中电流表和电压表的判别方法

例 4　(福州中考)如图 1-14-3 所示，L_1 和 L_2 是两只相同的小灯泡，ⓐ、ⓑ是电流表或电压表. 闭合开关 S 后，若两灯都能发光，则(　　)

A. ⓐ、ⓑ均为电流表

B. ⓐ、ⓑ均为电压表

C. ⓐ为电流表，ⓑ为电压表

D. ⓐ为电压表，ⓑ为电流表

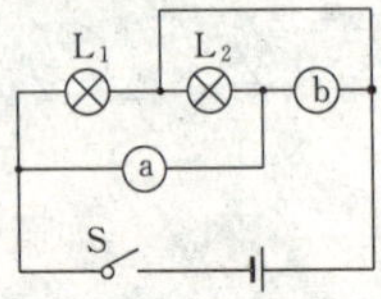

图 1-14-3

解析

删除电表ⓑ，电流从电源正极流出后到达两灯之间，故两灯并联，为使两灯均能发光，则ⓐ为电流表，删除电表ⓑ后不影响两灯的发光，故ⓑ为电压表；若删除电表ⓐ，无论电表ⓑ是电流表还是电压表，灯 L_2 均不能发光，则说明ⓐ是电流表，ⓑ是电压表.

答案:C

方法技巧:(1)电表删除法：删除电路中的某个电表，若不影响电路中所有用电器的工作，则这个电表为电压表；若会影响电路中某个用电器或所有用电器的工作，则这个电表是电流表，对于较复杂电路可采用此法.(2)分析电路法：直接观察电路中电表接入电路的方式，若电表跟其他元件串联，则这个电表为电流表；若电表跟其他元件并联，则这个电表为电压表.

题型四　含有电流表、电压表的电路的连接方法

例 5　在如图 1-14-4 所示的实验器材中，电源电压为 6 V，请连接电路图，使灯泡 L_1 和灯泡 L_2 并联在电路中，并能用电流表测流过灯泡 L_1 的电流，用电压表测灯泡 L_2 两端的电压，开关同时控制两盏灯.

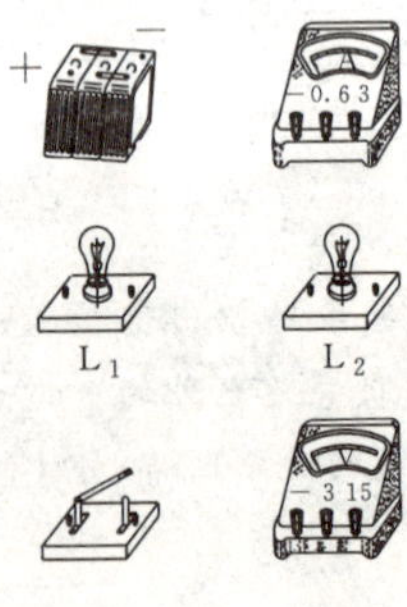

图 1-14-4

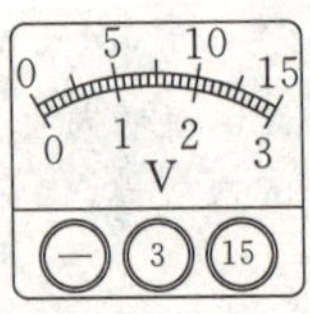

图 1-14-5

(1)完成实物连接(元件位置不能变动，连线不要交叉).

(2)在如图 1-14-5 所示的表盘中画出电压表所选的量程和指针所指的位置.

解析

电流表需要与灯泡 L_1 串联，电压表与灯泡 L_2 或 L_1 并联都可以；由于灯泡 L_1 与灯泡 L_2 并联接到电压为 6 V 的电源上，所以电压表应该选用 0～15 V 的量程，示数为 6 V.

答案：(1)如图 1-14-6 所示.　(2)如图 1-14-7 所示.

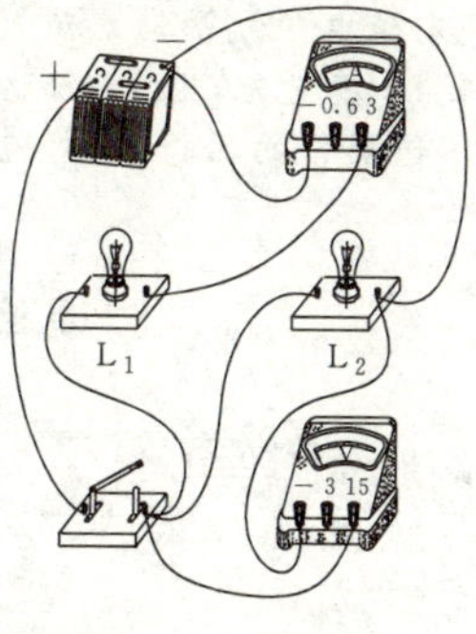

图 1-14-6

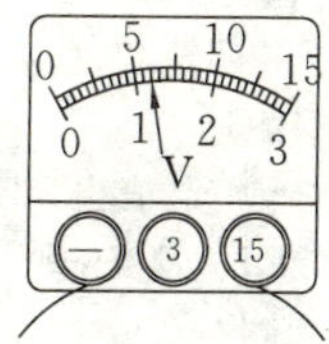

图 1-14-7

方法技巧：(1)电压表和电流表使用时都不能超过其量程，否则损坏仪表. (2)电流表应与被测用电器串联，电压表应与被测用电器并联，连接时都要“＋”进“－”出. (3)连接电路时，“先串多，再并少，最后连接电压表”.

题型五　串联电路电压规律探究问题的解答技法

例 6 (河南中考)小刚和小丽用如图 1-14-8 所示的器材探究串联电路的电压关系，用三节干电池串联作电源，两只小灯泡的规格不同.

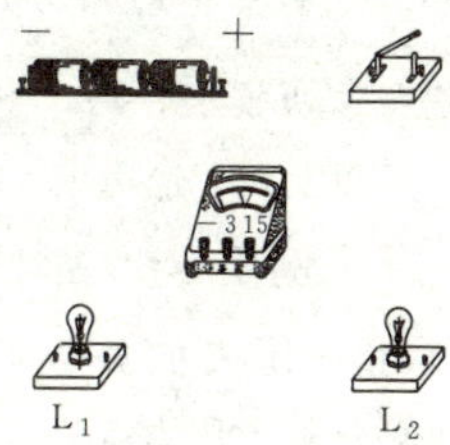

图 1-14-8

(1)请用笔画线代替导线，连接实验电路. 要求：L_1 和 L_2 串联，电压表测量两灯串联后的总电压.

(2)小刚用电压表测量 L_1 两端的电压时，直接选用 0～3 V 的量程，小丽说这样不行，规范的操作方法应该是________________________________.

(3)他们在测量 L_2 两端的电压时，两灯突然熄灭，电压表示数变为 0. 小刚用电压表检测 L_1 两端的电压，示数为电源电压，由此判断出 L_1 处的故障是__________；L_2 是短路还是正常的？小丽在原电路中又添加了一个电学器材，就检验出了结果，她的方法可能是________________________________.

(4)他们排除故障后继续实验，得出了下表所示的一组数据. 为了得出串联电路电压关系的普遍规律他们还应当________________________________.

L_1 两端电压/V	L_2 两端电压/V	L_3 两端电压/V
1.4	3.1	4.5

解析

(1)连接电路时，应按一定的顺序进行并注意电压表正负接线柱的接法．(2)选择电压表的量程可采用试触法：先选用 0～15 V 的量程试测，如果示数小于 3 V，再改用 0～3 V 的量程测量．(3)在测量 L_2 两端的电压时，两灯突然熄灭，电压表示数变为 0，小刚用电压表检测 L_1 两端的电压，示数为电源电压，由此判断出 L_1 处断路．用小灯泡、定值电阻或滑动变阻器与 L_1 并联(或替换 L_1)，如果 L_2 发光，则 L_2 正常；如果 L_2 不发光，则 L_2 短路．(4)为了得出串联电路电压关系的普遍规律，应换用不同规格的器材(小灯泡、电源)或加滑动变阻器，多次测量．

答案：(1)如图 1-14-9 所示．

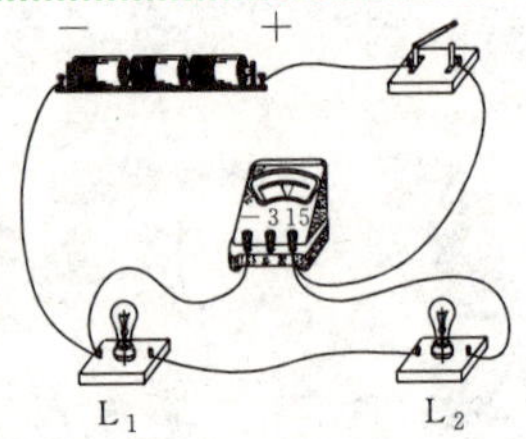

图 1-14-9

(2)先选用 0～15 V 的量程试测，如果示数小于 3 V，再改用 0～3 V 的量程测量

(3)断路　用小灯泡、定值电阻或滑动变阻器与 L_1 并联(或替换 L_1)，如果 L_2 发光，则 L_2 正常；如果 L_2 不发光，则 L_2 短路

(4)换用不同规格的器材(小灯泡、电源)或加滑动变阻器，多次测量

方法技巧：(1)在连接电路时，注意开关要断开；(2)可根据电源电压来选择电压表的量程，若电源电压未知，则用试触法选择合适的量程；(3)闭合开关开始实验时，若电压表的指针反向偏转，说明电压表的"+"、"−"接线柱接反了；若电压表的指针迅速摆到刻度盘的最右侧，说明所选量程太小．(4)不管是探究串联电路的电压特点，还是探究并联电路的电压特点，都是通过实验数据归纳得出结论，为使结论具有普遍性，应换用不同规格的器材(小灯泡、电源)进行多次实验．

题型六　运用串、并联电路的电压规律分析问题的方法

例 7　(广西桂林中考)如图 1-14-10 甲所示电路，电源电压为 6 V，当 S 闭合时，电压表的读数如图 1-14-10 乙所示，则 L_1 两端的电压为________ V，L_2 两端的电压为________ V．

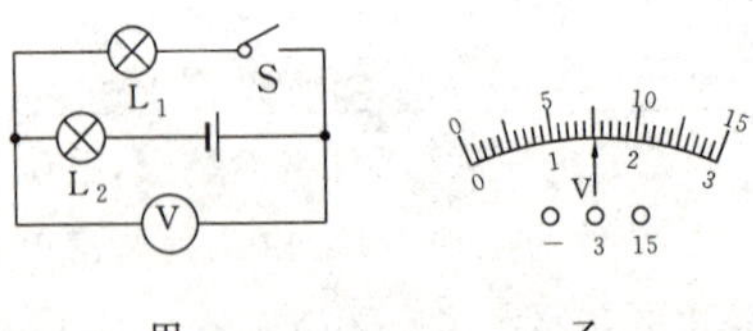

甲　　　乙

图 1-14-10

解析

由题图甲可知，电压表测量 L_1 两端的电压，所以 L_1 两端的电压一定小于 6 V，由题图乙可知电压表的示数应为1.5 V，即 L_1 两端的电压为 1.5 V；又根据串联电路的电压特点可知 L_2 两端的电压为 6 V−1.5 V=4.5 V．

答案:1.5　4.5

方法技巧:(1)明确电路是串联电路还是并联电路;(2)根据电路图分析电压表是测量哪部分电路两端的电压;(3)根据串、并联电路的电压规律分析解答.

题型七　理解电阻的方法

例 8　(呼和浩特中考)用同种材料制成的粗细均匀的某段金属导体,对于其电阻大小下列说法正确的是(　　)

A. 当导体两端电压和通过导体的电流为零时,导体的电阻为零

B. 当导体被均匀拉长至原来的二倍时,它的电阻减小为原来的一半

C. 电阻是导体本身的一种性质,所以温度不论如何变化,电阻也不可能变为零

D. 电阻是导体本身的一种性质,与电压和电流无关

解析

导体的电阻是导体本身的一种性质,与通过的电流大小和加在导体两端电压的高低没有关系,A 选项错误,D 选项正确;导体被均匀拉长后,其横截面积减半,同时长度增加一倍,根据影响导体电阻的决定式可知,拉长后的导体电阻是原来电阻的 4 倍,B 选项错误;导体的电阻大小与导体的材料、长度、横截面积和温度有关,一般导体在温度升高时,电阻增大,温度降低时,电阻减小,当温度降到足够低时,电阻为零,成为超导体,所以 C 选项错误.

答案:D

方法技巧:(1)导体的电阻是导体本身的一种性质,与导体两端的电压和通过导体的电流无关;(2)导体的电阻与导体的材料、长度、横截面积和温度有关,在材料和温度一定时,导体的电阻与长度成正比,与横截面积成反比;(3)一般导体的电阻随温度的升高而增大,随温度的降低而减小,当温度降到足够低时,会成为超导体.

题型八　滑动变阻器的连接及阻值变化的判断方法

例 9　(哈尔滨中考)用笔画线代替导线,将图 1-14-11 中元件连接成电路,要求:向右移动滑片,灯泡变亮.

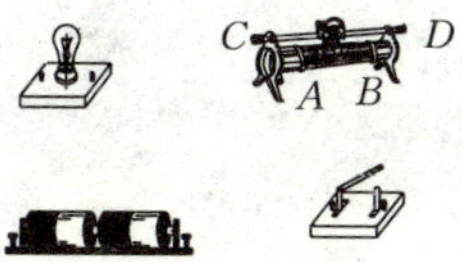

图 1-14-11

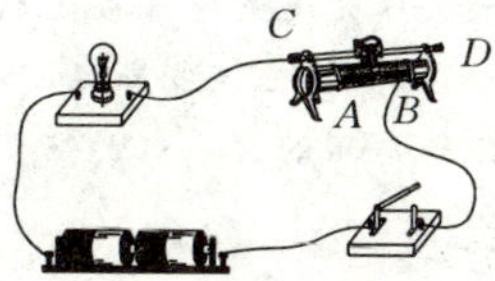

图 1-14-12

解析

要求滑动变阻器的滑片向右移动时,灯泡变亮,必须使滑动变阻器接入电路的电阻变小,所以滑动变阻器接入电路的接线柱一定有 B 接线柱,同时要能改变电阻,必须采用“一上一下”的接法,另一接线柱接上面金属棒两端的任一个即可,并且电源、开关、灯泡和滑动变阻器串联.

答案:如图 1-14-12 所示.

方法技巧:(1)滑动变阻器要与被控制的电路串联;(2)将滑动变阻器接入电路中时,要“一上一下”选用接线柱;(3)阻值变化判断方法可巧记为“滑片靠近下阻值将变小,滑片远离下阻值将变大”.

题型九　影响电阻大小因素的科学探究方法

例 10　(四川广安中考)在“探究导体的电阻跟哪些因素有关”的实验中:

(1)甲同学的猜想是:①电阻可能与导体的材料有关.

乙同学的猜想是:②电阻可能与导体的温度有关.

丙同学的猜想是:③电阻可能与导体的横截面积有关.

根据你掌握的电学知识,你认为:④电阻还与________有关.

(2)现有金属材料甲和金属材料乙制成的各种不同规格的金属丝,规格如下表.选用金属丝 A 和 B 进行实验,可以探究________(选填“甲”“乙”或“丙”)同学的猜想.要想探究猜想①应该选用________(选表格中金属丝的字母代号)两根金属丝进行实验.

金属丝代号	材料	长度/m	横截面积/mm^2
A	金属甲	1	0.2
B	金属甲	1	0.1
C	金属乙	1	0.1
D	金属乙	0.5	0.1

解析

导体的电阻跟导体的材料、长度、横截面积和温度有关;金属丝 A 和 B 的材料和长度相同,而横截面积不同,所以选用金属丝 A 和 B 进行实验,可以探究电阻与导体的横截面积的关系,即探究丙同学的猜想;要探究猜想①,必须保证导线的长度和横截面积相同,而材料不同,故应选用 B 和 C.

答案:(1)导体的长度　(2)丙　B、C

方法技巧:(1)探究决定电阻大小的因素时,一般是通过比较灯泡的亮度来判断电阻大小的变化,为更明显地判断电阻的变化,可串联接入电流表,通过比较电流表示数的大小来比较电阻的大小;(2)熟记影响电阻大小的因素;(3)运用控制变量法和比较法探究.

典题针对训练

1. (浙江宁波中考)如图 1-14-13 所示电路中,要使电阻 R_1 和 R_2 并联,且闭合开关后,两表均有示数,则甲、乙两表分别是(　　)

A. 电流表　电流表

B. 电流表　电压表

C. 电压表　电流表

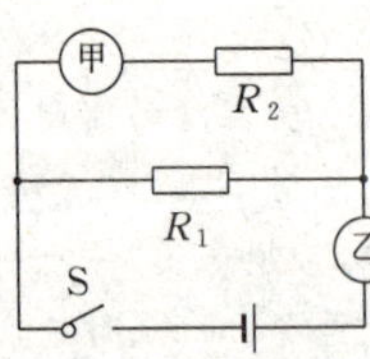

图 1-14-13

D. 电压表　电压表

2. **(上海中考)** 如图 1-14-14 所示的电路，电源电压保持不变. 开关 S 闭合时，发现只有两个电表的指针发生偏转，电路中的电阻 R 或灯 L 有一个出现了故障，则可能是(　　)

A. 电流表Ⓐ示数为零，R 短路

B. 电流表Ⓐ示数为零，灯 L 断路

C. 电压表V_2示数为零，电阻 R 短路

D. 电压表V_2示数为零，灯 L 断路

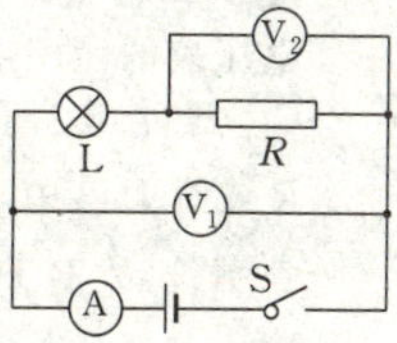

图 1-14-14

3. **(江西中考)** 用滑动变阻器改变小灯泡的亮度.

(1)实验室中有一铭牌上标有“20 Ω　2 A”字样的滑动变阻器，如图 1-14-15 甲所示. 若要把标有字母的接线柱中的两个接线柱连接到电路中去，共有________种接法；“20 Ω”指的是________接线柱间的电阻值，“2 A”指的是____.

(2)现再给电源、小灯泡、开关各一个，导线若干，请在图乙中用笔画线代替导线连接电路，要求滑动变阻器的滑片向右移动灯泡变暗.

(3)如果你还想知道电路中电流值的改变情况，需在电路中再________联一个电流表，并增加________根导线.

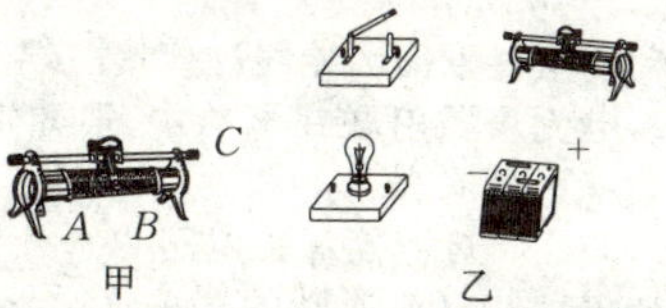

图 1-14-15

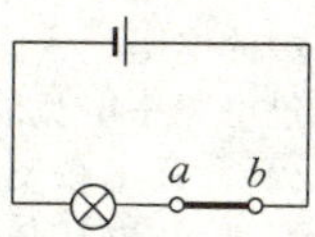

图 1-14-16

4. **(江苏宿迁中考)** 在“探究影响导体电阻大小的因素”实验中，小明设计了如图 1-14-16 所示的电路.

(1)在连接电路时发现，还缺少一个元件，他应该在电路中再接入的元件是________.

(2)为粗略判断 a、b 两点间导体电阻的大小，可观察________.

(3)另有甲、乙两位同学分别对小明的电路作了如下的改进：甲把灯泡更换为电流表；乙在原电路中串联接入电流表. 你认为________同学的改进更好一些，理由是________________.

5. 如图 1-14-17 所示，按要求连接实物图，并画出相应的电路图. 要求：用电压表测量灯泡两端的电压，用电流表测量通过灯泡的电流，用滑动变阻器改变通过灯泡的电流大小，使滑片 P 向左移动时，灯泡的亮度变暗.

图 1-14-17

针对训练答案

1. A　解析：从题电路图可知，乙在干路中，甲与电阻 R_2 串联，所以根据电流表和电压表的使用规则可判断，甲、乙两表均为电流表，所以 A 选项正确.

2. C　解析：电路为灯 L 与电阻 R 串联，如果电流表示数为零，则表明电路中电阻 R 或灯 L 其中之一发生了断路，而当灯 L 断路时，电压表 V_2 示数也为零，与题意不符，故 B、D 选项错误；如果电流表示数不为零，则表明电路中电阻 R 和灯 L 其中之一发生了短路，而当电阻 R 短路时，电压表 V_2 示数为零，电压表 V_1 示数不为零，电流表Ⓐ的示数不为零，故 A 选项错误，C 选项正确.

3. (1)3　A、B　滑动变阻器允许通过的最大电流值为 2 A　(2)连线如图1-14-18所示　(3)串　一

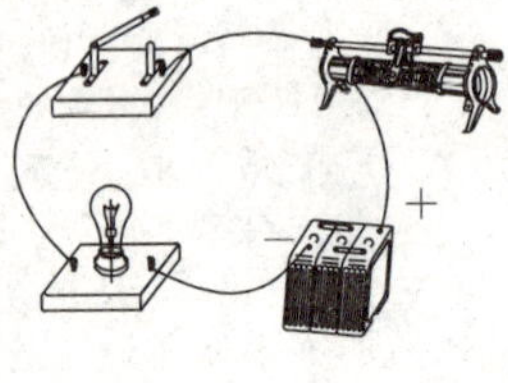

图 1-14-18

解析：(1)若要把题图滑动变阻器标有字母的接线柱中的两个接线柱连接到电路中，共有 3 种接法：A、C，B、C 和 A、B；"20 Ω"指的是滑动变阻器的最大阻值，此时接入电路的接线柱是 A、B；"2 A"指滑动变阻器允许通过的最大电流值为 2 A. (2)要求滑动变阻器的滑片向右移动时灯泡变暗，即滑动变阻器连入电路中的电阻增大，故滑动变阻器下面的接线柱应接左端的接线柱. (3)电流表是测量电路中电流的仪表，电流表要串联在电路中，要知道电路中电流值的改变情况，需在电路中再串联一个电流表.

4. (1)开关　(2)灯泡的亮度　(3)乙　灯泡能保护电路

解析：(1)从题图看，电路还缺少控制电流通断的开关；(2)导体与灯泡串联，电阻的大小可以通过灯泡的亮暗程度来判断，灯泡亮，说明电路电流大，导体电阻小；(3)甲直接将灯泡换为电流表，这样在导体电阻很小的情况下，容易造成电路电流过大，烧坏电流表或电源，而乙的改进中仍有灯泡，起到对电路的保护作用.

5. 如图 1-14-19 所示

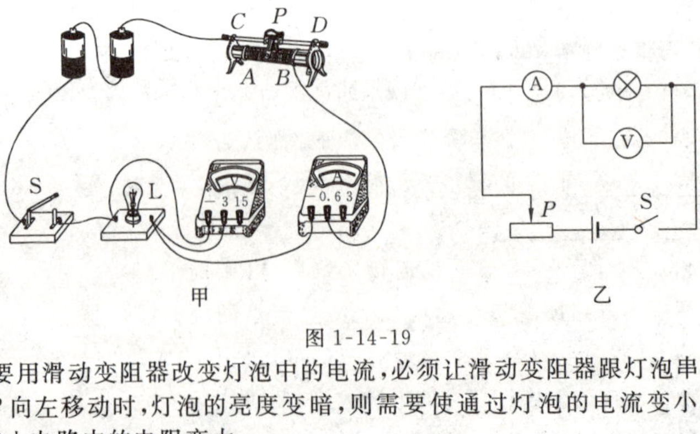

图 1-14-19

解析：要用滑动变阻器改变灯泡中的电流，必须让滑动变阻器跟灯泡串联. 要使滑片 P 向左移动时，灯泡的亮度变暗，则需要使通过灯泡的电流变小，滑动变阻器连入电路中的电阻变大.

第十五章 欧姆定律

学习思维导图

- 欧姆定律
  - 实验探究（控制变量法）
    - 实验电路图
    - 探究方法
      - 电阻不变:电流与电压的关系 —— 电阻一定时,导体中的电流跟它两端的电压成正比
      - 电压不变:电流与电阻的关系 —— 电压一定时,导体中的电流与导体的电阻成反比
    - 滑动变阻器的作用 —— (1)改变电路中的电流和电阻两端的电压,从而获得多组数据;(2)对电路起保护作用
  - 理解
    - 内容 —— 导体中的电流,跟导体两端的电压成正比,跟导体的电阻成反比
    - 表达式 $I=\frac{U}{R}$
      - 同一性 —— 三个物理量对应同一段导体
      - 同时性 —— 三个物理量对应同一时刻
    - 适应范围 —— 纯电阻电路
    - $R=\frac{U}{I}$ —— 不代表R与U成正比,与I成反比
  - 应用
    - 伏安法测电阻
      - 原理 $R=\frac{U}{I}$
      - 电路图
      - 滑动变阻器的作用
        - 改变电路中的电流与电压
        - 保护电路
    - 特殊法测电阻
      - 单伏法
      - 双伏法
      - 单安法
      - 双安法
      - 等效替代法
    - 串联电路电阻特点 —— $R=R_1+R_2+\cdots+R_n$
    - 并联电路电阻特点 —— $\frac{1}{R}=\frac{1}{R_1}+\frac{1}{R_2}+\cdots+\frac{1}{R_n}$
  - 安全用电
    - 安全电压 —— 不高于36 V的电压
    - 电压越高越危险 —— 电阻一定,电压越高,由$I=\frac{U}{R}$知,I越大,对人体伤害越大
    - 切莫短路 —— 短路时R几乎为零,电压一定,由$I=\frac{U}{R}$知,I很大,易烧坏电源,甚至引起火灾
    - 注意防雷

解题知识必备

1. 探究电流跟电压、电阻的关系

实验目的	探究电流跟电压的关系	探究电流跟电阻的关系
控制变量	控制电阻不变，改变电压	控制电压不变，改变电阻
电路图	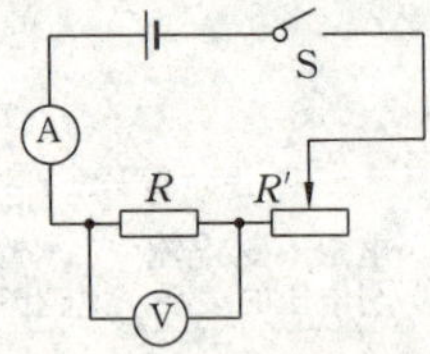	
如何控制变量	导体电阻不变，移动滑动变阻器的滑片调节导体两端的电压，由电压表读出导体两端的电压值，由电流表读出通过导体的电流值	更换不同的电阻，通过调节滑动变阻器的滑片，控制电压表的示数不变，即电阻两端的电压不变，观察电流表示数的变化
图象描述	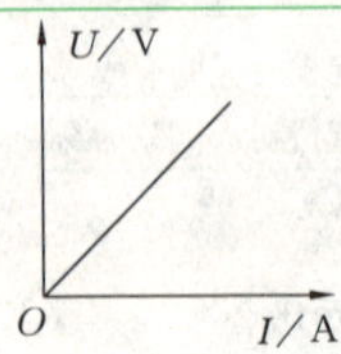	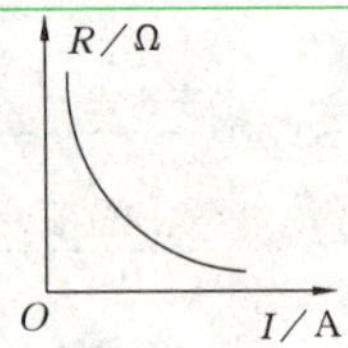
结论	电阻一定时，导体中的电流跟它两端的电压成正比	电压一定时，导体中的电流跟导体的电阻成反比

2. 欧姆定律的理解要点

欧姆定律是电学中重要的基本规律，它是通过实验总结、归纳得出的规律，是电学的核心内容，它揭示了电流、电压、电阻三者之间存在一定的数量关系. 理解欧姆定律要注意以下几点.

> **巧学妙记**
>
> **欧姆定律**
>
> 欧姆定律说电流，
> I 等于 U 除以 R.
> 三者对应要统一，
> 同一电路同一体.
> U 等于 I 乘以 R，
> R 等于 U 除以 I.

(1)注意定律中的物理量的“同一性”和“同时性”. 所谓“同一性”，指定律中的 I、U、R 为同一段电路的电流、电压、电阻；所谓“同时性”是指定律中的 I、U、R 为同一时刻的电流、电压、电阻，不能张冠李戴.

(2)定律中提到的“成正比”和“成反比”的两个关系分别有不同的前提条件，即当导体的电阻一定时，通过它的电流跟它两端的电压成正比，当导体两端电压一定时，通过它的电流跟它的电阻成反比.

(3)欧姆定律 $I=\dfrac{U}{R}$ 可以变形为 $U=IR$，但不能认为导体两端的电压跟导体中的电流、导体的电阻成正比，因为电压是形成电流的原因；公式还可以变形为 $R=\dfrac{U}{I}$，

但不能认为导体的电阻跟它两端的电压成正比，跟电流成反比，因为电阻是导体本身的一种性质，跟所加的电压和通过的电流无关，公式只是为我们提供一种测量、计算导体电阻的方法而已.

3. 伏安法测电阻

<table>
<tr><th>项目 \ 实验名称</th><th>测量小灯泡电阻</th><th>测量定值电阻</th></tr>
<tr><td>实验原理</td><td colspan="2">根据欧姆定律的变形公式 $R=\frac{U}{I}$，用电压表和电流表分别测出待测电阻两端的电压和通过其中的电流，就可以求出这段导体的电阻，这种方法叫做伏安法</td></tr>
<tr><td>实验电路</td><td>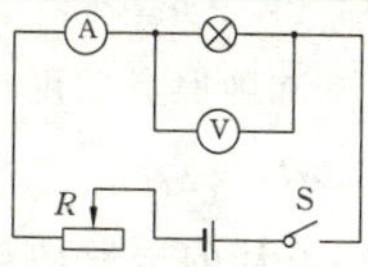
</td><td>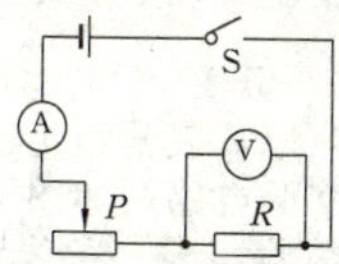
</td></tr>
<tr><td>实验器材</td><td>电压表、电流表、滑动变阻器、待测灯泡、开关、电源、导线</td><td>电源、开关、电压表、电流表、滑动变阻器、待测电阻、导线</td></tr>
<tr><td>实验步骤</td><td>①断开开关，按电路图连接好电路，并将滑动变阻器的滑片移到电阻值最大处
②闭合开关，移动滑片，使电压表读数为灯泡正常工作电压，测出此时通过灯泡的电流
③再移动滑片两次，改变灯泡两端的电压，测出不同电压时通过灯泡的电流，求出对应的电阻值</td><td>①断开开关，按电路图正确连接电路
②检查电路无误后，闭合开关，调节滑动变阻器的滑片的位置，使电阻两端的电压分别为 U_1、U_2、U_3，观察电流表每次对应的数值 I_1、I_2、I_3，分别填入表格
③根据每次记录的电压值和电流值求出对应的电阻值 R_1、R_2、R_3，求出它们的平均值 $R=\frac{R_1+R_2+R_3}{3}$</td></tr>
<tr><td>滑动变阻器的作用</td><td>①限制电流，保护电路
②改变待测灯泡两端的电压，使其等于额定电压、小于额定电压、稍大于额定电压</td><td>①保护电路
②改变电阻两端的电压，使其成倍数地变化</td></tr>
<tr><td>实验表格</td><td><table>
<tr><th>序号</th><th>U/V</th><th>I/A</th><th>R/Ω</th><th>灯泡亮度</th></tr>
<tr><td>1</td><td></td><td></td><td></td><td>正常发光</td></tr>
<tr><td>2</td><td></td><td></td><td></td><td>灯丝暗红</td></tr>
<tr><td>3</td><td></td><td></td><td></td><td>灯丝明亮</td></tr>
</table></td><td><table>
<tr><th>序号</th><th>U/V</th><th>I/A</th><th>R/Ω</th><th>平均值 $\overline{R}$</th></tr>
<tr><td>1</td><td></td><td></td><td></td><td rowspan="3"></td></tr>
<tr><td>2</td><td></td><td></td><td></td></tr>
<tr><td>3</td><td></td><td></td><td></td></tr>
</table></td></tr>
<tr><td>受温度的影响</td><td>由于灯丝电阻受温度的影响较大，在不同电压、电流的对应电阻值中，就能反映这一规律. 可计算出各电阻值，发现电流、电压值越大，对应的电阻值越大. 说明灯丝的温度越高，电阻会越大，所以不能求平均值</td><td>定值电阻的阻值受温度影响较小，可测量多次求平均值，以减小误差</td></tr>
</table>

续表

实验名称 项目	测量小灯泡电阻	测量定值电阻
注意事项	①连接电路时，开关处于断开状态，滑动变阻器的滑片要放到阻值最大位置 ②连接实物时，先将主电路各器材串联好，再将电压表并联接在待测电阻的两端，这样可避免电路连接错误 ③电压表和电流表的量程选用要适当，应尽可能使电表指针偏转的角度大一些	

4. 等效替代法测电阻

(1)实验器材：待测电阻 R_x、一个标准的电阻箱(元件符号 )、若干开关、干电池、导线和一个刻度不准确但灵敏度良好的电流表(电流表量程足够大).

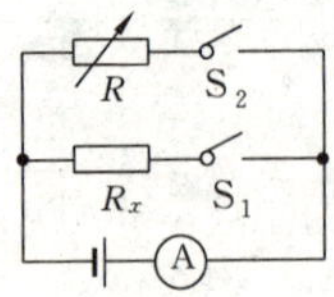

图 1-15-1

(2)实验电路图如图 1-15-1 所示.

(3)实验步骤：第一步：断开开关，并按设计的电路图连接电路；

第二步：断开开关 S_2，闭合开关 S_1，观察并记录Ⓐ的指针偏转位置；第三步：断开开关 S_1，闭合开关 S_2，调节电阻箱电阻的大小，观察Ⓐ指针，使它指向前面记录的位置；第四步：读出此时电阻箱电阻大小 R.

(4)实验结论：$R_x=R$

5. 测电阻的其他方法

	电路图	直接测量的物理量	计算表达式
双伏法	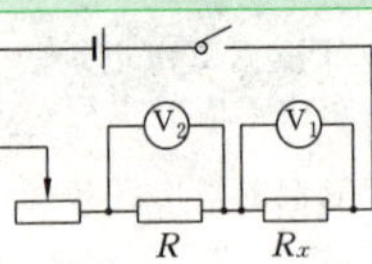	待测电阻 R_x 两端的电压 U_1 和已知电阻 R 两端的电压 U_2	$R_x=\frac{U_1}{U_2}R$
单安法	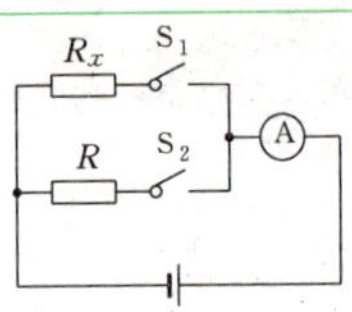	当 S_1 闭合、S_2 断开时，电路中的电流 I_1；当 S_2 闭合、S_1 断开时，通过已知电阻 R 的电流 I_2	$R_x=\frac{I_2}{I_1}R$
双安法	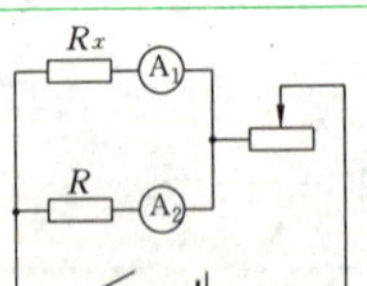	通过待测电阻 R_x 的电流 I_1，通过已知电阻 R 的电流 I_2	$R_x=\frac{I_2}{I_1}R$
单伏法	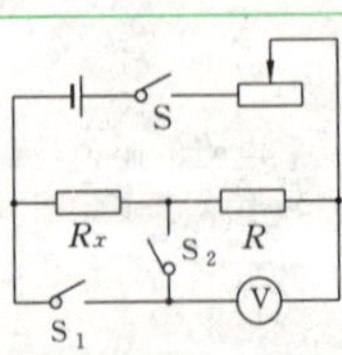	当 S_2 闭合、S_1 断开时，电阻 R 两端的电压 U_2；不改变滑动变阻器滑片的位置；当 S_1 闭合、S_2 断开时，电压表示数 U_1	$R_x=\frac{U_1-U_2}{U_2}R$

6. 串联和并联电路电流、电压、电阻的运用与比较

	串联电路	并联电路
电路图	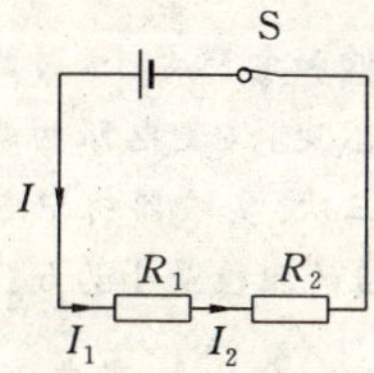	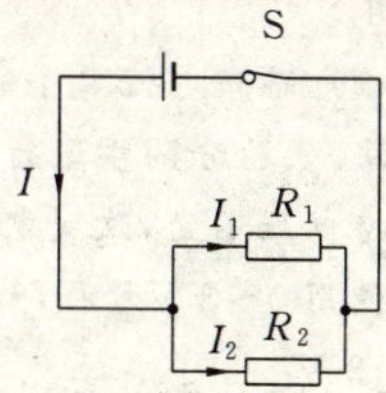
电流	$I=I_1=I_2$ $I=I_1=I_2=\cdots=I_n$	$I=I_1+I_2$ $I=I_1+I_2+\cdots+I_n$
电压	$U=U_1+U_2$ $U=U_1+U_2+\cdots+U_n$	$U=U_1=U_2$ $U=U_1=U_2=\cdots=U_n$
电阻	$R=R_1+R_2$ $R=R_1+R_2+\cdots+R_n$ 若电阻均为 r，则 $R=nr$	$\frac{1}{R}=\frac{1}{R_1}+\frac{1}{R_2}$ $\frac{1}{R}=\frac{1}{R_1}+\frac{1}{R_2}+\cdots+\frac{1}{R_n}$ 若电阻均为 r，则 $R=\frac{r}{n}$
电压与电流分配关系	$\frac{U_1}{U_2}=\frac{R_1}{R_2}$	$\frac{I_1}{I_2}=\frac{R_2}{R_1}$

巧学妙记

电阻的串联与并联

电阻串联要变大，总阻等于分阻和，$R=R_1+R_2$.

电阻并联要变小，分阻倒和为倒总，$\frac{1}{R}=\frac{1}{R_1}+\frac{1}{R_2}$.

题型技法归纳

题型一 关于电流与电压、电阻关系的探究方法

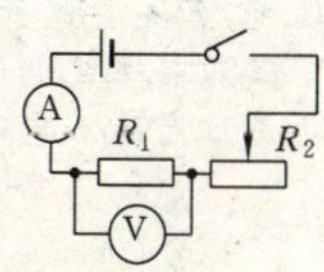

图 1-15-2

例 1 某实验小组的同学在探究欧姆定律时，采用了如图 1-15-2 所示的电路图，实验中他们选用的定值电阻分别是5 Ω、8 Ω、10 Ω，电源电压是3 V，滑动变阻器的阻值范围是 0～15 Ω.

(1)他们在探究某一因素变化对电流的影响时，采用控制变量法. 实验分两步进行：

①保持电阻不变，探究电流与________的关系；

②保持电压不变，探究电流与________的关系.

(2)实验中，电流表的量程应选________A，电压表的量程应选________V；某次实验中，若电流表的示数是0.3 A，电压表的示数是1.5 V，请根据你前面选择的量程，在图 1-15-3 中分别画出两表指针的位置.

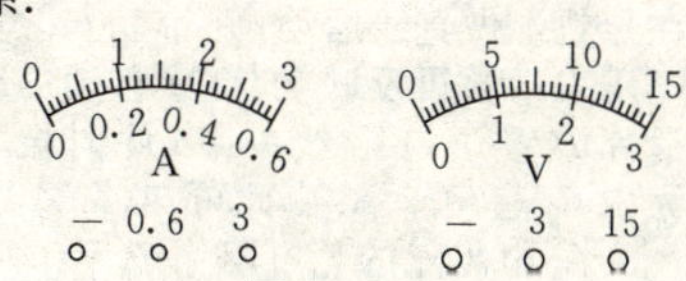

图 1-15-3

(3)在研究电阻对电流的影响时，把定值电阻由 5 Ω 换成 10 Ω，闭合开关后，下一步的操作是：移动滑动变阻器的滑片，保持________不变.

解析

影响电路中电流大小的因素有电压高低和电阻大小，因此实验应采用控制变量的方法.实验分两步进行：一是保持电阻不变，改变电阻两端的电压，测量三次；二是保持电压不变，改变电阻的大小，测量三次.实验器材中电源电压为3 V，因此电压表使用 0～3 V量程即可，所用定值电阻的阻值最小为 5 Ω，所以电路中最大电流为$I=\frac{3\ \text{V}}{5\ \Omega}=0.6$ A，所以电流表量程选用 0～0.6 A.当电流值为 0.3 A、电压值为 1.5 V时，指针均指在表盘的中央刻度.改变定值电阻阻值是为了研究电流与电阻的关系，应控制电压不变，所以改变定值电阻后，应调节滑动变阻器使定值电阻两端的电压与原来电阻两端电压相同.

答案：(1)①电压　②电阻

(2)0～0.6　0～3　指针如图 1-15-4 所示

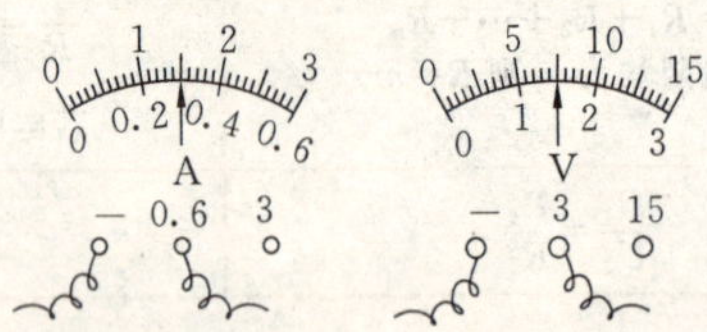

图 1-15-4

(3)定值电阻两端的电压(或电压表读数)

方法技巧：(1)探究导体中的电流与电压、电阻的关系时运用了控制变量法.探究时注意以下几点：①明确研究的问题中有多少个物理量，搞清研究的对象是哪个物理量；②研究这个物理量(研究对象)跟某一物理量的单一关系时，要保持其他物理量不变；③把这些单一关系综合起来，归纳分析得出结论；④使用控制变量法研究问题，结论的一般形式是：当________相同时，________随________的增大(或减小)而增大(或减小)；或在________不变(一定)时，________与________成正比(或反比).(2)连接电路前，开关要断开；连接完电路闭合开关前，应将滑动变阻器的滑片移到阻值最大位置；(3)在探究电流跟电阻的关系时，更换较大的电阻，应调节滑动变阻器的滑片使滑动变阻器连入电路的电阻变大，保证定值电阻两端的电压不变.

题型二　欧姆定律的应用技法

例 2　(成都中考)小丽设计了如图 1-15-5 所示的简易电子距离测量仪，R 是一根粗细均匀的电阻丝，其每厘米长的电阻为 0.5 Ω，电路各部分均接触良好.物体 M 只能在导轨上做直线运动，并带动与之相连的金属滑片 P 移动，电压表示数可反映物体 M 移动的距离.开始测量前，将金属滑片 P 置于电阻丝中点，此时电压表和电流表示数分别为 1.5 V和0.2 A.由此可知(　　)

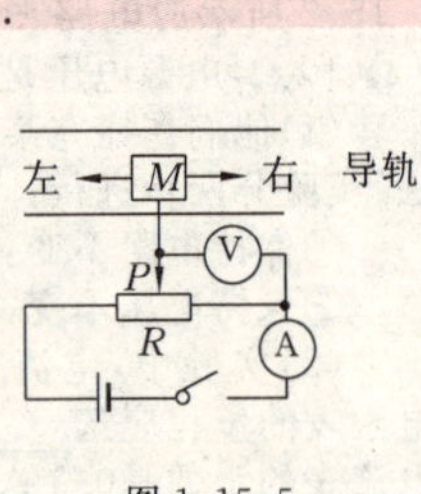

图 1-15-5

A.电阻丝的总电阻为 7.5 Ω

B.当电压表示数为 2 V 时，物体 M 向左移动了 5 cm

C. 当电压表示数为 1 V 时，物体 M 向左移动了 5 m

D. 若开始测量前，将金属滑片 P 置于电阻丝某端点，可测量的最大距离为 30 cm

解析

由题图可知，电阻丝全部连入电路中，电流表测量电路中的电流，电压表测量电阻丝右边电阻两端的电压，当物体 M 向右滑动时，电流表的示数不变，与电压表并联的电阻阻值变小，则电压表示数变小；当金属滑片 P 置于电阻丝中点，此时电压表和电流表示数分别为 1.5 V 和 0.2 A，则电阻丝右半部分的阻值为 $R_1=\frac{U_1}{I_1}=\frac{1.5\ \text{V}}{0.2\ \text{A}}=7.5\ \Omega$，则整段电阻丝的电阻阻值为 $7.5\ \Omega\times2=15\ \Omega$，故 A 选项错误；当电压表示数为 2 V 时，与电压表并联的电阻阻值为 $R_2=\frac{U_2}{I_2}=\frac{2\ \text{V}}{0.2\ \text{A}}=10\ \Omega$，说明滑片向左移动使与电压表并联的电阻阻值增大了 $2.5\ \Omega$，则物体 M 向左移动的距离为 $\frac{2.5\ \Omega}{0.5\ \Omega/\text{cm}}=5\ \text{cm}$，故 B 选项正确；当电压表示数为 1 V 时，物体 M 应向右移动，而不是向左移动，故 C 选项错误；滑片 P 在最左端时，电压表的示数最大，可测量的距离最大，此时电阻丝连入电路的电阻为 $15\ \Omega$，所以所测量的距离为 $\frac{15\ \Omega}{0.5\ \Omega/\text{cm}}=30\ \text{cm}$，故 D 选项正确.

答案： BD

方法技巧：(1)将实际问题转化为物理问题，如将本题题图进行“分割”，保留导轨以下的电路图部分；(2)分析电路连接情况，明确滑动变阻器接入电路的电阻情况，电流表与电压表各是测量哪部分电路中的电流及哪部分电路两端的电压；(3)应用欧姆定律分析滑片滑动时电流表与电压表的示数变化情况，并与实际问题联系起来；(4)结合具体问题情景进行分析，得出答案.

题型三　伏安法测电阻问题的解答技法

例 3　(贵阳中考)为了用电流表、电压表测定值电阻 R_x 的阻值，实验小组设计了如图 1-15-6 甲所示的电路.

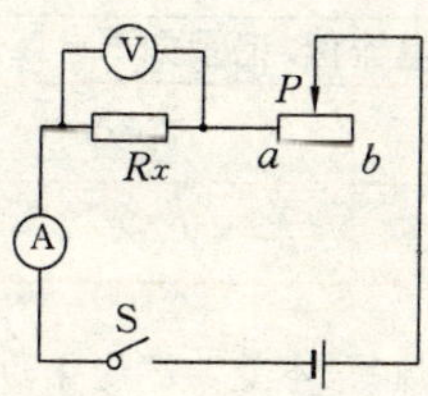

甲

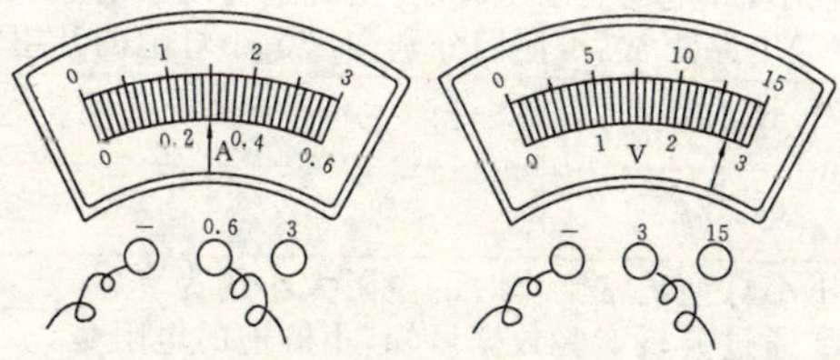

乙

图 1-15-6

请你回答下列问题：

(1)连接电路时，开关应处于________状态，滑动变阻器的滑片应处于________端.

(2)实验中当滑动变阻器的滑片置于某位置时，电流表和电压表的示数如图 1-15-6 乙所示. 则此时电阻的测量值 $R_x=$________Ω.

(3)滑动变阻器在实验中的作用是：

①____.

②____.

解析

为保护电路，连接电路时开关要断开，连接完电路后，要将滑动变阻器的滑片移至阻值最大位置，即如题图甲的 b(右)端；由题图乙可知，电流表的示数为 0.3 A，电压表的示数为 2.7 V，则 $R_x=\frac{U_x}{I_x}=\frac{2.7\ \text{V}}{0.3\ \text{A}}=9\ \Omega$；在本实验中，移动滑动变阻器的滑片时，可以改变电路中的电阻，从而改变了电路中的电流和 R_x 两端的电压，会得到多组电流、电压值，分别计算出 R_x 的阻值，然后取平均值来减小误差.

答案：(1)断开　b(或右、电阻最大)　(2)9　(3)①保护电路　②改变 R_x 两端电压和通过 R_x 的电流，进行多次测量而减小测量误差

方法技巧：正确解答伏安法测定值电阻阻值的题目，应注意以下几点：(1)连接电路时，开关应断开，闭合开关前，应将滑动变阻器的滑片移到阻值最大位置，移动的原则是“远离一下”；(2)连接电路时，滑动变阻器要“一上一下”选用接线柱，电流表和电压表要注意量程的选择和“+”、“-”接线柱的接法；(3)测量定值电阻的阻值时，需多次测量求平均值以减小误差.

例 4 (广西桂林中考)如图 1-15-7 所示，是小明的实验小组在“测量小灯泡的电阻”实验中连接的一个实验电路，所用小灯泡标有“2.5 V”字样.

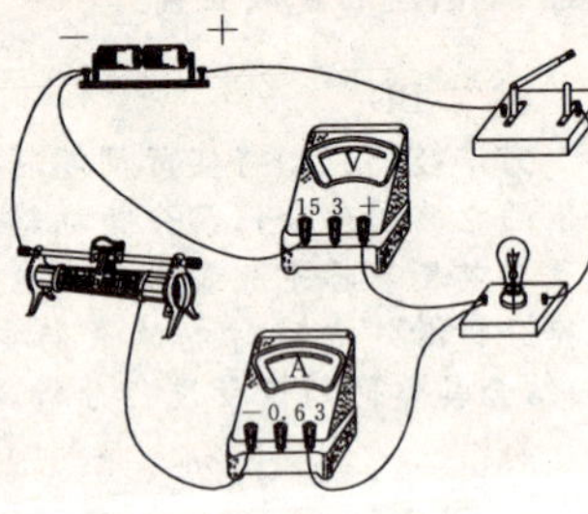

图 1-15-7

(1)请指出电路连接中的两个不当之处：

①____________________________；

②____________________________.

(2)他们改正电路连接中的不当之处后，闭合开关，移动滑动变阻器的滑片时，发现两电表的示数和灯泡的亮度都同时变化，但两电表的示数总是比较小，灯泡的亮度也较弱. 出现这种现象的原因是：________________.

(3)电路正常后，他们分别测出了小灯泡的几组电压和电流值. 记录如下：

电压/V	2.0	2.5	2.8
电流/A	0.20	0.24	0.26

①小灯泡正常工作时的电阻大小约为__________；

②通过分析实验数据可知，小灯泡的电阻是________(填写“不变”或“变化”)的，其原因是：____________________________________.

(4)实验结束，小明提出了一个探究设想：可以利用上图中的实验器材来探究“并联电路中干路电流与各支路电流有什么关系”.

①请帮他们设计一个实验方案，将电路图画在虚线框中；

②在实验探究过程中，滑动变阻器不但可以改变电路中的电流，它还是电路中的一个__________，但在移动滑片时一定要注意____________.

解析

在"测量小灯泡的电阻"实验中,电压表应并联在小灯泡的两端,由于小灯泡的额定电压为2.5 V,所以电压表和电流表量程都应选择小量程,电压表和电流表示数总是比较小,这是因为电源电压太低.小灯泡正常发光时的电阻$R=\frac{U}{I}=\frac{2.5\ \text{V}}{0.24\ \text{A}}=10.4\ \Omega$,由于在不同电压下,灯丝的温度不同,所以电阻也不同.在如图1-15-8所示的并联电路中,如果滑动变阻器的滑片滑到最左端,它连入电路的电阻值为零时,会造成电源短路,烧坏电流表和电源,这是不允许的.

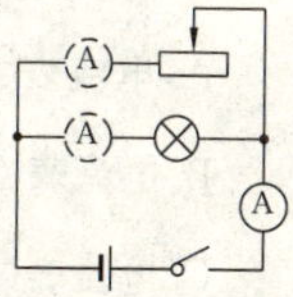

图 1-15-8

答案:(1)①电压表没有并联在小灯泡两端　②电压表量程选择过大或电流表量程选择过大

(2)电源电压过低

(3)①10.4 Ω　②变化　小灯泡发光时,温度升高造成电阻变化

(4)①电路图如图1-15-8所示.　②电阻(用电器)　电阻值不能为零

方法技巧:灯泡在不同亮度下的温度不同,因而电阻也不同,灯丝的温度越高,电阻越大,因此不能分别测出灯泡不同亮度下的电阻然后求平均值作为小灯泡的电阻;当测一个定值电阻的阻值时,应多次测量,取平均值.

题型四　判断电表示数变化的方法

例5　(安徽中考)在如图1-15-9所示的电路中,电源电压不变,闭合开关,电路正常工作.但过了一段时间,小灯泡发生断路,这时(　　)

A. 电压表示数变大,电流表示数变小

B. 电压表示数变大,电流表示数变大

C. 电压表示数变小,电流表示数变大

D. 电压表示数变小,电流表示数变小

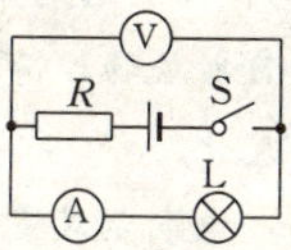

图 1-15-9

解析

题图中小灯泡和电阻R串联,电压表测的是小灯泡两端的电压.当小灯泡发生断路时,电流表的示数变为零,电压表的示数几乎等于电源电压.

答案:A

方法技巧:对于由电路元件发生故障所引起的电表示数变化的分析思路是:(1)分析并明确电路的连接方式;(2)发生故障的元件若与其他用电器并联,则会导致该元件所在支路的电流及干路电流发生变化;(3)发生故障的元件若与其他用电器串联,如本题中的情况,则可能会导致两表示数都发生变化.

例 6 (安徽芜湖中考)如图 1-15-10 所示电路中,电源电压保持不变,闭合开关 S 后,将滑动变阻器 R_2 的滑片 P 向右移动,在此过程中(　　)

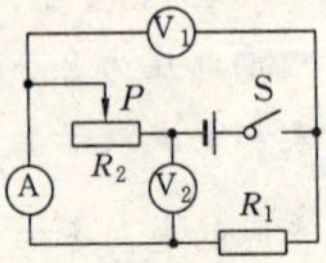

图 1-15-10

A. 电流表Ⓐ示数变大,电压表V_2示数变小

B. 电流表Ⓐ示数变大,电压表V_1示数变小

C. 电压表V_1示数变小,电压表V_2示数变大

D. 电压表V_1示数不变,电压表V_2示数变大

解析

电路中电阻 R_1 与滑动变阻器 R_2 串联,电压表V_1测电阻 R_1 两端电压,电压表V_2测滑动变阻器 R_2 两端电压,当滑动变阻器滑片 P 向右移动时,滑动变阻器连入电路的电阻值变小,则电路中电流(即电流表Ⓐ示数)变大,由于电阻 R_1 阻值不变,根据欧姆定律推导式 $U=IR$ 知,电阻 R_1 两端电压(即电压表V_1示数)变大,再根据串联电路中电压的特点,电源的总电压不变,则滑动变阻器 R_2 两端电压(即电压表V_2示数)变小,故正确选项为 A.

答案:A

方法技巧:判断电流表、电压表示数如何变化问题的基本方法.

(1)首先识别电路的连接情况是属于串联电路还是并联电路;(2)然后找出电路中有几个仪表(电流表或电压表),并分别判断它们各测哪部分电路的电流(或电压);(3)根据欧姆定律写出电流表(或电压表)所测电流(或电压)的计算表达式;(4)根据题目所给物理情景,用电流(或电压)的计算表达式判断电流表(或电压表)示数的大小变化.

电表示数变化通常有三个原因:①开关的断开、闭合;②滑动变阻器滑片的移动;③电路出现故障.

例 7 (哈尔滨中考)如图 1-15-11 所示,电源电压不变.闭合 S_1后,再闭合 S_2,电流表的示数__________,电压表的示数________.(选填“变大”“变小”或“不变”)

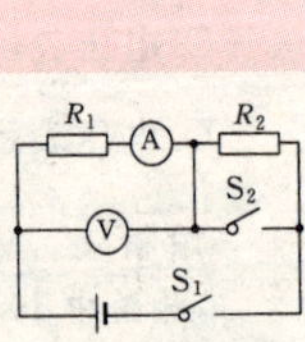

图 1-15-11

解析

当只闭合开关 S_1 时,两电阻串联,电压表测电阻 R_1 两端的电压;再闭合开关 S_2 后,电阻 R_2 被短路,电路中电阻变小,根据欧姆定律可知,电路中电流变大,即电流表示数变大,则定值电阻 R_1 两端的电压也变大,所以电压表示数变大.

答案:变大　变大

方法技巧:分析由开关的断开或闭合所引起的电表示数变化问题的步骤:(1)分别画出开关断开或闭合前的等效电路图;(2)分析电流表和电压表所测电流和电压的变化;(3)运用欧姆定律列出电流或电压的表达式;(4)前后对比,得出结论.

题型五 应用欧姆定律进行计算的技法

例 8 (四川广安中考)如图 1-15-12 所示,是红星中学九年级物理课外实践活动小组设计的风力测量仪的电路示意图.其电源电压$U=3\ V$,电路保护电阻$R_1=2\ \Omega$,均匀电阻丝的阻值为$R_2=3\ \Omega$,金属丝(电阻忽略不计)的上端固定在O点,下端系有一块塑料片A,当风从右向左吹动塑料片时,金属丝向左摆动并与电阻丝保持良好的接触,风力表由电压表改装而成.

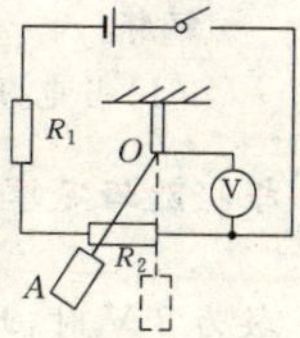

图 1-15-12

(1)无风时,塑料片竖直下垂,电压表示数是多少?电路中的电流是多少?

(2)风力最强时,金属丝滑至电阻丝的最左端,电压表的示数是多少?

(3)为什么不在电路中串联电流表,把电流表改装成风力表?

解析

(1)无风时,电压表示数为 0

电路中的电流:$I=\dfrac{U}{R_总}=\dfrac{U}{R_1+R_2}=\dfrac{3\ V}{2\ \Omega+3\ \Omega}=0.6\ A$

(2)风力最强时,$I=0.6\ A$

电压表的示数:$U_2=IR_2=0.6\ A\times3\ \Omega=1.8\ V$

(3)风力发生变化时,虽然电压表读数发生了变化,但电路中的电流不会发生变化,如果把电流表改装为风力表,不能反映风力的变化.

答案:(1)无风时电压表的示数为 0,电路中电流为 0.6 A.

(2)风力最强时,电压表的示数为 1.8 V.

(3)不能反映风力的变化.

方法技巧:(1)将实际问题转化为物理问题,如本题中系有塑料片A的金属丝与电阻丝R_2相当于滑动变阻器;(2)分析电路的连接情况,明确各表所处的位置、连接情况以及对电路的影响,如本题中风吹塑料片使金属丝移动时不会改变电阻丝连入电路的电阻,但电压表的示数会发生变化;(3)明确电流、电压、电阻之间的对应关系,运用欧姆定律进行分析计算.

例 9 (重庆中考)从 2011 年 5 月 1 日起,执行酒驾重罚新规定.交警使用的某型号酒精测试仪的工作原理相当于图 1-15-13 所示.电源电压恒为 9 V,传感器电阻R_2的电阻值随酒精气体浓度的增大而减小,当酒精气体的浓度为 0 时,R_2的电阻为 80 Ω.使用前要通过调零旋钮(即滑动变阻器R_1的滑片)对测试仪进行调零,此时电压表的示数为8 V.求:

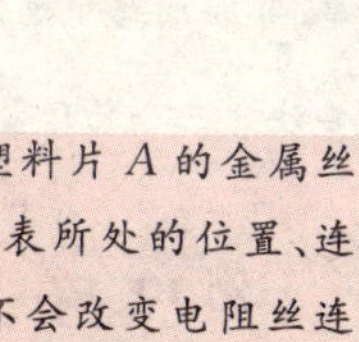

图 1-15-13

(1)电压表的示数为 8 V 时,电流表的示数为多少?

(2)电压表的示数为 8 V 时,滑动变阻器 R_1 的电阻值为多少?

(3)调零后,R_1 的电阻保持不变.某驾驶员对着测试仪吹气 10 s,若电流表的示数达到 0.3 A,表明驾驶员醉驾,此时电压表的示数为多少?

解析

(1)当电压表的示数为 8 V 时,酒精气体的浓度为 0,此时 R_2 的电阻为 80 Ω,根据欧姆定律 $I=\frac{U_2}{R_2}$ 可求得电路中的电流;(2)电源电压恒为 9 V,当电压表的示数为 8 V 时,此时电路中的电流为 0.1 A,根据 $R=\frac{U}{I}$ 可求得总电阻 R,根据串联电路的电阻关系 $R_1=R-R_2$ 可求滑动变阻器 R_1 的电阻值;(3)调零后,R_1 的电阻保持 10 Ω 不变,此时电路中的电流为 0.3 A,可得滑动变阻器两端的电压为 $U'=I'R_1$,则传感器电阻 R_2 两端的电压为 $U'_2=U-U'_1$.

解:(1)电流表的示数 $I=\frac{U_2}{R_2}=\frac{8\ \text{V}}{80\ \Omega}=0.1\ \text{A}$.

(2)电路的总电阻 $R=\frac{U}{I}=\frac{9\ \text{V}}{0.1\ \text{A}}=90\ \Omega$

R_1 的电阻 $R_1=R-R_2=90\ \Omega-80\ \Omega=10\ \Omega$.

(3)R_1 两端的电压 $U'_1=I'R_1=0.3\ \text{A}\times 10\ \Omega=3\ \text{V}$

电压表的示数 $U'_2=U-U'_1=9\ \text{V}-3\ \text{V}=6\ \text{V}$.

方法技巧:运用欧姆定律进行相关物理量计算时,为了便于分析和计算,如果没有电路图,应首先根据题意画出电路图,并标上相关数据,然后再利用欧姆定律,并结合串、并联电路中电流、电压规律进行运算,运算时灵活运用 $I=\frac{U}{R}$ 及各变形公式.同时要注意三个物理量的"同一性"与"同时性".

题型六　电阻的特殊测量方法

例 10 (福州中考)如图 1-15-14 所示,几个同学在只有电流表或电压表时,利用一个已知阻值的电阻 R_0 设计了四个测未知电阻 R_x 的电路,其中不可行的是(　　)

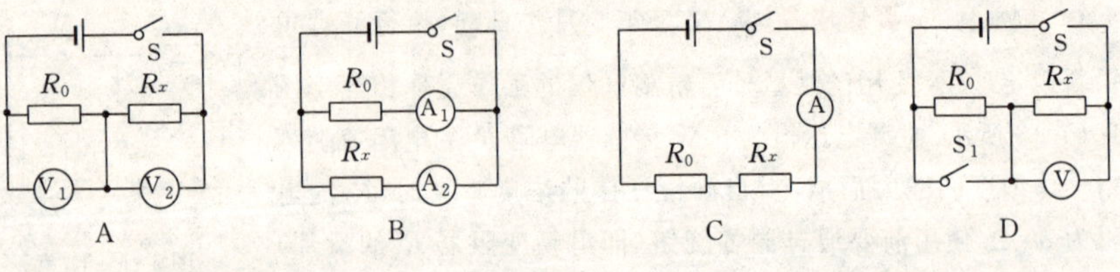

图 1-15-14

解析

在A选项中，电压表V_1测R_0两端的电压U_1，电压表V_2测R_x两端的电压U_2，根据欧姆定律可计算出电路中的电流$I=\frac{U_1}{R_0}$，则$R_x=\frac{U_2}{\frac{U_1}{R_0}}=\frac{U_2}{U_1}R_0$，A选项可行；在B选项中，电流表$A_1$测通过$R_0$的电流$I_1$，电流表$A_2$测通过$R_x$的电流$I_2$，则$R_0$两端的电压(电源电压)为$U=U_0=I_1R_0$，根据欧姆定律可得$R_x$的阻值$R_x=\frac{I_1R_0}{I_2}$，B选项可行；在C选项中，只能得到通过$R_x$的电流$I$，而无法得到$R_x$两端的电压$U$，故不能测得$R_x$的阻值；在D选项中，当两开关同时闭合时，可测出电源电压U，当只有开关S_1断开时，电压表测R_x两端的电压U_x，电阻R_0两端的电压$U_0=U-U_x$，则电路中的电流$I=\frac{U_0}{R_0}=\frac{U-U_x}{R_0}$，故$R_x=\frac{U_x}{I}=\frac{U_x}{U-U_x}R_0$，D选项可行.

答案：C

方法技巧：本题中测电阻的几种方法可归纳为一种方法——比例法，即通过串联电路中的电压分配关系或并联电路中的电流分配关系来设计实验，测量未知阻值的电阻大小.(1)若让已知电阻R_0和待测电阻R_x并联接入电路，用电流表测出通过它们的电流I_0、I_x，根据$\frac{I_0}{I_x}=\frac{R_x}{R_0}$可求出待测电阻$R_x$的阻值，此时与$R_x$并联的$R_0$及电流表起到了一只电压表的作用；(2)若让已知电阻R_0与待测电阻R_x串联接入电路，用电压表分别测出它们两端的电压U_0、U_x，根据$\frac{U_0}{U_x}=\frac{R_0}{R_x}$可求出待测电阻$R_x$的阻值，此时与$R_x$串联的$R_0$及电压表起到了一只电流表的作用；(3)设计实验方案时，要根据提供的实验仪器选择两电阻是串联还是并联.

例11 某研究小组要测量一个阻值约为100 Ω的电阻R，所提供的器材有：①干电池两节；②学生用电流表一只(0~0.6 A，0~3 A)；③学生用电压表一只(0~3 V，0~15 V)；④滑动变阻器一个(100 Ω 2 A)；⑤电阻箱一个(0~9 999 Ω 5 A，符号用“”表示)；⑥开关和导线若干.

请你帮助该小组完成下列(1)(2)步骤，要求在电表读数时，指针偏转超过最大刻度值的$\frac{1}{3}$.

(1)你选择的实验器材是：________(填序号).

(2)根据所选器材，在虚线框内画出一个能反映测量方法的电路图.

解析

因为要求在电表读数时，指针偏转超过最大刻度值的$\frac{1}{3}$，电源电压为 3 V，要测量的电阻约为 100 Ω，电路中的最大电流约为$\frac{3\ \text{V}}{100\ \Omega}=0.03\ \text{A}$，所以不能选电流表，只能选电压表. 实验测量时可以将待测电阻 R_x 与电阻箱(电阻已知)串联，用电压表分别测出它们两端的电压，根据串联电路电压与电阻成正比，可求得 R_x. 也可以将待测电阻 R_x 与电阻箱(电阻已知)并联，分别用开关控制它们，电压表也跟它们并联，先只将待测电阻连入电路，读出电压表的示数 U，然后再只将电阻箱连入电路，并调节电阻箱接入电路的阻值，使电压表的示数等于前一次的示数 U，则待测电阻的阻值等于电阻箱连入电路中的阻值.

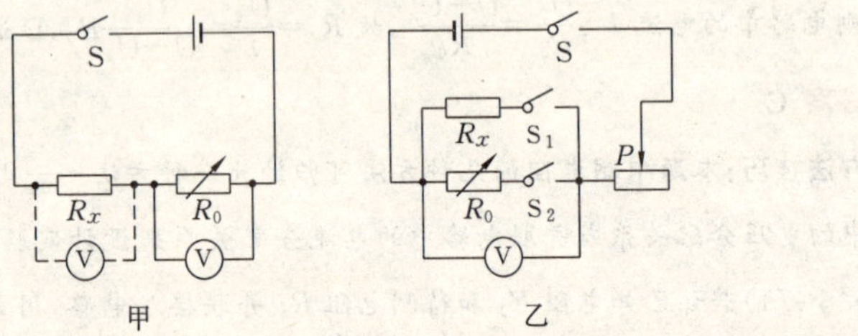

图 1-15-15

答案：(1)①③⑤⑥　(2)电路图如图 1-15-15 甲所示(也可以用滑动变阻器代替电阻箱)[或(1)①③④⑤⑥　(2)电路图如图 1-15-15 乙所示.]

方法技巧：(1)本题采用“等效替代法”测电阻. 将未知电阻连入电路的效果跟已知电阻连入电路的效果相同，则未知电阻阻值等于已知电阻阻值；(2)具体实验时，是用可调阻值的标准电阻(一般用电阻箱)来替代待测电阻，使电阻箱与待测电阻两端的电压(用电压表测量)或通过的电流(用电流表测量)相等，则待测电阻的阻值就等于电阻箱连入电路的阻值.

例 12　现有如下器材：一个电源(电压不变，但电压值未知)，一个已知阻值的定值电阻(用 R_0 表示)，一个待测电阻(用 R_x 表示)，一只电流表(最大量程大于电源电流)，一个开关，导线若干. (1)设计一个能测量并计算出待测电阻 R_x 的规范电路图，要求电路元件连入电路后不能拆卸. (2)写出测量步骤. (3)写出用测量所得的物理量和已知电阻表示的 R_x 的表达式.

解析

将两个电阻串联接入电路，电流表与它们串联，开关 S 与电阻 R_0 并联. 开关 S 断开时，测出电路中的电流；开关 S 闭合时，电阻 R_0 被短路，再测出电路中的电流. 根据两次电路两端的总电压相等就可以算出待测电阻 R_x 的大小.

答案:(1)如图 1-15-16 所示.

(2)按电路图连接电路,开关 S 断开时,测出电路中的电流,记为 I_1;开关 S 闭合时,再测出电路中的电流,记为 I_2. 根据 $I_1(R_x+R_0)=I_2R_x$ 算出待测电阻 R_x 的大小.

(3)$R_x=\dfrac{I_1R_0}{I_2-I_1}$

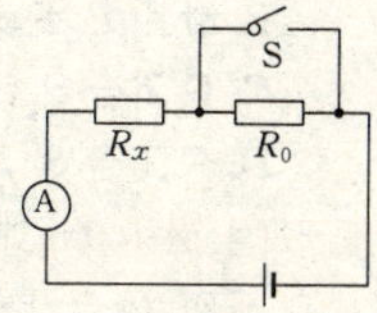

图 1-15-16

方法技巧:解答此类题目的一般方法:(1)分析电路,确定电路给出的已知条件和待求内容;(2)围绕待测电阻进行实验,找出待测电阻两端电压以及通过的电流;(3)代入公式 $R=\dfrac{U}{I}$ 即可.

题型七　解答有关图象问题的方法

例 13 (山西中考)电路元件甲和乙中的电流与两端电压的关系如图 1-15-17 所示,由图可知,甲的电阻是________Ω. 若将甲、乙并联后接在电压为 2 V 的电源两端,干路中的电流是________A.

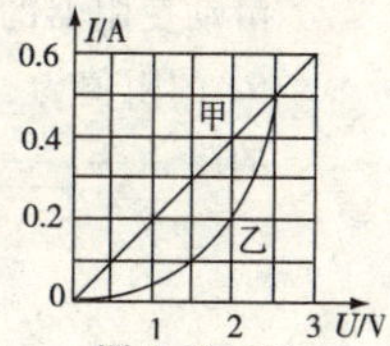

图 1-15-17

解析

甲的 I-U 图象为直线,说明甲为定值电阻,所以任取一组值:当电压为 2 V 时,电流为 0.4 A,根据欧姆定律的变形式 $R=\dfrac{U}{I}=\dfrac{2\ \text{V}}{0.4\ \text{A}}=5\ \Omega$;将甲、乙并联在电压为 2 V 的电源两端时,根据并联电路电压的特点,甲、乙两端电压均为 2 V,从图象中可知这时电流分别为 0.4 A、0.2 A,根据并联电路电流的特点,干路电流 $I=0.4\ \text{A}+0.2\ \text{A}=0.6\ \text{A}$.

答案:5　0.6

方法技巧:(1)明确坐标系中横轴与纵轴表示的物理量;(2)根据题意找到图象上的特殊点对应的数据,结合串、并联电路的特点及欧姆定律进行分析及计算,如在本题中,将甲、乙并联后接在电压为 2 V 的电源两端,可从图象上找到对应 2 V 的电流,从而使问题得以解决.

典题针对训练

1. (河北中考)如图 1-15-18 所示,电源两端电压保持不变,R_0 为定值电阻. 将滑片 P 置于中点,只闭合 S_1 时,电压表的示数为 U,电流表的示数为 I. 下列情况中电压表和电流表示数变化正确的是(　　)

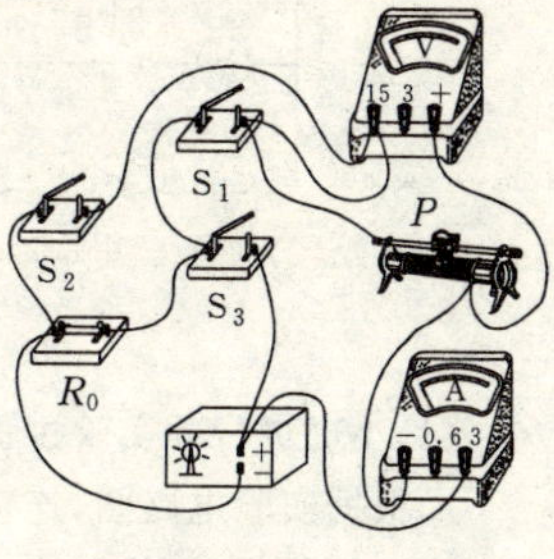

图 1-15-18

A. 滑片 P 不动,断开 S_1,闭合 S_2、S_3 时,电压表示数不变,电流表示数变小

B. 滑片 P 不动，断开 S_1，闭合 S_2、S_3 时，电压表示数变大，电流表示数变大

C. 只闭合 S_1，滑片 P 从中点向右移动时，电压表示数变大，电流表示数变小

D. 只闭合 S_1，滑片 P 从中点向右移动时，电压表示数不变，电流表示数变大

2.（上海中考）如图 1-15-19 所示的电路，电源电压保持不变. 闭合开关 S，当滑动变阻器的滑片 P 向右移动时，电压表Ⓥ的示数将________，电压表Ⓥ的示数与电流表A_1的示数的比值将________.（均选填“变小”“不变”或“变大”）

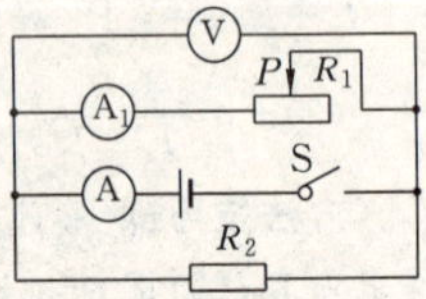

图 1-15-19

3.（陕西中考）图 1-15-20 的电路中，电源电压恒为 12 V，滑动变阻器的铭牌上标有“100 Ω　0.5 A”字样，图 1-15-21 为 R_1 的 I-U 图象，R_1 的阻值为________Ω. 当电路中电流为 0.2 A 时，滑动变阻器 R_2 接入电路的阻值为________Ω. 为了不损坏滑动变阻器，R_2 接入电路的阻值应不小于________Ω.

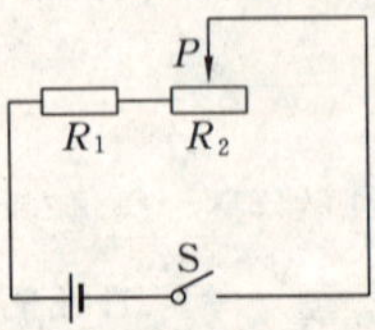

图 1-15-20

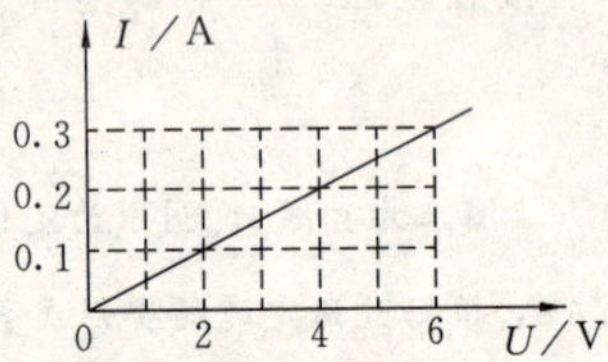

图 1-15-21

4.（江苏南通中考）实验室中要测量一个阻值约为数百欧的电阻. 提供的器材有：电源（电压约 5 V）、学生用电压表（0～6 V）、电阻箱 R（0～9 999 Ω　5 A）、开关 S_1 和 S_2、导线若干. 现要测量待测电阻 R_2 的阻值，设计了如图 1-15-22 甲所示的实验电路图.

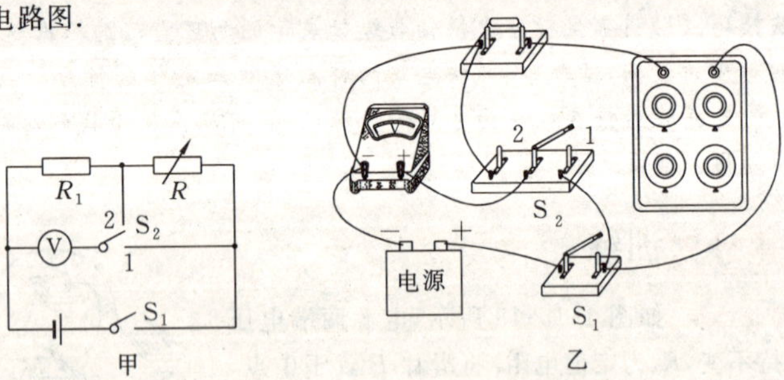

图 1-15-22

(1) 小虎进行的实验过程如下：

①根据实验电路图，连接成如图乙所示的实物电路，但存在连接错误，只需改动一根导线，即可使电路连接正确，请在接错的导线上打“×”，并用笔画线代替导线画出正确的接法.

②电路连接正确后，闭合 S_1，将 S_2 拨到触点 1 时，电压表的读数为 U_1，则电源电压为________.

③闭合 S_1，将 S_2 拨到触点 2，当电阻箱的阻值调为 R_0 时，电压表的示数为 U_2，则待测电阻的阻值 R_2=________.

(2)如果实验器材中没有提供电压表，现再提供一只电流表(0～0.6 A)，利用上述器材，你认为________(选填"能"或"不能")较准确测出该待测电阻的阻值，原因是________________.

5.(武汉中考)小明利用如图 1-15-23 甲所示的电路探究电流跟电阻的关系.已知电源电压为 6 V 且保持不变，实验用到的电阻阻值分别为 5 Ω、10 Ω、15 Ω、20 Ω、25 Ω.

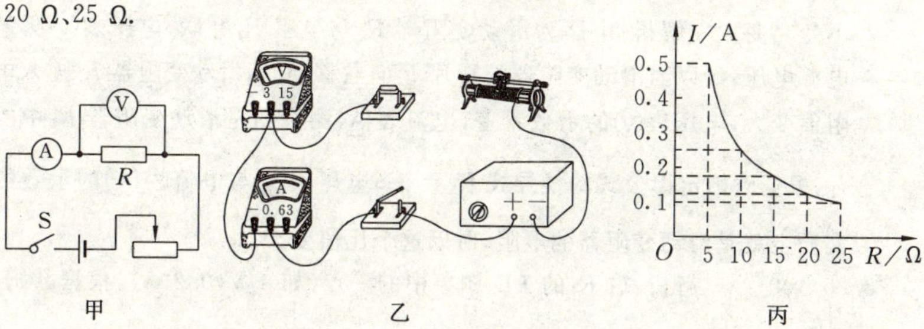

图 1-15-23

(1)请根据图甲将图乙所示的实物电路连接完整.(导线不允许交叉)

(2)实验中多次改变 R 的阻值，调节滑动变阻器的滑片，使电压表示数保持不变，记下电流表的示数，得到如图丙所示的电流 I 随电阻 R 变化的图象.

①由图象可以得出结论：电压一定时，________________________________.

②上述实验中，小明用 5 Ω 的电阻做完实验后，接下来的操作是________，然后将 10 Ω 的电阻接入电路，闭合开关，移动滑片，使电压表示数为________V 时，读出电流表的示数.

(3)为完成整个实验，应该选取最大阻值不小于________Ω 的滑动变阻器.

6.(兰州中考)如图 1-15-24 所示的电路中，电源电压保持不变，电阻 R_2 为 20 Ω.闭合开关，滑动变阻器 R_3 的滑片在 b 端时，电压表的示数为 3 V；滑片移到中点时，电流表的示数为 0.45 A；滑片移到 a 端时，电压表的示数为 9 V.求：

(1)电阻 R_1 的阻值；

(2)滑动变阻器 R_3 的最大电阻；

(3)电源电压 U.

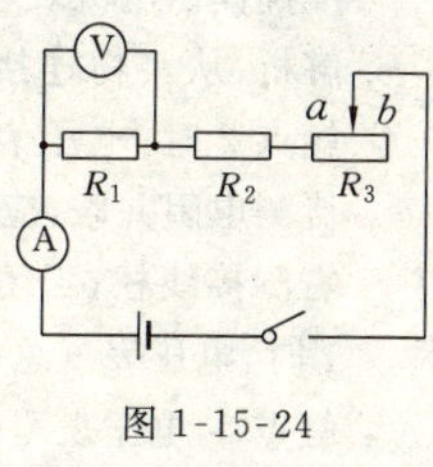

图 1-15-24

针对训练答案

1. B　解析：只闭合 S_1 时，滑动变阻器与 R_0 串联，电压表测的是滑动变阻器两端的电压，电流表测通过滑动变阻器的电流(即电路中的电流). 断开 S_1，闭合 S_2、S_3 时，滑动变阻器与 R_0 并联，电压表测电源电压，电流表测通过滑动变阻器的电流，故电压表示数变大，而滑动变阻器的电阻不变，并联后总电阻减小，故电流表示数变大，A 选项错误，B 选项正确. 只闭合 S_1，滑片从中点向右移动时，滑动变阻器连入电路的电阻变小，电路中的电流变大，电流表示数变大，此时定值电阻 R_0 两端的电压 $U_0=IR_0$ 变大，则滑动变阻器两端的电压变小，电压表示数变小，故 C、D 选项都错误.

2. 不变　变大　解析：电路为滑动变阻器 R_1 与电阻 R_2 并联，电压表Ⓥ测量的是电源电压，所以当滑动变阻器的滑片 P 向右移动时，滑动变阻器 R_1 连入电路的阻值变大，电压表Ⓥ的示数不变，电流表Ⓐ₁测量的是滑动变阻器 R_1 中的电流 I_1，根据欧姆定律公式的推导式 $R_1=\frac{U}{I_1}$，电压表Ⓥ与电流表Ⓐ₁的示数的比值实质上就是滑动变阻器的电阻，所以这个比值变大.

3. 20　40　4　解析：取 R_1 的 I-U 图象中的一点(如 4 V，0.2 A)，根据欧姆定律，电阻 $R_1=\frac{U_1}{I}=\frac{4\ \text{V}}{0.2\ \text{A}}=20\ \Omega$；电路为 R_1、R_2 串联，当电路中电流为 0.2 A 时，滑动变阻器两端电压 $U_2=U-U_1=12\ \text{V}-4\ \text{V}=8\ \text{V}$，则 $R_2=\frac{U_2}{I}=\frac{8\ \text{V}}{0.2\ \text{A}}=40\ \Omega$；为了不损坏滑动变阻器，电路中电流不能超过 0.5 A，这时总电阻为 $R=\frac{U}{I}=\frac{12\ \text{V}}{0.5\ \text{A}}=24\ \Omega$，则 R_2 的最小值为 $R_2=R-R_1=24\ \Omega-20\ \Omega=4\ \Omega$.

4. (1)①如图 1-15-25 所示

②U_1　③$\frac{U_2R_0}{U_1-U_2}$

(2)不能　电路中电阻大，电流小，不能准确读出电流表示数

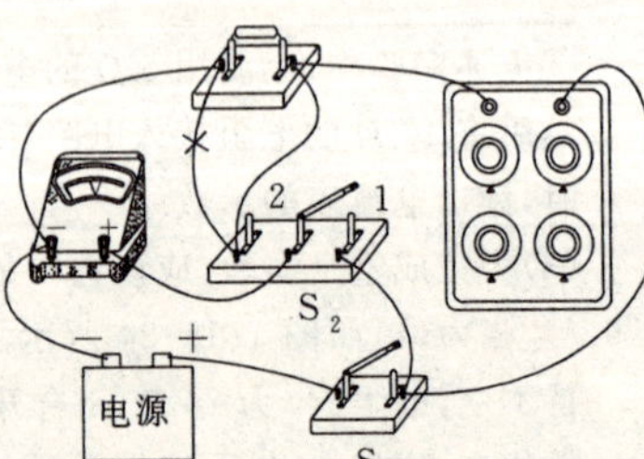

图 1-15-25

解析：从实物连接图可知，当开关拨到触点 2 时，电压表与导线并联，没有与待测电阻并联，应将导体移到定值电阻右侧接线柱；当闭合 S_1，将 S_2 拨到触点 1 时，电压表测总电压，此时电压表示数 U_1 等于电源电压；当闭合 S_1，将 S_2 拨到触点 2，电压表测待测电阻两端的电压，则电阻箱两端电压为 U_1-U_2，由于串联电路的电流相等，通过电阻箱的电流为 $I=\frac{U_1-U_2}{R_0}$，所以电阻 $R_x=\frac{U_2}{I}=$

$\frac{U_2R_0}{U_1-U_2}$；根据待测电阻的大致阻值为数百欧，电源电压为 5 V，则电路中的最大电流值太小，不能读出电路中电流的准确值，从而测不出待测电阻的阻值.

5.(1)实物电路连接如图 1-15-26 所示

(2)①导体中的电流与电阻成反比

②断开开关，将滑动变阻器的滑片移到最左端(或阻值最大处)　2.5　(3)35

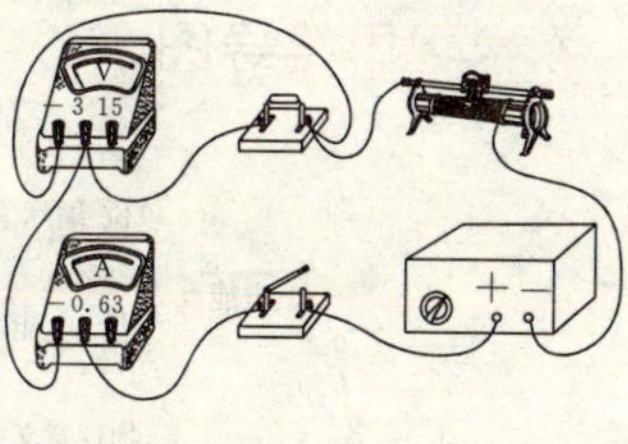

图 1-15-26

解析：在探究电流与电阻的关系时，应该用电流表测出通过定值电阻的电流，用电压表测出定值电阻两端的电压.从题中所测实验数据可以看出，所测电流均小于0.6 A，故电流表量程选用0～0.6 A，换用不同的定值电阻时，其两端的电压保持 2.5 V 电压不变，所以电压表量程选用 0～3 V 量程；连接电路时，两电表接线时电流应从正接线柱进入，从负接线柱流出，滑动变阻器接法要“一上一下”；从数据得出的图象可以看出，在电压一定的情况下，通过定值电阻的电流与电阻成反比；实验采用的是控制电阻两端的电压2.5 V不变，只改变电阻值，所以更换电阻后，应调节滑动变阻器使定值电阻两端的电压达到 2.5 V，再读出此时的电流值；电源电压为 6 V，从数据记录看，电路中被测电流最小为0.1 A，此时电路的总电阻最大，为 $R=\frac{6\ \text{V}}{0.1\ \text{A}}=60\ \Omega$，而定值电阻为 25 Ω，所以滑动变阻器接入电路的电阻为 60 Ω－25 Ω＝35 Ω，即滑动变阻器的最大阻值应不小于 35 Ω.

6.解：当滑片在 b 端时，R_1、R_2、R_3 串联，则有

$$U=I_1(R_1+R_2+R_3)=\frac{3\ \text{V}}{R_1}(R_1+R_2+R_3) \qquad ①$$

当滑片在 a 端时，R_1、R_2 串联，则有

$$U=I_2(R_1+R_2)=\frac{9\ \text{V}}{R_1}(R_1+R_2) \qquad ②$$

当滑片在中点时，R_1、R_2、$\frac{1}{2}R_3$ 串联，则有

$$U=I_3(R_1+R_2+\frac{1}{2}R_3)=0.45\ \text{A}(R_1+R_2+\frac{1}{2}R_3) \qquad ③$$

将 $R_2=20\ \Omega$ 代入①②③式并解由此三式组成的方程组得：

$R_1=10\ \Omega, R_3=60\ \Omega, U=27\ \text{V}$

解析：滑动变阻器的滑片在不同位置时，电路是不同的，但电源电压保持不变，所以根据欧姆定律变形式 $U=IR$ 可以列出关于 R_1、R_3、U 的三个方程，通过解方程组即可得到所要求的这三个物理量.

第十六章 电功率

学习思维导图

- 电功率
  - 电能
    - 单位 国际单位是焦耳,简称焦(J),常用单位是千瓦时(kW·h),$1\,kW\cdot h=3.6\times10^6\,J$
    - 测量 电能表
      - 电能表上各参数的物理含义
      - 测量用电器所消耗的电能
      - 计数器上前后两次读数之差为这段时间内消耗的电能（注意:最后一位数是小数点后的一位数）
  - 电功率
    - 物理意义 用电器消耗电能快慢
    - 定义 用电器1 s内所消耗的电能
    - 单位及换算 国际单位:瓦(W),常用单位:千瓦(kW),1 kW=1 000 W
    - 计算公式
      - $P=\frac{W}{t}$,W–电能(J),t–时间(s),P–功率(W)
      - $P=UI$, P–瓦(W) U–伏(V) I–安(A)
    - 分类
      - 额定功率 用电器在额定电压下的功率
      - 实际功率 用电器在实际电压下的功率
    - 测量
      - 伏安法 原理 $P=UI$
      - 用电能表测量
  - 电与热
    - 电流的热效应 电流通过导体时电能转化成热的现象
    - 探究影响电热的因素
      - 实验方法 控制变量法
      - 影响因素
        - 电流和通电时间一定时与电阻的大小关系
        - 电阻和通电时间一定时与电流的大小关系
        - 电流和电阻一定时与通电时间的关系
    - 焦耳定律
      - 电流通过导体产生的热量跟电流的二次方成正比,跟导体的电阻成正比,跟通电时间成正比
      - 公式:$Q=I^2Rt$
    - 电热的利用 电热器
    - 防止电热带来的危害 散热窗、风扇等
  - 安全用电
    - 电功率和安全用电
      - 电流过大的原因
        - 短路
        - 电路中用电器的总功率过大
      - 保险丝
        - 作用 电流过大时,切断电路,对电路起保护作用
        - 制作材料 铅锑合金
        - 特点 电阻率大,熔点低（不能用铜丝、铁丝代替保险丝）
    - 家庭电路和安全用电
      - 家庭电路的组成
        - 火线、零线 火线、零线间的电压为220 V
        - 电能表 测一段时间内消耗的电能
        - 闸刀开关 控制整个电路通断
        - 开关 串联在火线上,控制用电器的通断
        - 插座
          - 双孔
          - 三孔 左零、右火、中间地
      - 火线、零线的分辨 试(测)电笔
      - 安全用电
        - 触电类型
          - 单线触电
          - 双线触电
        - 原则
          - 不靠近高压带电体
          - 不接触低压带电体
        - 触电的急救 先切断电源,然后施救

解题知识必备

1. 电能

电能的应用	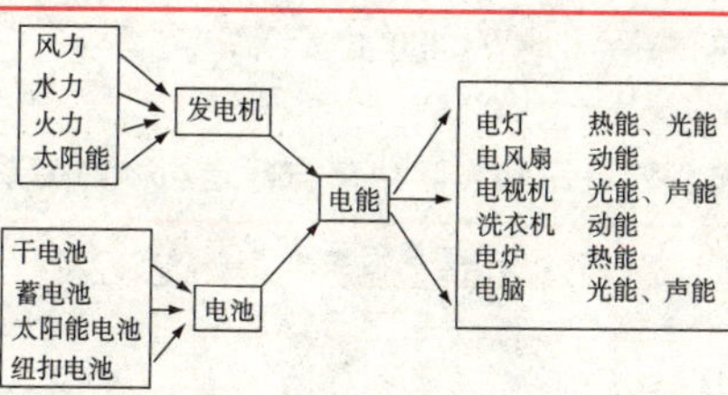
电能的单位	国际单位：焦耳(J)，常用单位：kW·h(即度)，1 kW·h=1 度，1 kW·h=3.6×10^{6} J
电能的优越性	(1)电能的来源比较广泛，自然界中存在着各种形式的能，如化学能、水能、风能、太阳能、核能等.这些能都能较方便地转化为电能，电池和发电机就是实现这种转化的装置 (2)电能便于输送.用电线就可以把电能送到千里以外的地方，输送电能比输送煤、石油等燃料方便得多 (3)电能使用方便.电能能很方便地转化为其他形式的能 (4)用电器在管理和操作方面比较简单，污染少，有利于环保

2. 电能表

作用	用来测量用电器在某一段时间内消耗的电能	
铭牌及意义	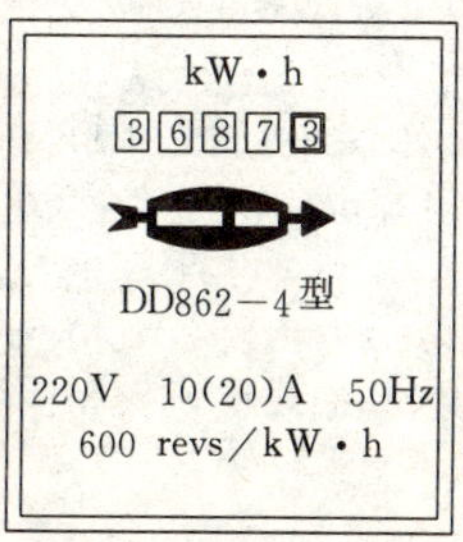	●"220 V"是说这个电能表应该在 220 V 的电路中使用 ●"10(20)A"是说这个电能表的标定电流是10 A，在短时间内应用时电流允许大一些，但不能超过 20 A ●"50 Hz"是说这个电能表在 50 Hz 的交流电路中使用 ●"600 revs/kW·h"是说电路中每消耗 1 kW·h 的电能，电能表上的转盘转过 600 转
读数方法	电能表前后两次的示数之差就是用电器在示数差对应的这段时间内消耗的电能	
种类	除了目前使用较普遍的机械式电能表之外，常用的还有 IC 卡电能表	

3. 电功率

(1)电功率的计算公式

①定义式(根据定义得到的公式)：$P=\frac{W}{t}$.

②常用公式：$P=\frac{W}{t}=\frac{UIt}{t}=UI$，即 $P=UI$.

③推导公式：$P=I^2R=\frac{U^2}{R}$.（只适用于纯电阻电路）

(2)电功率的单位：W 和 kW，主单位是 W.

1 W=1 V·A，1 kW=1 000 W.

(3)实际电压与额定电压和实际功率与额定功率的关系

电压关系	功率关系	用电器工作情况
$U_{实}=U_{额}$	$P_{实}=P_{额}$	用电器正常工作
$U_{实}<U_{额}$	$P_{实}<P_{额}$	用电器不正常工作
$U_{实}>U_{额}$	$P_{实}>P_{额}$	易损坏用电器

4. 测灯泡的电功率

实验原理	用电压表测得用电器两端的电压，用电流表测得用电器中的电流，利用电功率公式 $P=UI$ 可计算电功率
器材	小灯泡、开关、电源、电流表、电压表、滑动变阻器、导线
电路图	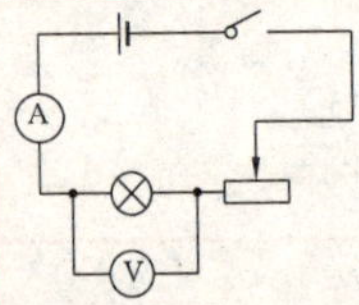
实验步骤	(1)根据电路图连接电路，设计实验记录表格 (2)使小灯泡在额定电压下发光，测出小灯泡的功率 (3)使小灯泡两端的电压约为额定电压的 1.2 倍，观察灯泡的发光情况，并测出小灯泡的功率 (4)使小灯泡两端的电压低于额定电压，观察小灯泡的发光情况，并测出小灯泡的功率
实验结论	(1)当实际电压等于额定电压时，小灯泡的实际功率等于其额定功率，此时小灯泡正常发光 (2)当实际电压大于额定电压时，小灯泡的实际功率大于额定功率，小灯泡发光较亮 (3)当实际电压小于额定电压时，小灯泡的实际功率小于额定功率，小灯泡发光较暗
注意事项	(1)电源电压应高于小灯泡的额定电压 (2)电压表的量程应大于小灯泡的额定电压，电流表的量程要大于小灯泡正常工作时的电流 (3)滑动变阻器允许通过的最大电流要大于小灯泡的正常工作电流. 而滑动变阻器的最大阻值应与小灯泡的电阻差不多，以使调节效果明显 (4)在实验前，开关要断开，防止由于电路连接错误而发生短路，损坏电流表 (5)实验时，首先要将滑动变阻器滑片滑至阻值最大位置，目的是防止电路中电流过大，起到保护作用 (6)移动滑动变阻器滑片的位置使灯泡两端电压高于额定电压时要注意，实际电压不能超过额定电压的 1.2 倍，同时时间不能过长，否则容易烧坏小灯泡

5. 串、并联电路中电功、电功率的特点

串联电路	并联电路
$W=W_1+W_2$	$W=W_1+W_2$
$P=P_1+P_2$	$P=P_1+P_2$
$\frac{W_1}{W_2}=\frac{R_1}{R_2}$	$\frac{W_1}{W_2}=\frac{R_2}{R_1}$
$\frac{P_1}{P_2}=\frac{R_1}{R_2}$	$\frac{P_1}{P_2}=\frac{R_2}{R_1}$
$\frac{U_1}{U_2}=\frac{R_1}{R_2}$	$\frac{I_1}{I_2}=\frac{R_2}{R_1}$
$\frac{Q_1}{Q_2}=\frac{R_1}{R_2}$	$\frac{Q_1}{Q_2}=\frac{R_2}{R_1}$

6. 焦耳定律

<table>
<tr><td colspan="2">电流的热效应</td><td colspan="2">电流通过导体时电能转化成热，这个现象叫做电流的热效应，电流热效应的定量规律就是焦耳定律</td></tr>
<tr><td rowspan="2">焦耳定律</td><td>内容</td><td colspan="2">电流通过导体产生的热量跟电流的二次方成正比，跟导体的电阻成正比，跟通电时间成正比</td></tr>
<tr><td>公式</td><td colspan="2">当热量、电流、电阻、时间分别采用国际单位制中的单位焦、安、欧、秒时，焦耳定律可以用公式表示为：$Q=I^2Rt$</td></tr>
<tr><td colspan="2">电热的利用和防止</td><td colspan="2">利用：制成各种电热器（纯电阻），通电时，电流做的功全部用于产生热量；热效率高，控制调节温度方便，清洁
防止：非电热器中也存在电阻，通电也产生热量，若散热不好会被烧毁，不少用电器通过散热孔或风扇进行散热</td></tr>
<tr><td colspan="2" rowspan="2">电热器中电流做功产生热量</td><td>计算公式</td><td>$Q=W=Pt$ 或 $Q=IUt=I^2Rt=\frac{U^2}{R}t$</td></tr>
<tr><td colspan="2">说明：电热器的铭牌上都标有“额定电压”和“额定功率”，但是应用焦耳定律计算电热器所产生的热量时，不能用额定电压或额定功率，而应该用电路中实际加在电热器两端的电压或电热器的实际功率来计算</td></tr>
</table>

巧学妙记

焦耳定律

焦耳定律说热量，三个因素有关联．电流平方是关键，

乘上电阻和时间．热量单位是焦耳，损耗能量常用此．

7. 电路中电流过大的原因

接入的用电器过多

↓

用电器总功率：

$P_{总}=P_1+P_2+\cdots=U(I_1+I_2+\cdots)=UI_{总}$

因家庭电路中电源电压为220 V不变，由$I_{总}=\dfrac{P_{总}}{U}$可知，$P_{总}$越大，则$I_{总}$越大.

↓

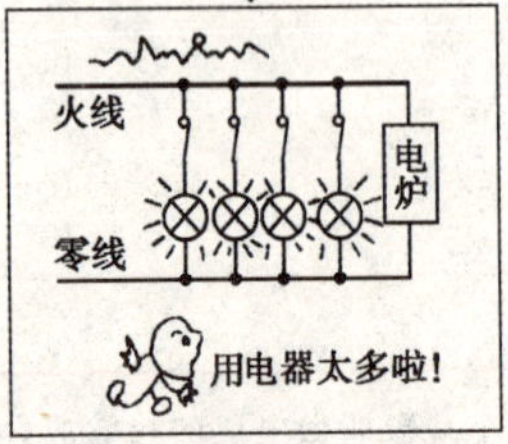

短路

↓

短路：某一段电路的两端用导线直接连接起来，使这段电路的电阻为零.照明电路电压U=220 V，由$I=\dfrac{U}{R}$可知，由于R几乎为零，所以电路中电流很大.

↓

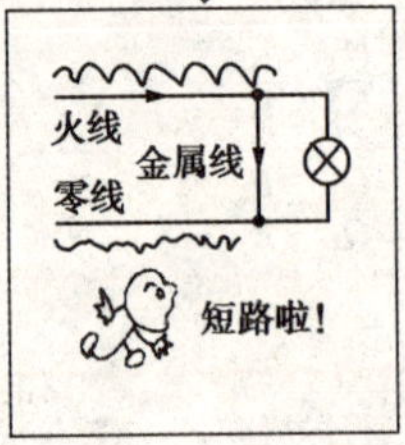

8. 家庭电路中几个重要元件的连接方法

元件	连接方法
闸刀开关	装在干路上，上端点为静触头，接输入导线
三孔插座	并联在电路中，左孔接零线，右孔接火线，上面的孔接地线
开关	接在火线上，控制所在支路的通断
灯泡	顶部的金属体与接开关的火线相连接，金属螺旋接在零线上

9. 试电笔

用途	用来辨别火线和零线
种类	钢笔式、螺丝刀式
使用方法	手持试电笔，使笔尖接触火线或零线，手指接触笔尾金属体，如果氖管发光，则是火线，氖管不发光，则是零线 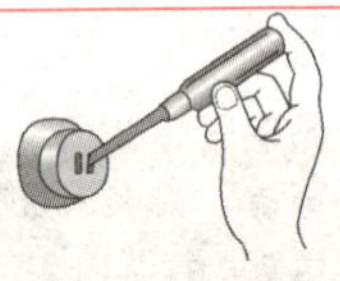
工作原理	如果被测导线是火线，电流经过笔尖、电阻、氖管、弹簧，再经过人体，经过大地构成回路，氖管就会发光

10. 安全用电

(1)安全用电的要求

①家庭电路的安装应符合安全用电的要求；②不用湿手触摸用电器，不弄湿用电器；③保护好用电器的绝缘体，不使火线裸露；④有金属外壳的家用电器，外壳要接地；⑤在户外不要靠近高压带电体；⑥注意防雷，高大建筑物上要装避雷针.

(2)触电及触电急救

人体是导体,当人体接触到火线且构成闭合电路(通路)时,电流通过人体,便发生触电事故.

发生触电一般有两种类型:①两手分别接触火线、零线;②单手接触火线,脚接触地面.

避免触电的原则:不接触低压带电体,不靠近高压带电体.

触电急救:人若发生触电,应先切断电源进行抢救,切莫直接用手去拉触电人.

题型技法归纳

题型一　电能表的使用及应用电能表测定家用电器电功率的方法

例 1　(兰州中考)暑假期间某同学和家人外出旅游,他忘记将家中电视机的电源关闭,电视机处于屏幕保护状态,出门前他家电能表的示数如图 1-16-1 所示,10 天后他回到家中,电能表的示数为 1 5 7 4 7 . 这段时间电视机消耗了________ kW·h 的电能,电视机处于屏幕保护状态时电功率约为________ W. 你从电能表的盘面上还能获得什么消息:________________. (写出一条即可)

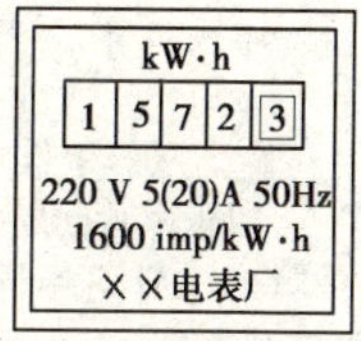

图 1-16-1

解析

某一阶段消耗的电能为电能表计数器的前后两次示数之差,即 1 574.7 kW·h－1 572.3 kW·h＝2.4 kW·h;电视机处于屏幕保护状态时的电功率为 $P=\frac{W}{t}=\frac{2.4\ \text{kW}\cdot\text{h}}{24\ \text{h}\times 10}=0.01\ \text{kW}=10\ \text{W}$;电能表上各参数的物理意义是:220 V 表示这个电能表应该在 220 V 的电路中使用;5 A 表示标定电流为 5 A,20 A表示短时间允许通过电能表的最大电流为 20 A;1 600 imp/kW·h表示每消耗 1 kW·h 的电能,电能表指示灯闪烁 1 600 次(从各参数的物理意义中任选一个即可).

答案:2.4　10　该电能表应该在 220 V 的电路中使用(能正确写出其他参数的含义也可)

方法技巧:(1)理解电能表的面板上各数据所代表的物理意义;(2)电能表的计数器上最后一位数字代表的是小数点后那位数;(3)用电能表测定家用电器电功率的方法:①只让待测用电器工作,关闭电路中的其他用电器;②用手表(或秒表)测出电能表转盘转过 n 转所用的时间 t(s);③被测用电器的功率 $P=\frac{W}{t}=\frac{\frac{n}{N}\times 3.6\times 10^6\ \text{J}}{t}=\frac{n\times 3.6\times 10^6\ \text{J}}{N\cdot t}$($N$ 为电能表上所标识的每消耗 1 kW·h 电能转盘转过的转数或指示灯闪烁的次数).

题型二　灯泡亮暗的比较方法

例 2　(宁夏中考)对于 L_1、L_2(额定电压相同,电阻 $R_1>R_2$)两只小灯泡连接到电路中谁更亮的问题,两位同学产生了争议:

甲认为：电功率与电阻成正比，因为 R_1 较大，所以，灯泡 L_1 更亮；

乙认为：电功率与电阻成反比，因为 R_2 较小，所以，灯泡 L_2 更亮.

(1)你认为甲乙两位同学观点各自成立的条件是什么？

(2)请你画出电路图，分别对两位同学的观点做出正确的解释(要有必要的文字说明、公式推证).

解析

根据电功率公式 $P=UI$，并结合欧姆定律公式 $I=\frac{U}{R}$ 可得电功率的两个推导式：① $P=I^2R$，② $P=\frac{U^2}{R}$，由①得出“通过两只灯泡的电流相等时，电功率与电阻成正比”的结论，由②得出“两只灯泡两端的电压相等时，电功率与电阻成反比”的结论. 这两个结论并不矛盾，因为它们是在不同的条件下得出的电功率与电阻的关系.

答案：(1)甲同学观点成立的条件是：$I_1=I_2$(流过两只小灯泡的电流相等)

乙同学观点成立的条件是：$U_1=U_2$(加在两只小灯泡两端的电压相等)

(2)①针对甲同学观点，设计如图 1-16-2 所示的小灯泡 L_1、L_2 的串联电路.

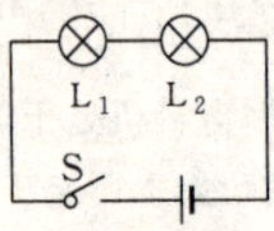

图 1-16-2

推证如下：

根据公式 $P=UI$，$I=\frac{U}{R}$ 可得

$P_1=I_1\cdot(I_1R_1)=I_1^2R_1$，$P_2=I_2\cdot(I_2R_2)=I_2^2R_2$

因为 $R_1>R_2$，$I_1=I_2$

所以 $P_1>P_2$(灯泡的实际功率越大，灯泡越亮)

由此得出：通过两灯泡的电流相等时，电功率与电阻成正比，因 R_1 较大，灯泡 L_1 的实际功率较大，所以灯泡 L_1 较亮.

②针对乙同学观点，设计如图 1-16-3 所示的小灯泡 L_1、L_2 的并联电路.

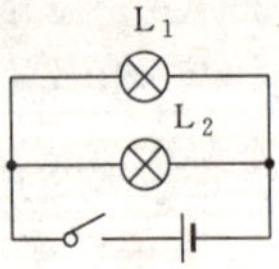

图 1-16-3

推证如下：

根据公式 $P=UI$，$I=\frac{U}{R}$ 可得

$P_1=U_1\cdot\frac{U_1}{R_1}=\frac{U_1^2}{R_1}$，$P_2=U_2\cdot\frac{U_2}{R_2}=\frac{U_2^2}{R_2}$

因为 $R_1>R_2$，$U_1=U_2$

所以 $P_1<P_2$(灯泡的实际功率越大，灯泡越亮)

由此得出：两只灯泡两端的电压相等时，电功率与电阻成反比，因 R_2 较小，灯泡 L_2 的实际功率较大，所以灯泡 L_2 较亮.

方法技巧：(1)灯泡的亮暗是由灯泡的实际功率决定的，比较灯泡的亮暗就要比较灯泡的实际功率，实际功率越大，灯泡越亮；(2)比较灯泡的亮暗时，先根据灯泡的规格(铭牌)利用公式 $R=\frac{U_{额}^2}{P_{额}}$ 计算或比较电阻的大小，然后根据灯泡的连接方式选择公式；(3)若灯泡串联，选用公式 $P_{实}=I^2R$；若灯泡并联，选用公式 $P_{实}=\frac{U^2}{R}$，由此比较灯泡的亮暗.

题型三　串、并联电路中电功率的求解方法

例 3　(江苏连云港中考)把标有“6 V　3 W”的灯泡 L_1 和标有“12 V　3 W”的灯泡 L_2 串联接在电压为 6 V 的电源两端，通过它们的电流为________A，它们消耗的功率之比为________；若将它们并联接在该电源上，消耗的总功率为________W.

解析

灯泡 L_1 的电阻 $R_1=\frac{U_1^2}{P_1}=\frac{(6\ \text{V})^2}{3\ \text{W}}=12\ \Omega$，灯泡 L_2 的电阻 $R_2=\frac{U_2^2}{P_2}=\frac{(12\ \text{V})^2}{3\ \text{W}}=48\ \Omega$，它们串联后的总电阻 $R=R_1+R_2=60\ \Omega$，故通过它们的电流 $I=\frac{U}{R}=\frac{6\ \text{V}}{60\ \Omega}=0.1\ \text{A}$，由 $P=I^2R$ 知，它们消耗的功率之比 $P_1:P_2=R_1:R_2=1:4$；若将它们并联在该电源上，通过 L_1 的电流 $I_1=\frac{U}{R_1}=\frac{6\ \text{V}}{12\ \Omega}=0.5\ \text{A}$，通过 L_2 的电流 $I_2=\frac{U}{R_2}=\frac{6\ \text{V}}{48\ \Omega}=0.125\ \text{A}$，电路中的总电流 $I=I_1+I_2=0.625\ \text{A}$，故消耗的总功率 $P=UI=6\ \text{V}\times0.625\ \text{A}=3.75\ \text{W}$.

答案：0.1　1∶4　3.75

方法技巧：(1)认真审题，明确题意，确定用电器的串、并联关系，画出相应的电路图；对于动态电路，画出不同状态下的等效电路图；(2)利用所给用电器的额定电压和额定功率求出用电器的电阻 $R=\frac{U_{额}^2}{P_{额}}$；(3)根据欧姆定律求出用电器在实际电路中的电流和电压；(4)正确选用公式 $P=UI$、$P=I^2R$ 或 $P=\frac{U^2}{R}$ 求出用电器的实际功率.

题型四　关于测量小灯泡电功率实验题目的解题技法

例 4　(广东中考)在“测定小灯泡额定功率”的实验中，电源电压为 4.5 V 且保持不变，小灯泡额定电压为2.5 V，电阻约为 10 Ω.

(1)请你用笔画线代替导线，将图 1-16-4 甲中的实物电路连接完整.

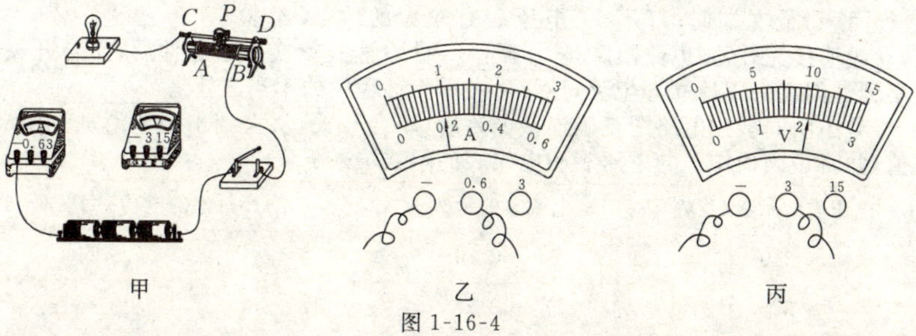

图 1-16-4

(2)当小明同学按要求将图 1-16-4 甲电路正确连接后，闭合开关，移动滑动变阻器滑片 P 到某一点时，电流表示数(如图 1-16-4 乙所示)为________A，电压表示数(如图 1-16-4 丙所示)为________V. 若他想测量小灯泡的额定功率，应将图 1-16-4 甲中滑动变阻器滑片 P 向________端(选填“A”或“B”)移动，使电压表的示数为2.5 V.

(3)另一组的小红同学在连线时，不小心将线接错了，闭合开关后，移动滑动变阻器滑片 P，发现电流表示数变大时，电压表示数却变小，你分析一下产生这个现象的原因是____.

解析

在测量小灯泡电功率的实验中，电压表与灯泡并联，电流表与灯泡串联，由于灯泡的额定电压为 2.5 V，电阻约为 10 Ω，所以电压表量程用 3 V，电流表量程用 0.6 A；从两表指针位置可知电流表示数为 0.2 A，电压表示数为 2 V，小于灯泡的额定电压，若使灯泡两端电压为 2.5 V，根据串联电路的分压规律可知，应减小滑动变阻器连入电路中的电阻，使其分压值减小，从而增大灯泡两端的电压，故应将滑片向 B 端移动；电流表示数变大，则灯泡变亮，灯泡两端电压变大，电压表示数变小只能是电压表并联在滑动变阻器两端.

答案：(1)如图 1-16-5 所示　(2)0.2　2　B　(3)电压表测滑动变阻器两端的电压了(电压表与滑动变阻器并联了)

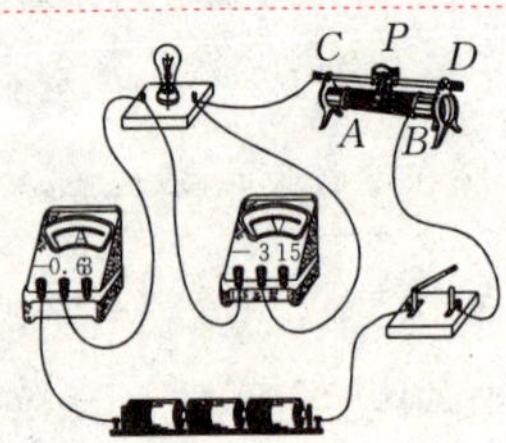

图 1-16-5

方法技巧：解答本题的关键是通过题中给出的信息，合理地选择电表的量程，同时要注意，电流表示数变大，电压表示数反而减小，只能是电压表与滑动变阻器并联了.

例 5　(江苏苏州中考)按图 1-16-6 所示的电路图做“测量小灯泡的功率”的实验. 所用器材有：标有“3.8 V”字样的待测小灯泡、电压恒为 6 V 的电源、标有“20 Ω　1 A”的滑动变阻器、电流表(量程为 0～0.6 A、0～3 A)、电压表(量程为 0～3 V、0～15 V)、开关及导线若干.

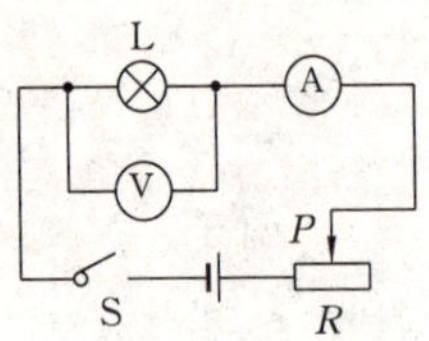

图 1-16-6

(1)某学生在实验时，把电流表与电压表的位置交换连接了，闭合开关后会造成________.(填选项前的字母)

A. 电流表烧坏

B. 电压表烧坏

C. 小灯泡烧坏

D. 小灯泡不亮

(2)另一学生按图连接电路后，闭合开关，将滑动变阻器的滑片移到最左端时，灯不亮，电压表有较大的示数. 经检查，导线连接完好，则电路故障是________. 排除该故障换用新元件后，闭合开关时，观察到灯闪亮一下后立即熄灭，该学生在操作过程中的不当之处是________.

(3)小明同学按电路图正确连接电路后，闭合开关，从大到小调节滑动变阻器的阻值，并将正确操作下的电压表和电流表的示数填入下表.

电压表的示数 U/V	电流表的示数 I/A	小灯泡的电功率 P/W
2.0	0.20	
2.5	0.22	
3.0	0.25	
3.8	0.30	
4.5	0.32	

①通过上表数据，可算得小电灯的额定功率为________W，还可得出关于灯丝电阻的结论是____;

②当小电灯正常工作时，连入电路的滑动变阻器的阻值为________ Ω.

③将两个这样的相同规格的小电灯串联后直接接在 6 V 电源的两端，两灯消耗的总功率为________ W.

(4)若电压表的 0～15 V 量程已损坏，只能使用 0～3 V 量程，其他器材不变，如何测出小电灯的额定功率？

①在虚线框中画出测量电路图；

②若小电灯两端最大可加 4.5 V 电压，为保证实验时你所设计的测量电路中各元件的安全，参照小明的实验数据，估算滑动变阻器接入电路的阻值范围应为________ Ω～________ Ω.

解析

(1)电流表与电压表的位置交换连接后，电压表串联在了电路中，由于电压表电阻很大，电路中电流就会很小，这样电流表、电压表、小灯泡都不会被烧坏，由于小灯泡中的电流太小，不会发光，故 D 选项正确.(2)电压表示数较大，约等于电源电压，这说明被测电路(小灯泡处)发生断路；闭合开关后，灯闪亮一下就熄灭了，这是由于灯泡两端电压太大，把灯泡烧坏了，这是因为开关闭合前，没有将滑动变阻器的滑片移到最大阻值处.(3)灯泡的额定电压为3.8 V，对应的电流为 0.3 A，则额定功率为 $P_{额}=U_1I=3.8\ \text{V}\times0.3\ \text{A}=1.14\ \text{W}$；此时滑动变阻器两端电压 $U_2=U-U_1=6\ \text{V}-3.8\ \text{V}=2.2\ \text{V}$，滑动变阻器接入电路的电阻 $R_2=\frac{U_2}{I}=\frac{2.2\ \text{V}}{0.3\ \text{A}}\approx7.3\ \Omega$；两个相同的小灯泡串联接在 6 V 的电源两端时，每个灯泡两端的电压为 3 V，从表中可知电路中电流为 0.25 A，则消耗的总功率 $P_{总}=UI=6\ \text{V}\times0.25\ \text{A}=1.5\ \text{W}$.(4)电压表量程用 0～3 V，测额定功率时可以将电压表并联在滑动变阻器的两端，只要电压表示数为 2.2 V 时，小灯泡两端电压就等于其额定电压 3.8 V，小灯泡就可正常发光.当小灯泡两端电压最大(4.5 V)时，从表中知电流为 0.32 A，此时滑动变阻器两端电压最小(1.5 V)，滑动变阻器接入电路的电阻最小为 $R_3=\frac{U_3}{I_3}=\frac{1.5\ \text{V}}{0.32\ \text{A}}\approx4.7\ \Omega$；当滑动变阻器两端电压最大(3 V)时，小灯泡两端电压为 3 V，从表中可知此时的电流为 0.25 A，滑动变阻器接入电路的电阻最大为 $R_4=\frac{U_4}{I_4}=\frac{3\ \text{V}}{0.25\ \text{A}}=12\ \Omega$，因此滑动变阻器接入电路的阻值范围应为 4.7 Ω～12 Ω.

答案:(1)D (2)小灯泡断路 开关闭合前没有将滑片移至阻值最大处 (3)①1.14 灯丝电阻随温度的升高而增大 ②7.3 ③1.5 (4)①如图 1-16-7 所示 ②4.7 12

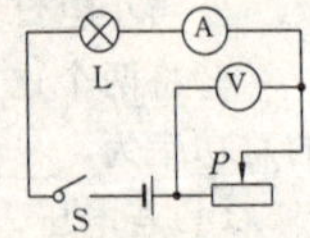

图 1-16-7

方法技巧:把握以下几点,正确解答有关"测量小灯泡的电功率"的实验题:(1)滑动变阻器的作用:①保护电路;②调节小灯泡两端的电压,使小灯泡两端的电压略低于、等于、略高于小灯泡的额定电压.(2)选择电压表与电流表量程的方法:①若已知小灯泡的额定电压与额定电流,可选择略高于额定电压与额定电流的电压表、电流表的量程;②若已知小灯泡的额定电压与小灯泡的电阻,则电压表的量程可根据额定电压来选择,而电流表的量程可根据欧姆定律 $I=\frac{U}{R}$ 来选择.(3)选择滑动变阻器的原则:滑动变阻器允许通过的最大电流要大于小灯泡的正常工作电流;滑动变阻器的最大电阻值要与小灯泡的电阻差不多,保证滑动变阻器的调节效果明显.(4)若闭合开关后,发现小灯泡很亮,电流表示数较大,电压表示数接近电源电压,移动滑片,两表示数与灯泡亮度都不变,则故障为将滑动变阻器的金属杆两端的两个接线柱接入电路中,或者是接在了滑动变阻器的同一个接线柱上.(5)若闭合开关后,发现小灯泡很暗,移动滑片,两表示数与灯泡亮度都不变,故障是将滑动变阻器的线圈两端的两个接线柱接入电路中,此时电路中相当于接入了一个定值电阻.(6)在进行数据处理时,不能将多次测量求出的电功率取平均值来作为小灯泡的额定功率,这是因为小灯泡的电功率随外加电压的变化而变化,每次求出的电功率都是小灯泡在不同电压下(或不同发光状态时)的电功率.

题型五 电热器挡位问题的解题技法

例 6 (陕西中考)图 1-16-8 为一款有高、低温两挡的蒸汽电熨斗电路原理图,R_1、R_2 为电热丝,其中 $R_2=242\ \Omega$.工作时,水升温并汽化成水蒸气,从而熨烫衣服.

(1)电热丝是利用电流的________效应工作的.分析电路图,闭合 S_1,当 S_2________时,电熨斗处于高温挡.

(2)电熨斗处于低温挡时,正常工作功率为 1 100 W.求:通过电路的电流是多大?R_1 的电阻是多大?通电 3 min 产生的热量是多少?

(3)若将该款电熨斗进行改造,使其正常工作时高温挡功率为 1 000 W,要求只改变其中一个电热丝的阻值,请你通过分析和计算,求出该电热丝改变后的阻值应为多少?

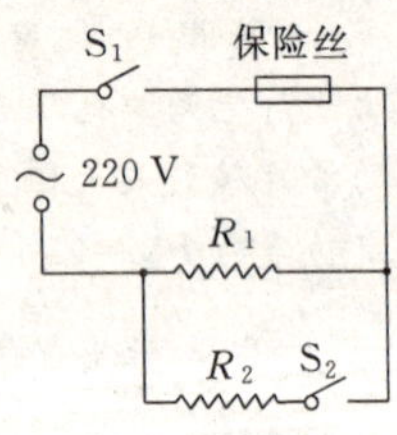

图 1-16-8

解析

(1)电热丝是利用电流的热效应工作的,当 S_1、S_2 都闭合时,R_1、R_2 并联的总电阻小于 R_1,根据电功率公式 $P=\frac{U^2}{R}$ 知,电压不变的情况下,这时的电功率大,所以为高温挡.(2)低温挡工作时,电路中只有 R_1,所以电流、电阻、热量可以分别通过公式 $I_1=\frac{P_1}{U}$、欧姆定律变形公式 $R_1=\frac{U}{I_1}$、焦耳定律公式 $Q=I_1{}^2R_1t$ 求出.(3)电熨斗在高温挡正常工作时,R_2 的功率可利用电功率公式 $P_2=\frac{U^2}{R_2}$ 求出;要使高温挡功率为 P_1',可改变 R_1 为 $R_1'=\frac{U^2}{P_1'}$,P_1' 可以通过总功率与 R_2 功率之差求得.

解：(1)热　闭合

(2)低温挡工作时，电路中的电流：$I_1=\dfrac{P_1}{U}=\dfrac{1\ 100\ \text{W}}{220\ \text{V}}=5\ \text{A}$

R_1的电阻：$R_1=\dfrac{U}{I_1}=\dfrac{220\ \text{V}}{5\ \text{A}}=44\ \Omega$

通电 3 min 产生的热量：$Q=I_1{}^2R_1t=(5\ \text{A})^2\times 44\ \Omega\times 3\times 60\ \text{s}=1.98\times 10^5\ \text{J}$

或 $Q=W=Pt=1\ 100\ \text{W}\times 3\times 60\ \text{s}=1.98\times 10^5\ \text{J}$

(3)电熨斗在高温挡正常工作时，R_2的功率：$P_2=\dfrac{U^2}{R_2}=\dfrac{(220\ \text{V})^2}{242\ \Omega}=200\ \text{W}$.

要使高温挡功率为 1 000 W，改变 R_1 为 $R_1{}'$，则 $R_1{}'$的功率：

$P_1{}'=P-P_2=1\ 000\ \text{W}-200\ \text{W}=800\ \text{W}$

$R_1{}'$的电阻：$R_1{}'=\dfrac{U^2}{P_1{}'}=\dfrac{(220\ \text{V})^2}{800\ \text{W}}=60.5\ \Omega$.

方法技巧：(1)挡位不同，电阻大小不同.根据电功率公式 $P=\dfrac{U^2}{R}$ 可知，当 U 一定时，低温挡电阻大，电功率小；高温挡电阻小，电功率大.(2)不同挡位的电路结构：①短路式：如图 1-16-9 所示，两电阻串联，用开关 S 与其中一个电阻 R 并联，当闭合开关 S 时，电阻 R 被短路，只有电阻 R_0 工作，此时为高温挡；当开关 S 断开时，两电阻串联，此时为低温挡，其中电阻 R_0 为发热电阻即电热丝.②单刀双掷式：如图 1-16-10 所示，当开关 S 掷向 1 时，R 与 R_0 串联，为低温挡；当开关 S 掷向 2 时，只有电热丝 R_0 工作，此时为高温挡.(3)多挡问题的原理.一般来说，电热器中只有两个电阻，通过开关处于不同的状态来实现"挡位"转换.当两个电阻串联时为低温挡，当单独使用一个电阻时为中温挡，当两个电阻并联时为高温挡.

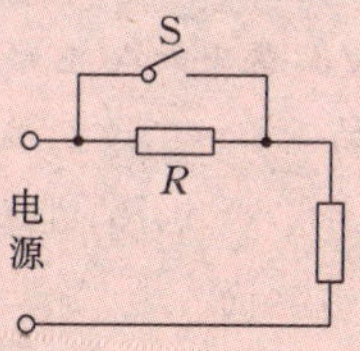

图 1-16-9

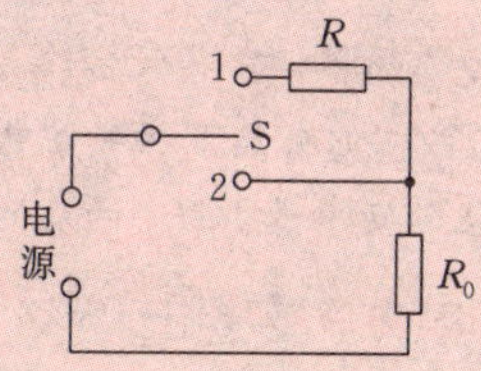

图 1-16-10

题型六　有关电功率的综合计算题解答技法

例 7　(南京中考)如图 1-16-11 所示电路，滑动变阻器上标有"50 Ω　1 A"，电源电压恒为 6 V，电流表量程为 0～0.6 A，电压表量程为 0～3 V.闭合开关 S，移动滑动变阻器滑片到某一位置时，电流表示数为 0.2 A，电压表示数为2 V，求：

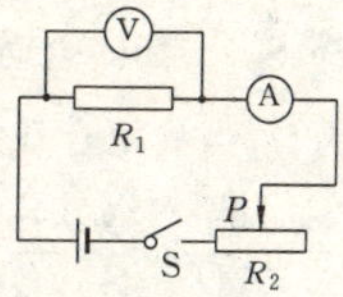

图 1-16-11

(1)电阻 R_1 的阻值；

(2)此时滑动变阻器消耗的功率；

(3)为保证电路安全，电阻 R_1 上允许消耗功率的范围.

解析

电路为电阻 R_1 与滑动变阻器 R_2 串联，串联电路中电流处处相等，R_1 的电阻可以利用欧姆定律的推导式 $R_1=\frac{U_1}{I}$ 求出；根据串联电路电压的关系先求出 R_2 两端的电压 U_2，然后根据电功率公式 $P_2=U_2I$ 求滑动变阻器消耗的电功率；当 R_1 中电流最小，即滑动变阻器连入电路的电阻最大时，根据电功率公式 $P_{1最小}=I_{最小}^2R_1$，这时 R_1 消耗的电功率最小. 当 R_1 中电流最大，即电压表示数最大(使用量程的最大值 3 V)时，根据电功率公式 $P_{1最大}=\frac{U_{1最大}^2}{R_1}$ 求出这时的电功率.

解：(1)$R_1=\frac{U_1}{I}=\frac{2\ \text{V}}{0.2\ \text{A}}=10\ \Omega$

(2)$U_2=U-U_1=6\ \text{V}-2\ \text{V}=4\ \text{V}$

$P_2=U_2I=4\ \text{V}\times0.2\ \text{A}=0.8\ \text{W}$

(3)电压表示数为 3 V 时，R_1 上消耗的功率最大

$P_{1最大}=\frac{U_{1最大}{}^2}{R_1}=\frac{(3\ \text{V})^2}{10\ \Omega}=0.9\ \text{W}$

当滑动变阻器阻值最大时，R_1 上消耗的功率最小

电路中最小电流 $I_{最小}=\frac{U}{R_总}=\frac{6\ \text{V}}{60\ \Omega}=0.1\ \text{A}$

$P_{1最小}=I_{最小}^2R_1=(0.1\ \text{A})^2\times10\ \Omega=0.1\ \text{W}$

R_1 上允许消耗功率的范围是 0.1 W～0.9 W.

方法技巧：(1)明确保证电路安全的含义，在本题中是指电路中的电流不能超过电流表的量程，R_1 两端的电压不能超过电压表的量程. (2)要明确电路中的电流最小时，电阻 R_1 上消耗的功率最小；R_1 两端的电压为 3 V 时，R_1 消耗的功率最大.

例 8 (北京中考)如图 1-16-12 所示，电源两端电压不变. 当只闭合开关 S_1 时，电流表的示数为 I_1，电压表的示数为 U_1，电阻 R_1 的电功率为 P_1；当开关 S_1、S_2、S_3 都闭合时，电流表的示数为 I_2，电压表的示数为 U；当只闭合开关 S_2 时，电阻 R_3 的电功率为0.64 W，已知：$\frac{U_1}{U}=\frac{3}{4}$，$\frac{I_1}{I_2}=\frac{1}{4}$. 求：

(1)电阻 R_2 与 R_3 之比；

(2)电阻 R_1 的电功率 P_1.

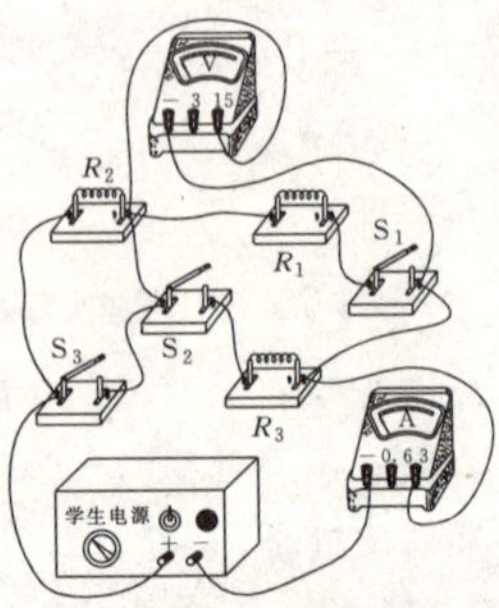

图 1-16-12

解析

分析电路可知，当只闭合开关 S_1 时，R_2 与 R_1 串联，电压表测量 R_1 两端的电压，电流表测量电路中的电流，根据欧姆定律可得到电源电压 U 的表达式 $U=I_1(R_1+R_2)$ 和 R_1 两端电压的表达式 $U_1=I_1R_1$，根据题意条件 $\frac{U_1}{U}=\frac{3}{4}$，可得到 R_1 与 R_2 之间的阻值关系为 $R_1=3R_2$；当开关 S_1、S_2、S_3 都闭合时，电阻 R_1 与 R_3 并联，由于电源电压不变，所以由前面两种情况可得 $U=I_1(R_1+R_2)=I_2\frac{R_1R_3}{R_1+R_3}$，并结合 $R_1=3R_2$ 分析可得：$\frac{R_1}{R_3}=2$，$\frac{R_2}{R_3}=\frac{2}{3}$；要想求得电阻 R_1 的电功率 P_1，由于电阻 R_3 的电功率为 0.64 W，所以要建立电阻 R_1 的电功率 P_1 与电阻 R_3 的电功率之间的联系，根据电功率公式 $P=I^2R$ 可知，只要运用欧姆定律得到电流之间的关系即可求解.

解： 当只闭合开关 S_1 时，等效电路如图 1-16-13 甲所示；当开关 S_1、S_2、S_3 都闭合时，等效电路如图 1-16-13 乙所示；当只闭合开关 S_2 时，等效电路如图 1-16-13 丙所示.

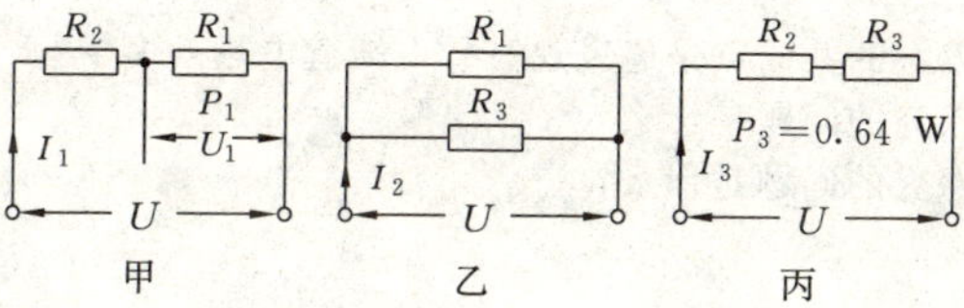

图 1-16-13

(1)由图 1-16-13 甲得：$U_1=I_1R_1$，$U=I_1(R_1+R_2)$

已知：$\frac{U_1}{U}=\frac{3}{4}$，$\frac{U_1}{U}=\frac{R_1}{R_1+R_2}$

解得：$R_1=3R_2$

已知：$\frac{I_1}{I_2}=\frac{1}{4}$

由图 1-16-13 甲、乙得：$I_1(R_1+R_2)=I_2\frac{R_1R_3}{R_1+R_3}$

解得：$\frac{R_1}{R_3}=2$，$\frac{R_2}{R_3}=\frac{2}{3}$.

(2)由图 1-16-13 甲、丙得：$I_1=\frac{U}{R_1+R_2}=\frac{3U}{4R_1}$，$I_3=\frac{U}{R_2+R_3}=\frac{6U}{5R_1}$

$\frac{I_1}{I_3}=\frac{3U}{4R_1}\times\frac{5R_1}{6U}=\frac{5}{8}$

由图 1-16-13 甲、丙得：$P_1=I_1^2R_1$，$P_3=I_3^2R_3$

$\frac{P_1}{P_3}=\frac{I_1^2R_1}{I_3^2R_3}=\frac{25}{32}$

已知：$P_3=0.64$ W

解得：$P_1=\frac{25}{32}P_3=\frac{25}{32}\times0.64\ W=0.5\ W$.

方法技巧：解答此类问题的一般方法是：

(1)分析电路图，必要时要画出等效电路图，确定电路的连接方式；

(2)审题：分析题中给出的已知量以及待求量，确定电表所测物理量、滑动变阻器如何连接等，并找出解答问题的“题眼”(突破口)；

(3)选用适当的公式，代入数据解答.

题型七　探究影响电热因素的方法

例 9　(山东烟台中考)为了探究影响电热的因素，实验室准备了两个装满煤油的烧瓶、两个带有橡皮塞的粗细均匀的相同玻璃管，两根不同阻值的电阻丝，以及滑动变阻器、开关、导线、电源等. 两个实验小组根据提供的实验器材，分别设计了图 1-16-14 甲、乙所示的两个方案.

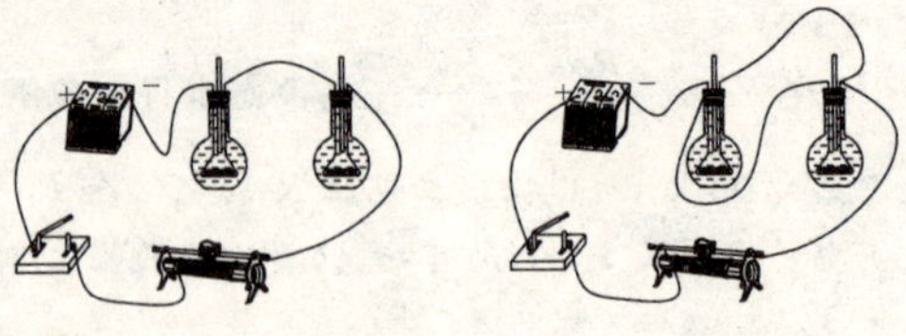

图 1-16-14

(1)这两个方案的共同点是通过观察什么知道电热的多少？

(2)甲方案探究的问题是什么？

(3)乙方案探究的问题是什么？

解析

实验中用煤油柱升高的高度来体现煤油温度的变化，从而体现出煤油吸收热量的多少，而反映出电流产生热量的多少，这是利用转换法. 在甲图中两根电热丝串联，利用串联电路中电流相等的特点控制了电流相同来探究在电流一定时，电热与电阻的关系；在乙图中两根电热丝并联，利用并联电路中各支路两端的电压相等的特点控制了电压相同来探究在电压一定时，电热与电阻的关系.

答案：(1)观察玻璃管中液面的高度.　(2)在电流一定时，电热与电阻的关系.　(3)在电压一定时，电热与电阻的关系.

方法技巧：(1)应用转换法来判断电流产生热量的多少. (2)在探究过程中要注意控制变量法的运用，如两个烧瓶内煤油的质量、通电时间等. (3)要探究电流一定，电流产生的热量与电阻之间的关系时，应将两电阻丝串联接入电路中；要探究电压一定，电流产生的热量与电阻之间的关系时，应将两电阻丝并联接入电路中. (4)注意结论成立的前提条件：电流产生的热量跟电阻成正比的前提条件是“电流一定”；成反比的前提条件是“电压一定”.

题型八　家庭电路故障的分析方法

例 10　(兰州中考)某同学家室内的电灯均正常工作，当他把“220 V　8 W”的台灯插头插入插座后，闭合台灯开关，室内电灯全部熄灭，发生这一现象的原因可能是(　　)

A. 插座处短路　　B. 台灯插头处短路

C. 台灯开关处短路　　D. 台灯灯头处短路

解析

从题意可判断，电路是发生了短路故障，由于台灯插头插入插座后，闭合台灯开关时，室内电灯才全部熄灭，所以排除插座和台灯插头处的短路，台灯的开关短路，相当于开关闭合，不会导致电源短路，所以D选项正确.

答案：D

方法技巧：室内电灯全部熄灭是由于熔丝熔断或漏电保护器跳闸.造成这一现象的原因有两个方面，一是出现了短路，二是电路中总功率过大，具体是哪方面原因可结合题意进行分析判断.

例 11 （广州中考）如图 1-16-15 所示的电路中，正常发光的三盏灯突然全部熄灭，经检查保险丝完好，用试电笔插进插座的两孔，氖管均发光.造成这一现象的原因是（　　）

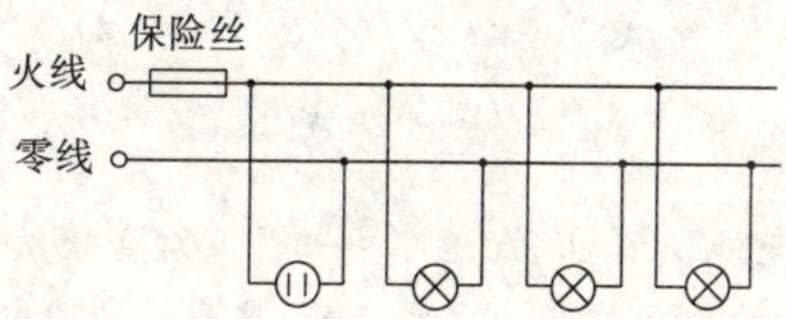

图 1-16-15

A. 插座发生短路了　　B. 进户的火线断了

C. 进户的零线断了　　D. 某盏电灯的灯丝断了

解析

若插座发生短路，会导致电路中的电流急剧增大，保险丝要熔断，故A选项错误；进户线的火线断路，试电笔插进插座的两孔，氖管不会发光，试电笔必须接触到火线才可能发光，故B选项错误；进户的零线断路，不会导致保险丝烧断，但会影响灯泡的发光，同时插座的两个插孔都与火线接触，试电笔氖管都会发光，故C选项正确；各用电器之间是并联的，如果某一个灯的灯丝断路，不会影响其他用电器的正常工作，即其他的灯应会亮，故D选项错误.

答案：C

方法技巧：家庭电路的故障分析已逐渐成为中考命题的热点，常见的故障及其原因分析如下：(1)保险丝熔断：可能是短路，也可能是电路中的总功率过大.(2)火线断路：断点与火线之间能使试电笔的氖管发光，断点与零线之间不能使试电笔的氖管发光.(3)进户线零线断路：断点与火线之间能使氖管发光，从现象上看，插座中的两孔都能使试电笔的氖管发光，这是因为零线断了之后，电流从火线通过其他用电器，经过零线孔、试电笔流过人体到达大地.(4)干路保险丝所在部位换为一盏额定电压为220 V的白炽灯，若灯泡正常发光可判断家庭电路某处短路.

题型九　家庭电路的连接方法

例 12　(山东临沂中考)如图 1-16-16 所示的家庭电路中不符合要求的是(　　)

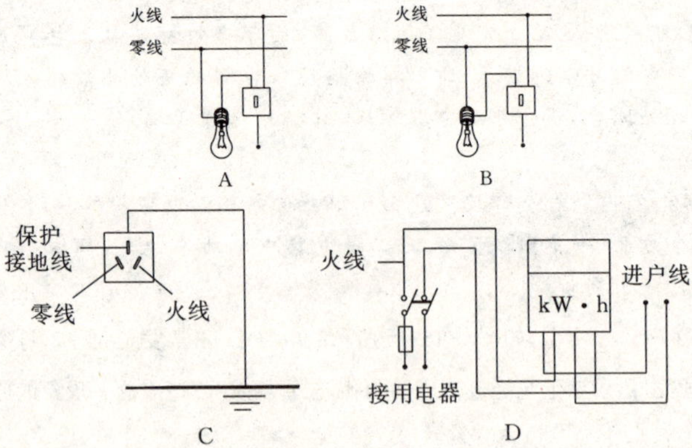

图 1-16-16

解析

由题中所给电路图可以看出,A 选项中开关及灯套顶端均与火线相连接,符合安全用电原则;B 选项中灯套螺旋与火线连接,这样容易触电,不正确;三孔插座的中间线为接地线,与地线相连,故 C 选项正确;家庭电路安装时导线先通过电能表,再通过闸刀开关,最后经熔断器,所以 D 选项的连接是正确的.

答案:B

方法技巧:可结合家庭电路的组成及如何连接解答.

1. 安装电灯顺口溜:

火线零线并排走,零线直接进灯座.

火线接进保险盒,再过开关进灯座.

2. 家庭电路安装顺口溜:进户线来到,必定先进表(电能表),经过总开关,然后再进盒,开关与灯串,电器要并联.

题型十　有关安全用电问题的解题技法

例 13　(武汉中考)在图 1-16-17 所示的四幅图中,符合安全用电原则的是(　　)

A. 用电器的总功率过大　　B. 发生触电事故时立即切断电源　　C. 电线上晾衣服　　D. 电视天线与电线接触

图 1-16-17

解析

A选项中用电器的总功率过大会烧坏电路;C、D选项中,湿衣服晾晒在电线上和天线与电线接触均易造成触电事故;发生触电事故要先切断电源再施救,以免救人者触电,故只有B选项的做法符合安全用电的原则.

答案:B

方法技巧:(1)图文结合,明确每幅图所表达的意思;(2)联系所学安全用电的知识作出判断.

典题针对训练

1.(湖南湘潭中考)许多家用电器的三脚插头有一特别之处;三脚插头中与用电器金属外壳连接的那个插脚比另外两个插脚要稍长,如图1-16-18所示.这样设计是为了(　　)

A. 插头插入插座时,电器外壳先接地;拔出时,电器外壳后离开地线

B. 方便识别火线和零线插脚

C. 延长插头使用寿命

D. 使插头的造型更美观

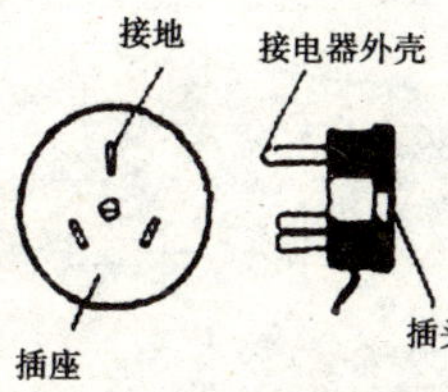

图 1-16-18

2.(天津中考)将两个定值电阻 R_1、R_2 并联在电压为 U 的电源两端,R_1 消耗的功率为 P_1,R_2 消耗的功率为 $3P_1$.当把它们串联在电压为 $4U$ 的电源两端时,下列说法正确的是(　　)

A. R_1 两端的电压为 U　　B. R_2 消耗的功率变大

C. 通过 R_2 的电流变小　　D. 两个电阻消耗的总功率为 $12P_1$

3.(武汉中考)下列电路图1-16-19中电源电压 U 保持不变,小灯泡的额定电压为 U_0,且 $U>U_0$,定值电阻的阻值为 R.在不改变电路连接的情况下,能测出小灯泡额定功率的是(　　)

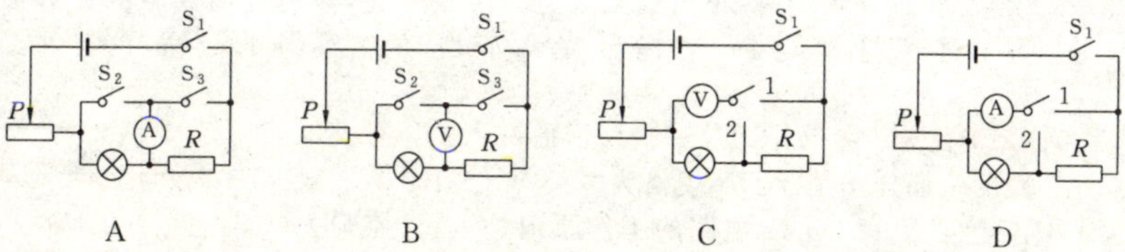

图 1-16-19

4.(江苏扬州中考)灯泡L的额定电压为6 V,小明通过实验测得其电流随电压变化的曲线如图1-16-20所示.由图可知,当灯泡L正常发光时,通过其灯丝的电流是________A,此时灯泡L的电阻是________Ω;通过调节滑动变阻器,使灯泡L两端的电压为3 V,则此时灯泡L消耗的实际功率为________W.

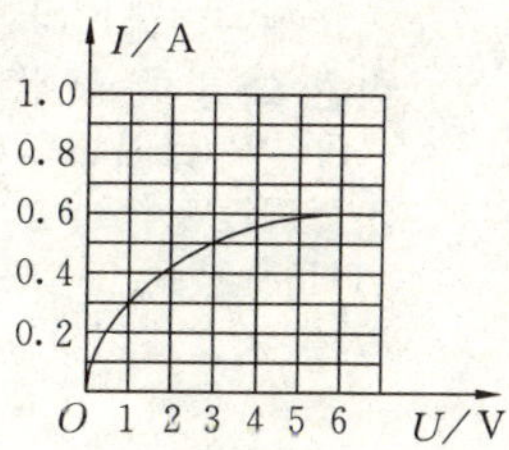

图 1-16-20

5.(山东烟台中考)某工厂开发研制了一种高、中、低三挡家用电火锅,观察其内部结构发现是由两个相同的电热丝构成.改变挡位就是改变电热丝连入电路的方式.研究发现:旋动开关,当转换开关在中挡位置时,发热功率为 600 W,这时只有一个电阻丝连入电路.那么,当转换开关分别处于高、低两挡位置时,其发热功率分别为________W和________W.

6.(重庆中考)为了测定额定电压为"2.5 V"小灯泡的电功率,小明同学设计了如图 1-16-21 甲所示的电路图.实验中各元件完好,电源电压保持不变.

(1)连接电路的过程中开关应________.请你在图 1-16-21 乙中用笔画线代替导线,帮小明同学将电路连接完整.(连线不得交叉)

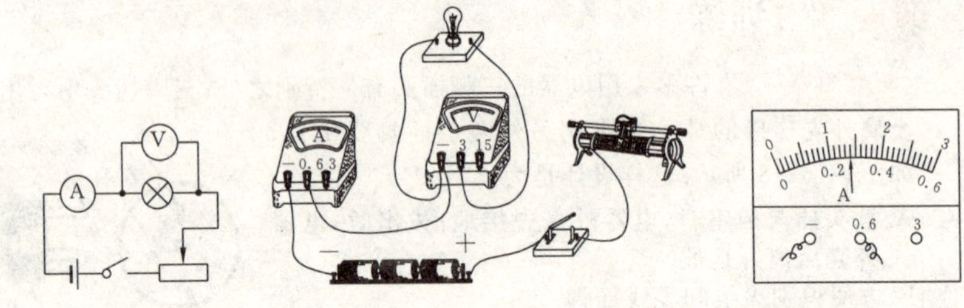

甲　　　　乙　　　　丙

图 1-16-21

(2)小明同学闭合开关后,发现小灯泡不亮,但电流表、电压表均有示数,接下来他首先应进行的操作是________(选填字母序号)

A. 检查电路是否断路

B. 更换小灯泡

C. 移动滑动变阻器的滑片,观察小灯泡是否发光

(3)为了测量小灯泡的额定功率,应调节滑动变阻器,当电压表的示数为________V 时,灯泡正常发光,此时电流表的示数如图丙所示,则通过小灯泡的电流为________A,该灯泡的额定功率为________W.

(4)实验过程中,有些小组的小灯泡先由暗变亮,然后发出耀眼的光后被烧坏.为了避免灯丝烧断,请提出在调节滑动变阻器的过程中应注意的事项:________.

7.(江苏盐城中考)如图 1-16-22 所示是一个加热、保温电路的一部分.电热丝 R_1 规格为"220 V　1 100 W",限流电阻 $R_2=506\ \Omega$.电路的工作原理是:当温控开关 S 接 a 时,电热丝 R_1 接入电路,电路处于加热状态;当达到一定温度时,温控开关 S 自动从 a 切换到 b,电路处于保温状态.正常工作时,加热功率 1 100 W,保温功率 88 W.(电源电压保持不变,电阻不随温度变化.)

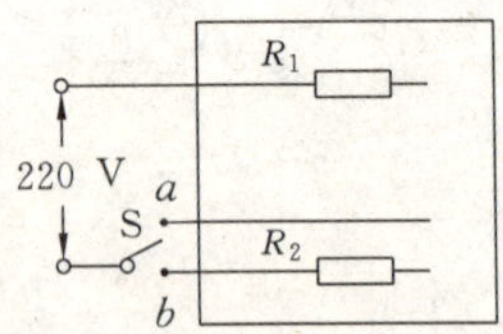

图 1-16-22

(1)请你按照上述原理,对图 1-16-22 进行连线,使它成为完整的电路图;

(2)某天在使用(1)中已经连接完整的电路时,R_1 烧毁了.有人想使电路恢复正常工作,设计了下面方案.请通过计算、分析,对两个方案作出评价:

方案一：用“220 V　220 W”电热丝 R_3、“220 V　880 W”电热丝 R_4 串联替代 R_1；

方案二：用两根都是“220 V　550 W”的电热丝 R_5 并联替代 R_1.

(3)请你选用下表所提供的电热丝，再设计一个方案，使(2)中损坏的电路恢复正常工作，并说明设计理由.电热丝：

符号	R_6	R_7	R_8	R_9
规格	220 V 500 W	220 V 600 W	220 V 2 200 W	110 V 550 W
数量	1	1	2	3

针对训练答案

1. A　解析：三脚插头中接地线的插脚较长，是从安全用电的角度设计的，当插头插入插座时，电器外壳先接地；拔出时，电器外壳后离开地线，防止人体在意外情况下触电，故 A 选项正确.

2. D　解析：当电阻 R_1、R_2 并联时，R_1、R_2 两端电压相同(均为 U)，消耗的功率 $P_2=3P_1$，根据电功率公式 $P=\frac{U^2}{R}$ 可知 $R_1=3R_2$，$I_2=\frac{U}{R_2}$；当电阻 R_1、R_2 串联在电压为 $4U$ 的电源上时，电流 $I'=I'_1=I'_2=\frac{4U}{4R_2}=\frac{U}{R_2}$，故 C 选项错误；根据欧姆定律变形式 $U=IR$ 知 $U_1=3U_2$，又 $U_1+U_2=4U$，所以 $U_1=3U$，$U_2=U$，$P'_2=P_2$，故 A、B 选项错误；两个电阻消耗的总功率 $P_{总}=\frac{(4U)^2}{R_{总}}=\frac{16U^2}{4R_2}=\frac{4U^2}{\frac{1}{3}R_1}=\frac{12U^2}{R_1}=12P_1$，故 D 选项正确.

3. C　解析：从题中所给的四个电路图可以看出，A 选项中的电路图无论三个开关如何闭合或断开，均不能直接或间接测出灯泡两端的电压，且 S_2、S_3 两次闭合前后电流表有一次要反接；B 选项中的电路能测出灯泡的电压，或定值电阻两端的电压，D 选项中的电路图无论开关拨到 1 或 2，均令灯泡短路.所以 A、B、D 选项中的电路图均无法测小灯泡的额定功率.C 选项中的电路图当开关拨到 2 时，调节滑动变阻器，使电压表示数为灯泡的额定电压，再将开关拨到 1，测出灯泡与定值电阻的总电压，再利用串联电路电流相等，间接算出灯泡的额定电流，即可测出灯泡的额定功率，故正确选项为 C.

4. 0.6　10　1.5　解析：灯泡 L 的额定电压为 6 V，说明灯泡 L 在 6 V 的电压下正常发光，从题图可以看出此时通过灯泡 L 的电流为 0.6 A，根据欧姆定律公式的推导式可得 $R=\frac{U_1}{I_1}=\frac{6\ \text{V}}{0.6\ \text{A}}=10\ \Omega$；由题图可知，当灯泡两端的电压为 3 V 时电流为 0.5 A，根据电功率公式 $P=U_2I_2=3\ \text{V}\times0.5\ \text{A}=1.5\ \text{W}$.

5. 1 200　300　解析：根据电功率公式 $P=\frac{U^2}{R}$，在电源电压不变的情况下，电热丝发热功率与电路的总电阻成反比，总电阻越小，电热丝发热功率越大，所以高挡时是两个电热丝并联，低挡时是两个电热丝串联.中挡位置时，只有一个电阻丝连入电路.两个相同的发热电阻丝并联(高挡)时总电阻为一根电热丝电阻的$\frac{1}{2}$,所以发热功率为中挡时的2倍,即1 200 W;两个相同的发热电阻丝串联(低挡)时总电阻为一根电热丝电阻的2倍,所以发热功率为中挡时的$\frac{1}{2}$,即300 W.

6.(1)断开　如图1-16-23所示　(2)C
(3)2.5　0.28　0.7　(4)调节滑动变阻器保证电压表的示数等于或稍高于额定电压,防止小灯泡被烧坏

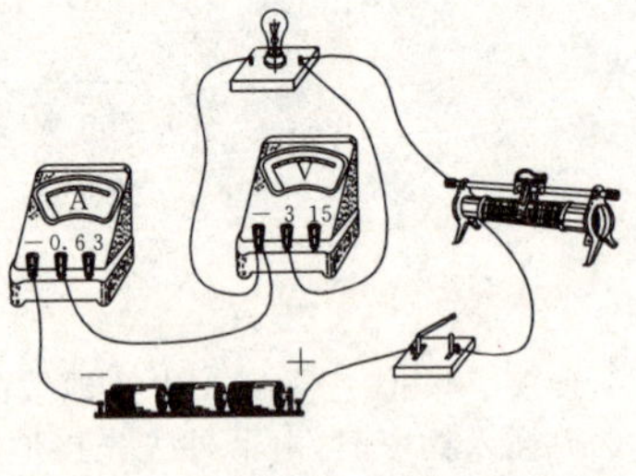

图1-16-23

解析:做电学实验,在连接电路时开关应是断开状态,防止电阻短路时电流过大,烧坏电路元件;由于小灯泡的额定电压是2.5 V,所以电压表量程应选择0～3 V,电流表量程由题中丙图可知,选择0～0.6 A,滑动变阻器连接时要"一上一下"且与灯泡串联;若灯泡不亮,而两电表均有示数,则有可能是灯泡两端的实际电压偏低,此时应移动滑动变阻器的滑片,使灯泡两端的电压变大;灯泡若正常发光,其两端的实际电压应等于2.5 V,此时电流表的示数为0.28 A,由公式$P=UI$得灯泡的额定功率为$P=2.5\text{ V}\times 0.28\text{ A}=0.7\text{ W}$;为了保护灯泡不被烧坏,在使用滑动变阻器时要保证电压表的示数不能高于灯泡额定电压太多,使其等于或稍高于灯泡的额定电压值.

7.见解析　解析:(1)如图1-16-24所示　(2)方案一:$R_3=\frac{U^2}{P_3}=\frac{(220\text{ V})^2}{220\text{ W}}=220\ \Omega$

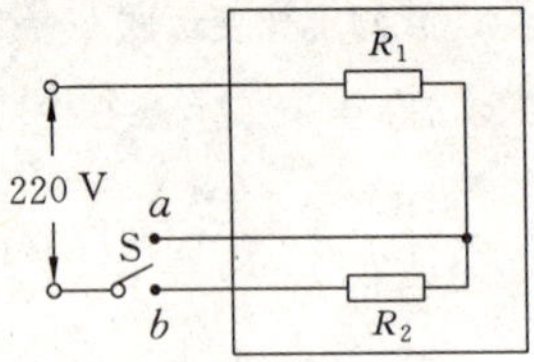

图1-16-24

同理$R_4=55\ \Omega$,R_3、R_4串联后:

加热时:$P_{串}=\frac{U^2}{R_3+R_4}=\frac{(220\text{ V})^2}{220\ \Omega+55\ \Omega}=176\text{ W}<1\ 100\text{ W}$

保温时:$P'_{串}=\frac{U^2}{R_3+R_4+R_2}=\frac{(220\text{ V})^2}{220\ \Omega+50\ \Omega+506\ \Omega}\approx 62.4\text{ W}<88\text{ W}$,两项都不合题意要求,方案一不可行.

方案二:$R_1=\frac{U^2}{P_1}=\frac{(220\text{ V})^2}{1\ 100\text{ W}}=44\ \Omega$,同理$R_5=88\ \Omega$.两根电热丝$R_5$并联后总电阻值是44 Ω能替代$R_1$,加热时功率为1 100 W;保温时功率为88 W.正常工作时,两项都合要求.但是,当其中一根电热丝烧坏时,电路仍可以工作.加热时:R_5正常工作,$P=550\text{ W}<1\ 100\text{ W}$;保温时:$P'''=\frac{U^2}{R_2+R_5}=\frac{(220\text{ V})^2}{506\ \Omega+88\ \Omega}\approx$
81.5 W<88 W
断了一根电热丝后,两项都不符合要求,而且不能及时发现加以排除.可见方案二不是最佳的.

(3)设计如下:将两根"110 V　550 W"电热丝R_9串联替代R_1,理由:一个电热丝的电阻值为R_9,$R_9=\frac{U^2}{P}=\frac{(110\text{ V})^2}{550\text{ W}}=22\ \Omega$

两根电热丝串联后总阻值是44 Ω,接在220 V电压下能正常工作,能完全等效替代R_1,符合要求.

第十七章 电与磁

学习思维导图

- 电与磁
  - 磁现象
    - 磁性：物体能够吸引铁、钴、镍等物质的性质
    - 磁极：磁体上磁性最强的部分,南极——S,北极——N
    - 磁极间的相互作用规律：同名磁极相互排斥,异名磁极相互吸引
    - 磁化：使原来没有磁性的物体获得磁性的过程
    - 磁场的方向：在磁场中小磁针静止时北极所指的方向
    - 磁感线
      - 描述磁场的分布而假想的曲线
      - 方向：磁体外部从N极指向S极
      - 特点：闭合曲线、立体分布、不交叉
    - 地磁场
      - 地磁的南极在地理的北极附近
      - 地磁的北极在地理的南极附近
  - 电与磁的联系
    - 电生磁
      - 奥斯特实验：通电导线的周围有磁场,磁场的方向跟电流的方向有关
      - 通电螺线管
        - 磁场分布：与条形磁铁相似
        - 极性：与电流方向有关
        - 判断极性的方法：安培定则
      - 电磁铁
        - 探究实验
          - 方法：控制变量法
          - 结论
            - 磁性的强弱与电流的大小有关
            - 磁性的强弱与线圈的匝数有关
        - 优点
          - 磁性的有无、强弱可控
          - 极性可以改变
        - 应用
          - 扬声器：发声原理
          - 电磁继电器
            - 构造、工作原理
            - 优点
      - 磁场对电流的作用
        - 对通电直导线的作用
          - 跟电流的方向有关
          - 跟磁场的方向有关
        - 电动机
          - 原理：通电线圈在磁场中受到力的作用
          - 基本构造：定子、转子、换向器
          - 能量转化：电能转化为机械能
    - 磁生电
      - 感应电流产生的条件：闭合电路部分导体做切割磁感线运动
      - 感应电流的方向
        - 与磁感线的方向有关
        - 与导体做切割磁感线的运动方向有关
      - 发电机
        - 基本构造：转子、定子
        - 工作原理：电磁感应现象
        - 能量转化：机械能转化为电能
        - 交流电：大小和方向周期性变化的电流
        - 我国交流电
          - 频率为50 Hz
          - 周期为0.02 s

解题知识必备

1. 磁现象

磁性	磁铁能够吸引铁、钴、镍等物质，这种性质叫磁性
磁体	具有磁性的物体叫磁体
磁极	(1)磁体上磁性最强的部分叫做磁极. 自由转动的磁体静止下来时，指南的一端叫磁体的南极，用符号 S 表示，指北的那一端叫磁体的北极，用符号 N 表示 (2)磁极间的相互作用规律：同名磁极相互排斥，异名磁极相互吸引
磁化	(1)使原来没有磁性的物体获得磁性的过程叫磁化 (2)铁棒被磁化后，其磁性很容易消失，称为软磁体. 钢棒被磁化后，其磁性能够长期保持，称为硬磁体或永磁体. 因为钢具有长期保持磁性的性质，所以永磁体常常用钢来制作

2. 磁场

概念	磁体的周围存在磁场. 磁场是看不见、摸不着的，但它是确实存在着的，是一种物质
性质	磁场的基本性质是对放入其中的磁体能够产生磁力的作用，也就是说，磁极间的相互作用力是通过磁场来发生的，小磁针静止后一端指南，另一端指北，当把条形磁体放在小磁针附近时，会看到小磁针发生了偏转，这是因为小磁针受到了条形磁体磁场的作用
方向	小磁针放入磁场中不再指南北，N、S 极各自都有新的指向，这证明了磁场具有方向性，人们规定：在磁场中的某一点，小磁针静止时北极(N 极)所指的方向就是该点的磁场方向，在磁场中不同点，磁场方向不同
描述	磁场可借助磁感线来描述，磁感线上任何一点的切线方向就是该点的磁场方向，磁感线的疏密还可以表示磁场的强弱. 磁感线在磁体外总是从 N 极发出，最后回到 S 极. 在磁场中的某一点，小磁针静止时北极所指的方向就是该点磁场的方向. 几种常见磁场的磁感线如图所示 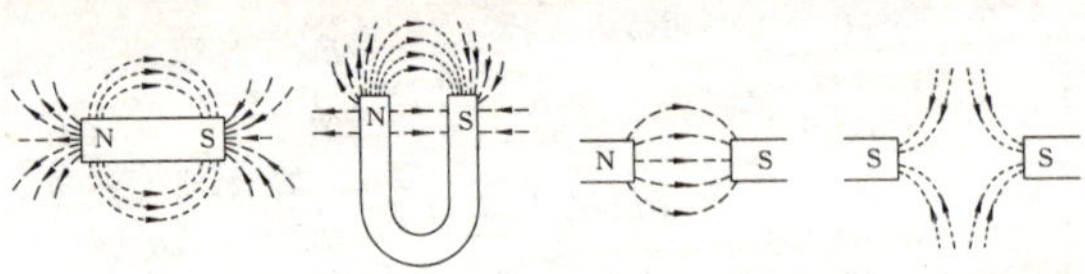

3. 电生磁

(1)奥斯特实验：1820 年，丹麦物理学家奥斯特做了类似如图 1-17-1 所示的实验，将一根直导线平行地放置在静止小磁针的上方，观察通电时小磁针的偏转情况.

这个实验说明：电流周围存在磁场，电流周围的磁场方向与电流的方向有关.

巧学妙记

磁场

磁场方向有规定，
磁针静止北极指.
磁体外部磁感线，
北极(N)出发回南极(S).
地球周围地磁场，
沈括发现磁偏角.

(2)电流的磁效应:通电导体的周围有磁场,磁场的方向跟电流的方向有关.这种现象叫电流的磁效应.

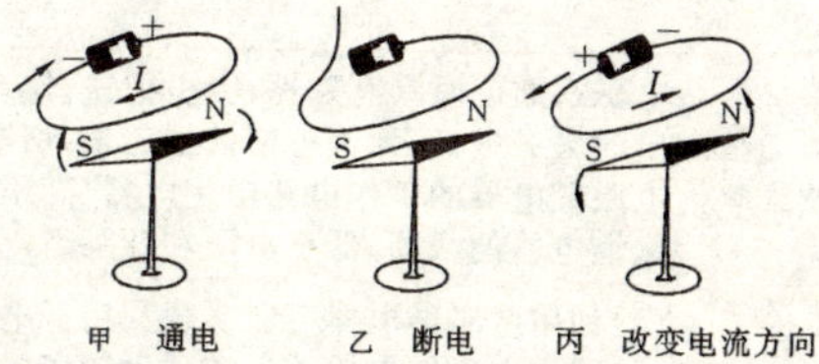

图 1-17-1

(3)通电螺线管的磁场:通电螺线管周围的磁场分布情况与条形磁体的磁场相同.通电螺线管的磁极和电流的方向有关,改变电源的正、负极,或改变螺线管线圈的绕法,其极性就会改变.

通电螺线管的磁极极性可用安培定则(右手螺旋定则)来判定:

用右手握螺线管,让四指指向螺线管中电流的方向,则大拇指所指的那端就是螺线管的N极,如图 1-17-2 所示.

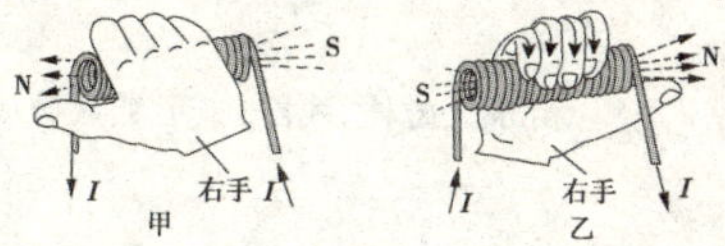

图 1-17-2

4. 电磁铁

构成	在通电螺线管中插入一根铁芯使通电螺线管的磁场增强,则通电螺线管和它里面的铁芯就构成了一个电磁铁
原理	电磁铁是通电螺线管的实际应用,是利用电流的磁效应工作的
特点	(1)磁性有无:电磁铁实质上是一个插有铁芯的通电螺线管,它的磁性有无由电流的通断来控制 (2)磁极方向:电磁铁的磁极方向由线圈中的电流方向决定,当线圈中的电流方向改变时,电磁铁的极性也随之改变,具体的变化关系可利用安培定则判定 (3)磁性强弱:电磁铁磁性的强弱一般由两个因素决定:①电磁铁的磁性强弱跟线圈中的电流大小有关.线圈中的电流越大,磁性越强;电流越小,磁性越弱.②电磁铁的磁性强弱还跟线圈的匝数有关.匝数越多,磁性越强;匝数越少,磁性越弱
应用	电磁起重机、磁悬浮列车、电铃、电磁继电器、自动控制装置等

5. 电磁继电器

结构	如图所示,电磁继电器的基本组成部分有电磁铁(*A*)、衔铁(*B*)、弹簧(*C*)、动触点(*D*)和静触点(*E*)等 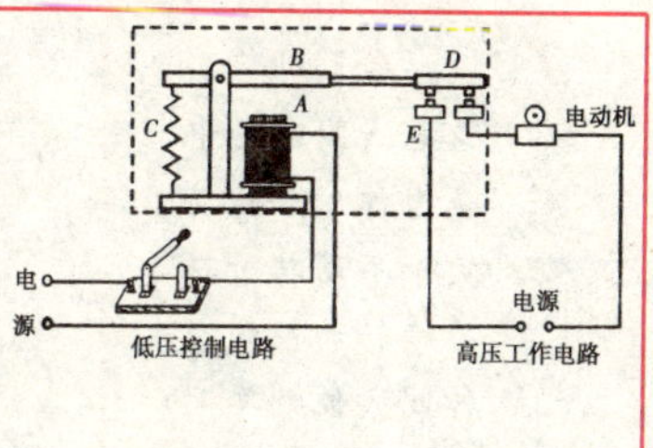
实质	电磁继电器实质上是利用电磁铁来控制工作电路的开关

续表

工作原理	电磁铁通电时具有磁性，吸引衔铁，使动触点和静触点接触，工作电路闭合；电磁铁断电时失去磁性，弹簧把衔铁拉起来，切断工作电路 电磁继电器的工作电路由用电器、高压电源和电磁继电器的触点组成；控制电路由电磁继电器的线圈、低压电源和开关组成
作用	(1)利用电磁继电器可以实现利用低电压、弱电流控制高电压、强电流的电路 (2)利用电磁继电器可以实现远距离操纵和自动控制

6. 扬声器

作用	扬声器是把电信号转换成声音信号的一种装置
构造	由永久磁体、线圈、锥形纸盆构成，如右图所示 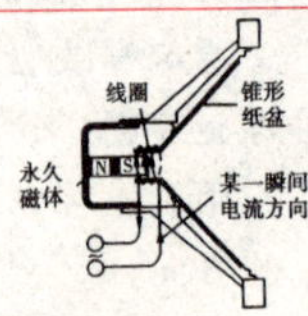
工作原理	线圈通电产生磁性后与永久磁体发生作用，当电流方向如上图所示时，两者相吸，通电线圈带动纸盆向左运动；当电流方向改变时，线圈带动纸盆向右运动；电流的大小影响纸盆振动的幅度，于是扬声器就发出了随电流变化的声音

7. 磁场对通电导体的作用

磁场对通电导体的作用	内容	通电导体在磁场中要受到力的作用
	决定通电导体受力方向的因素	通电导体受力的方向跟磁场方向和导体中电流的方向有关. 当电流方向和磁场方向中任一个改变时，通电导体所受力的方向就发生改变；当电流方向和磁场方向同时改变时，通电导体所受力的方向不变
应用——电动机	原理	通电线圈在磁场中受力而发生转动
	基本构造	转子、定子
	换向器	由两个铜半环构成，它们彼此绝缘，随线圈一起转动. 其作用是当线圈刚转过平衡位置时，自动改变线圈中的电流方向，使线圈连续转动下去
	分类	直流电动机和交流电动机
	能量转换	电能转化为机械能
	优点	构造简单、控制方便、体积小、效率高、功率可大可小，价格便宜，无污染

巧学妙记

电动机

通电线圈磁场中，
受力作用会转动.
定子不动转子转，
持续转动换向器.
控制方便效率高，
电能转化机械能.

巧学妙记

磁生电

电磁感应法拉第，
磁生电要电路闭.
部分导体切磁线，
感应电流线中现.
方向改变交流电，
机械能转化为“电”.
注:此处“电”指的是电能.

8. 电磁感应

电磁感应	闭合电路的一部分导体在磁场中做切割磁感线运动时产生电流的现象称为电磁感应现象，电磁感应中产生的电流称为感应电流
产生感应电流的条件	一是“闭合电路的一部分导体”（这句话包括两层意思：①电路应该是闭合的，而不是断开的，即组成电路的各元件连接成一个电流的通路；②要有一部分导体做切割磁感线运动，也就是说切割磁感线的导体一定是闭合电路的一部分）；二是“做切割磁感线运动”，所谓切割磁感线，类似于切菜，可以是垂直切割，也可以是斜着切割，但导体运动方向不能与磁感线方向平行；可能是磁场不动导体运动，也可能是导体不动磁场运动
与感应电流方向有关的因素	在电磁感应现象中，感应电流的方向跟导体切割磁感线运动的方向和磁感线方向有关，当改变导体运动方向，或将磁感线方向改为与原来相反时，感应电流方向将与原方向相反；若导体运动方向和磁感线方向都变为和原来相反，则感应电流的方向不变
能量转化	机械能转化为电能
应用	发电机、动圈式话筒、变压器等

9. 麦克风（话筒）

麦克风也叫话筒，它也是一种将声音转换成变化电流的装置. 其中动圈式话筒的工作原理是：说话声引起膜片带动线圈振动，由于线圈此时做的是切割磁感线运动，这样便将振动转换成了变化的电流.

注 意

扬声器的工作原理是通电线圈在磁场中受力运动，是将变化的电流转换成振动的装置，麦克风的工作原理是电磁感应，是将振动转换成变化的电流的装置.

10. 发电机与电动机比较

		直流电动机	交流发电机
构造	相同	均由磁体、线圈组成	
	不同	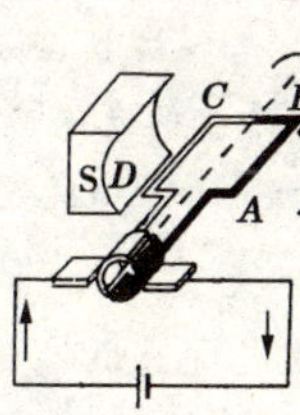 需要换向器（两个半铜环），外电路上有电源	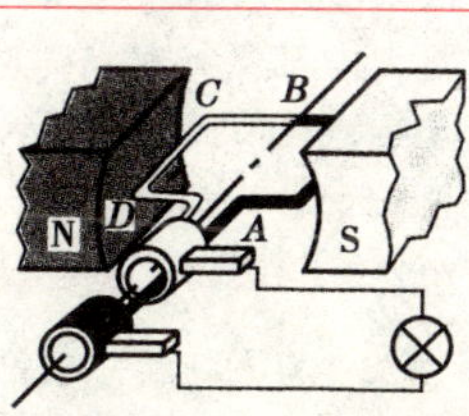 用两个铜环和电刷连接电路，外电路上无电源
原理	相同	均受磁场方向的影响	
	不同	磁场对通电线圈的作用	电磁感应
用途	相同	两者一起帮助人类利用水能、内能、核能等	
	不同	电能转化为机械能	机械能转化为电能

题型技法归纳

题型一 关于磁场作用力大小变化的解答技法

例 1 (浙江金华中考)如图 1-17-3 甲所示,在水平地面上的磁体上方,有挂在弹簧测力计上的小磁体.小辉提着弹簧测力计向右缓慢移动,挂在弹簧测力计上的小磁体下端,沿图示水平路线从 A 缓慢移到 B.则图 1-17-3 乙中能反映弹簧测力计示数 F 随位置变化的是(　　)

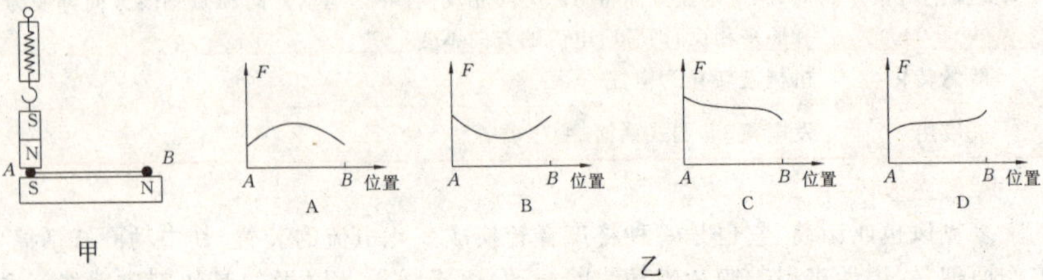

图 1-17-3

解析

从题图示可以看出,弹簧测力计挂着的小磁体的 N 极与条形磁体靠近,当从左端到右端时,左端是相吸,示数最大,逐渐向右移动时吸引力减小,到中点时最小,过中心后相斥,且越到 N 极斥力越大,此时弹簧测力计示数最小,合理的图象是 C.

答案: C

方法技巧: (1)明确弹簧测力计下所挂的是磁体还是铁棒;若是磁体,则需看清磁体下端是 N 极还是 S 极;(2)同名磁极相互排斥,异名磁极相互吸引;(3)条形磁体两端磁性最强,中间几乎没有磁性;(4)若弹簧测力计悬挂的是铁棒,则弹簧测力计的示数应是由大变小再变大.

题型二 判断物体是否具有磁性的方法

例 2 为了判断一根钢棒是否有磁性,小明进行了如下几组小实验,其中不能达到目的的是(　　)

A. 让钢棒靠近铁屑,铁屑被吸引,则钢棒具有磁性

B. 用细线将钢棒吊起来,使它能在水平面内自由转动,静止时总是指南北方向,则钢棒具有磁性

C. 让小磁针靠近钢棒,若钢棒与小磁针相互排斥,则钢棒具有磁性

D. 让小磁针靠近钢棒,若钢棒与小磁针相互吸引,则钢棒具有磁性

解析

磁体有吸引铁、钴、镍等物质的性质，故A选项能说明钢棒有磁性；能在水平面内自由转动的磁体，静止时总是指向南北方向，故B选项能达到目的；同名磁极相互排斥，故C选项能达到目的；而"吸引"有两种情况：一是磁体吸引铁、钴、镍之类物质，二是异名磁极相互吸引，故D选项不能达到目的.

答案：D

方法技巧：(1)根据磁体的吸铁性判断：将被测物体靠近铁类物质(如铁屑)，若能够吸引铁类物质，说明该物体具有磁性，否则便没有磁性.

(2)根据磁体的指向性判断：将被测物体用细线吊起来，使它能在水平面内自由转动，若静止时总是指南北方向，说明该物体具有磁性；否则便没有磁性.

(3)根据磁极间的相互作用规律判断：将被测物体的一端分别靠近静止小磁针的两极，若发现有一端发生排斥现象，说明该物体具有磁性；若与小磁针的两极均表现为相互吸引，说明该物体没有磁性.

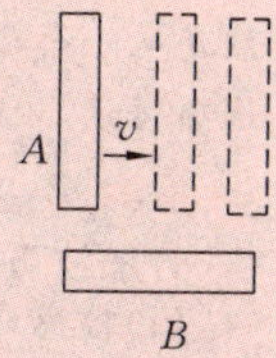

图 1-17-4

(4)根据磁极的磁性最强判断：若有A、B两个外形完全相同的钢棒，已知一个有磁性，另一个没有磁性，区分它们的方法是：将A的一端从B的左端向右端移动(如图1-17-4所示)，若在移动过程中发现吸引力的大小不变，则说明A是有磁性的；若发现吸引力由大变小再变大，则说明B有磁性.

题型三　磁感线问题解答技法

例3　(福建龙岩中考)关于磁感线的概念，下列说法中错误的是(　　)

A. 磁感线是磁场中确实存在的

B. 磁体周围越接近磁极的地方磁感线越密

C. 磁感线是一种假想的曲线，在磁体外部是从N极到S极

D. 磁针北极在某点所受的磁力方向跟该点磁感线的方向一致

解析

磁感线是人们为了直观形象地描述磁场的方向和分布情况而引入的带方向的曲线，它并不是客观存在于磁场中的真实曲线，故A选项错误；磁体周围的磁感线都是从N极出发回到S极，磁体周围的磁感线疏密表示磁场的强弱，磁感线越密，表示该点的磁场越强，故B、C选项都正确；静止在磁场中的小磁针北极所指的方向跟该点的磁场方向一致. 故D选项正确.

答案：A

例 4 在图 1-17-5 中，磁感线的方向与磁极名称标注正确的是（　　）

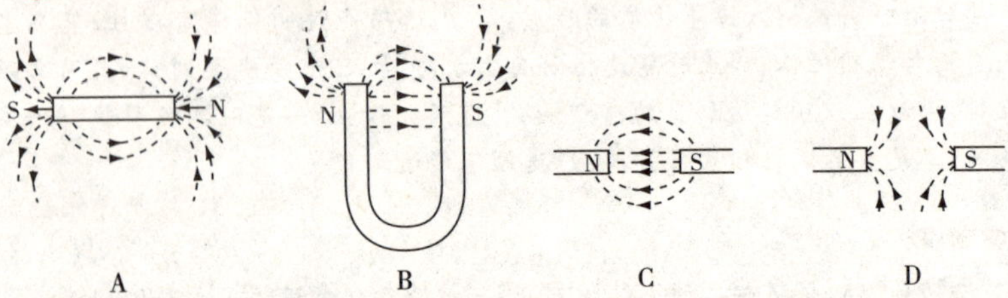

图 1-17-5

解析

在磁体的外部，磁感线都是从磁体的 N 极出发回到磁体的 S 极，A、C 选项都是从 S 极出发回到 N 极，故 A、C 选项错误；两个磁体的异名磁极相对时，磁感线仍然是从一个磁体的 N 极出发，进入另一个磁体的 S 极，而 D 选项都是往里进，故 D 选项错误.

答案：B

方法技巧：要正确解答有关磁感线的题目，以下四点必须记牢.

(1)磁感线是为了形象地描述磁场，在磁场中画出一些假想的、有方向的曲线.

(2)磁感线上任一点的切线方向就是该点的磁场方向，与放在该点的小磁针北极所指的方向一致.

(3)磁感线在磁体外部是从 N 极出发回到 S 极，在磁体内部是从 S 极到 N 极，形成封闭的曲线.

(4)磁感线密集处磁性强，稀疏处磁性弱.

题型四　关于磁体磁性探究题的解答技法

例 5 （陕西中考）磁体具有吸引铁、钴、镍等物质的性质，小蕊和小昌同学想探究磁体对回形针吸引力大小与放入它们之间物体的哪些因素有关，请你参与探究并解决一些问题.

(1)如图 1-17-6，保持磁体和纸片间的距离一定. 在纸片上放入不同物体时，通过比较纸片下面能吸引的回形针数量，显示磁体对回形针吸引力的大小.

回形针的放置有图 1-17-7 中的甲、乙两种方法，依据________的原理，回形针在磁场中某点受到的吸引力等于它受到的重力，应选择图 1-17-7 中________的方法.

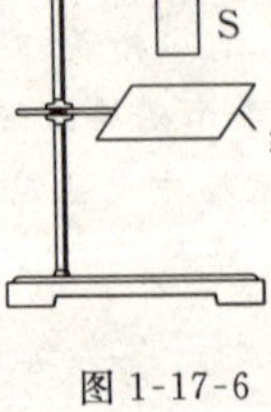

图 1-17-6

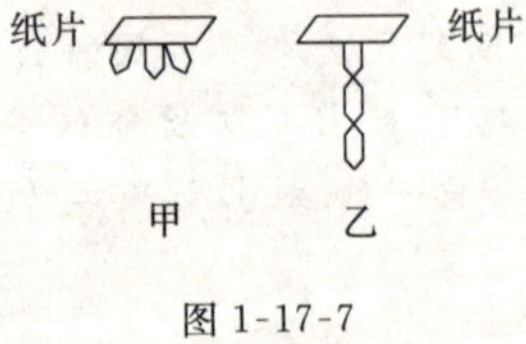

图 1-17-7

(2)选择正确方法后，他们在纸片上分别放入形状、面积和厚度相同，材料不同的铁板、铝板等，观察能吸引的回形针个数，多次实验后将数据记录在下表中.

磁体与纸片之间放入的物体	不放物体	铁板	镍板	铝板	陶瓷板	玻璃板	塑料板
吸引回形针数量/个	4	1	1	3	3	3	3

①分析数据，可以得出：在其他条件相同时，放入铁板或镍板，吸引回形针的数量________，说明铁板和镍板对吸引力的影响________，即对磁性屏蔽效果明显.

②铁、镍、铝都是导体，而铝对磁性屏蔽效果不明显，原因可能是________.

③铝是导体，陶瓷、玻璃和塑料是绝缘体，从表中数据知道，它们对吸引力影响效果相同. 据此，你提出一个值得探究的问题：____________________.

(3)他们在纸片上分别放入形状和________相同、面积不同的铁板，发现铁板面积越大，吸住的回形针数量越少.

(4)日常生活中，磁卡常受外界磁场影响出现消磁现象. 请你根据含铁、镍的物体对磁性屏蔽效果明显的性质，写出一种保护磁卡磁性的方法：____________________.

解析

(1)实验中回形针在磁场中处于静止状态，则回形针受到磁铁的引力与重力平衡，二者大小相等，引力和重力都是在竖直方向上，所以回形针最好也竖直放置，应选择乙图的方法.(2)从表中吸引回形针数量可以看出，铁板和镍板对磁性的影响较大，铝对磁性的屏蔽效果不明显，原因可能是铝不能被磁化. 从表中的铝、陶瓷、玻璃、塑料对磁性的影响基本相同可以看出，磁体与回形针之间的吸引力大小与放入物体的导电性无关.(3)要探究磁体与回形针之间的吸引力大小与面积的关系，必须控制放入物体的材料、形状、厚度相同.(4)由于铁、镍对磁性屏蔽效果明显，所以可以把磁卡放入含有铁、镍的金属盒中(或放磁卡的钱包中用含有铁、镍的金属网作隔挡等)以保护磁卡.

答案：(1)二力平衡　乙　(2)①较少(或明显减少)　较大(或明显)　②铝不能被磁体吸引(或铝不能被磁化)　③磁体与回形针之间的吸引力大小与放入物体的导电性是否有关(或磁性屏蔽效果与物体的哪些性质有关等)　(3)厚度　(4)将磁卡放入含有铁、镍的金属盒中(或放磁卡的钱包中用含有铁、镍的金属网作隔挡等)

方法技巧：有关磁体磁性的探究题在近几年中考命题时经常出现，除本题的探究角度外，还可以探究什么物质可以阻断磁场、水对磁场的影响等. 解答时，注意：①若是设计实验，要注意控制变量法的运用；②由于此类题目是对所学知识的延伸性探究，答案多数通过分析题目即可得到，所以读题时把握关键词、关键句至关重要. 如本题(1)中，由“吸引力等于它受到的重力”可知是应用“二力平衡”的原理；(2)中分析实验记录表格中的项目与数据可得到吸引回形针的数量多少，从而推知不同物体对吸引力的影响大小；③注意对现象以及导致此现象发生的操作步骤的对比，分析得出结论.

题型五　关于奥斯特实验题目的解答方法

例 6 （天津中考）图1-17-8是奥斯特曾经做过的类似实验. 观察比较甲、乙两图，可得实验结论是____________；观察比较甲、丙两图，可得实验结论是________________.

图 1-17-8

解析

观察甲、乙两图可知，甲图中导线通电后磁针发生偏转，乙图中导线不通电磁针不偏转，说明通电导体周围存在磁场；观察甲和丙两图可知，两图导体中电流方向相反，磁针转动方向也相反，说明通电导体周围的磁场方向跟电流方向有关.

答案：通电导体周围有磁场　磁场方向与电流方向有关

方法技巧：仔细观察每一幅图片，并且进行比较，找出图片中的不同之处，便可得出正确的结论.

题型六　通电螺线管问题的解答技法

例 7 （浙江义乌中考）如图 1-17-9 所示，甲、乙为条形磁体，中间是电磁体，虚线是表示磁极间磁场分布情况的磁感线. 则可以判断图中 A、B、C、D 四个磁极依次是（　　）

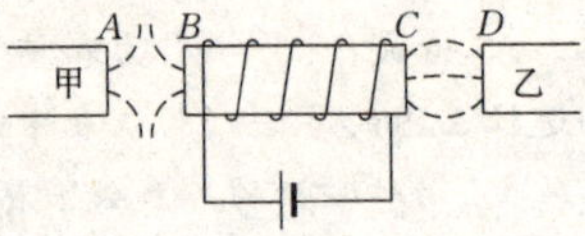

图 1-17-9

A. N、S、N、N　　B. S、N、S、S　　C. S、S、N、S　　D. N、N、S、N

解析

由安培定则可判断电磁体的 B 端为 N 极，C 端为 S 极. 由甲的 A 端与 B 之间的磁感线分布情况可知，A 为 N 极；由乙的 D 端与 C 之间的磁感线分布情况可知，D 为 N 极.

答案：D

方法技巧：(1)正确运用安培定则判断通电螺线管的 N、S 极；(2)运用同名磁极、异名磁极的磁场分布特点判断磁极情况.

例 8 （山东聊城中考）根据图1-17-10中通电螺线管的 N 极，标出磁感线方向、小磁针的 N 极，并在括号内标出电源的正、负极.

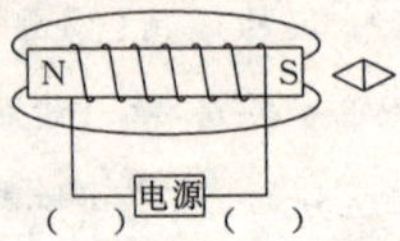

图 1-17-10

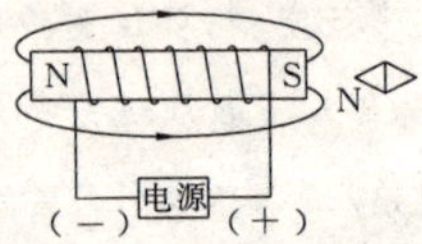

图 1-17-11

解析

磁感线总是从磁体的N极出来,回到S极,所以两条磁感线方向容易画出,通电螺线管的右端为S极,根据磁极之间的相互作用规律可以判断小磁针的左端为N极;根据安培定则,用右手握住通电螺线管,大拇指指向N极,则四指弯曲所指方向为电流的环绕方向,判断电流从通电螺线管的右端流入,左端流出,所以电源的右端为正极,左端为负极.

答案:如图1-17-11所示.

方法技巧:(1)磁体外部的磁感线的方向是从N极到S极.

(2)根据小磁针静止时南、北极的指向判断电源的正、负极的方法:首先根据磁极间的相互作用规律,判断出通电螺线管的南北极,然后利用安培定则判断出电流方向,从而确定电源的正、负极.

题型七　电磁铁磁性强弱的探究方法

例9　如图1-17-12所示是某学习小组同学设计的研究"电磁铁磁性强弱"的实验电路图.

(1)要改变电磁铁线圈中的电流大小,可通过________________来实现;要判断电磁铁的磁性强弱,可观察________________来确定.

(2)下表是该组同学所做实验的记录:

电磁铁(线圈)	50匝			100匝		
实验次数	1	2	3	4	5	6
电流/A	0.8	1.2	1.5	0.8	1.2	1.5
吸引铁钉的最多数目/枚	5	8	10	7	11	14

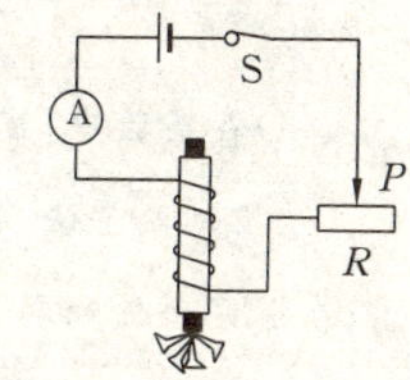

图1-17-12

①比较实验中的1、2、3(或4、5、6),可得出的结论是:电磁铁的线圈匝数一定时,通过电磁铁线圈中的电流________________;

②比较实验中的1和4(或2和5或3和6),可得出的结论是:电磁铁线圈中的电流一定时,线圈匝数________________.

(3)在与同学们交流讨论时,另一组的一个同学提出一个问题:"当线圈中的电流和匝数一定时,电磁铁的磁性强弱会不会还与线圈内的铁芯大小有关?"

①你对此猜想是:________________;

②现有大小不同的两根铁芯,利用本题电路说出你验证猜想的方法:________________.

解析

吸引铁钉(大头针)数目的多少说明磁体磁性的强弱,磁性越强,吸引铁钉(大头针)的数目越多.在此实验中注意控制变量,如在电磁铁匝数相同时,看电流的大小变化,磁性的强弱,即1、2、3(或4、5、6)次实验,再如分析1和4(或2和5或3和6)时,在电流相同时,看线圈匝数不同,磁性的强弱不同.

答案:(1)调节滑动变阻器的滑片位置(或改变连入电路的电阻或改变电阻)　电磁铁吸引铁钉(大头针)的多少

(2)①越大,磁性越强(越小,磁性越弱)　②越多,磁性越强(越少,磁性越弱)

(3)①当线圈中的电流和匝数一定时,电磁铁的磁性强弱与线圈内的铁芯大小有关(或无关)　②将大小不同的铁芯分别插入通电螺线管中,观察电磁铁吸引铁钉(大头针)的多少

方法技巧:解答探究电磁铁磁性强弱与哪些因素有关的题目时,要注意以下五点.

(1)在实验中,滑动变阻器的作用:保护电路、改变电流的大小.

(2)在实验中,电磁铁磁性的强弱通过电磁铁吸引曲别针(或大头针)个数的多少来显示,吸引曲别针(或大头针)的数目多,则磁性强;吸引曲别针(或大头针)的数目少,则磁性弱.

(3)在实验中,让两电磁铁串联,可探究电流相同时,电磁铁磁性强弱与线圈匝数之间的关系.

(4)在实验中,常用控制变量法、转换法等科学探究方法.

①控制变量法:在探究磁性强弱与线圈匝数之间的关系时,要控制电流与铁芯相同;在探究磁性强弱与铁芯有无的关系时,要控制电流与线圈的匝数相同;在探究磁性强弱与电流的关系时,应控制线圈匝数和铁芯相同.

②转换法:将电磁铁的磁性强弱转换为看得见的曲别针(或大头针)的数目.

(5)弄清影响电磁铁磁性强弱的两个因素:电流大小、线圈匝数,特别是电流的大小这一因素,电路中一般用滑动变阻器来改变电流的大小.

题型八　分析电磁继电器应用实例的方法

例 10 (山东烟台中考)如图 1-17-13 所示的是恒温箱的简易电路图. 其工作原理是,接通工作电路后,电热丝加热,箱内温度升高,当箱内温度达到温度计金属丝 A 最下端所指的温度时,控制电路接通,电磁铁有磁性,衔铁被吸下,工作电路________,电热丝停止加热. 当箱内温度低于金属丝 A 最下端所指的

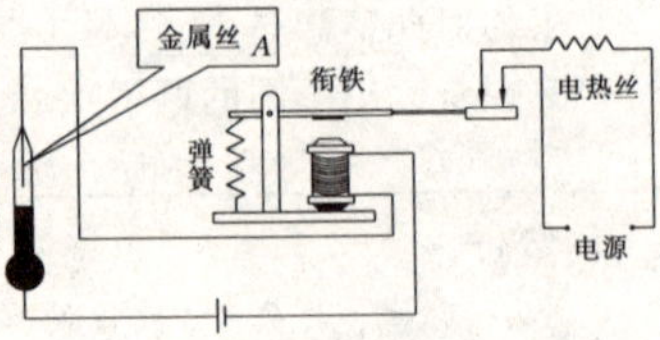

图 1-17-13

温度时,控制电路断开,衔铁被________,工作电路再次工作,电热丝加热,从而保持恒温箱内温度恒定.

解析

电磁继电器实际上就是一个用控制电路来间接控制工作电路的开关.当箱内温度升高水银柱上升,达到温度计金属丝 A 最下端所指的温度时,左边的电磁铁电路接通,电磁铁有磁性,衔铁被吸下,电热丝电路被断开,电热丝停止加热.反之当箱内温度下降,低于金属丝 A 最下端所指的温度时,电磁铁电路断开,衔铁被弹簧拉起,触点开关上移,电热丝电路再次接通,电热丝加热,从而保持恒温箱内温度恒定.

答案: 断开(或停止工作)　弹簧拉起

方法技巧:(1)水银是导体;(2)明确电热丝加热与温度计内水银柱上升的同步性;(3)知道衔铁被吸下或弹起的原因.

例 11 (广东梅州中考) 如图 1-17-14 所示,是一种水位自动报警器的原理示意图,当水位达到金属块 A 时,出现的情况是(　　)

A. 红灯亮　　B. 绿灯亮

C. 红、绿灯同时亮　　D. 红、绿灯都不亮

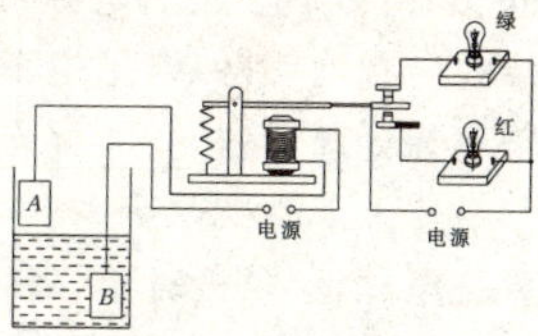

图 1-17-14

解析

当水位到达金属块 A 时,控制电路接通,电磁铁有了磁性,把衔铁吸引下来,衔铁触点与连接红灯的触点接通,红灯亮,绿灯线路断路,不亮.

答案: A

方法技巧:水是导体,水位的上升与下降起到了电路中开关的作用.

例 12 (河南中考) 图 1-17-15 是一种"闯红灯违规证据模拟器"的工作原理图,光控开关接收到红光时会自动闭合,压敏电阻若同时受到车的压力,其阻值变小,电磁铁的磁性因电路中电流的改变而变________(选填"强"或"弱"),当电流变化到一定值时,衔铁与触点________(选填"1"或"2")接触,电控照相机工作,拍摄违规车辆.

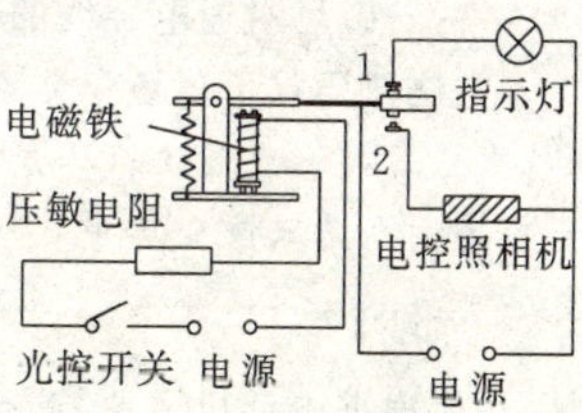

图 1-17-15

解析

当压敏电阻受到车的压力时,其电阻值变小,电路中电流变大,电磁铁的磁性会变强,达到一定程度时,衔铁被吸下,与触点"2"接触,电控照相机工作,拍摄违规车辆.

答案: 强　2

方法技巧:分析电磁继电器的应用实例可分三步进行:

(1)分析低压控制电路中"开关"的类型:①人工控制式(踩踏式、开关式);②液体控制式(恒温箱中的温度计中的水银、水位自动报警器中的水等);③红外线控制式;④温控式(热敏电阻等);⑤光控式(光敏电阻);⑥压力控制式(压敏电阻);明确题目中"开关"的状态.(2)分析控制电路:控制电路接通或断开时,电磁铁磁性有或无;衔铁被吸引还是被拉起.(3)分析工作电路:与衔铁固定在一起的动触点与静触点是接通还是断开;工作电路的哪一部分接入到电路中,哪些用电器工作.

题型九　关于"磁场对通电导线的作用"实验探究题的解答技法

例 13 (四川绵阳中考)如图 1-17-16 所示实验装置,是用来研究________(选填"电流磁效应"、"电磁感应现象"或"磁场对通电导线的作用")的. 实验中把导线 ab 放在磁场里,接通电源,让电流通过导线 ab,会观察到导线向右运动;如果把电源正、负极对调后接入电路,会观察到导线 ab 向________(选填"左"或"右")运动. 如果不对调电源正、负极,只把蹄形磁体上下磁极调换一下,会观察到导线 ab 向________(选填"左"或"右")运动,如果把电源正、负极对调,同时把蹄形磁体上下磁极也调换一下,则会观察到导线 ab 向________(选填"左"或"右")运动.

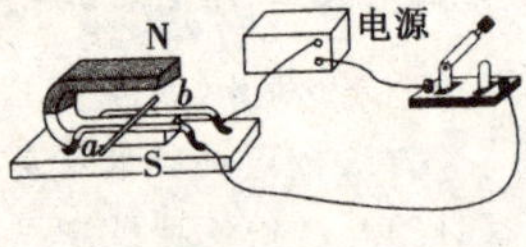

图 1-17-16

解析

从题图可以看出,外部电路有电源,是研究磁场对通电导线的作用;通电导线在磁场中受力的方向与磁场方向和电流的方向有关,只改变磁场的方向或电流方向,导线的受力方向将改变;若同时改变磁场方向和电流的方向,通电导线的受力方向不变.

答案:磁场对通电导线的作用　左　左　右

方法技巧:(1)磁场和电流是导线(或导体)受力的两个必要条件;(2)在设计实验时,要应用控制变量法;(3)分析通电导线(或通电导体)的运动方向时,要看电流方向和磁场方向是只改变其中之一,还是两者同时改变.

例 14 (广东中考)为了探究电动机为什么会转动,小明根据电动机主要构造制作了一台简易电动机(如图1-17-17 所示),他用回形针做成两个支架,分别与电池的两极相连,用漆包线绕一个矩形线圈,以线圈引线为轴,并用小刀刮去轴的一端全部漆皮,另一端只刮去半周漆皮将线圈放在支架上,磁体放在线圈下方闭合开关,用力轻推一下线圈,线圈就会不停地转动起来.

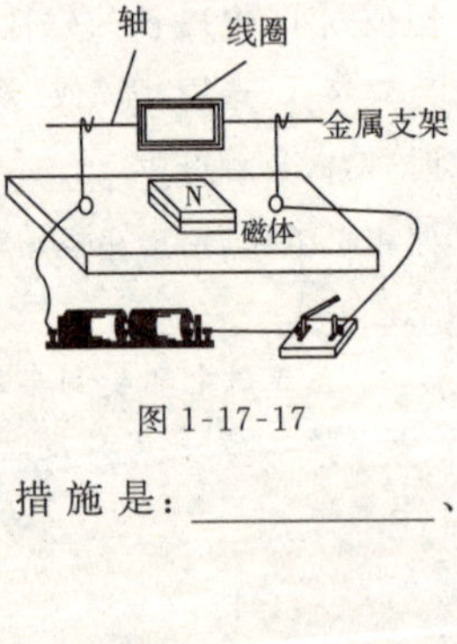

图 1-17-17

(1)要想改变线圈的转动方向,小明可采用的措施是:________、________;(写出两点)

(2)开关闭合后,如果电动机不转,可能的原因是:____________、____________;(写出两点)

(3)小明还想设计一个能调节电动机转速的实验装置,他还需要的主要器材是________,并画出实验电路图.(电动机用符号Ⓜ表示)

解析

通电线圈在磁场中的受力方向与磁场的方向和线圈中电流的方向有关,因此改变磁场的方向或改变线圈中电流的方向均能改变线圈的转动方向;线圈不转动的原因有很多,如:①接线柱接触不良,②磁铁的磁性不够强,③线圈匝数太少,④电池电压不够大;电动机的原理是磁场对电流的作用,因此磁场越强,电流越大,作用力越大,在磁场和线圈不变的情况下,通过改变线圈中电流大小可调节电动机的转速.

答案:(1)①改变电流方向　②改变磁场方向

(2)①接线柱接触不良　②磁铁的磁性不够强　③线圈匝数太少　④电池电压不够大

(3)滑动变阻器　电路图如图 1-17-18 所示.

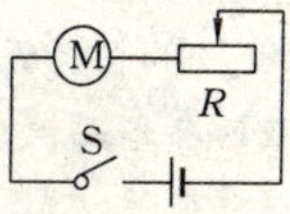

图 1-17-18

方法技巧:(1)明确电动机是根据通电线圈在磁场中受力而转动的原理制成的;(2)电动机转动方向与磁场的方向、电流的方向之间的关系,可用“一变即变,全变不变”的口诀来记忆,即改变直流电动机转动方向的方法有两种:一是改变线圈中的电流方向(即使电源的正、负极对调);二是改变磁场的方向(即把磁铁的两极对调);若磁场的方向与电流的方向同时改变,电动机的转向不变;(3)电动机的转速与磁场的强弱和电流的大小有关,可用“一增则增,全增更增”来概括.

题型十　关于探究电磁感应现象题目的解答技法

例 15 (河南中考)用如图 1-17-19 所示的实验装置探究“产生感应电流的条件”.

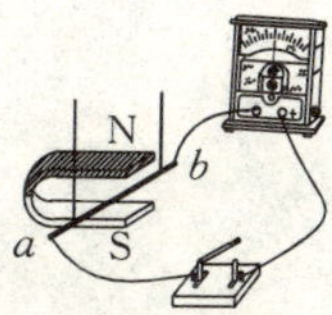

图 1-17-19

(1)实验中通过观察________来判断电路中是否有感应电流.

(2)闭合开关,若导体 ab 不动,左右移动磁铁,电路中________(选填“有”或“无”)感应电流.

(3)在仪器和电路连接都完好的情况下,某小组的实验现象不太明显.请提出一条改进措施:________________________________.

(4)该实验的结论是:闭合电路的一部分导体,在磁场中做________磁感线运动.

解析

在探究感应电流产生条件的实验中采用的是转换法,通过电流表指针是否偏转来表示感应电流的有无;当磁铁左右移动,闭合电路的一段导体 ab 切割磁感线时,能够产生感应电流,若实验现象不明显,说明电路中产生的感应电流过小,因此可换用更强的磁体或加快切割磁感线的速度或将导体棒换成多匝线圈等,由此可见产生感应电流的条件必须是闭合电路的一部分导体在磁场中做切割磁感线运动.

答案:(1)电流表指针是否偏转　(2)有　(3)将导体 ab 换成多匝线圈(使用磁性更强的磁铁或增大导体 ab 切割磁感线运动的速度)　(4)切割

方法技巧:(1)在本实验中,要用灵敏电流表代替一般电流表,这是因为实验中产生的电流很小,用灵敏电流表可以测量微小的电流.

(2)在实验中,要得到较强的感应电流(或使现象更明显)的措施有:选用磁性更强的蹄形磁铁、可用导线制成矩形的多匝线圈代替单根导线、切割磁感线时,垂直且尽量快速切割.

(3)在实验中,使导体在磁场中沿不同方向运动的目的是探究得出产生感应电流的条件之一:导体做切割磁感线运动,同时得出感应电流的方向与切割磁感线方向之间的关系;调换磁体磁极的目的是探究感应电流的方向与磁场方向之间的关系.

(4)在本实验中,应用了控制变量法和转换法.

题型十一　感应电流的产生及感应电流方向的判断方法

例 16　闭合电路的一部分导体在磁场中运动的方向如图 1-17-20 所示,图中小圆圈表示导体的横截面,箭头表示导体运动的方向,下列各图中能产生感应电流的是(　　)

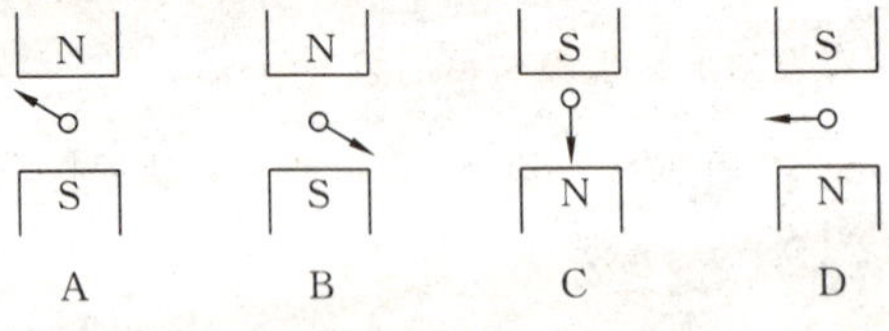

图 1-17-20

解析

产生感应电流的条件是:①电路必须是闭合的;②必须做切割磁感线运动. A、B、D 选项都是做切割磁感线运动,所以都有感应电流产生,而 C 选项中导体的运动方向与磁感线方向平行,没有做切割磁感线运动,故不产生感应电流.

答案:ABD

方法技巧:判断时,要把握一个关键点,即:做切割磁感线运动是指导体的运动方向与磁感线方向有一个不为 0 的夹角,也就是彼此不平行.

例 17 (南京中考)如图 1-17-21 所示,在蹄形磁体的磁场中放置一根导体 ab,导体的两端跟电流表连接,开关闭合,电路中没有电流.以下操作中,可能使电路中产生电流的是(　　)

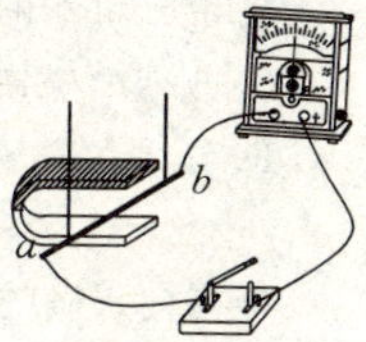

图 1-17-21

A. 让导体在磁场中静止,换用量程更小的电流表

B. 让导体在磁场中静止,换用磁性更强的永磁体

C. 让导体在磁场中沿不同方向运动

D. 将导体换成匝数很多的线圈,线圈在磁场中静止

解析

产生感应电流的条件是:闭合电路的一部分导体在磁场中做切割磁感线运动.根据这个条件,只有导体在磁场中沿不同方向运动,才有可能做切割磁感线运动而产生感应电流.

答案:C

方法技巧:(1)产生感应电流的条件:①电路必须是闭合的;②要有磁场,并且部分导体要在磁场中;③这部分导体要在磁场中做切割磁感线运动.

(2)导体中的感应电流方向与导体的运动方向和磁感线方向有关.

题型十二　发电机和电动机原理图的识别方法

例 18 图 1-17-22 中,能说明电动机工作原理的是(　　)

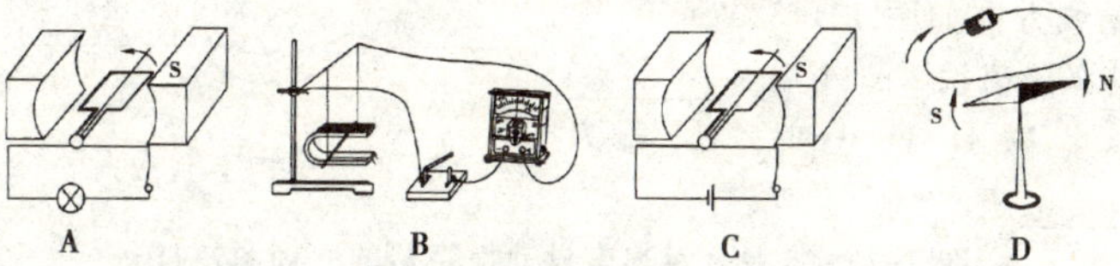

图 1-17-22

解析

在看原理图时,主要看是否有电源,有电源的是电动机原理图;没有电源的是发电机原理图.D 选项是奥斯特实验原理图,说明通电导线周围空间存在磁场.

答案:C

方法技巧:区分电动机和发电机的关键是看外部电路中是否有电源,有电源的则是探究磁场对电流的作用的装置或电动机的工作原理图,电动机是用电器;无电源,有灯泡或电流表的则是探究电磁感应现象的装置或发电机的工作原理图,灯泡或电流表是用电器.

典题针对训练

1. (北京中考)(多选)关于电磁现象,下列说法中正确的是(　　)

A. 通电螺线管能够产生磁场

B. 电动机能够把电能转化为机械能

C. 改变电磁铁线圈的匝数，电磁铁的磁性强弱就会改变

D. 导体在磁场中做切割磁感线运动时，导体中就会产生感应电流

2.(山东烟台中考)如图1-17-23所示，通电螺线管周围小磁针静止时，小磁针N极指向正确的是(　　)

A. a、b、c　　B. a、b、d　　C. a、c、d　　D. b、c、d

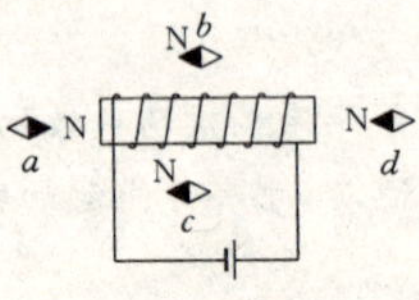

图 1-17-23

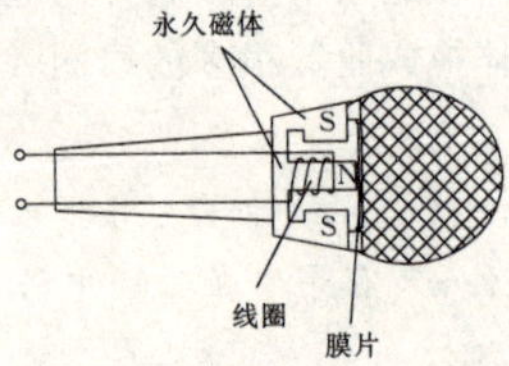

图 1-17-24

3.(乌鲁木齐中考)动圈式话筒的结构如图1-17-24所示，它工作时：①线圈运动能产生随着声音的变化而变化的电流；②与膜片相连的线圈随之一起振动；③人唱歌或说话产生的声音使膜片振动；④变化的电流经过放大后，由扬声器还原为声音. 关于它的原理，排序正确的是(　　)

A. ①②③④　　B. ②①④③　　C. ③①④②　　D. ③②①④

4.(湖南湘潭中考)两条形磁铁之间的磁感线方向如图1-17-25所示，则右边条形磁铁2的A端为________极. 小磁针静止时，B端为________极.

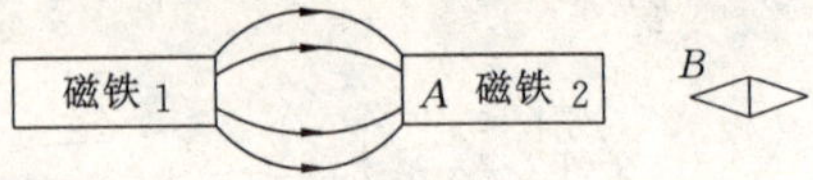

图 1-17-25

5.(武汉中考)图1-17-26是一种温度自动报警器的原理图，制作________(选填“酒精”“煤油”或“水银”)温度计时插入一段金属丝，当温度达到金属丝下端所指的温度时，电磁铁具有________，将衔铁吸引过来，使电铃发出报警信号. 请你根据图中电磁铁的极性，标出控制电路中电源的“＋、－”极.

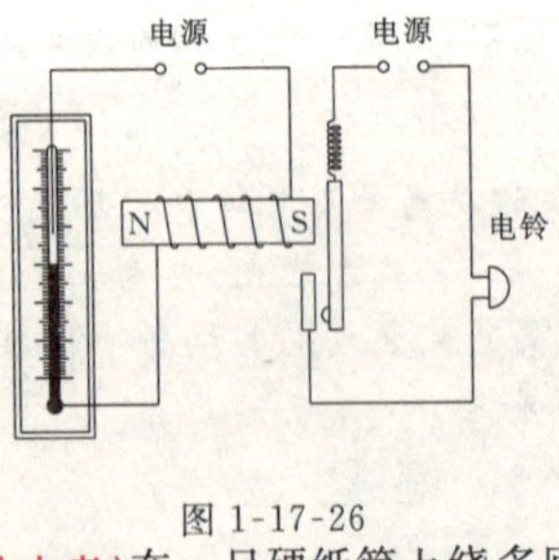

图 1-17-26

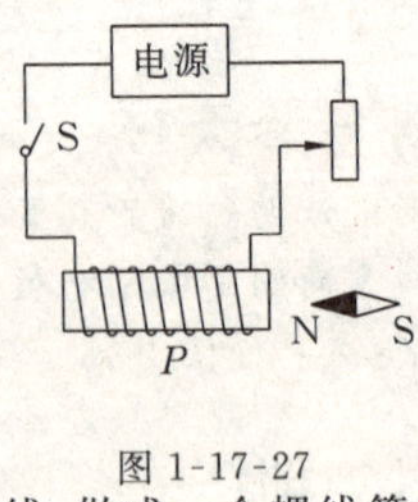

图 1-17-27

6.(山东潍坊中考)在一只硬纸筒上绕多匝漆包线，做成一个螺线管P，将它接入如图1-17-27所示的电路中，再将小磁针放在螺线管附近，闭合开关后，小磁针静止时的指向如图所示. 请在图中标出电源的“＋”、“－”极，并画出螺线管周围

磁感线的分布情况(画出 5 条线).

7.(浙江嘉兴中考)如图 1-17-28 所示,是某学习小组同学设计的研究“影响通电螺线管磁性强弱的因素”的实验电路图.

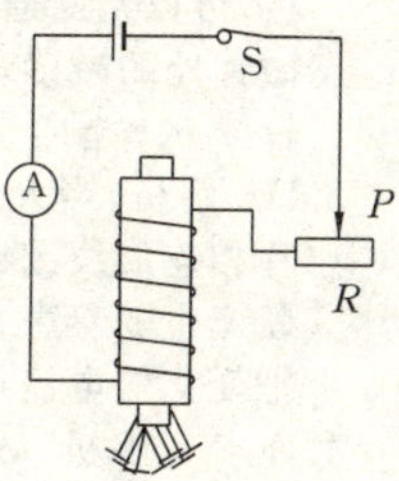

图 1-17-28

(1)增大通电螺线管的电流,滑动变阻器的滑片应向________(选填“左”或“右”)移动.

(2)下表是该组同学所做实验的记录:

通电螺线管中有无铁芯	无铁芯			有铁芯		
线圈匝数	50 匝			50 匝		
实验序号	1	2	3	4	5	6
电流/A	0.8	1.2	1.5	0.8	1.2	1.5
吸引大头针的最多数目/枚	0	0	0	3	5	8

同学们发现无铁芯的一组实验中没有吸引起大头针,那么通电螺线管到底有没有磁性呢?他们通过其他方法验证了几次都是有磁性的.他们采用的方法可能是________.(写出一种即可)

(3)在与同学们交流讨论时,另一组的同学提出一个新问题:“当线圈中的电流和匝数一定时,通电螺线管的磁性强弱是否还与线圈内的铁芯大小(粗细)有关?”现有大小不同的两根铁芯,请根据你的猜想并利用本题电路,写出你验证猜想的简要操作方案:____________________.

8.(兰州中考)探究利用磁场产生电流的实验中,连接了如图 1-17-29 所示的实验装置.

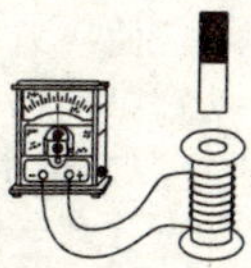
图 1-17-29

(1)将磁铁向下插入螺线管时,观察到灵敏电流计的指针向左偏转,这表明________,在这个过程中以磁铁为参照物,螺线管是________的(选填“静止”、“向上运动”或“向下运动”);

(2)将磁铁从螺线管中向上拔出,你会观察到灵敏电流计的指针________(选填“向左偏转”、“向右偏转”或“不偏转”);

(3)通过(1)、(2)两步实验,可以得出感应电流的方向与________有关.

(4)要探究感应电流方向与磁场方向的关系,你设计的实验做法是________.

针对训练答案

1. AB 解析:电流周围存在磁场,通电螺线管的磁场与条形磁体的磁场类似,A选项对;电动机是利用通电线圈在磁场中受力而转动的原理制成的,工作过程中将电能转化为机械能,B 选项对;电磁铁磁性的强弱与线圈的匝数多少、电流的强弱有关,只改变其一,无法确定磁性强弱的变化,故 C 选项错;产生感应电流的条件是闭合电路的一部分导体做切割磁感线运动,D 选项中没有说明闭合电路,故 D 选项错.

2. A 解析:根据安培定则(又称右手螺旋定则),用右手握住通电螺线管,四指弯曲的方向与电流的环绕方向一致,那么大拇指所指的方向就是通电螺线管的 N

极,可以判断通电螺线管的右端为N极,然后画出通电螺线管周围的经过各小磁针处的磁感线,小磁针N极的指向与该点的磁感线方向一致.从而判断小磁针 a、b、c 指向是正确的,故正确选项为A.

3. D　解析:当人对着话筒唱歌或说话时,声音的振动使话筒的膜片振动,则与膜片相连的线圈也随膜片一起振动,线圈在磁场中做切割磁感线运动时,线圈中就产生随着声音的变化而变化的电流,变化的电流再经过放大后,由扬声器再把变化的电流还原为声音,这就是动圈式话筒的原理,故正确选项为D.

4. S　S　解析:磁感线都是从N极出来,回到S极,从题图看出,磁铁1的右端为N极,左端为S极,而磁铁2的左端为S极,右端为N极,根据磁极间的相互作用判断,小磁针 B 端为S极.

5. 水银　磁性　控制电路中电源的"+、-"极如图1-17-30所示.

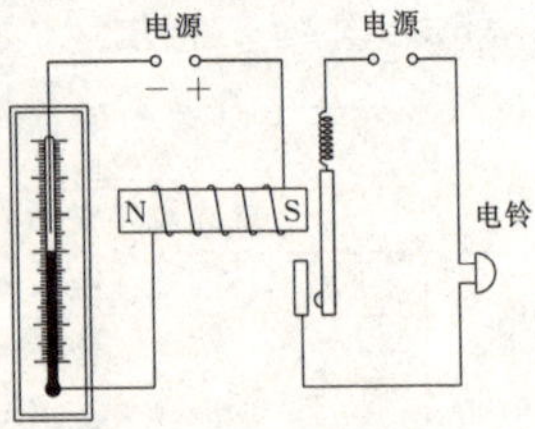

图 1-17-30

解析:从温度自动报警器原理可知,当温度计示数达到一定值时,电磁铁通电后有磁性,故温度计内液体应为导体,故选用水银;电磁铁左端为N极,根据安培定则可判断,给电磁铁供电电源的右端为正极,左端为负极.

6. 如图1-17-31所示　解析:根据磁极间的相互作用规律可知,螺线管 P 的右端为S极,由安培定则可知,将大拇指指向 P 的左端,握住螺线管,此时螺线管正面导线的电流方向向上,所以电源的右端为正极,左端为负极,磁体外部的磁感线是从磁体的N极出来回到磁体的S极,且磁感线不相交,是一闭合的曲线.

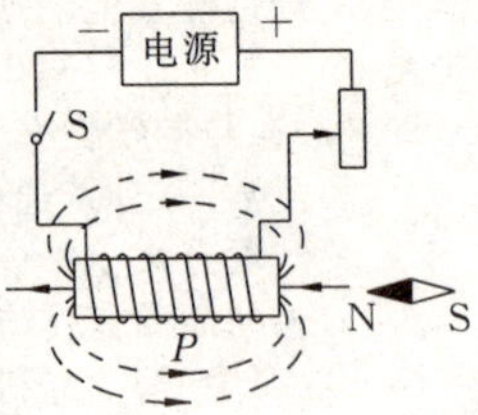

图 1-17-31

7. (1)左　(2)大头针换成细铁屑(其他答案合理也可)
(3)按本题电路图连接好电路,调节滑动变阻器的滑片在一定的位置,首先放入大的铁芯,观察被吸引大头针的数目,记录数据;再放入小的铁芯,观察被吸引大头针的数目,记录数据,两者进行比较(要答出用大小铁芯进行对比实验,观察被吸引大头针的数目)(其他答案合理也可)
解析:要探究电磁铁磁性强弱是否与铁芯大小有关,可只改变铁芯大小,其他因素不变,通过吸引大头针或细铁屑的多少来进行比较判断.

8. (1)电路中有感应电流产生　向上运动　(2)向右偏转　(3)导体运动方向
(4)保持磁铁(或螺线管)运动方向不变,改变磁场方向(或将磁铁的N、S极对调),观察电流计指针的偏转方向　解析:(1)磁铁向下插入螺线管时,螺线管相对于磁铁向上运动,所以以磁铁为参照物,螺线管向上运动,这时螺线管的线圈做切割磁感线运动,在闭合电路中就会产生感应电流,使电流计的指针向左偏转.(2)磁铁向上拔出时,以磁铁为参照物,螺线管向下做切割磁感线运动,磁感线方向不变,则感应电流方向相反,所以电流计的指针向右偏转.(3)通过(1)、(2)两步实验,在磁感线方向不变的情况下,导体运动方向改变时,感应电流的方向也发生改变,这说明感应电流方向与导体运动方向有关.(4)感应电流的方向与导体运动方向和磁场方向有关,要探究感应电流方向与磁场方向的关系,需保持导体运动方向不变.

第十八章　信息的传递

学习思维导图

- 信息的传递
  - 工具
    - 早期的信息传播方式：烽火、驿马、飞鸽
    - 电话
      - 基本组成：话筒、听筒
      - 原理
        - 话筒与听筒：声信号 —话筒→ 电信号 —听筒→ 声信号
        - 交换机：作用是提高线路的利用率
      - 通信方式
        - 模拟通信
        - 数字通信
    - 信息之路
      - 微波通信
      - 卫星通信
      - 光纤通信：原理:光的全反射
      - 网络通信
      - 激光
        - 特点：频率单一,方向高度集中
        - 应用：通信、医疗、军事、工业等
  - 电磁波
    - 产生条件：迅速变化的电流产生电磁波
    - 关系式：波速=波长×频率($c=\lambda f$)
    - 电磁波的传播速度：$c=3\times10^{8}$ m/s
    - 在生活中的应用：微波炉
  - 广播电视和移动通信
    - 无线电广播
      - 信号的发射：广播电台完成
      - 信号的接收：收音机完成
    - 电视的发射和接收
      - 图像信号的接收及转换过程
      - 声音信号的产生、传播和接收
    - 移动电话：通过电磁波传递信息
    - 音频、视频、射频和频道
      - 音频信号
      - 视频信号
      - 射频电流是一种频率很高的电流
      - 频道

解题知识必备

1. 电话

基本结构	最简单的电话主要由话筒和听筒组成
工作原理	话筒把声音信号变成电流信号,电流沿着导线把信息传到远方;在另一端,电流使听筒的膜片振动,携带信息的电流信号又变成了声音信号

续表

话筒的作用	话筒中有一个装着碳粒的小盒子，能把声音信号转化成电信号
听筒的作用	听筒中有一个磁铁，磁铁上绕着线圈，能把电信号转化成声信号

2. 电磁波

产生		电磁波是由迅速变化的电流产生的
传播		(1)电磁波可以在真空中传播 (2)电磁波在空间向各个方向传播 (3)电磁波的传播速度跟光在真空中的传播速度一样
特征	波速	波传播的快慢称为波速.电磁波传播的速度等于光速，真空中的光速为 3.0×10^8 m/s，空气中的光速近似等于真空中的光速，因此利用电磁波来传递信息的速度接近于光速
	波长	相邻的两个波峰(或波谷)间的距离为波长，用字母“λ”表示.如右图所示.在国际单位制中波长的单位是 m，可见光是波长范围从400 nm至770 nm 的电磁波 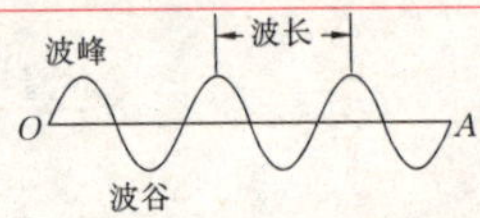 O 为振动中心 OA 为波传播的距离
	频率	单位时间内振动的次数叫频率，用字母“f”表示，在国际单位制中频率的单位是赫兹，简称“赫”，符号为“Hz”.常用的单位还有千赫(kHz)和兆赫(MHz)，它们之间的关系为：1 kHz$=10^3$ Hz，1 MHz$=10^6$ Hz
	关系	波速、波长与频率的关系为：$c=\lambda f$ 在真空中电磁波的波速一定，所以电磁波的频率和波长成反比关系.波长越长，频率越低；反之，波长越短，频率越高
用途		(1)在医学上用 γ 射线做脑部手术，用 X 射线透视判断身体某部分是否出现问题. (2)在通信领域利用微波及无线电波传输信息 (3)在生活中电视机、收音机等设备接收的是电磁波信息，用手机相互联系也是利用电磁波来传递信息的 (4)飞机和舰船上雷达、通信等都离不开电磁波

3. 无线电广播信号的发射与接收

(1)发射过程：话筒把播音员的声音信号转换成电信号，然后用调制器把音频电信号加载到高频电磁波上，再通过天线发射到空中.

(2)接收过程：收音机的天线接收到各种各样的电磁波.转动收音机调谐器的旋钮，可以从中选出特定频率的信号.收音机内的电子电路再把音频信号从中取出，进行放大后，送到扬声器里.扬声器把音频电信号转换成声音.

4. 电视信号的发射和接收

电视用电磁波传递图像信号和声音信号.声音信号的产生、传播和接收与无线电广播的过程相似.图像信号的传输过程是:摄像机把图像信号变成电信号,发射机把电信号加载到频率很高的电磁波上,通过发射天线发射到空中;电视机的接收天线把这样的高频信号接收下来,通过电视机把图像信号取出来并放大,由显像管把它还原成图像.

5. 移动电话

移动电话的声音信号不是由导线中的电流来传递的,而是由空间的电磁波来传递的.移动电话机既是无线电发射台又是无线电接收台.

6. 信息之路

微波通信	微波大致沿直线传播,不能沿地球表面绕射,因此必须每隔 50 km 左右就要建一个微波中继站,把上一站传来的信号处理后,再发射到下一站去.信号传递的距离越远,需要的中继站越多
卫星通信	用通信卫星做微波通信的中继站,实现了全球通信的梦想.在地球的周围均匀地配置三颗同步通信卫星,就覆盖了几乎全部地球表面,可以实现全球通信
光纤通信	光从光导纤维的一端射入,在纤维内壁上多次反射,从另一端射出,这样就把它携带的信息传到了远方
网络通信	计算机能高速处理大量信息,把计算机连在一起,可以进行网络通信

题型技法归纳

题型一　电话工作原理问题的解答技法

例 1　下列叙述中正确的是(　　)

A. 听筒是将声信号转变成电信号

B. 话筒是将电信号转变成声信号

C. 听筒内部是利用电磁铁的原理来工作的

D. 话筒是利用电磁铁的原理来工作的

解析

由电话的结构和原理我们知道,听筒是用来接听声音的装置,所以它是将电信号转化为声信号的装置;话筒是将声信号转化为电信号的装置,工作原理是电磁感应;通过对电磁铁知识的学习,我们知道利用电磁铁的磁性特点可以产生随电流信号变化的振动,从而产生相应的声音,所以 C 选项正确.

答案:C

方法技巧:解答有关电话工作原理的题目,要明确:(1)话筒的作用是把声信号转化为电信号,听筒的作用是把电信号转化为声信号;(2)话筒里有装着碳粒的小盒子,听筒里有磁铁.

题型二　公式 $c=\lambda f$ 的应用技法

例 2　如图 1-18-1 所示是一列电磁波的波形图，A、B 间的距离为 750 m，则这列波的波长为________，频率为________Hz(电磁波的传播速度等于光速).

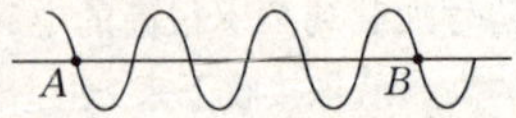

图 1-18-1

解析

波长 λ 是指相邻两个波峰或波谷之间的距离，A、B 间的距离等于 3 个波长，所以 $\lambda=\frac{750\ \text{m}}{3}=250\ \text{m}$；频率 f 是指 1 s 内波传播的波长数，而波速 c 是定值，$c=3\times10^8\ \text{m/s}$，三者关系为 $c=\lambda f$，则 $f=\frac{c}{\lambda}=\frac{3\times10^8\ \text{m/s}}{250\ \text{m}}=1.2\times10^6\ \text{Hz}$.

答案：250 m　1.2×10^6

方法技巧：波长、频率和波速的关系是：波速＝波长×频率，即 $c=\lambda f$，其中 λ 的单位为 m，f 的单位是 Hz，c 的单位是 m/s. 在利用公式计算时，要注意一般电磁波的频率单位是 kHz，要将 kHz 换算成 Hz 再代入关系式中进行计算.

题型三　电磁波的应用解题技法

例 3　(河南中考)下列技术应用中，不是利用电磁波工作的是(　　)

A. 利用微波雷达跟踪飞行目标

B. 利用声呐系统探测海底深度

C. 利用北斗导航系统进行定位和导航

D. 利用移动通信屏蔽器屏蔽手机信号

解析

微波属于电磁波，雷达是利用了电磁波的反射，声呐是利用了超声测距，北斗导航系统和移动通信屏蔽器屏蔽手机信号均是利用了电磁波，B 选项正确.

答案：B

方法技巧：本题考查了声波与电磁波的应用，解此类题时注意两点：一是电磁波是一个大家族，光、微波、无线电波等均属于电磁波；二是声呐是超声波的应用.

题型四　各种通信方式及应用的识别方式

例 4　(广西桂林中考)2012 年 6 月 16 日，我国成功发射“神舟九号”载人飞船. 飞船承担着如图 1-18-2 所示的与“天宫一号”交会对接任务. 地面飞控中心和航天员的联系主要是通过下面的哪种方式来实现(　　)

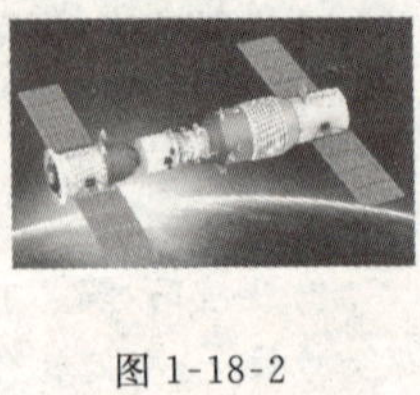
图 1-18-2

A. 发射超声波　　B. 发射次声波

C. 发射微波　　D. 发射可见光

解析

超声波和次声波都不能在真空中传播，所以地面飞控中心和航天员的联系不能靠超声波或次声波来完成，要依靠微波来传递信息，故本题应选 C.

答案：C

方法技巧：解答此类题目，要了解微波通信的特点. 利用微波进行通信具有容量大、质量好的特点，并可传至很远的距离，地面飞控中心和航天员的联系就是靠微波来实现的.

例 5　（江苏盐城中考）美籍华人高锟在光纤物理学方面取得了突破性成果，最终促使光纤通信问世. 光纤通信（　　）

A. 利用电流传输信息　　B. 利用光传输信息

C. 传输信息量很小　　D. 传输信息时损耗大

解析

光纤通信是利用光来传输信息，使光在光纤内发生多次反射，互不干扰，传输信息量大，B 项正确.

答案：B

方法技巧：(1)光是一种电磁波，光纤通信是通过激光来实现的；(2)激光在光纤内通过多次反射向前传播；(3)光纤通信可长距离传输信息，容量大，干扰小，通信质量高，保密性好.

例 6　（湖北黄冈中考）车载 GPS 导航仪是通过与导航卫星互相传递信息，确定汽车的准确位置，并在电子地图上显示出来，为汽车驾驶员导航. 下列说法正确的是（　　）

A. 导航仪与导航卫星是通过电磁波传递信息

B. 导航仪上的移动电话是通过电流传递信息

C. 导航卫星发射的电磁波不能在真空中传播

D. 导航卫星发射的电磁波比光的传播速度慢

解析

光属于电磁波的一种，其传播不需要介质，可以在真空中传播，且在真空中的传播速度最大，电磁波可以传递信息，导航仪与导航卫星之间没有导线连接，其信息的传播是通过电磁波，而不是通过电流来实现的，因此正确选项为 A.

答案：A

方法技巧：(1)微波通信是利用波长很短的电磁波来传递信息的通信方式，需要建很多微波中继站；(2)卫星通信是利用人造卫星作为通信的中继站来转发无线电信号，在地球的周围均匀配置三颗同步卫星，就可实现全球通信；(3)光纤通信是利用激光在光纤内壁上多次反射传输信息的通信方式；(4)网络通信是利用通信线路和电磁波，将世界各地的计算机网络连接起来的通信方式.

典题针对训练

1.(陕西中考)有一款不用充电的新型手机，其核心技术是利用了通话时声波的能量，下列说法错误的是(　　)

A. 这种手机具有把声能转化为电能的功能

B. 手机是通过电磁波传递信息的

C. 电磁波的频率越高，它的波长越长

D. 电磁波在空气中的传播速度约为 3×10^{8} m/s

2.(广东中考)如图 1-18-3 所示为北斗卫星导航系统示意图，该系统在传递信息过程中主要依靠(　　)

A. 电磁波　　B. 超声波

C. 次声波　　D. 光导纤维

图 1-18-3

3.(江苏无锡中考)探究电磁波特性的实验过程如下：

(1)将手机的“背景灯光提示”功能打开后放在真空罩中，用抽气机抽去罩中空气，打电话呼叫罩中手机，这时，手机背景灯光闪烁. 这个事实表明：电磁波________(选填“能”或“不能”)在真空中传播. (2)将手机放在金属容器中(手机不与金属容器壁接触)，打电话呼叫金属容器中的手机，这时手机________(选填“能”或“不能”)接收到信号.

4.(山东烟台中考)某电磁波的波形如图 1-18-4 所示. 则该电磁波的波长是______，频率是______.

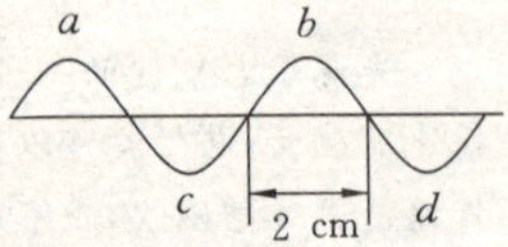

图 1-18-4

5.(贵阳中考)光导纤维简称光纤，如图 1-18-5 所示，从图中可看出，光可从任意弯曲的光纤一端传向另一端，似乎光在其中能随意“转弯”，其实这是光在光纤内不断________而实现的，利用光纤来传递电磁波信号，使人类迈上信息高速公路，是华裔科学家高锟的重大贡献，人们能将光和电磁波联系起来，是因为光也是________.

图 1-18-5

针对训练答案

1. C　解析：利用声波的能量来通信，而通信需要电能，所以 A 选项是正确的；手机通信是利用电磁波作为信息的载体，B 选项正确；不同的电磁波波速均为 3×10^8 m/s，根据波速＝波长×频率可知，频率越高，波长越短，C 选项错，D 选项正确.

2. A　解析：卫星通信主要是依靠微波来传递信息，微波属于电磁波，故 A 选项正确.

3. (1)能　(2)不能　解析：手机背影灯光闪烁说明手机在真空罩内能接收到电磁波，证明电磁波可以在真空中传播；金属罩能够屏蔽电磁波，所以将手机置于金属容器中，则接收不到电磁波.

4. 0.04 m　7.5×10^9 Hz　解析：波长是指两个相邻的波峰或波谷之间的距离，由题图可知半个波长是 2 cm，所以该电磁波的波长为 4 cm＝0.04 m. 又根据波速、波长和频率之间的关系公式得频率 $f=\frac{c}{\lambda}=\frac{3\times10^8\ \text{m/s}}{0.04\ \text{m}}=7.5\times10^9$ Hz.

5. 反射　电磁波　解析：光从光纤的一端射入光纤内，在内壁上多次反射，从另一端射出，将光携带的信息传到远方；光本身就是一种电磁波.

第十九章 热和能

学习思维导图

- 热和能
  - 分子热运动
    - 扩散：相互接触的不同物质,彼此进入对方的现象
    - 分子动理论
      - 物质是由大量分子组成的
      - 分子都在永不停息地做无规则热运动
      - 分子间同时存在着引力和斥力
      - 分子间有间隙
  - 内能
    - 定义：物体内部所有分子热运动的动能和分子势能的总和
    - 影响因素
      - 质量：温度相同的同种物质,状态相同,质量越大,物体具有的内能越大
      - 温度：同一物体温度越高,物体具有的内能越大
      - 状态：同种物质,相同质量,温度相同,状态不同,内能不同
    - 改变方式
      - 做功
        - 对物体做功,物体的内能会增加
        - 物体对外做功,物体的内能会减少
      - 热传递
        - 条件：两物体间或同一物体的不同部分存在着温度差
        - 方向：从高温物体(或物体的高温部分)到低温物体(或物体的低温部分)
        - 实质：内能的转移
  - 热量、热值、比热容
    - 热量：热传递过程中,传递内能的多少,单位:J,符号:Q
    - 热值：1 kg某种燃料完全燃烧放出的热量,单位:J/kg,符号:q
    - 比热容：单位质量某种物质,温度升高(或降低)1℃所吸收(或放出)的热量,单位:J/(kg·℃),符号:c
    - 热量的计算
      - 吸热升温：$Q_{吸}=cm(t-t_0)$
      - 放热降温：$Q_{放}=cm(t_0-t)$
      - 燃料燃烧放热：$Q_{放}=mq$
    - 比热容特性
      - 不同物质的吸、放热能力不同
      - 水的比热容较大,应用
        - 用水取暖或作冷却液
        - 调节气候
  - 热机
    - 能量转化：把内能转化为机械能
    - 内燃机（注意比较 找出异同）
      - 汽油机
        - 构造
        - 四个冲程
      - 柴油机
        - 构造
        - 四个冲程
    - 热机的效率：$\eta=\frac{Q_{有用}}{Q_{总}}\times 100\%$
  - 能量守恒定律：能量既不会凭空消灭,也不会凭空产生,它只会从一种形式转化为另一种形式,或者从一个物体转移到另一个物体,而在转化和转移的过程中,能量的总量保持不变

解题知识必备

1. 分子动理论

内容	解释	实例
物质是由分子组成的	(1)分子很小,用 10^{-10} m 来量度 (2)分子间存在着空隙	水与酒精混合后,总体积比原来的体积之和要小
一切物质的分子都在不停地做无规则运动	温度越高,分子无规则运动越剧烈,扩散现象就是由分子的无规则运动引起的	闻到花香
分子间存在相互作用的引力和斥力	引力和斥力同时存在,不过有时以引力为主,有时以斥力为主	铁块很难被拉伸,也很难被压缩

2. 对扩散现象的认识

(1)不同的物质相互接触时,彼此进入对方的现象,叫做扩散.

(2)扩散现象只能发生在不同的物质之间,同种物质之间是不能发生扩散现象的.

(3)不同物质只有相互接触时,才能发生扩散现象.没有相互接触的物质,是不会发生扩散现象的.

(4)扩散现象是两种物质的分子彼此进入对方的现象,而不是单一的一种物质的分子进入另一种物质.

(5)气体、液体和固体之间都可以扩散,而且在不同状态的物质之间也可以发生.

(6)扩散快慢与物体的温度有关.温度越高,扩散进行得越快,反之越慢.

(7)扩散现象表明,一切物质的分子都在不停地做无规则的运动,分子之间存在着间隙.

(8)扩散现象是分子运动,而不是物体运动.

3. 内能

	定义	微观	宏观	量值
分子的动能	物质的分子永不停息地运动着,运动着的分子所具有的能量	分子永不停息地做无规则运动	与温度有关	永远不等于0
分子的势能	物质的分子由它们的相对位置所决定的能量	分子间存在相互作用的引力和斥力	与物体的体积有关	可能等于0
物体的内能	物体内部所有分子热运动的动能和分子势能的总和	分子永远在运动且分子间存在作用力	与分子数及温度、体积有关	永远不等于0

理解物体内能时，要注意以下三点：

(1)内能是指物体的内能，不是分子的内能，更不能说内能是个别分子和少数分子所具有的. 内能是物体内部所有分子共同具有的动能和势能的总和，所以，单纯考虑一个分子的动能和势能是没有现实意义的；(2)任何物体在任何情况下都有内能；(3)内能具有不可测性. 只能比较物体内能的大小，不能确定这个物体具有的内能究竟是多少. 因为内能是物体的所有分子具有的总能量，要宏观量度比较困难.

巧学妙记

内能

分子动能和势能，
总和称之为内能，
不管温度高和低，
一切物体有内能.

4. 内能和机械能的区别

	定义	存在情况	研究对象	相关因素	改变大小的方法
机械能	物体动能和势能的总和	可以为0	宏观物体	质量、速度、高度、弹性形变量	做功
内能	物体内部所有分子热运动的动能和分子势能的总和	不能为0，自然界中一切物体都有内能	微观粒子	质量、状态、温度等	做功、热传递

5. 改变物体内能的两条途径

	做功	热传递
方式	对物体做功常见方式有“压缩”、“摩擦”、“锻打”、“拧弯”	热传导、热对流、热辐射
实质	内能和其他形式能之间的转化过程	内能的转移过程
条件		存在温度差
方向	对物体做功，物体内能可能增加；物体对外做功，内能可能减小	由高温物体传递到低温物体或从物体的高温部分传递到低温部分
说明	做功和热传递对改变物体的内能是等效的. 一个物体温度升高，有可能是对物体做了功，也有可能是发生了热传递；如果没有看见内能的改变过程，则无法确定是用哪种方法使物体内能增加的	

6. 热量

定义	在热传递过程中，传递内能的多少叫做热量
单位	焦耳(J)
符号	Q
表达方式	吸收热量、放出热量
说明	①热量是指热传递过程中内能的改变量，热量是一个过程量、是一个变化量. 我们不能说一个物体“具有多少热量”、“含有多少热量”，而只能说一个物体“放出了多少热量”或“吸收了多少热量” ②热量的大小与物体内能的多少、物体温度的高低无关，而与传递内能的多少有关

7. 温度、内能、热量三者的区别与联系

(1)区别

	从分子动理论的观点	概念辨别	表达方式	存在形式	单位
温度	是分子热运动的剧烈程度的标志	物体的冷热程度	不能说"传递"和"转移",只能说"升高""降低"或"是"多少	状态量	℃
内能	物体内部所有分子热运动的动能和分子势能的总和	能量的一种形式	"具有"	状态量	J
热量	在传热过程中内能转移的数量	在传热过程中,传递内能的多少	"吸收"或"放出"	过程量	J

(2)联系

温度的变化可以说明物体内能的变化;传递热量的多少可以量度物体内能改变的多少.物体吸收或放出热量,它的内能将发生改变,但它的温度不一定改变.如晶体熔化时要吸收热量,内能增加,但温度却保持在熔点不变.同样,物体放出热量时,温度也不一定降低.

8. 物质的比热容

概念	单位质量的某种物质,温度升高(或降低)1 ℃所吸收(或放出)的热量,叫做这种物质的比热容
物理意义	反映物质吸热(或放热)本领
性质	比热容是物质的一种特性,每种物质都有自己的比热容
单位	J/(kg·℃),读作焦每千克摄氏度
水的比热容	水的比热容:4.2×10^3 J/(kg·℃).表示的意义:1 kg水温度升高(或降低)1 ℃所吸收(或放出)的热量是4.2×10^3 J
说明	①比热容的大小只由物质本身决定,与物体的质量大小、吸收或放出热量的多少以及温度的变化均没有关系.但同种物质不同状态时的比热容可能不同 ②水的比热容比较大,在日常生活中常用水作冷却剂或用水来取暖等

巧学妙记

比热容

比谁容易热,可用比热容;物质如同种,比热容相同;数小容易热,数大就不同;水的比热大,沿海温差小;砂石比热小,内陆温差大.

9. 热量的计算

公式	物体温度升高时吸收的热量：$Q_{吸}=cm(t-t_0)$ 物体温度降低时放出的热量：$Q_{放}=cm(t_0-t)$ 若用 Δt 表示物体升高或降低的温度，则 $Q=cm\Delta t$ 其中，c 为物质的比热容，m 为质量，t_0 为初温，t 为末温，Δt 为变化的温度，即升高或降低的温度
单位	c 的单位是 J/(kg·℃)，m 的单位是 kg，t、t_0、Δt 的单位是 ℃，Q 的单位是 J
应用条件	公式 $Q=cm\Delta t$ 应用于物态不发生变化时，物体升温（或降温）过程中吸热（或放热）的计算. 例如冰熔化为水时需吸热，但此时温度并没有发生变化. 因此，如果过程中存在着物态变化，则不能使用上述公式
注意事项	1. 正确理解公式中各量的物理意义 2. 运算中各物理量的单位必须统一为国际单位 3. 注意文字叙述中“升高”、“升高了”、“降低”、“降低了”对应的是温度的改变量 Δt，而“升高到”“降低到”对应的是物体的末温 t

拓展

两个温度不同的物体放在一起，高温物体放出热量，低温物体吸收热量，当两个物体温度相同时，如果不计热量损失，则有 $Q_{吸}=Q_{放}$，称为热平衡方程. 在热量计算题中，常采用此等式.

10. 内燃机

（1）汽油机工作过程表

工作过程 / 工作循环	进气门开关	排气门开关	活塞运动	曲轴运动	冲程的作用	能量的转化
吸气冲程	开	关	向下	半周	吸入汽油和空气的混合物	
压缩冲程	关	关	向上	半周	燃料混合物被压缩，温度升高，压强增大	机械能→内能
做功冲程	关	关	向下	半周	燃料燃烧产生的高温高压燃气推动活塞向下运动，通过连杆带动曲轴对外做功	内能→机械能
排气冲程	关	开	向上	半周	排出废气	
说明	（1）一个工作循环有四个冲程，只有做功冲程燃气对外做功一次，其他三个冲程为辅助冲程，要靠安装在曲轴上飞轮的惯性来完成 （2）一个工作循环中，活塞往复两次，飞轮、曲轴转两周 （3）一个工作循环中，有两次内能与机械能的转化：压缩冲程机械能转化为内能，做功冲程内能转化为机械能					

(2)柴油机和汽油机的区别

项目＼内燃机	汽油机	柴油机
构造不同	汽缸顶部有火花塞	汽缸顶部有喷油嘴
燃料不同	汽油	柴油
吸气冲程	汽油机在吸气冲程中吸入的是汽油和空气的混合物	柴油机在吸气冲程中只吸入空气
点火方式	压缩冲程末，火花塞产生电火花点燃燃料，称为点燃式	压缩冲程末，喷油嘴向汽缸内喷出雾状柴油遇到温度超过柴油燃点的空气而自动点燃，称为压燃式
效率	效率低，20%～30%	效率高，30%～45%
应用	机体轻便，主要用于汽车、飞机、摩托车等	机体笨重，主要用于载重汽车、火车、轮船等

11. 燃料

	内容	实例
燃料燃烧时能量转化	化学能→内能	
燃料分类	固体燃料	煤、干木柴
	液体燃料	酒精、汽油
	气体燃料	煤气、天然气

12. 热值

定义	1 kg(或 1 m^3)某种燃料完全燃烧放出的热量
物理意义	反映燃料燃烧放热本领的物理量
单位	J/kg 或 J/m^3(气体)
单位意义	例：干木柴热值 1.2×10^7 J/kg 表示 1 kg 干木柴完全燃烧放出的热量是 1.2×10^7 J
性质	热值是燃料的一种特性
燃料燃烧放热公式	$Q_{放}=mq$ 或 $Q_{放}=V\cdot q$（$Q_{放}$→J，V→m^3，q→J/m^3） m 代表质量，单位是 kg q 代表热值，单位是 J/kg $Q_{放}$ 代表放出的热量，单位是 J

13. 热机效率

定义	用来做有用功的能量与燃料完全燃烧放出的能量之比
公式	$\eta=\frac{Q_{有用}}{Q_{总}}\times100\%$
不同热机效率	汽油机 20%～30%，柴油机 30%～45%，飞机喷气发动机 50%～60%
提高热机效率的途径	(1)燃料尽可能充分燃烧 (2)尽量减少各种热量损失 (3)在热机的设计和制造上，采用先进技术 (4)使用时，注意保养，保证良好的润滑，减少因克服摩擦力而额外做的功

题型技法归纳

题型一　关于分子动理论探究题的解答方法

例1　(广州中考)用图1-19-1所示的装置演示气体扩散现象，其中一瓶装有密度比空气大的红棕色二氧化氮气体，另一瓶装有空气.为了有力地证明气体发生扩散，装二氧化氮气体的应是________(选填“A”或“B”)瓶.根据________现象可知气体发生了扩散.扩散现象说明气体分子在________.若实验温度分别为①0 ℃，②4 ℃，③20 ℃，④30 ℃.则在________温度下(填序号)气体扩散最快.

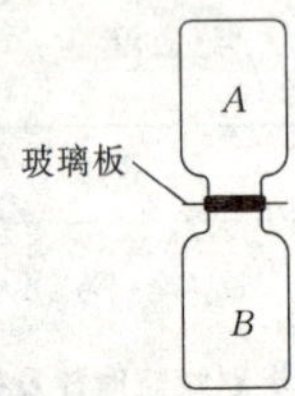

图1-19-1

解析

演示气体的扩散现象是用来研究分子运动的，为避免外力(如重力)的干扰，实验过程中应把密度大的气体置于下面的瓶中，若发现上面瓶中出现了红棕色气体，说明密度大的气体运动到上面的瓶中，从而说明了分子在不停地运动.分子运动的快慢与温度有关，温度越高，分子的运动越剧烈.

答案：B　A瓶中有红棕色气体　永不停息地做无规则运动　④

方法技巧：(1)装有二氧化氮气体的瓶子放在空气瓶子的下面(即下面的瓶子中)，是因为二氧化氮气体密度大，这样操作避免产生“扩散是重力作用的结果”这一错误认识.(2)认真分析现象，并将现象与相关的理论联系起来，分析得出结论.

例2　(贵阳中考)在一杯水中滴入蓝墨水，静置一段时间后发现整杯水变蓝，这种现象说明分子在________；把两块表面干净的铅块压紧，下面吊一物体时不会将它们拉开(如图1-19-2所示)，则说明分子间存在着________(选填“引力”或“斥力”).

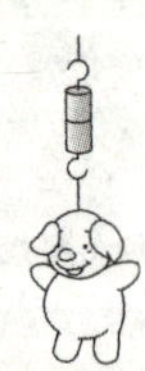
图1-19-2

解析

整杯水变蓝说明分子在不停地运动到杯内各处，两块铅块压紧后下面吊着物体不会将它们拉开，说明分子之间存在着引力.

答案：永不停息地运动　引力

方法技巧：(1)扩散现象说明分子在永不停息地做无规则的运动，温度越高，分子运动越剧烈，扩散现象就越明显.(2)固体、液体很难被压缩说明分子间存在斥力；表面干净的铅块压紧，下面吊一物体时不会将它们拉开，说明分子间存在着引力.特别注意分子间引力和斥力同时存在.

题型二　分子热运动的识别方法

例 3　下列运动中，能表明分子在不停地做无规则运动的是(　　)

A. 无数雨滴从空中落下

B. “固体清新剂”能使居室芳香

C. 秋风起，漫天灰尘飞扬

D. 铁块在潮湿的空气中生锈

巧学妙记

分子热运动

分子不停在运动，
扩散现象能证明.
温升分子运动快，
分动又叫热运动.
分子之间作用力，
同存引力和斥力.

解析

A、C 选项中，雨滴和灰尘分别是液体、固体小颗粒，雨滴下落及尘土飞扬都属于宏观物体的机械运动，不属于分子的运动；D 选项中，铁块生锈属于化学变化，不属于分子运动，“固体清新剂”的分子运动到室内各个地方，使居室芳香，表明分子在不停地做无规则运动，故正确的选项为 B.

答案：B

方法技巧：分子很小，用眼睛看见的并不是单个分子，而是大量分子的集合体，如灰尘、粉末，因此，分子的无规则运动是肉眼看不到的.在识别分子运动时，凡是看得见的运动，都是宏观物体的运动，不能直接说明分子在永不停息地做无规则的运动.

题型三　区分温度、内能、热量三者关系的方法

例 4　下列说法正确的是(　　)

A. 物体温度升高，它的分子运动加快

B. 物体温度升高，它一定吸收了热量

C. 物体吸收了热量，它的温度一定升高

D. 物体温度越高，具有的热量越多

解析

温度升高，分子无规则运动越剧烈，运动加快，A选项正确；物体温度升高，有可能是吸收了热量，也有可能是外界对物体做功，B选项错误；物体吸收热量，有可能改变了状态，但温度不变，如晶体熔化、液体沸腾过程，吸收热量，但温度不变，因此C选项错误；热量是一个过程量，只能说“吸收热量”或“放出热量”，不能说“具有热量”.

答案：A

方法技巧：解答此类问题要时刻牢记以下知识点：(1)改变物体内能有两种方法——做功和热传递，这两种方法对改变物体的内能是等效的；如果没有看见内能的改变过程，则无法确定是用哪种方法使物体内能改变的.(2)晶体熔化、液体沸腾时吸热，温度不变.(3)描述热量的词是“吸收”或“放出”，不能说“含有”、“具有”.(4)内能的多少与温度、质量、状态等诸多因素有关.

例5 关于热量、内能、温度的关系中正确的是( )

A. 物体吸收了热量，它的温度一定升高，内能一定增加

B. 物体的温度升高，它的内能一定增加，一定是吸收了热量

C. 物体的内能增加了，它的温度一定升高，一定是吸收了热量

D. 以上说法都不对

解析

物体吸收了热量，它的内能一定增加，但温度可能升高，也可能不变，例如晶体在熔化过程中，虽然吸收了热量，但温度不变，故A、C选项错误；物体的温度升高了，它的分子无规则运动加剧，所以它的内能一定增加了；做功和热传递都可以改变物体的内能，物体的内能增加，可能是吸收了热量，也可能是外界对物体做了功，故B选项错误.

答案：D

方法技巧：(1)一个物体温度升高了，物体不一定吸收了热量，也有可能是外界对物体做功，但它的内能一定增加.(2)一个物体吸收了热量，温度不一定升高，但它的内能一定增加(物体不对外做功)，如晶体熔化、液体沸腾等.(3)一个物体内能增加了，它的温度不一定升高，如0 ℃的冰变成0 ℃的水；也不一定吸收了热量，有可能是外界对物体做了功.

题型四　判断改变物体内能的方法

例6 (重庆中考)如图1-19-3所示的四个事例中，用做功方式改变内能的是( )

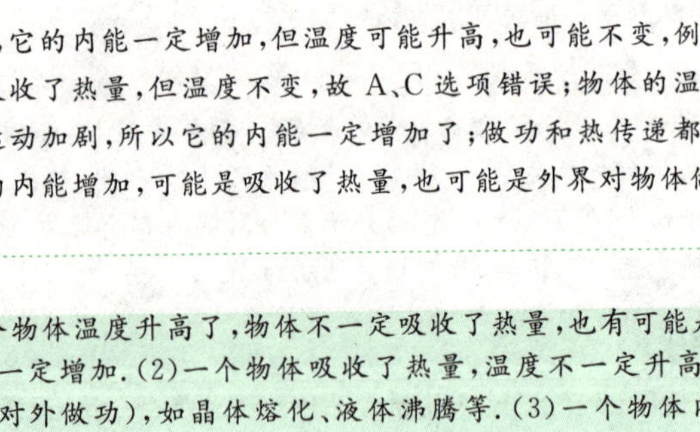

①冬天，搓手会让手变暖和　②冬天，嘴对手哈气取暖　③炒菜时，铁锅热得烫手　④水蒸气把软木塞冲开时，温度会降低

图1-19-3

A. ①②　　B. ②③　　C. ③④　　D. ①④

解析

搓手是克服摩擦力做功，使手的内能增加；哈气取暖和铁锅热得烫手是通过热传递的方式改变物体的内能；水蒸气把软木塞冲开，水蒸气对外做功，内能减小.

答案：D

例 7　（湖北黄冈中考）爆米花是将玉米放入铁锅内，边加热边翻动一段时间后，“砰”的一声变成了玉米花. 下列说法正确的是（　　）

A. 玉米粒主要通过翻动铁锅对其做功，使其内能增加

B. 玉米粒主要通过与铁锅间的热传递，使其内能增加

C. 玉米粒内水分受热膨胀对粒壳做功爆开，内能不变

D. 玉米粒内水分受热膨胀对粒壳做功爆开，内能增加

巧学妙记

内能的改变

内能改变有两种，
包括热传递和做功.
改变内能是等效，
不看过程分不清.

解析

玉米粒在锅内时，锅体与玉米粒存在温度差，通过热传递的方式使玉米粒的内能增大，温度升高，玉米粒内部产生高压气体，当打开锅后，由于外界气压突然降低，使玉米粒体积膨胀而成玉米花，膨胀时对粒壳做功，内能减小.

答案：B

方法技巧：(1)改变物体的内能有两条途径：做功和热传递；(2)内能和其他形式的能转化是做功，内能的转移是热传递；(3)做功和热传递对改变物体的内能是等效的. 如果没有看到内能改变的过程，则无法确定是通过做功还是热传递来改变物体内能的.

题型五　对热量概念的理解

例 8　下列关于热量的说法中，正确的是（　　）

A. 温度高的物体比温度低的物体含有的热量多

B. 温度从高温物体转移到低温物体

C. 热量总是从内能大的物体传向内能小的物体

D. 热量从高温物体传递到低温物体

解析

热量是描述热传递过程中传递内能多少的物理量，是个过程量，A 选项错误；发生热传递时传递的是内能，而不是温度，B 选项错误；热传递的方向是从高温物体传向低温物体，而不是从内能大的物体传到内能小的物体，C 选项错误.

答案：D

方法技巧:(1)物体本身没有热量,只有发生了热传递,有了内能的转移时,才能讨论热量问题.(2)热量是在热传递过程中,传递内能的多少,是一个过程量,不能说"含有"或"具有"热量.(3)热量的大小与物体内能的多少、物体温度的高低没有关系.

题型六 探究物质的吸热本领的方法

例 9 (山东烟台中考)小明设计了图 1-19-4 所示的实验装置来探究水和食用油的吸热本领.

(1)写出调整实验器材的方法步骤.

(2)依据小明的探究方案,实验探究过程中,除了选用相同规格的烧杯和酒精灯,还需要控制不变的量有哪些?

(3)实验探究记录数据如下表.

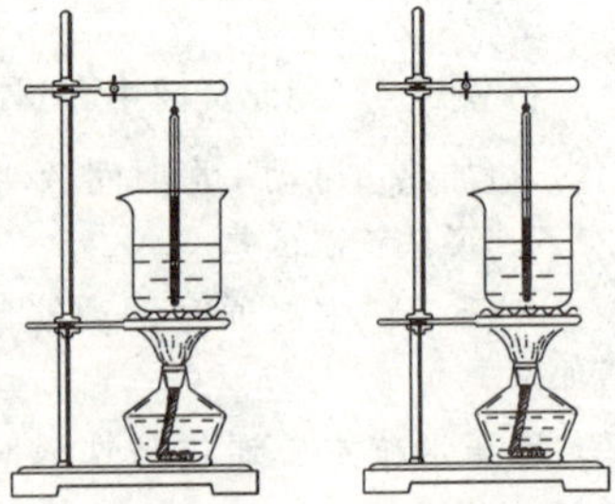

图 1-19-4

在这些数据中,哪一个最可能是由于测量或者记录的疏忽而产生了错误,分析实验数据,可以得出的结论是什么?

加热时间 t/min	0	1	2	3	4	5	6	7	8	9	10
水的温度/℃	30	31	32	33	34	35	36	37	38	39	40
食用油的温度/℃	30	32.5	35	37.5	40	42.5	47	47.5	50	52.5	55

解析

(1)实验时,要用酒精灯的外焰加热,所以需要先调整下面的铁夹使石棉网处于适当的高度,再调整上面的铁夹,使悬吊的温度计的玻璃泡正好浸没在液体中,但不能接触到容器底.(2)在探究过程中,要注意控制变量,除相同的酒精灯和烧杯外,还要控制水和食用油的质量与初始温度相同.(3)在多数情况下,水(或食用油)在相同时间内升高的温度相同,但第 6 min 食用油的温度为 47 ℃,与前后的温度差值都没有体现出相应的规律,所以第 6 min 食用油的温度记录错误;在分析数据得出结论时,既要分析加热相同时间后水与食用油温度的变化,也要分析水与食用油升高相同的温度需要的加热时间不同来得出水与食用油吸热本领的大小不同.

答案:(1)调整下面铁夹,使石棉网处于适当的高度;调整上面铁夹,使温度计处于适当的高度.(2)水与食用油的质量和初始温度相同.(3)第6 min食用油的温度记录错误. 分析表中数据可知,加热相同的时间,食用油升高的温度比水高,分析比较水在第 5 min、10 min 和食用油在第 2 min、4 min 的数据可知,升高相同的温度,水需要加热的时间比食用油的长,进而得出水的吸热本领比食用油大.(只答水的吸热本领比食用油大同样正确)

方法技巧:(1)注意实验装置的调整,要点有两个:①保证用酒精灯的外焰加热;②符合温度计的使用要求.(2)正确理解和运用控制变量法,认真分析数据,准确找出数据间的定量关系是解题的关键.(3)理解数据的连续性和数据的变化规律.(4)为使实验现象更明显,选用的两种物质的比热容相差要大一些.

例 10 为了比较水和沙子吸热本领的大小,小明做了图 1-19-5 所示的实验:在两个相同的烧杯中分别装有质量、初温都相同的水和沙子,用两个相同的酒精灯对其加热,实验数据记录如下表.

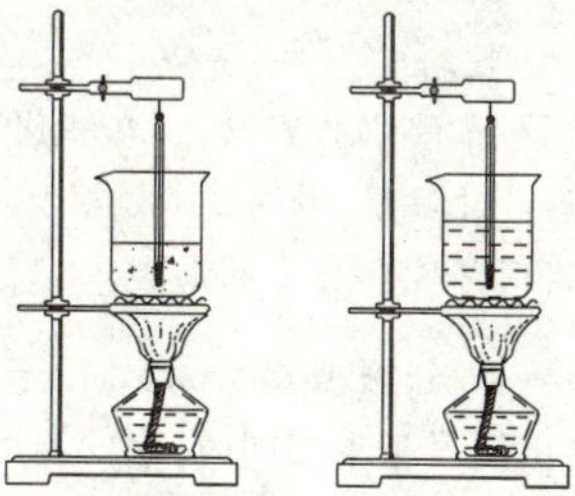

图 1-19-5

(1)在此实验中,用加热时间的长短来表示物质________.

(2)分析下表中的实验数据可知:质量相同的水和沙子,升高相同的温度时,水吸收的热量________(填"大于"或"小于")沙子吸收的热量.

	质量/g	温度升高 10 ℃所需要的时间/s	温度升高 20 ℃所需要的时间/s	温度升高 30 ℃所需要的时间/s
沙子	30	64	89	124
水	30	96	163	220

(3)如果加热相同的时间,质量相同的水和沙子,________(填"沙子"或"水")升高的温度更高.

(4)实验中有些同学发现:刚开始加热时,情况与(3)结论不符,你认为可能的原因是____.

解析

由表中实验数据可以看出,水和沙子升高相同的温度,水的加热时间长,故水吸收的热量多.

加热相同的时间,即吸收相同的热量,又知水的比热容大于沙子的比热容,由公式 $\Delta t=\frac{Q}{cm}$ 知,沙子升高的温度更高.

答案:(1)吸收的热量(的多少) (2)大于 (3)沙子 (4)水的导热性能好(或沙子中的温度计玻璃泡插入比较浅,或没有用搅拌棒搅动)

方法技巧:(1)物质吸收热量的多少与质量、升高的温度和物质种类都有关系,因此应用控制变量法进行探究,只让其中一个因素改变而其他因素保持不变,这样可使被研究的问题简单化.(2)物质吸收热量的多少不容易直接测量,由于加热时间越长,吸收的热量越多,所以可以转换为测加热时间的长短,通过测量加热时间的长短来判断吸收热量的多少,这种方法叫转换法.

题型七　应用比热容知识分析实际问题的方法

例 11 （福州中考）作为宜居城市，福州近年来大力整治西湖、左海、内河，新建了琴亭湖，全力打造一个美丽的水城，较好地调节了福州市区的气温．请你用所学知识解释修建人工湖和内河可以调节气温的主要原因．

解析

水的比热容较大，在相同条件下，吸收或放出相等的热量，其温度变化小，即吸热时升温慢，升得少，放热时，降温慢，降得少，且水在蒸发时吸收热量，从而降低了周围环境和自身的温度．

答案： 根据 $Q=cm\Delta t$，由于水的比热容比沙石、泥土的比热容大，在质量、吸收或放出热量基本相同时，水的温度变化较小．这样，福州修建了人工湖和内河可以较好地调节市区的气温．

方法技巧：（1）从温度变化的观点，答题的步骤：根据公式 $Q=cm\Delta t$ 可有 $\Delta t=\dfrac{Q}{cm}$，由此可得出不同的物质在质量相同、吸收或放出相同热量的情况下，比热容大的物质温度变化小，可按四步进行叙述：①根据公式 $Q=cm\Delta t$ 可知 $\Delta t=\dfrac{Q}{cm}$；②在 m 和 Q 相同时；③由于某种物质的比热容大；④Δt 变化小．（2）从热量的观点答题：根据公式 $Q=cm\Delta t$ 可知，在质量和温度变化相同的条件下，由于水比沙石、泥土的比热容大，所以水比沙石、泥土吸收或放出的热量多．

题型八　图象问题的解答技法

例 12 （山东烟台中考）两个相同的容器分别装满了质量相等的甲、乙两种液体．用同一热源分别加热，液体温度与加热时间关系如图 1-19-6 所示（　　）

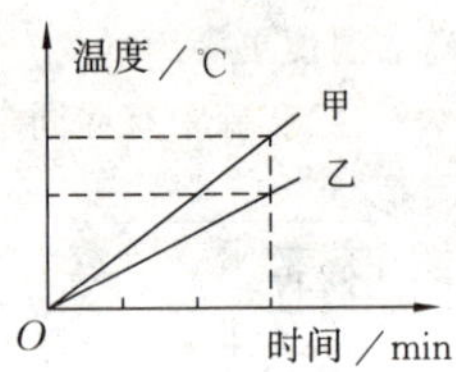

图 1-19-6

A. 甲液体的比热容大于乙液体的比热容

B. 如果升高相同的温度，两液体吸收的热量相同

C. 加热相同的时间，甲液体吸收的热量大于乙液体吸收的热量

D. 加热相同的时间，甲液体温度升高比乙液体温度升高多

解析

用同一热源分别加热，加热相同的时间，则两种液体吸收的热量相等，故 C 选项错误；由题中图象可以看出，加热相同的时间（图象横坐标相同），甲液体温度的升高（纵坐标）比乙多，故 D 选项正确；如果升高相同温度（图象纵坐标相同），液体吸收的热量即加热时间（横坐标）乙比甲多，故 B 选项错误；根据比热容公式 $c=\dfrac{Q}{m\Delta t}$ 知，在质量 m 和温度变化 Δt 相同的情况下，吸收热量多的比热容 c 就大，所以乙液体的比热容大，故 A 选项错误．

答案:D

方法技巧:解答图象问题,注意把握以下几点:(1)明确横坐标和纵坐标表示的物理量,如本题中的图象的横坐标表示时间,纵坐标表示温度;(2)在温度—时间图象中,既可以比较加热相同的时间(吸收相同的热量),不同物质升温的高低,也可比较升高相同的温度,加热时间的长短;(3)在温度—时间图象中,根据 $c=\frac{Q}{m\Delta t}$ 可知,有两种方法可以比较不同物质比热容的大小,一是加热时间相同,升温慢的比热容大,二是升高相同的温度,加热时间长的物质的比热容大.

题型九　求解比热容问题的技法

例 13　质量相等的原来温度相同的铜块和铅块($c_{铜}>c_{铅}$):

(1)将它们分别加热,吸收相等的热量后,再将它们互相接触,则(　　)

(2)若将它们分别放出相等的热量后,再将它们相互接触,则(　　)

A. 热量从铅向铜传递　　B. 不发生热传递

C. 热量从铜向铅传递　　D. 无法判断

解析

求解此类问题要运用两个知识,一是吸收或放出热量的计算公式 $Q=cm\Delta t$,二是发生热传递的条件,要会判断热传递的方向,实际上只需判断出铜和铅吸收或放出相等热量后末温的高低.

(1)由 $Q=cm\Delta t$ 及题意有 $Q_{铜吸}=c_{铜}m_{铜}(t_1-t_0)$,$Q_{铅吸}=c_{铅}m_{铅}(t_2-t_0)$,

由于 $Q_{铜吸}=Q_{铅吸}$,$c_{铜}>c_{铅}$,所以 $t_1<t_2$,故热量由铅传给铜,即 A 选项正确.

(2)同理有 $Q_{铜放}=c_{铜}m_{铜}(t_0-t_1')$,$Q_{铅放}=c_{铅}m_{铅}(t_0-t_2')$,

同理可知 $t_2'<t_1'$,所以热量由铜传给铅,故 C 选项正确.

答案:(1)A　(2)C

方法技巧:此类题目可运用比较法分析解答,具体思路为:(1)明确已知条件,如本题中的 $m_{铜}=m_{铅}$、$Q_{铜吸}=Q_{铅吸}$、$c_{铜}>c_{铅}$;(2)由 $Q=cm\Delta t$ 写出表达式,如 $Q_{铜吸}c_{铜}m_{铜}(t_1-t_0)$,$Q_{铅吸}=c_{铅}m_{铅}(t_2-t_0)$;(3)运用数学知识进行比较,并得出结论.

如:$\left.\begin{array}{l} Q_{铜吸}=c_{铜}\ m_{铜}(t_1-t_0) \\ \ \ \| \qquad \vee \quad \| \qquad \| \\ Q_{铅吸}=c_{铅}\ m_{铅}(t_2-t_0) \end{array}\right\}\Rightarrow t_1<t_2$.

例 14　两种物质质量之比为 $m_1:m_2=1:2$,它们吸收的热量之比 $Q_1:Q_2=3:4$,而升高的温度之比为 $\Delta t_1:\Delta t_2=1:1$,则这两种物质的比热容之比为________.

解析

该题的常规解法为：根据物体吸放热的计算公式 $Q=cm\Delta t$，有

$$\frac{c_1}{c_2}=\frac{\frac{Q_1}{m_1\Delta t_1}}{\frac{Q_2}{m_2\Delta t_2}}=\frac{Q_1}{m_1\Delta t_1}\times\frac{m_2\Delta t_2}{Q_2}=\frac{3}{2}.$$

用上述解题运算较复杂，易出错，为此不妨作如下推论

$$\frac{c_1}{c_2}=\frac{\frac{Q_1}{Q_2}}{\frac{m_1}{m_2}\times\frac{\Delta t_1}{\Delta t_2}},$$

可设 $c=\frac{c_1}{c_2}$，$Q=\frac{Q_1}{Q_2}$，$\Delta t=\frac{\Delta t_1}{\Delta t_2}$，$m=\frac{m_1}{m_2}$，则有 $c=\frac{\frac{3}{4}}{\frac{1}{2}\times\frac{1}{1}}$（比值表达式）.

该式与公式 $Q=cm\Delta t$ 的形式完全相同，求解上述问题若采用比值表达式则简单易行. 因 $Q=3:4$，$\Delta t=1:1$，$m=1:2$，则有 $c=\frac{\frac{3}{4}}{\frac{1}{2}\times\frac{1}{1}}=\frac{3}{2}$.

答案：3∶2

方法技巧：求解比热容问题的基本公式是 $Q=cm\Delta t$，基本规律是热平衡方程 $Q_{吸}=Q_{放}$，运用它们来求解有关问题时，若能运用比例法通过比例式建立起未知量和已知量的关系，再利用比例性质计算出未知量，则可简化解题过程，快速准确地求解问题.

题型十　正确理解热值概念的方法

例 15　（兰州中考）关于燃料的热值，以下说法中正确的是（　　）

A. 燃料的热值与燃料的种类有关系，与燃料的质量和燃烧状况无关

B. 燃烧 1 千克某种燃料放出的热量叫这种燃料的热值

C. 燃料燃烧时，质量越大，热值越大

D. 燃料不完全燃烧时的热值比完全燃烧时的热值小

解析

燃料的热值是燃料本身的一种性质，与燃料是否燃烧、是否完全燃烧、燃料的质量等无关，只与燃料的种类有关，故 A 选项正确，C、D 选项错误；热值的定义是 1 kg某种燃料完全燃烧时放出的热量，故 B 选项错误.

答案：A

例 16 （湖北宜昌中考）煤炭是一种重要能源，区别煤质量优劣的科学办法是检测下列哪个物理量（　　）

A. 比热容　　B. 密度　　C. 热值　　D. 温度

解析

1 kg 的某种燃料完全燃烧放出的热量叫做这种燃料的热值，热值反映了相同质量的不同燃料放出热量的多少．我们使用煤，就是利用煤燃烧放出较多的热量，因此要检验它的热值．

答案：C

方法技巧：(1)热值是物质的一种特性，它的大小只与燃料的种类有关，与燃料的质量、燃料是否燃烧，是否完全燃烧无关．(2)相同质量的不同燃料完全燃烧放出热量的多少是不同的，热值就反映了这一特征．(3)在理解和记忆热值的定义时，要注意把握几个关键词，如“1 千克”、“完全燃烧”等．

题型十一　区分汽油机、柴油机以及判断内燃机的四个冲程的方法

例 17 （山东聊城中考）汽车已走进很多现代家庭，图 1-19-7 为四冲程汽油机汽缸的工作示意图，按吸气、压缩、做功、排气的顺序排列，下列排序正确的是（　　）

A. 乙甲丙丁　　B. 甲丁乙丙　　C. 丙乙甲丁　　D. 丙丁甲乙

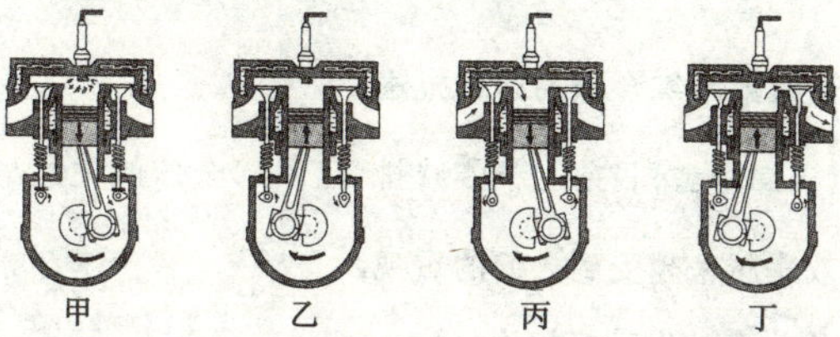

图 1-19-7

解析

汽油机的工作原理

四冲程汽油机的一个工作循环 →
- 吸气冲程 → 进气门开，排气门关闭，活塞向下运动
- 压缩冲程 → 进气门和排气门都关闭，活塞向上运动
- 做功冲程 → 进气门和排气门都关闭，活塞向下运动
- 排气冲程 → 进气门关闭，排气门开，活塞向上运动

故正确选项为 C.

答案：C

方法技巧:区分汽油机和柴油机时,要从构造上区别,有喷油嘴的是柴油机,有火花塞的是汽油机.分辨四个工作冲程时,一要看进气门、排气门的开闭状态,二要看活塞的运动方向,在此基础上进行综合分析.

题型十二　内燃机做功次数的计算方法

例18　四冲程汽油机的转速为 600 r/min,则在每秒钟内,汽油机对外做功的次数为(　　)

A. 300 次　　B. 600 次　　C. 10 次　　D. 5 次

解析

如果不注意时间是每秒钟内,很容易错选 A,或误认为飞轮每转一周做功一次而错选 C.汽油机在一个工作循环中,活塞往复运动 2 次,曲轴转 2 周,经历四个冲程,对外做功 1 次,也就是曲轴转 2 周做功 1 次.本题中 600 r/min 表示每分钟转 600 r,即每秒转 10 r,经历 5 个工作循环,对外做功 5 次.

答案:D

方法技巧:采用一一二四记忆:一个工作循环,做一次功,飞轮转二圈,经历四个冲程.

题型十三　热机效率综合题的计算方法

例19　(天津中考)目前,"节能减排"已引起全球的关注.如何减少能耗,提高汽车发动机的效率越来越受到人们的重视.

(1)大多数家用汽车的发动机均为汽油机,它把汽油燃烧产生的内能部分转化成机械能,再通过传动机构将动力传给车轮使汽车行驶.请你将图 1-19-8 中汽油机工作时的能流图补充完整.

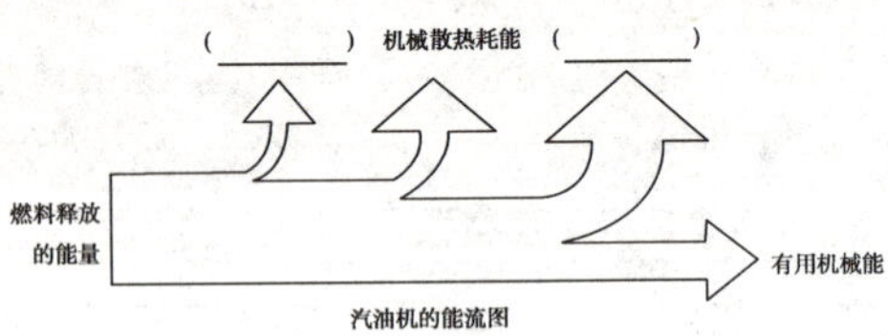

图 1-19-8

(2)发动机的效率是汽车的经济性能指标之一.

厂家提供的某汽车出厂的部分参数如下:

①测试数据:汽车在平直公路上以 90 km/h 的速度匀速行驶时,百千米耗油量为 V_0(L),发动机输出功率为 P_0(kW);

②使用燃料:93# 汽油[热值为 q(J/kg)、密度为 ρ(kg/m^3)].

请用以上参数推算出在测试条件下,该汽车发动机的效率.

解析

(1)燃料燃烧产生的能量,除了转化成有用的机械能外,机械克服摩擦也消耗一部分能量,机械散热耗能,高温的废气也带走一部分能量.

(2)汽车在行驶时所做的有用功:$W=Pt=P\dfrac{s}{v}=\dfrac{Ps}{v}$;燃烧汽油所释放的能量$Q=mq=\rho Vq$,故汽车发动机的效率$\eta=\dfrac{W}{Q}=\dfrac{\frac{Ps}{v}}{mq}=\dfrac{Ps}{\rho Vqv}$,代入数据即可推算出汽车发动机的效率.

解:(1)克服摩擦耗能　　废气带走热量

$$(2)\eta=\frac{Pt}{mq}=\frac{P\frac{s}{v}}{mq}=\frac{Ps}{\rho Vqv}=\frac{P_0\times10^3\times100\times10^3}{\rho V_0\times10^{-3}\times q\times90\times\frac{1\ 000}{3\ 600}}=\frac{4\times10^9P_0}{\rho V_0q}.$$

方法技巧:(1)熟记汽油机的能流图;(2)知道热机效率的计算公式$\eta=\dfrac{Q_{有}}{Q_{总}}=\dfrac{W_{有}}{Q_{总}}$,其中$W_{有}$是用来做有用功的能量,$Q_{总}$是燃料完全燃烧释放的能量;(3)根据汽油机的输出功率可以得到做有用功的能量,即$W_{有}=Pt$.

例 20 (太原中考)下表是某品牌小轿车的一些技术参数,其中排气量是指发动机汽缸的工作容积,一般情况下,发动机的排气量越大,功率越大;空燃比是指汽缸内空气和燃油的质量比;汽油的热值表示每千克汽油完全燃烧放出的热量为4.6×10^7 J.当该发动机以最大功率工作时,汽缸内汽油和空气的混合气体密度为$1.35\ \text{kg/m}^3$,1 min内高温高压的燃气推动活塞做功2 600次.

车型	某品牌轿车
排气量	1.8 L
最大功率	75 kW
空燃比	14∶1
汽油的热值	4.6×10^7 J/kg

请你计算发动机以最大功率工作时

(1)1 min内做的有用功;

(2)做功一次消耗汽油的质量;

(3)发动机的效率.

解析

由技术参数表可知发动机的最大功率为75 kW,发动机在最大功率工作1 min做的有用功可由$W=Pt$计算得到;空燃比是指每个工作循环中吸入汽缸的空气与汽油的比值为14∶1,所以汽油占总体积的$\frac{1}{15}$,则每做功一次消耗的汽油的质量为$m=\rho V=\rho\cdot\frac{1}{15}V_{排气量}$;做功一次消耗的汽油的质量已计算出来,1 min做功2 600次所消耗的汽油质量也可计算,根据$Q=mq$可计算得到这些汽油完全燃烧释放的能量,然后根据热机效率的计算公式$\eta=\frac{W}{Q}$即可得到发动机的效率.

解:(1)1 min内做的有用功$W=Pt=75\times10^3\ \text{W}\times60\ \text{s}=4.5\times10^6\ \text{J}$

(2)因为$\rho=\frac{m}{V}$,所以做功一次消耗汽油的质量

$m=\rho V=1.35\ \text{kg/m}^3\times1.8\times10^{-3}\ \text{m}^3\times\frac{1}{15}=1.62\times10^{-4}\ \text{kg}$

(3)1 min内汽油完全燃烧释放的热量

$Q=1.62\times10^{-4}\ \text{kg}\times4.6\times10^7\ \text{J/kg}\times2\ 600\approx1.94\times10^7\ \text{J}$

发动机的效率$\eta=\frac{W}{Q}=\frac{4.5\times10^6\ \text{J}}{1.94\times10^7\ \text{J}}\approx23.2\%$

方法技巧:热机效率的计算公式是$\eta=\frac{Q_{有}}{Q_{总}}=\frac{W_{有}}{Q}$,对内燃机而言,输出的机械能为有效利用的能量,燃料燃烧放出的能量为总能量.热机功率的计算公式是$P=\frac{W}{t}$,注意公式中各物理量的对应关系.

典题针对训练

1.(江苏苏州中考)下列现象中,能说明分子在永不停息地运动的是(　　)

A.烟雾弥漫　　B.雪花飞舞　　C.香气扑鼻　　D.尘土飞扬

2.(长沙中考)下列所描述的场景中,属于利用热传递改变物体内能的是(　　)

A.冬天人们搓手取暖

B.小孩从滑梯上滑下时臀部感受到热

C.加剧的温室效应使得多年的积雪融化了

D.古代的人钻木取火

3.(山东聊城中考)“花气袭人知骤暖,鹊声穿树喜新晴”,这是宋代诗人陆游《村居书喜》中的一句诗,对于前半句,从物理学的角度可以理解为:花朵分泌的芳香分子________加快,说明周边的气温突然________.

4. (天津中考)如图 1-19-9 甲，将两个底面削平的铅柱紧压在一起，下面吊一个重物也不能把它们拉开，说明分子间存在________；如图 1-19-9 乙，在一个配有活塞的厚玻璃筒里放一小团蘸了乙醚的棉花，把活塞迅速压下去，棉花燃烧起来，说明对物体做功，物体的________增大.

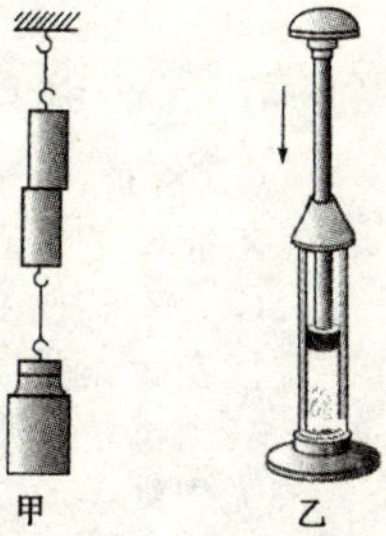

图 1-19-9

5. (陕西中考)科学家发明了一款单缸六冲程内燃机，它每一个工作循环的前四个冲程与单缸四冲程内燃机相同，在第四冲程结束后，立刻向汽缸内喷水，水在高温汽缸内迅速汽化成高温、高压水蒸气，推动活塞再次做功，水蒸气温度________(选填“升高”、“降低”或“不变”)，其内能________(选填“增大”、“减小”或“不变”)，这样燃烧同样多的燃料获得了更多的机械能，提高了热机的________. 为进入下一个工作循环，这款内燃机的第六冲程是________冲程.

6. (乌鲁木齐中考)现代生活中最重要的交通运输工具——汽车，与我们的生活走得越来越近了.

(1)某单缸汽油发动机汽缸的活塞面积是 120 cm^2，做功冲程中活塞移动的距离是 30 cm，气体的平均压强是 5×10^5 Pa，汽油的热值是 4.6×10^7 J/kg，每次做功耗油 0.2 g，气体一次膨胀对活塞做的功是________J；若每次做功冲程中汽油的 90%完全燃烧，每次汽油燃烧放出的热量是________J；排气冲程中，废气温度________，内能________.

(2)汽油机的效率很低，主要原因之一是________带走了大量的能量. 电动汽车是未来汽车的发展方向，它的发动机是利用________原理制成的.

7. (哈尔滨中考)同学们在做“比较水和沙子的吸热能力”实验的场景，如图 1-19-10 所示，他们说该实验有两种探究方法.

(1)实验方法一的设计如图中所示：

①在实验中，加热相同的时间目的是________；

②请你指出该同学的设计思路和实验装置中的错误和不足.

(2)请你设计出第二种实验方法：

①写出该实验方法所需要的测量仪器：________；

②请写出设计思路.

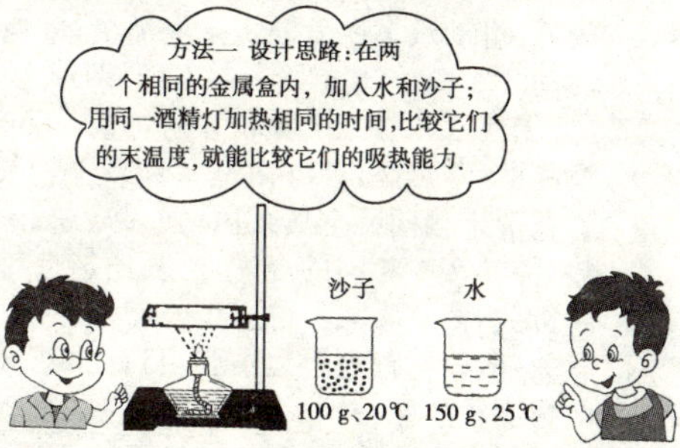

图 1-19-10

8. (山东临沂中考)如图 1-19-11 所示，四冲程汽油机活塞面积为 5×10^{-3} m^2，汽油燃烧产生的高温高压气体对活塞的压强为 8×10^5 Pa，汽油机正常工作 10 min 所做的功为 1.8×10^6 J. 求：

(1)高温高压气体对活塞产生的压力是多少；

(2)该汽油机的功率是多少.

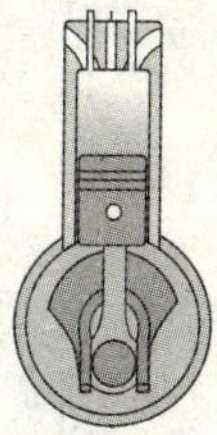
图 1-19-11

针对训练答案

1.C　解析：分子的运动属于微观运动，而烟雾、雪花、尘土均是宏观物体，其运动不能说是分子的运动，它们属于宏观物体的运动，答案为C.

2.C　解析：改变物体内能的方法有两种，即做功和热传递.加剧的温室效应使气候变暖，多年的积雪由于吸热而融化，这是热传递使雪内能增加的结果，而其他三项都是克服摩擦做功使物体的内能增加.故正确选项为C.

3.无规则运动　升高　解析：物质是由分子组成的，分子都在不停地做无规则运动，温度越高，分子的无规则运动越剧烈，所以，由分子的无规则运动加快可以判断温度在升高.

4 引力　内能　解析：两个铅柱很难被拉开，说明分子间存在着引力；把活塞迅速压下去，压缩空气做功，棉花燃烧起来，棉花的温度升高，内能增加了.由此说明，对物体做功，物体的内能增大.

5.降低　减小　效率　排气　解析：水蒸气推动活塞做功时，水蒸气的内能减小，温度降低，水蒸气的内能转化为机械能，这样在六个冲程中两次做功，提高了热机的效率.水蒸气推动活塞做功后，进入下一个工作循环前，必须先将剩余的废气排出汽缸，即第六冲程应是排气冲程.

6.(1)1 800　8.28×10^3　降低　减少　(2)废气　通电线圈在磁场中受力而转动　解析：做功冲程中燃气对活塞的压力 $F=pS=5\times10^5\ \mathrm{Pa}\times120\times10^{-4}\ \mathrm{m^2}=6\ 000\ \mathrm{N}$，气体对活塞做的功 $W=Fs=6\ 000\ \mathrm{N}\times0.3\ \mathrm{m}=1\ 800\ \mathrm{J}$；汽油燃烧放出的热量 $Q=\eta mq=90\%\times0.2\times10^{-3}\ \mathrm{kg}\times4.6\times10^7\ \mathrm{J/kg}=8.28\times10^3\ \mathrm{J}$，在排气冲程中，废气的温度降低，内能减少，废气带走了大量的能量，所以汽油机效率较低.电动汽车的发动机是电动机，电动机的原理是通电线圈在磁场中受力而转动.

7.(1)①使水和沙子吸收相等的热量　②错误是：没有控制水和沙子质量相等、初温相同；不足是：没有测量水和沙子温度的仪器　(2)①天平、温度计、停表　②在两个相同的金属盒内，加入质量相等、初温相同的水和沙子，用酒精灯加热，使其升高相同的温度，比较加热时间，就能比较它们的吸热能力.

解析：物体吸收热量的多少与物体的质量、温度变化和物质的种类多方面因素有关，所以在探究过程中要用到控制变量法，如在实验中要探究物体吸收热量与物质种类的关系时，需要控制物质的质量相等、温度变化相同等，所以在实验中必须有测量质量、时间和温度的工具.

8.解：(1)高温高压气体对活塞的压力

由 $p=\dfrac{F}{S}$

得：$F=pS=8\times10^5\ \mathrm{Pa}\times5\times10^{-3}\ \mathrm{m^2}=4\times10^3\ \mathrm{N}$

(2)汽油机的功率：

$P=\dfrac{W}{t}=\dfrac{1.8\times10^6\ \mathrm{J}}{10\times60\ \mathrm{s}}=3\times10^3\ \mathrm{W}$

解析：已知压强求压力可根据公式 $F=pS$ 来计算，已知功和做功时间求功率可用公式 $P=\dfrac{W}{t}$ 来计算.

第二十章　能源与可持续发展

学习思维导图

- 能源与可持续发展
  - 能源家族
    - 能源　能提供能量的物质资源
    - 分类
      - 按能源产生的方式分
        - 一次能源
        - 二次能源
      - 按是否可再生分
        - 可再生能源
        - 不可再生能源
      - 按利用的早晚分
        - 常规能源
        - 新能源
  - 核能
    - 原子结构
      - 核外电子
      - 原子核
        - 质子
        - 中子
    - 核能的获取
      - 核裂变
        - 中子轰击比较大的原子核
        - 应用
          - 原子弹
          - 核电站
        - 链式反应
      - 核聚变
        - 质量较小的原子核在超高温下结合成新的原子核的过程
        - 应用　氢弹
  - 太阳能
    - 优点　取之不尽、用之不竭,无污染,不需开采和运输
    - 利用途径
      - 太阳能转化为内能
      - 太阳能转化为化学能
      - 太阳能转化为电能
    - 发展　人类未来的理想能源
  - 能源与环境
    - 能源革命
      - 第一次能源革命:以柴薪为主要能源
      - 第二次能源革命:大量使用化石能源
      - 第三次能源革命:以核能为代表的新能源
    - 化石能源的利用
      - 空气污染
      - 温室效应
      - 加剧了水土流失和沙漠化
    - 能量的转移和转化具有方向性
    - 未来的理想能源(满足的条件)
      - 必须足够丰富,可以保证长期使用
      - 必须足够便宜,保证多数人用得起
      - 相关技术成熟,可保证大规模使用
      - 必须足够安全、清洁、不会污染环境

解题知识必备

1. 能源的分类

类别		常规能源	新能源
一次能源	可再生能源	水能、生物质能	太阳能、风能、地热能、潮汐能
	不可再生能源	煤、石油、天然气	核能
二次能源	煤气、电能、酒精、汽油、柴油、液化石油气、沼气		

说明

同一种能源可属于不同的能源类型，例如水能既属于一次能源，也属于可再生能源，还可以是常规能源，这是因为划分角度不同.

(1)从能源产生的方式可分为一次能源和二次能源.

①一次能源：可以从自然界直接获取的能源统称为一次能源，如水能、风能、太阳能、化石能源、核能.

②二次能源：无法从自然界直接获取，必须通过一次能源的消耗才能得到的能源统称为二次能源，如电能、沼气等.

(2)从能源是否可再生的角度可分为可再生能源和不可再生能源.

①可再生能源：可以在自然界里源源不断地得到的能源，如水能、风能、生物质能.

②不可再生能源：越用越少，不可能在短期内从自然界得到补充的能源，如化石能源、核能.

(3)根据能源利用的早晚，又可把能源分为常规能源和新能源.

①常规能源：像煤、石油、天然气等人类已经利用了多年的能源，统称为常规能源.

②新能源：核能、太阳能、地热能是人类近期利用的能源，统称为新能源.

2. 核能利用的两种方式

方式	概念	应用	说明
核裂变	用中子轰击比较大的原子核，使其变成两个中等大小的原子核，并释放出巨大的能量	原子弹、核电站	(1)核电站的核心设备是核反应堆，核反应堆中发生的链式反应是可以控制的；原子弹爆炸是不加控制的链式反应 (2)现在还未实现核聚变的和平利用
核聚变（热核反应）	质量很小的原子核在超高温下结合成新的原子核，会释放出更大的核能	氢弹	

3. 太阳能

太阳能的来源	太阳能是太阳内部的氢原子核在超高温下发生聚变所释放出来的核能
利用太阳能的三种方式	太阳能转化为内能，如太阳能热水器
	太阳能转化为电能，如太阳能电池
	太阳能转化为化学能，如植物进行光合作用
太阳能的优点	安全清洁、无污染，取之不尽、用之不竭，不需开采和运输
太阳能的缺点	太阳能太分散，收集和转换系统过于庞大，因而造价高；随气候、季节变化，不稳定，转换效率低

4. 能源革命

知识点	内容	要点
第一次能源革命	钻木取火是人类利用自然火到利用人工火的转变，导致了以柴薪作为主要能源的时代的到来	大量使用柴薪
第二次能源革命	蒸汽机的发明使人类以机械动力代替人力和畜力，人类的主要能源由柴薪向煤、石油、天然气等化石能源转化	大量使用化石能源
第三次能源革命	物理学家发明了可以控制核能释放的装置——核反应堆，拉开了以核能为代表的第三次能源革命的序幕	大量使用核能

5. 能源与可持续发展

知识点	内容
能量的转化和转移的方向性	在自然界中，能量虽然是守恒的，但能量的转化与转移却是有方向性的. 例如内能只能从高温物体转移到低温物体. 我们是在能量的转化或转移的过程中利用能量的，化石能源和核能是不可再生能源，我们现在开采得越多，留给子孙后代的就越少，为了人类的未来，一定要注意节能
能源的消耗对环境的影响	利用化石能源会造成空气污染，加剧温室效应，加剧水土流失使土地沙漠化，形成酸雨对植物、建筑、金属器件造成危害；核泄漏会对人类和其他生物造成伤害
能源利用	解决能源问题的出路：一是提高能源的利用率，二是开发和利用新能源，特别是开发和利用太阳能和核能. 合理利用能源的措施：①让燃料充分燃烧；②采用保温绝热，减少热量的散失；③充分利用余热，减少有害摩擦；④减少能量转化的中间环节；⑤因地制宜地利用当地现成能源；⑥用热效率高的热机代替热效率低的热机
未来理想能源必须满足的条件	①足够丰富，可以保证长期使用；②足够便宜，可以保证多数人用得起；③相关技术成熟，可以保证大规模使用；④足够安全、清洁，可以保证不会严重影响环境

题型技法归纳

题型一　能源及其分类方法

例1　研究能源利用，实现可持续发展已成为21世纪世界各国共同的任务. 能源按不同的分类方式可进行不同分类. 下列四组能源中，能归入图1-20-1所示阴影部分的一组是(　　)

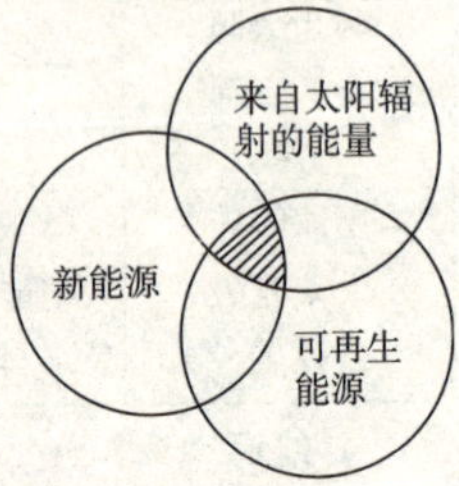

图1-20-1

A. 煤炭、地热能、沼气　　B. 太阳能、风能、海洋能
C. 水能、木柴、天然气　　D. 石油、海洋能、核能

解析

图中阴影部分说明这种能源同属于三种形式的能量，只是划分的标准不同，A选项中煤炭，C选项中木柴、天然气，D选项中石油均不属于新能源，只有B选项中太阳能、风能、海洋能同时满足图中能源的三种划分方式.

答案： B

方法技巧：(1)凡是能提供能量的物质资源统称为能源，按不同的角度，能源有不同的分类标准. 同一种能源可属于不同的能源类型，所以要把握能源分类标准和能源的特点. (2)解题时，要明确题目中的分类标准，多角度分析. 如本题中可从"可再生能源"这一角度将A、C、D选项排除，因为煤、石油、天然气都属于不可再生能源.

题型二　核能利用的判断及区分方法

例2　(河北中考)2011年3月14日，日本福岛第一核电站因冷却系统的故障，导致严重的核泄漏事故，引起了全世界的关注.

(1)核电站是利用原子核发生________(选填"裂变"或"聚变")释放能量来发电的.

(2)下面是核能发电中能量转化的过程，请将其补充完整.

核能 → [　　] → 机械能 → 电能

(3)"福岛核泄漏"事件引发了广泛的争议. 请你对发展核电简述自己的观点.

____.

解析

核电站是利用原子核的裂变释放的能量来发电的；发电过程中是利用核能给水加热，转化为高温高压水蒸气的内能，再利用蒸汽来推动蒸汽轮机转动，将内能转化为机械能，最后蒸汽轮机带动发电机发出电来，故整个过程的能量转化情况是核能→内能→机械能→电能；核能由于能量巨大，消耗原料少，污染少，可以节约大量的化石能源等，但存在的问题是一旦出现事故，后果将非常严重，因此在发展核能的同时一定要注意核电站设施的安全和技术的创新.

答案:(1)裂变　(2)内能　(3)说明:只要从开发新能源、节约化石能源以及存在的安全隐患、核废料处理等某一方面说明即可.

方法技巧:(1)利用核能发电是和平利用核能的一种重要方式;(2)明确核电站的核心是核反应堆,核材料在核反应堆内通过可控制的核裂变释放核能;(3)核能发电的能量转化是核能→内能→机械能→电能;(4)要用辩证的观点看待核能的利用,要防止核污染事故的发生.

例 3　(山东烟台中考)原子弹和核电都是利用链式反应,两者的本质区别是:原子弹爆炸时发生的链式反应是________,核反应堆中发生的链式反应是________.

解析

链式反应能够释放巨大的能量,如果反应速度不加控制,巨大能量在瞬间释放就发生爆炸,这就是原子弹的原理;人们为了和平利用链式反应释放的能量制成了可以控制链式反应速度的装置,这就是核反应堆,它是核电站的核心.

答案:不加控制的　可以控制的

方法技巧:核能的获取途径有两种,核裂变和核聚变.核裂变的链式反应不加控制,瞬间释放巨大的能量,这是原子弹的原理,控制链式反应速度是核反应堆原理,氢弹的原理是不可控的核聚变.

题型三　关于太阳能利用问题的解答技法

例 4　图 1-20-2 是利用太阳能的三种方式的示意图,请在空白方框内填上相关的物理名称.

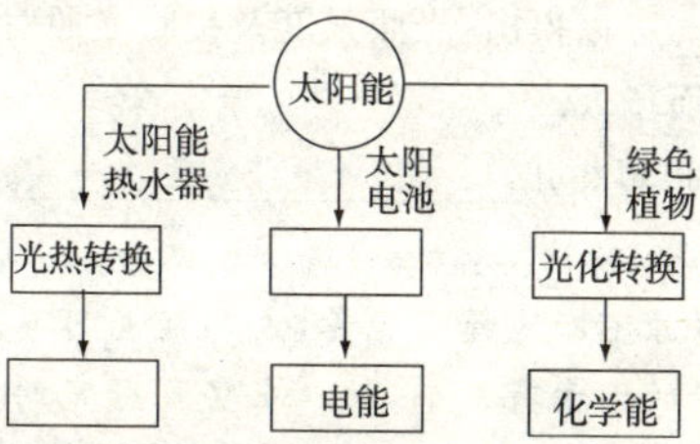

图 1-20-2

解析

这个题目的难度不大,只是考查的方式和我们平常所见到的有所不同,要注意理解图中内容的含义,观察第三列,所谓的光化转换中的"光"是指太阳光(或者是表示太阳能),"化"可以表示化学能,因此第二列的方框处可以填"光电转换",第一列可以填热能(或内能).

答案:热能(或内能)　光电转换

方法技巧:利用太阳能的三种方式是:(1)光热转换:将太阳能转化为内能,如太阳能热水器;(2)光电转换:将太阳能转化为电能,如太阳电池;(3)光化转换:将太阳能转化为化学能,如绿色植物进行光合作用.目前直接利用太阳能的方式有(1)、(2)两种,在解题时,要注意审题,明确题目中所考查的太阳能的利用方式.

例 5 (江西中考)低碳排放,保护地球是当今世界的主题,2010 年上海世博会企业馆内围绕这一主题发明的低碳环保产品琳琅满目,太阳电池就是其中的一种,它能够将太阳能直接转化为电能,从而实现碳的零排放.

(1)太阳能属于________能源(选填“可再生”或“不可再生”).

(2)有心的小强猜想太阳电池发电量可能与太阳光照强度、接收太阳光照的面积及接收太阳光照的时间有关,究竟有什么关系呢?为此他进行了如下探究:

探究设计:用太阳电池给手机电池充电.

所需器材:相同型号的太阳电池 4 个,相同型号的手机电池 4 块(电池电量已耗完),硬纸板 1 张,手表 1 块.

实验步骤:

a. 用太阳电池在阳光充足光照强的地方给手机电池充满电,用时 5 h;

b. 在与 a 同一光照强度的地方用另一个太阳电池给另一块手机电池充电 3 h,未能充满;

c. 在与 a 同一光照强度的地方用硬纸板盖住第三个太阳电池接收面的一半,再给第三块手机电池充电 5 h,未能充满;

d. 用第四个太阳电池在背阴处给第四块手机电池充电 5 h,未能充满.

根据小强的探究,请回答:

①比较步骤________可以得出:光照强度及接收光照时间相同时,太阳电池发电量随接收光照面积增大而增大.

②比较步骤 a 和 d,可以得出________________________.

解析

太阳是靠核聚变源源不断地释放能量,太阳能是可再生能源;由题意知,猜想中影响太阳电池发电量的因素有三个,所以在实验探究的过程中要采用控制变量法,在实验步骤中,a 与 c 是在光照强度和光照时间相同,接收面积不同的情况下进行的,是研究发电量与接收面积大小的关系,根据实验记录结果,可得出光照强度及接收光照时间相同时,太阳电池发电量随接收光照面积增大而增大;a 与 d 是在光照面积和光照时间相同,光照强度不同的情况下进行的,光照充足时,充满电池所用的时间少,所以得出接收光照面积及接收光照时间相同时,太阳电池发电量随光照强度的减弱而减小(增强而增大)的结论.

答案:(1)可再生 (2)①c 和 a(a 和 c) ②接收光照面积及接收光照时间相同时,太阳电池发电量随光照强度的减弱而减小(增强而增大)

方法技巧：本题以太阳能的利用为背景，通过对影响太阳电池发电量因素的探究，考查了控制变量法的应用.(1)明确影响太阳电池发电量的因素可能有哪些；(2)明确探究过程中，每一步探究所控制的变量及探究的因素；(3)叙述结论时，要注意体现控制变量法.

题型四　对未来理想能源的判断方法

例 6　(天津中考)我们在节约能源的同时，还应开发和利用新的能源.作为未来的理想能源应满足一定的条件.下列不符合理想能源必要条件的是(　　)

A. 必须足够丰富，可以保证长期使用

B. 必须足够便宜，可以保证多数人用得起

C. 必须足够安全、清洁，可以保证不会严重影响环境

D. 必须足够昂贵，可以保证节约使用

解析

理想能源的必要条件是：足够丰富，可以保证长期使用；足够便宜，可以保证多数人用得起；相关的技术必须成熟，可以保证大规模使用；足够安全、清洁，可以保证不会严重影响环境.

答案：D

方法技巧：本题考查了对未来理想能源的理解.在理解未来的理想能源时，可从能源的储量、使用是否方便、是否便宜以及使用过程中对环境的影响等几个方面来理解.

题型五　节约能源与环保的理解方法

例 7　(贵阳中考)煤是火力发电的主要能源.如图1-20-3所示是一火力发电厂的外景照片，我省就有很多座这样的火电厂，我们使用的电能就是从这里输送到千家万户的.请你谈谈这张照片让你产生的联想.

图 1-20-3

解析

火力发电厂要消耗大量的煤，而煤是不可再生能源，因此从节约能源的角度谈谈自己的想法即可.

答案：煤是不可再生能源，大量消耗电能，实际就是在消耗着地球留给人类的珍贵资源，我们每个人都要责无旁贷地节约用电，每省一度电，也就为保护我们的家园做出一份贡献.(其他答案合理即可)

方法技巧：本题考查了能源的利用与可持续发展.解答本题时，要认真观察图片，将图片情景与物理知识联系起来，本题除涉及能源的利用外，也可以从化石能源的使用与环境保护这一角度展开联想.

例 8 (福州中考)请仔细阅读下文,并回答文后问题.

垃圾发电

填埋是目前全球垃圾处理的主要方式,传统的垃圾处理方式是将垃圾集中填埋,让其自行发酵.在发酵过程中会产生二氧化碳和甲烷等废气,易造成常规污染,还可能带来温室效应,甚至有爆炸的危险.

福州市红庙岭垃圾填埋气发电厂将垃圾填埋后,采用科学方法使其发酵,并把产生的填埋气收集起来用于发电.因此,垃圾填埋气和太阳能、风能一样,是一种可再生能源.不仅解决了垃圾填埋场的安全和污染问题,也可产生显著的经济效益,同时减少温室气体的排放.

目前,我市垃圾填埋气发电厂和前期投产的垃圾焚烧发电厂的年总发电量大约可供 4 万个年用电量为 2 800 千瓦时的家庭使用.

(1)传统的垃圾填埋处理方法的缺陷有:____________________等.

(2)将填埋气收集起来用于发电,是将这些垃圾的化学能最终转化为________能.垃圾填埋气是一种________能源.

(3)请谈谈你在节能减耗、环境保护方面做了哪些实事?(写出一点)

解析

通过题中的第一自然段可知传统的垃圾处理方法存在易造成常规污染,还可能带来温室效应,甚至有爆炸危险的缺陷;垃圾发电是将垃圾的化学能最终转化为电能,垃圾填埋气具有可再生性,因此垃圾填埋气是一种可再生能源.对于自己在节能减耗、环境保护方面的做法可根据生活、生产实际来回答,如随手关灯,夏天不要将空调温度调得过低等,只要符合实际即可.

答案:(1)会造成常规污染(带来温室效应,甚至产生爆炸的危险) (2)电 可再生 (3)如:随手关灯等

方法技巧:(1)对于材料阅读题(信息阅读题),有些问题的答案在材料中,因此,解题时要通过阅读材料来提取有用信息,筛选出答案.(2)目前使用的主要是不可再生能源,使用后短期内不会得到补充,使用时还会对环境造成较大的污染,因此要节能减排.(3)使用低碳能源和新能源,注重环境保护,减少各类污染,使人与自然和谐相处.

典题针对训练

1. (黑龙江鸡西中考)关于能源的描述,图 1-20-4 中正确的是(　　)

A. 火力发电无污染

B. 太阳能属于可再生能源

C. 核能是绝对安全的能源

D. 地热能是二次能源

图 1-20-4

2. (武汉中考)核电站利用核能发电,它的核心设备是核反应堆. 下列说法错误的是(　　)

A. 目前核电站都是通过聚变反应来利用核能

B. 核反应堆中发生的链式反应是可以控制的

C. 原子核分裂或聚合时释放出核能

D. 核能是一种不可再生的能源

3. (山东济宁中考)关于能源的开发和利用,下列说法中不正确的是(　　)

A. 煤是可再生能源,以煤为主要燃料的火力发电容易造成环境污染

B. 核能是不可再生能源,开发和利用核能是人类获取能源的一个新途径

C. 太阳能是取之不尽的能源,可直接利用且不会污染环境,开发前景广阔

D. 人类的生存离不开能源,社会的进步和美好生活是以消耗大量能源为代价的,我们要珍惜能源

4. (广东中考)如图 1-20-5 所示是太阳能 LED 照明路灯,它主要由太阳能电池板、LED 灯头等部分构成. LED 是一种发光二极管,通过电流能够发光,可以把电能直接转化成________能. 太阳能是________能源(选填“一次”或“二次”)、清洁无污染,它是在太阳内部,氢原子核发生________(选填“裂变”或“聚变”)释放出的核能.

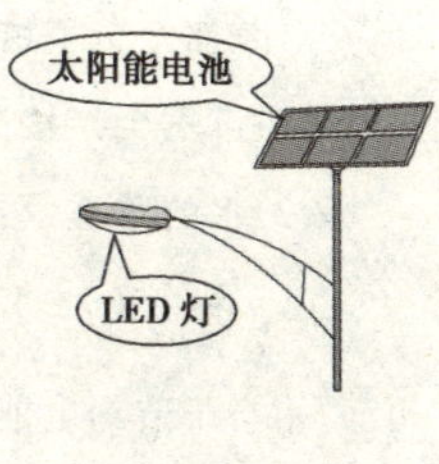

图 1-20-5

5. 为了响应“节能减排”的号召,小周家买了一台容积为 100 L 的太阳能热水器. 请你与小周一起,对太阳能热水器进行研究与计算.

(1)太阳能是________能源(选填“可再生”或“不可再生”).太阳的巨大能量来自于太阳内部的________反应.

(2)小周早晨把热水器加满水,温度传感器显示的水温为18 ℃,下午放学时看到显示的水温为78 ℃,则热水器中的水吸收了多少热量?与使用电热水器相比,相当于节约了多少度电?[不计电热水器的热量损失,$c_水=4.2\times10^3$ J/(kg·℃)]

(3)该热水器的说明书中介绍,真空管热水器可以把90%的太阳能转化为水的内能,真有这么高的效率吗?小周查阅资料知道,他们所在地区单位受光面积上接收太阳能的功率为P,小周还需要测量哪些物理量,并运用本题计算出的热量Q,就可估测出这台热水器的光热转化效率?写出效率的表达式.(用代表物理量的字母表示,不需计算具体数据)

针对训练答案

1.B　解析:火力发电排出大量的废气,会产生大气污染,A选项错误;核能并不是绝对安全的能源,C选项错误;地热能是一次能源,并属于可再生能源,D选项错误;太阳能属于可再生能源,B选项正确.

2.A　解析:核能是一种不可再生的能源,核能是通过原子核的聚变或裂变来释放核能的,但现在只能和平利用核裂变所释放的能量,通过核电站中的核反应堆来控制核反应速度来释放核能,故B、C、D选项都正确,A选项错误.

3.A　解析:煤在自然界中不能短期内得到补充,它是不可再生能源,A选项错误;B、C、D选项均是正确的.

4.光　一次　聚变　解析:通电后二极管发光,是消耗电能转化为光能,太阳能是直接从自然界获取并直接利用,属于一次能源,太阳发出的巨大能量是因为太阳内部发生了核聚变.

5.(1)可再生　核聚变(热核)

(2)水的总质量:$m=\rho V=1\times10^3\ \text{kg/m}^3\times0.1\ \text{m}^3=100\ \text{kg}$,水吸收的热量:$Q=c_水 m(t_2-t_1)=4.2\times10^3\ \text{J/(kg·℃)}\times100\ \text{kg}\times(78-18)\ \text{℃}=2.52\times10^7\ \text{J}$.

相当于节约电能:$\dfrac{2.52\times10^7\ \text{J}}{3.6\times10^6\ \text{J/(kW·h)}}=7\ \text{kW·h}=7$度.

(3)测出太阳能热水器的有效受光面积S和两次水温记录之间的光照时间t.

光热转化效率:$\eta=\dfrac{Q}{PtS}\times100\%$.

第二篇　思想方法篇

思想方法一　控制变量法

思想方法概述

所谓控制变量法，就是对于多因素（多变量）的问题，常常可以采用控制变量的方法，把多因素的问题变成多个单因素的问题，分别加以研究，最后再综合解决.

初中物理中，应用控制变量法的探究实验有：(1)研究影响滑动摩擦力大小的因素；(2)探究压力作用的效果跟哪些因素有关；(3)研究液体内部的压强；(4)探究浮力的大小跟哪些因素有关；(5)探究物体的动能跟哪些因素有关；(6)探究决定电阻大小的因素；(7)研究电阻一定时，电流与电压的关系；(8)研究电压一定时，电流和电阻的关系；(9)电流的热效应与哪些因素有关；(10)研究电磁铁的磁性强弱跟哪些因素有关.

典型考题例析

例 1　(武汉中考)在探究滑动摩擦力的大小与什么因素有关的实验中，某同学提出下列猜想：

Ⅰ.与物体速度的大小有关

Ⅱ.与接触面的粗糙程度(表面状况)有关

Ⅲ.与压力的大小有关

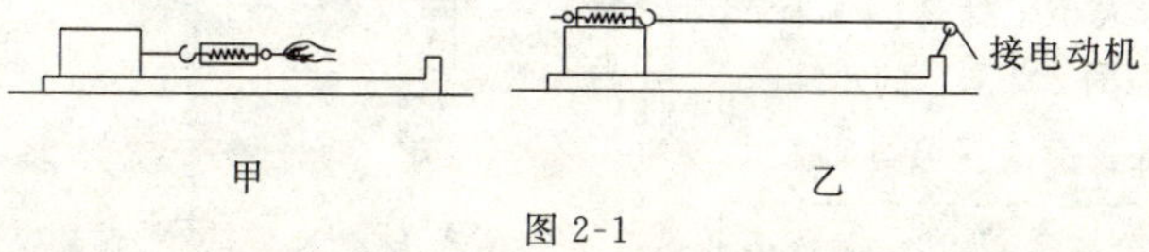

图 2-1

(1)为了验证上述猜想是否正确，他采用了图 2-1 甲所示的装置进行实验. 实验中应拉着弹簧测力计使木块沿水平方向做________运动.

(2)实验时他发现弹簧测力计的示数不稳定，便对实验装置进行改进，如图 2-1 乙所示，他用双面胶将弹簧测力计固定在长方体木块的上表面，用细线连接弹簧测力计的挂钩和电动机. 在木块上放置不同的砝码，当电动机以不同的转速工作时，通过

细线水平拉动以不同的速度做匀速直线运动.实验记录如下:

实验序号	表面状况	压力/N	摩擦力/N	木块的速度/(m·s⁻¹)
1	木块—木板	2.0	0.6	0.1
2	同上	4.0	1.2	0.1
3	同上	4.0	1.2	0.2
4	木块—砂纸	2.0	1.0	0.1

①分析3、4两次实验记录,______(选填"能"或"不能")验证猜想Ⅰ.

②分析______两次实验记录,可初步验证猜想Ⅱ.

③分析______两次实验记录,可初步验证猜想Ⅲ.

解析

由于摩擦力的大小不能直接测量,所以在实验中是通过使木块沿水平方向做匀速直线运动时,应用二力平衡的知识,通过弹簧测力计的示数来间接得到摩擦力的大小,所以实验时必须保证木块做匀速直线运动;在3、4两次实验中,压力和接触面的粗糙程度都发生了改变,没有控制变量,所以不能探究摩擦力与物体速度的大小关系;要想验证猜想Ⅱ,必须保证压力和木块的运动速度不变,只改变接触面的粗糙程度,符合要求的是1、4两次实验;要想验证猜想Ⅲ,必须保证接触面的粗糙程度和木块的运动速度不变,只改变压力的大小,符合要求的是1、2两次实验.

答案:(1)匀速直线　(2)①不能　②1、4　③1、2

方法技巧:正确理解和运用控制变量法是解答本题的关键.(1)明确题目中所提出的因素或变量有哪些,如本题中,影响滑动摩擦力大小的因素有物体速度的大小、接触面的粗糙程度、压力的大小三个因素;(2)运用控制变量法,探究滑动摩擦力的大小与其中一个因素之间的关系时,控制其他两个因素不变,否则将不能探究滑动摩擦力的大小与该因素之间的关系.

例2　(兰州中考)某同学在"探究浮力大小跟什么因素有关系"时,做了如图2-2所示的实验.

(1)请将表格内容填写完整.

序号	1	2	3	4
G/N		3.65	3.60	3.50
F/N	0			

(2)由实验数据可以得出:浸在液体中的物体所受的浮力与______有关系.

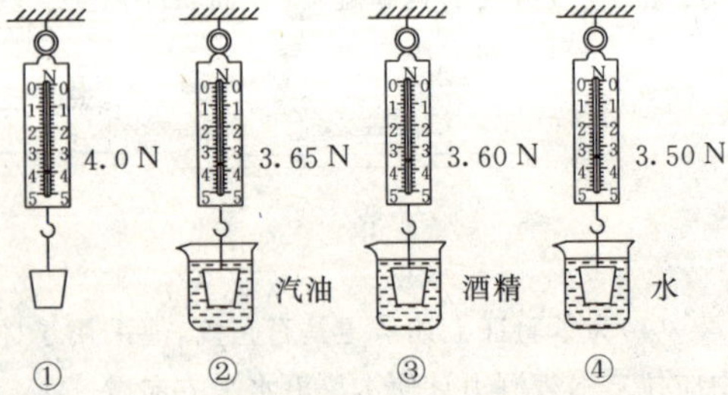

图2-2

(3)实验中他采用了________的研究方法.

解析

从题中实验图上看出,当物体不受浮力时,弹簧测力计的示数即物体的重力为 4 N,当物体浸没在液体中时,物体所受的浮力应是重力与弹簧测力计示数之差,从而得出表格中 2、3、4 中浮力 F 的值.实验过程中,物体均浸没在三种不同液体中,保持了排开的液体的体积相等,改变了液体的种类,这是采用了控制变量法.

答案:(1)

序号	1	2	3	4
G/N	4.0			
F/N		0.35	0.40	0.50

(2)液体的密度 (3)控制变量

方法技巧:(1)浮力的大小与物体浸入液体中的体积、液体的密度等因素有关,要应用控制变量法进行探究;(2)将物体浸入同一种液体中,改变浸入液体中的体积,通过比较浮力的大小来探究浮力的大小与物体浸入液体中的体积之间的关系;(3)要探究浮力的大小与液体密度的关系,则要控制物体浸入液体中的体积不变,如本题中将物体分别浸没在三种不同的液体中,就是控制了物体浸入液体中的体积不变.

例 3 (兰州中考)在"探究电流与电压、电阻关系"的实验中:

(1)如图 2-3 所示的电路未完成连接,请你将电路连接完整(用笔画线代替导线).

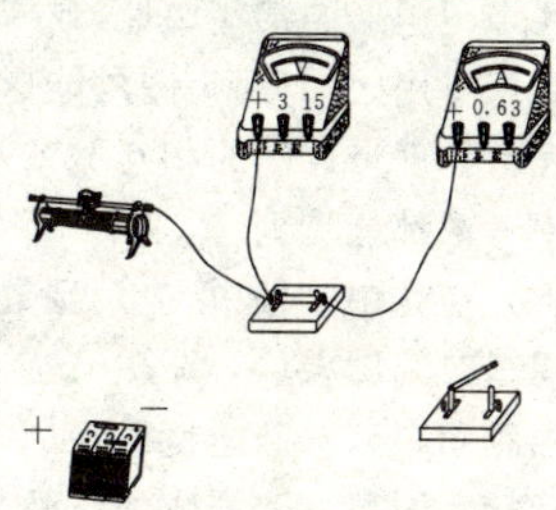

图 2-3

(2)实验数据记录如下:

表 1 U=3 V

实验序号	R/Ω	I/A
1	5	0.6
2	10	0.3
3	20	0.15

表 2 R=20 Ω

实验序号	U/V	I/A
1	2	0.1
2	4	0.2
3	6	0.3

分析表 1 数据,可以得出的结论:________________.

分析表 2 数据,可以得出的结论:________________.

解析

(1)在连接实物时,一是要注意滑动变阻器的连接是接线柱"一上一下"连接,电流表要串联在电路中,根据实验记录的数据可知量程要选择"0~0.6 A";电压表要与电阻并联,量程选用"0~15 V".(2)应用控制变量法分析数据,从表 1 中的数据可以看出是电压一定时,研究电流跟电阻的关系;从表 2 中的数据可知是保持电阻一定,研究电流跟电压的关系.

答案:(1)如图 2-4 所示.

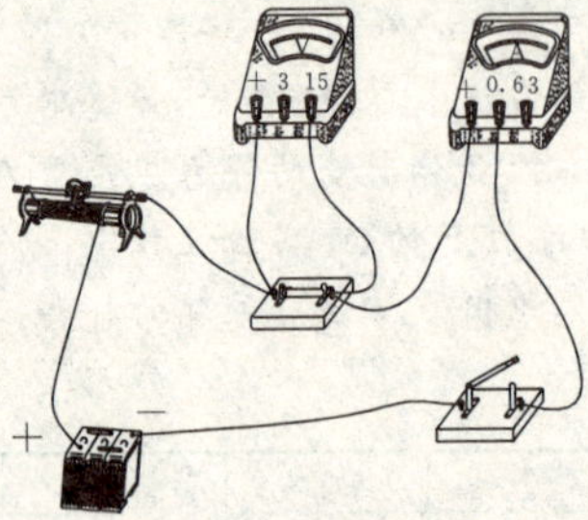

图 2-4

(2)电压一定时,电流与电阻成反比　电阻一定时,电流与电压成正比

思想方法二　数形结合思想

思想方法概述

数形结合是一种重要的数学思想,其应用大致可分两种情况:或借助于数的精确性来阐明形的某些属性,或借助于形的直观性来阐明数之间的某种关系,图象法解题便是应用之一.因为图象能形象地表述物理规律,能直观地描述物理过程,能鲜明地表示物理量之间的相互关系及变化趋势,所以有关以图象的运用为背景的命题,历年中考中都能见到.

在初中物理中,应用到数形结合思想的知识点有:(1)运动快慢的描述,包括路程—时间图象(s-t 图象)与速度—时间图象(v-t 图象);(2)熔化图象、凝固图象、液体沸腾图象;(3)凸透镜成像规律中的物距与像距变化关系图象;(4)质量与体积关系(密度)图象;(5)液体的压强与深度变化的关系图象;(6)有关浮力的图象;(7)电学中的电流与电压的关系图象、电流与电阻的关系图象;(8)描述磁体磁性强弱的图象等.

典型考题例析

例 1　一个棱长为 a 的立方体铁块从图 2-5 甲所示的实线位置(此时该立方体的下表面恰与水面齐平),下降至图中的虚线位置,则图 2-5 乙中能正确反映铁块所受水的浮力的大小 F 和铁块下表面在水中的深度 h 关系的图象是(　　)

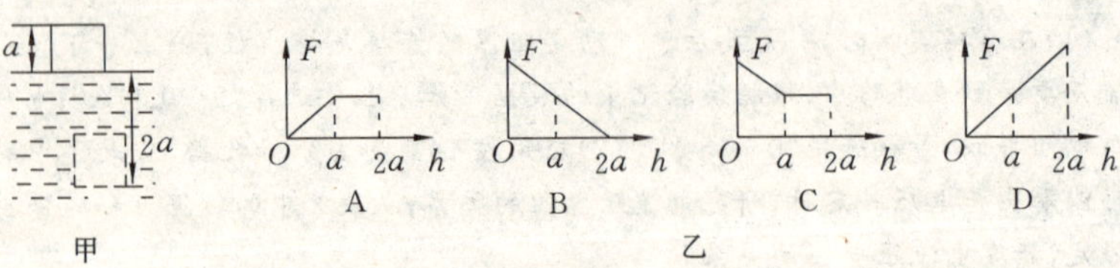

图 2-5

解析

由阿基米德原理 $F=G_{排}=\rho_{水}gV_{排}$，可知铁块由开始到完全浸入水中这个过程，浮力是不断增加的，当铁块浸入水中后，$V_{排}$ 不再发生变化，故所受浮力不会改变. 对照分析题中四个图可知 A 选项正确.

答案:A

方法技巧:本题是借助图象来直观地表示浮力 F 与铁块下表面在水中的深度 h 之间的关系. 解答本题时:(1)根据阿基米德原理准确判断出 F 与 h 之间的关系;(2)明确铁块下降到图中虚线位置时有两个阶段，$0\sim a$ 时，$V_{排}$ 逐渐变大，F 变大；$a\sim 2a$ 时，$V_{排}$ 不变，F 不变;(3)明确横、纵坐标表示的物理量，结合数学知识分析得出答案.

例 2 在某一温度下，连接在电路中的两段导体 A 和 B 中的电流与其两端电压的关系如图 2-6 所示. 由图中信息可知(　　)

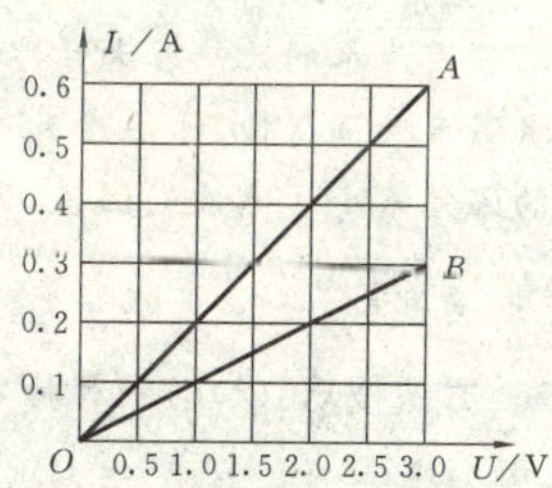

图 2-6

A. A 导体的电阻为 10 Ω

B. B 导体的电阻为 10 Ω

C. A 导体两端电压为 3 V 时，通过 A 导体的电流为 0.3 A

D. B 导体两端电压为 3 V 时，通过 B 导体的电流为 0.6 A

解析

从题图中可以看出，当导体两端的电压为 2 V 时，A 导体中的电流为 0.4 A，B 导体中的电流为 0.2 A，故 A 导体的电阻 $R_A=\frac{U_A}{I_A}=\frac{2\ \text{V}}{0.4\ \text{A}}=5\ \Omega$，$B$ 导体的电阻 $R_B=\frac{U_B}{I_B}=\frac{2\ \text{V}}{0.2\ \text{A}}=10\ \Omega$，故 A 选项错误，B 选项正确；从图象可知，当导体两端的电压为 3 V 时，通过 A 导体的电流为 0.6 A，通过 B 导体的电流为 0.3 A，故 C、D 选项错误.

答案:B

方法技巧:(1)在电阻一定的情况下，电流跟电压成正比，所以它们的图象是一条直线；(2)在电压一定的情况下，电流跟电阻成反比，所以它们的图象是一条双曲线；(3)解答有关图象的电学题目，明确图象表示的物理过程是关键，同时要注意根据题意找准图象上的关键点，结合相关知识，作出分析与判断.

例 3 **(沈阳中考)**如图 2-7 所示，设相同时间内物质吸收的热量相同，甲、乙两图中符合冰熔化规律的是图________(选填“甲”或“乙”). 这是因为 $c_{冰}$________$c_{水}$(选填“>”“<”或“=”)，所以相同时间内________(选填“冰”或“水”)升温更快.

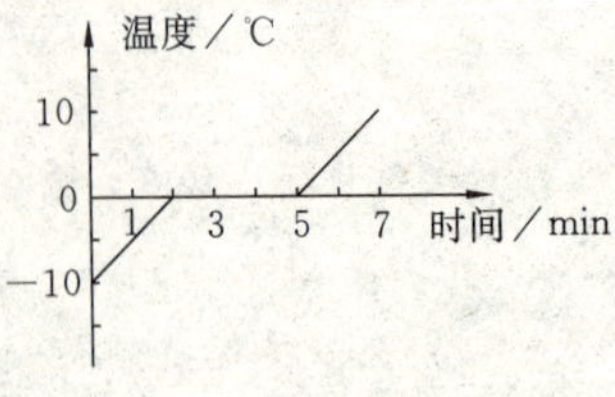

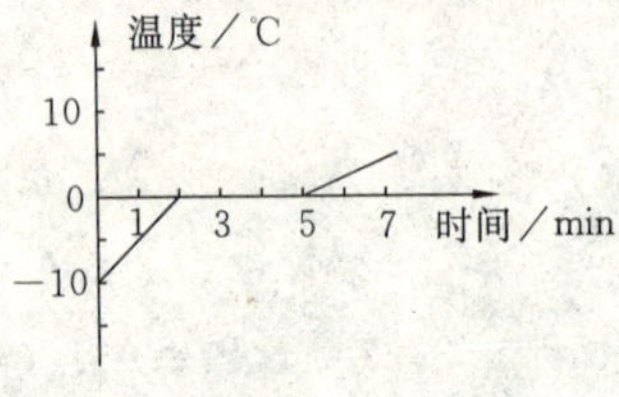

图 2-7

解析

因为水的比热容大于冰的比热容，所以在相同时间内吸收相同热量的情况下，水温度升高得慢，冰温度升高得快，甲图中冰块和水的温度变化相同，而乙图中水的温差略小于冰块的温差，因此乙图能正确描述冰熔化时的温度变化规律.

答案:乙　<　冰

方法技巧:(1)同一种物质在不同状态下的比热容是不同的.(2)利用水的比热容大的特点分析问题时，关键是明确两个方面，一是比热容大的物质在相同条件下，吸收或放出相同的热量，温度变化小；二是比热容大的物质，在温度变化相同时，吸收或放出的热量多.(3)分析图象，明确横坐标与纵坐标表示的物理量以及图线的斜率所表示的物理意义.

例 4 快速公交(BRT)已在很多城市开通运行. 某时刻有一辆快速公交车甲和一辆普通公交车乙，从同一路口同时向东匀速行驶. 它们的路程随时间变化的图象如图 2-8 所示，则运行 2 min 后，甲车相对于乙车向________方向行驶，两车相距________m.

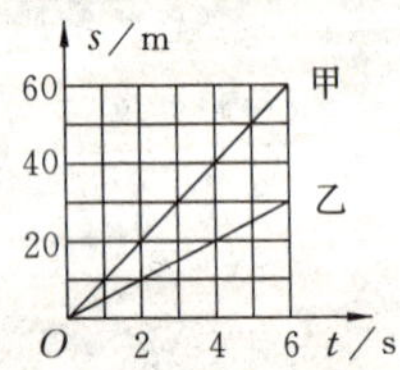

图 2-8

解析

甲、乙两车都匀速行驶，从图象中可找出对应的一组路程和时间的数据分别求出它们的速度：$v_{甲}=\frac{s_{甲}}{t_{甲}}=\frac{40\ \text{m}}{4\ \text{s}}=10\ \text{m/s}$，$v_{乙}=\frac{s_{乙}}{t_{乙}}=\frac{20\ \text{m}}{4\ \text{s}}=5\ \text{m/s}$. 由于甲车速度大于乙车速度，所以甲车在整个行驶过程中相对于乙车都是向东行驶的，运行 2 min 后，两车相距路程：$s=(v_{甲}-v_{乙})t=(10\ \text{m/s}-5\ \text{m/s})\times 120\ \text{s}=600\ \text{m}$.

答案:东　600

方法技巧:(1)关于描述物体运动的图象有两种,一是 s-t 图象,二是 v-t 图象.若物体做匀速直线运动,在 s-t 图象中是一条正比例图线,而在 v-t 图象中则是一条平行于时间轴的直线.(2)解题时,一是要明确横、纵坐标表示的物理量,二是要找准关键点,通过该点对应的有关数据进行计算.

思想方法三　转换放大法

思想方法概述

物理学中对于一些看不见或不容易观察的现象及一些不易直接测量的物理量,通常用一些非常直观的现象去认识或用易测量的物理量间接测量,这种研究问题的方法叫转换放大法.转换放大法中被转换或放大的对象很多,可以是物理模型、实验现象、研究对象和研究方法,也可以是某个图形、某个物理量,甚至是思考问题的顺序等.

在初中物理中,应用到转化放大法的知识点主要有:(1)利用泡沫小球(或其他轻小物体)将音叉(或其他物体)的振动进行放大;(2)观察压力对玻璃瓶的作用效果时我们将玻璃瓶密闭,装满水,插上一个小玻璃管,将玻璃瓶的形变引起的液面变化放大成小玻璃管液面的变化;(3)测不规则小石块的体积时我们转换成测排开水的体积;(4)测曲线的长短时转换成细棉线的长度;(5)在测量滑动摩擦力时转换成测拉力的大小;(6)大气压强的测量(无法直接测出大气压的值,转换成求被大气压压起的水银柱的压强);(7)测硬币的直径时转换成测刻度尺的长度;(8)测液体压强(我们将液体的压强转换成我们能看到的液柱高度差的变化);(9)通过电流的效应来判断电流的存在(我们无法直接看到电流);(10)通过磁场的效应来证明磁场的存在(我们无法直接看到磁场);(11)研究物体内能与温度的关系(我们无法直接感知内能的变化,只能转换成测出温度的改变来说明内能的变化);(12)研究电热与电流、电阻的因素时我们将电热的多少转换成液柱上升的高度;(13)研究电功与什么因素有关的时候,我们将电功的多少转换成砝码上升的高度;(14)密度、功率、电功率、电阻、压强(大气压强)等物理量都是利用转换法测得的;(15)在探究动能的大小与什么因素有关时,将铁球动能的大小转化为木块被推动的距离;(16)在探究影响电磁铁的磁性与什么因素有关时,将电磁铁的磁性强弱转化为电磁铁吸引大头针(或小铁钉)数量的多少等.

典型考题例析

例 1　(浙江嘉兴中考)在学校实验室开放时,同学们对手摇发电机(图 2-9)非常感兴趣,他们想:发电机产生感应电流大小跟哪些因素有关呢?于是他们开展了探究,以下是他们所用的发电机和实验记录表:

图 2-9

实验序号	线圈转速	线圈转向	小灯泡亮度
1			
2			
3			

(1)根据表格可知,他们准备研究发电机产生感应电流的大小是否与______有关.

(2)手摇发电机在发电时将________能转化为电能.

(3)他们根据小灯泡的亮度来判断电路中感应电流的大小,像这种用能直接观测的量来显示不易直接观测的量的方法叫"转换法".下列方法属于"转换法"的是________(填序号).

①根据磁铁吸引大头针的多少来判断磁性的强弱;②根据能否进行新陈代谢来区分生物与非生物;③根据纯净物中元素种类的多少来区分单质与化合物.

(4)判断电流大小,除了借助小灯泡观察之外,实验室常用________表来测量.

解析

(1)由表格设计所涉及的物理量可知探究发电机产生感应电流的大小是否与线圈转速和线圈转向有关.(2)手摇发电机在工作时,我们先用外力使发电机模型线圈转动,即消耗了机械能,然后才能得到电能使小灯泡发光.(3)根据小灯泡的亮度来判断电路中感应电流的大小和根据磁铁吸引大头针的多少来判断磁性的强弱,这两种方法都是将不容易观测和不便于测量的物理量转化为容易观测和测量的物理量,此种研究问题的方法叫"转换法".(4)我们要想知道电路中电流大小可用电流表进行测量.

答案:(1)线圈转速和线圈转向 (2)机械(动) (3)① (4)电流

方法技巧:在本题中,两次应用到转换法:(1)通过小灯泡的亮度来显示电路中感应电流的大小;(2)通过电流表的示数来显示电路中感应电流的大小.

例2 (福州中考)如图2-10所示,小明用手使劲捏玻璃瓶,细玻璃管内的水面就会上升,通过观察细玻璃管内水柱高度的变化,就能判断玻璃瓶受压后发生了微小形变.这种把微小量放大有利于观察的方法在物理学里称为"微小量放大法".图2-11所示的各实验中应用了与此相同实验方法的是( )

图 2-10

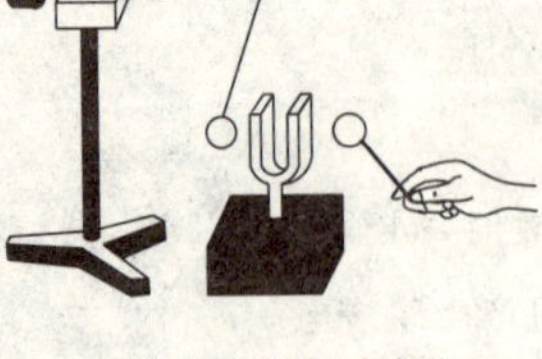

探究声音由振动产生

A

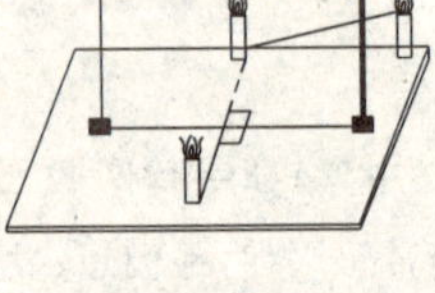

探究平面镜成像特点

B

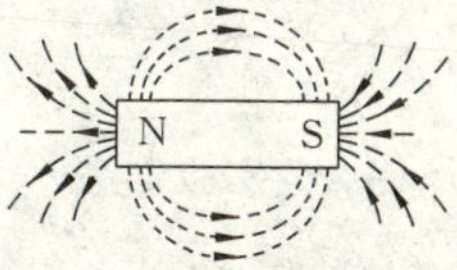

用磁感线表示条形磁铁的磁场

C

研究分子运动与温度的关系

D

图 2-11

解析

探究声音的产生中乒乓球的作用就是将音叉微小的振动转化为乒乓球的跳动，将微小振动放大，故 A 选项正确；探究平面镜成像时，取两只相同的蜡烛的目的是采用替代法，便于找到像的位置和比较大小；用磁感线来描述磁场是采用了模型法，使抽象的物理知识变得形象；研究分子运动与温度的关系是采用转化法.

答案：A

方法技巧：转化放大法具体指两个方面，一是转化法，是将看不见的现象或不能直接测量的物理量转化为可以直接观察的现象或能够直接测量的物理量；二是放大法，是将不易观察的微小量放大而有利于观察. 在解题时，要明确题意，正确解答.

思想方法四　等效思想

思想方法概述

等效思想在初中物理中的具体应用又称“等效替代法”. 所谓等效替代法是在保证效果相同的前提下，将陌生复杂的问题变换成熟悉简单的模型进行分析和研究的思维方法，它在物理学中有着广泛的应用.

在初中物理中，应用到等效替代法的知识点有：(1)研究合力时，一个力与两个力使弹簧发生的形变是等效的，那么这一个力就替代了两个力；(2)在研究串、并联电路的总电阻时，也用到了等效替代法；(3)在平面镜成像的实验中，我们利用两支完全相同的蜡烛，验证物与像的大小相同，因为我们无法真正测出物与像的大小关系，所以我们利用了一个完全相同的另一支蜡烛来等效替代物体的像的大小；(4)曹冲称象就是典型的等效替代思想在浮沉条件中的运用；(5)在用电阻箱测电阻时，也应用到了等效思想.

典型考题例析

例 1 (南宁中考)在探究平面镜成像特点的实验中,将一支点燃的蜡烛放在竖立的玻璃板前,可以看到玻璃板后出现蜡烛的像,拿一支相同的未点燃的蜡烛在玻璃板后移动,直到看上去它跟前面那支蜡烛的像完全重合,如图 2-12 所示.这样做既可以比较蜡烛和它成的像的________关系,又可以确定像的________;用直尺量出点燃蜡烛和未点燃蜡烛到平面镜的距离,通过比较可知,两距离________;将白纸板放在像的位置,在像的一侧观察,发现白纸板上________(选填"有"或"无")像呈现,说明平面镜成的像是________(选填"实"或"虚")像.

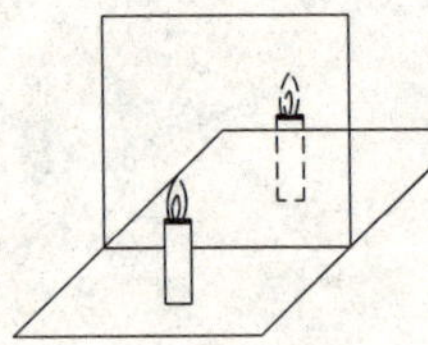

图 2-12

解析

从选择器材上看出,选用两支完全相同的蜡烛是为了比较所成像的大小与物的关系.选用透明玻璃板的目的是利用等效替代法准确地找到像的位置.在纸上没有像呈现的原因是平面镜所成的像是一个虚像.

答案: 大小　位置　相等　无　虚

方法技巧:(1)在探究平面镜成像规律的实验中,由于玻璃板与平面镜在成像特点上有共同之处,而玻璃板是透明的,能通过它观察到玻璃板后面的蜡烛,便于研究像的特点,所以用玻璃板等效替代平面镜;(2)两支蜡烛完全相同,用未点燃的蜡烛可以等效替代点燃的蜡烛的像,来比较像与物的大小及确定像的位置.

例 2 (南京中考)小明设计了一种测量未知电阻 R_x 的实验方案,并选择了合适的器材,测量电路如图 2-13 所示,电源电压恒定,滑动变阻器最大阻值未知,在 A、B 两点间接入的元件每次只能是电阻箱或未知电阻 R_x.

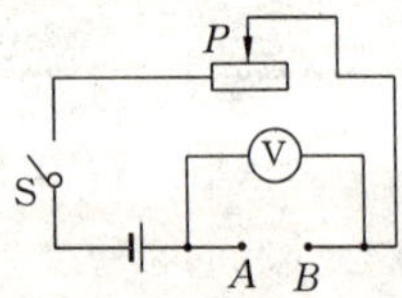

图 2-13

(1)请你帮他完成相关实验内容:

①将________接入 A、B 两点间;

②闭合开关,移动滑动变阻器滑片到某一合适位置,记下________;

③断开开关,取下 A、B 间的元件,将________接入 A、B 两点间;

④闭合开关,调节________使________;

⑤读出________,即可知道 R_x 的阻值.

(2)小明测量电阻 R_x 的方法，在科学研究中经常用到，下面四个研究实例中，采用这种研究方法的是________

A. 力是看不见的，可以通过力的作用效果认识它

B. 根据磁铁吸引大头针多少判定磁铁磁性的强弱

C. 用总电阻表示同一段电路中串联的两个电阻

D. 用磁感线的疏密程度表示磁场的强弱

解析

在实验中用电阻箱接在电路的 A、B 之间和未知电阻 R_x 接在同一电路的 A、B 之间电压表示数相同，来说明未知电阻 R_x 与电阻箱在电路中的效果相同，所以未知电阻 R_x 的阻值就等于电阻箱的阻值. 这是应用了一种等效替代法.

答案：(1)①未知电阻 R_x　②电压表示数 U　③电阻箱　④电阻箱　电压表示数仍为 U　⑤电阻箱示数　(2)C

方法技巧：本题中的"等效"是指在电路中 A、B 两点间分别接入电阻箱和未知电阻 R_x 后，电压表的示数相同，说明电阻箱接入电路的电阻大小可以替代 R_x，电压表起到了"证明"电阻箱接入的电阻与 R_x"等效"的作用. 也可以设计有电流表的串联电路来测量 R_x 的阻值.

思想方法五　理想化物理模型法

思想方法概述

理想化物理模型法就是把复杂的问题简单化，把研究对象或物理过程的一些次要因素舍去，抓住主要因素，对实际问题进行理想化处理再现本质的东西，或为了形象地再现物理过程、描述研究对象而引入的一种表现方法.

在初中物理中，应用到理想化物理模型法的知识点有：(1)液柱(在推导液体压强的计算公式时，设想在液体下某处有一水平放置的"平面"，以这个"平面"为底面向上到液面存在一个液柱，通过计算液柱对"平面"的压强推导出液体压强公式)；(2)光线(用一条带有箭头的直线来表示光的传播路径和方向)；(3)液片(在研究连通器的特点，求大气压时我们都在某一位置取了一个小液片，研究该小液片所受的压强和压力，也是将问题简化，利用理想化模型法)；(4)电动机和发电机模型(学习电动机和发电机原理时，应用模型法更方便理解)；(5)磁感线(磁感线是不存在的，是我们为了便于研究磁场在空间分布情况人为引入的曲线，将我们研究的问题简化).

典型考题例析

例　(成都中考)人类在探索自然规律的过程中，总结出了许多科学研究方

法，如：“控制变量法”、“等效替代法”、“类比法”、“理想模型法”等. 下面是初中物理中的几个研究实例：

①研究电流时，把电流比作水流；

②研究磁场时，引入“磁感线”；

③研究动能与速度的关系时，让物体的质量保持不变；

④研究光的传播时，引入“光线”.

其中，采用了相同研究方法的是(　　)

A. ①和②　　B. ②和③　　C. ②和④　　D. ③和④

解析

①采用了类比法，②采用了理想模型法，③采用了控制变量法，④采用了理想模型法. 因此，采用了相同研究方法的是②和④.

答案：C

方法技巧：光线和磁感线都是为了形象描述物理过程而引入的物理模型，它们形象、直观，能更好地帮助我们理解相关的物理过程.

思想方法六　科学推理法

思想方法概述

物理学中，实验条件难以达到时，常常需要借助将实验想象为理想情况下来达到我们的目的，在实验基础上经过概括、抽象、推理得出规律，这种研究问题的方法叫做科学推理法. 在初中物理中，应用到科学推理法的知识点有：(1)理想斜面实验；(2)牛顿第一定律；(3)在做真空不能传声的实验时，当我们发现空气越少，传出的声音就越小时，我们就推理出真空是不能传声的.

典型考题例析

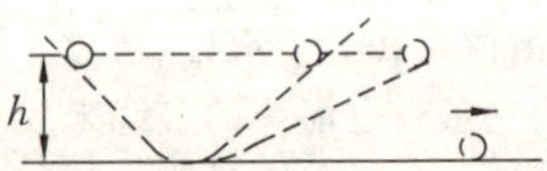

图 2-14

例　如图 2-14 所示是伽利略著名的理想斜面实验，实验设想的步骤有：

①减小第二个斜面的倾角，小球在该斜面上仍然要达到原来的高度.

②两个对接的斜面，让静止的小球沿一个斜面滚下，小球将滚上另一个斜面.

③继续减小第二个斜面的倾角，最后使它成水平面，小球将沿水平面做持续的匀速运动.

④如果没有摩擦，小球将上升到原来释放时的高度.

(1)请将上述步骤按照正确的顺序排列______(只要填写序号).

(2)在上述设想步骤中,有的属于可靠事实,有的则是理想化的推论.下面关于这些事实和推论的分类正确的是( )

A. ①是事实,②③④是推论　　B. ②是事实,①③④是推论

C. ③是事实,①②④是推论　　D. ④是事实,①②③是推论

解析

本实验中让小球从同一高度自由滚下,在坡度不同的斜面上运动,斜面坡度越小,忽略阻力,小球要想达到相同的高度,小球在斜面上运动得越远,推理出斜面变成水平,小球将一直运动下去,故顺序为②④①③,②是事实,①③④是推论.

答案:(1)②④①③　(2)B

方法技巧:虽然理想实验的实验条件无法实现,但它的结论是建立在大量经验与科学推理的基础之上的,因此这个实验的结论是正确的,这和牛顿第一定律的得出具有相同的道理.

思想方法七　类比思想

思想方法概述

类比思想是指根据两个(或两类)对象间的某些方面相似或相同的属性,推出它们在其他方面也有相同或相似的属性的一种逻辑推理思想;应用类比思想来解决问题的方法,称为类比法.

在初中物理中,应用到类比思想的知识点有:

(1)在理解 $R=\frac{U}{I}$ 时,对 R 的认识是一个难点,初学者很容易弄错,若联系对比 $\rho=\frac{m}{V}$ 便可在已有认识的基础上认识到 $R=\frac{U}{I}$ 是一个量度式,R 是导体自身的一种性质,由导体的长度、横截面积、材料(在一定的温度下)决定,与 U、I 无关.

(2)研究电压的作用时,类比"水压形成水流"揭示电压是形成电流的原因.

(3)在学习电流表、电压表的使用规则时进行类比,容易得出电流表的"三要、一不、两看清"和电压表的"三要、一可、两看清",既便于理解,又便于记忆.

(4)串联电路与并联电路的特点,物态变化中的熔化与凝固、汽化与液化、升华与凝华等都可采用类比思想.

(5)将通电螺线管与条形磁铁进行类比,可更好地理解通电螺线管的磁场.

(6)将交流发电机和直流电动机进行类比.

(7)将电磁波与水波、声波进行类比等.

典型考题例析

例1 如图2-15所示,小明从家A点到达学校C点必须经过一片沙地(平地行走速度大于沙地行走速度),他应该选择怎样的路径才最快捷?小明利用光学知识确定应从________处由平地进入沙地(选填"B点""B点左侧"或"B点右侧"),请你大致画出他的行进路线.

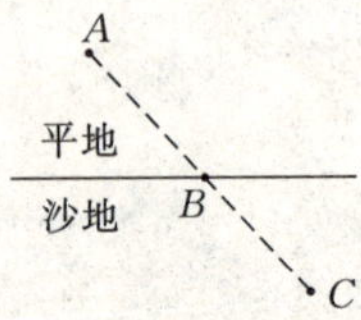

图2-15

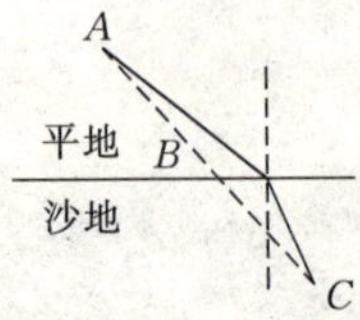

图2-16

解析

小明从家到学校,选择怎样的路径最快捷?这是运动学的问题,它与光学知识有什么关联?是光的哪个知识点与它相似?这是本题的难点.与光学知识类比,本题中的问题与光从A点发出照到水中C点用时最短的光路相似.光在空气中的速度比在水中的速度大,当光从空气中的A点发出,射入水中时,光路发生偏折到达C点,最省时到达.同样人在平地的速度大于在沙地上的速度,两处速度不同,这点与光从空气射入水中很相似.因从A射出的光照到C点,入射点在B的右侧,如图2-16所示,故小明要快捷地到达C点,进入沙地的位置应在B点的右侧.

答案: B点右侧

方法技巧: 本题从本质上讲是考查方法(类比方法)重于光的折射知识点.能够类比的一定有相似点,而且都是本质上相似,光发生折射的本质是光在不同介质中的速度不同,人在平地和沙地行走的速度也不同,从一点到另一点,光通过时所用的时间最短,同样,人所走的路途与光路相似,所需的时间也最短.所以光从A到C的光路是怎样的,人从A到C的路径也与之相似.

例2 (安徽芜湖中考)我们常常将看似无关的两个事物或现象联系起来,进行"类比"."类比法"可以帮助我们理解概念、巩固知识,以下是两个"类比"学习案例:

(1)将如图2-17所示的"水路"模型类比基本电路,可以发现:

①叶轮机在"水路"中的作用与下面哪个元件在电路中的作用相当(　　)

A.电源　　B.开关　　C.用电器　　D.导线

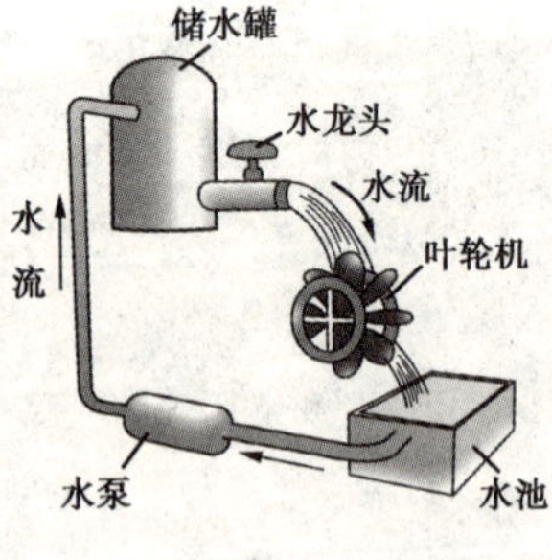

图2-17

②类比"水路"模型中"水压是使水管中水定向运

动形成水流的原因”，我们很容易理解电压是使电路中________定向运动形成________的原因.

(2)运用“类比法”，我们还可以将实验室交流发电机和直流电动机列表比较，请完成表中的三处填空(将答案直接写在横线上).

类比项＼机种	交流发电机	直流电动机
工作原理	________	________
不同构造	两个铜环	两个半环
相同构造	______(定子)、线圈(转子)、电刷等	

解析

在电路与“水路”类比的过程中，可将电源与水泵进行类比，将用电器与叶轮机类比，电流与水流类比. 发电机的原理是电磁感应现象，而电动机的原理是通电线圈在磁场中受力而转动，它们的构造基本是相同的.

答案:(1)①C　②电荷　电流

(2)

类比项＼机种	交流发电机	直流电动机
工作原理	电磁感应原理	磁场对通电导体具有力的作用
不同构造	两个铜环	两个半环
相同构造	磁体(定子)、线圈(转子)、电刷等	

方法技巧:中考命题对类比思想的考查主要是列举我们早已熟知的物理知识或规律，引导我们用类比法对另一个未知(或有类比性)的物理现象进行探究并获取知识. 解答的关键是能根据原有的知识和经验进行举一反三，引申出新的物理知识和规律，再来解决新的问题.

第三篇　中考题型篇

一　怎样解选择题

题型技法概述

选择题由题干和若干选项（一般为四个）组成，题干是直接问句或不完整的叙述句，选项一般由正确选项和错误选项组成，而错误选项往往都非常相似和逼真. 在中考命题中，从内容上看，选择题往往涉及概念的理解、计算和实验等内容；从形式上看，有单项选择题和不定项选择（或多项选择）题. 解答选择题时，一要明确题目是单项选择题还是不定项选择（或多项选择）题；二要避免题目的干扰和误导，防止和减少凭猜测确定答案的做法；三要认真审题，明确对选项的要求，如所要选择的选项是“正确”的还是“不正确（错误）”的，防止由于“眼误”而导致解题错误；四要针对题目选择合适的解题方法.

典型考题例析

1. 直接判断法

这种方法的特点是在明确题意的基础上，应用有关的物理基本概念和基本规律，直接对选项做出判断，一般无需计算、作图或公式推导. 此法多用于考查基本概念、基本知识和较低层次要求的“定性”的选择题.

例 1　（江苏宿迁中考）如图 3-1 所示的四种情景，属于光的反射现象的是（　　）

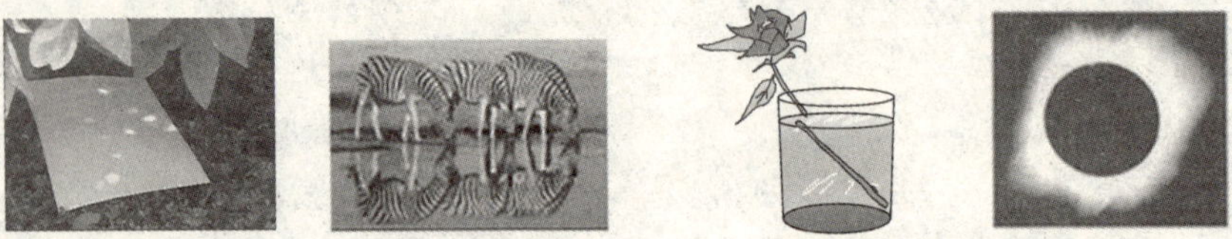

A. 树荫下形成圆形光斑　　B. 斑马倒影　　C. 水面“折”枝　　D. 日全食

图 3-1

解析

直接对各选项所示现象的成因进行分析，找出答案. 树荫下圆形光斑是太阳经树缝隙形成的实像，是光的直线传播形成的；倒影是光的反射现象；水面“折”枝是光的折射现象；日全食是由于光的直线传播形成的. 属于反射现象的只有B选项.

答案：B

2. 极端值法

所谓极端值法就是在解题过程中，对试题给定的已知条件进行适当的“夸大”，从而使试题想要表达的物理现象和规律更加明显，较快地得到问题答案的一种方法.

例 2 （山东烟台中考）在图 3-2 所示的电路中，当开关闭合后，滑动变阻器滑片 P 向右移动时，对电表读数的变化，分析正确的是（　　）

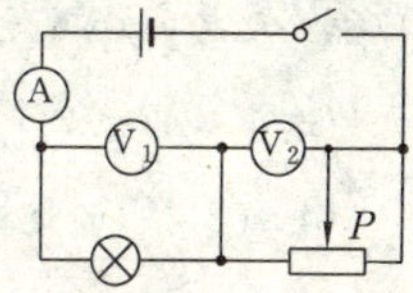

图 3-2

A. 电流表 A、电压表 V_1 示数都减小，电压表 V_2 示数增大

B. 电流表 A、电压表 V_1 示数都增大，电压表 V_2 示数减小

C. 电流表 A 的示数减小，两电压表的示数不变

D. 三个电表的示数都不变

解析

当滑片 P 在最左端时，电压表 V_1 的示数等于电源电压，V_2 的示数为 0；当滑片 P 移动到滑动变阻器的最右端时，V_2 测滑动变阻器两端的电压，因灯泡与滑动变阻器串联，故此时 A 的示数最小，V_1 的示数最小，V_2 的示数最大. 因此滑动变阻器滑片 P 向右移动的过程中，电流表 A、电压表 V_1 的示数减小，电压表 V_2 的示数增大.

答案：A

方法技巧：按照本题的题干要求，分析滑动变阻器滑片 P 向右移动时电表读数的变化，应用极端值法，将滑片 P 分别置于最左端和最右端，分别分析各电表的读数，则滑片 P 滑动时各电表读数的变化情况就很容易得到.

3. 筛选法

此种方法也叫淘汰法或排除法. 该方法是对备选选项逐个进行辨析，逐个淘汰错误选项，直到选出一个或几个正确选项. 而筛选又有正面筛选、反面筛选和比较筛选等不同的筛选方法.

例 3 （陕西中考）在亚丁湾海域，我国海军护航编队使用“金嗓子”（又名“声波炮”）震慑海盗. 它的声波定向发射器外观类似喇叭，能发出 145 dB 以上的高频声波，甚至比喷气式飞机引擎的噪声还要刺耳. 根据以上信息，下列说法中错误的是（　　）

A. 声波具有能量

B. 声波定向发射器喇叭状外观可以减少声音的分散，从而增大响度

C. 使用“金嗓子”时，护航官兵戴耳罩是在人耳处减弱噪声

D.“金嗓子”发出的声波是次声波

解析

因为次声波人耳是听不到的，“金嗓子”发出的声波“刺耳”，说明这种声波不是次声波，所以D选项的说法是错误的，其他三个选项的说法均正确.

答案：D

方法技巧：运用筛选法解题时，首先要认真审读题干，把握题干中的有用信息，明确所要选择的选项是选正确的还是选错误的；其次，对每个选项逐一分析，将符合题意的选项选出来.

4. 代入法(验证法)

这种方法是把每一个选项作为条件，去验证题目中的命题，不符合题意的为错误选项，而能使题目命题成立的就是正确的选项.

例4 (天津中考)如图3-3所示电路，电源电压不变，闭合开关S，灯L_1和L_2均发光.一段时间后，一盏灯突然熄灭，而电流表和电压表的示数都不变，出现这一现象的原因可能是(　　)

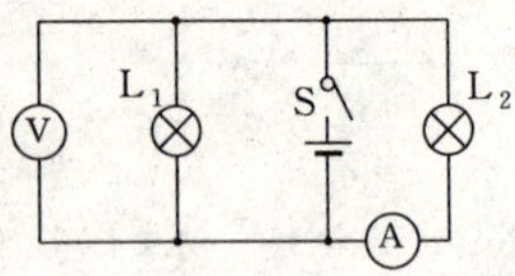

图3-3

A. 灯L_1断路　　B. 灯L_2断路

C. 灯L_1短路　　D. 灯L_2短路

解析

由题图可知，灯L_1与灯L_2并联，电流表串联在灯L_2所在支路上，电压表测量电源电压.若灯L_1断路，由于并联电路中各用电器互不影响，所以电流表和电压表的示数都不变，故A选项符合题意；若灯L_2断路，电流表示数变为零，电压表示数不变，故B选项不符合题意；若灯L_1或灯L_2短路，则两灯都不亮，两表示数都为零且会造成电源短路，故C、D选项都不符合题意.

答案：A

例5 (广西桂林中考)小明在使用手电筒时发现小灯泡不亮，进行检修前，他对造成该现象的直接原因进行了以下几种判断，其中**不可能**的是(　　)

A. 开关处出现短路　　B. 小灯泡的灯丝断了

C. 小灯泡接触不良　　D. 电池两端电压过低

解析

如果开关处出现短路，则电路始终是通路，小灯泡会始终发光，不会导致小灯泡不亮，所以A选项的判断是不可能的．小灯泡的灯丝断了和小灯泡接触不良时，电路会出现断路，会使小灯泡不亮，这是可能的．电池两端电压过低时，虽然电路中有电流，但由于电流太小，小灯泡的实际功率太小，所以这时也会发现小灯泡不亮．

答案：A

5. 赋值法

有些题目展示出一般情形，从基本定律、物理规律去分析虽然能得出正确结论，但比较复杂，稍有不慎便会出现错误，这时可考虑针对题设条件先赋值代入进行检验，看命题是否正确，从而得出结论．

例6 某凸透镜焦距在10 cm与15 cm之间，当物距为12 cm时所成的像一定是（　　）

A. 正立的　　B. 倒立的　　C. 放大的　　D. 缩小的

解析

题目只给出了凸透镜焦距的取值范围，而不是确定的数据，看似难以判断，但我们只要选三个特殊的数据代入，其中一个接近10 cm，一个接近15 cm，一个居中，问题便迎刃而解．当 $f=10.5$ cm时，物距大于1倍焦距而小于2倍焦距，成倒立、放大的实像；当 $f=12.5$ cm和 $f=14.5$ cm时，物距小于1倍焦距，成正立、放大的虚像．可以看出相同点是每次所成的像都是放大的．

答案：C

6. 推理判断法

这种方法的特点是直接依据条件，通过推理或计算得出正确答案，然后再对照各选项做出选择．用该方法解答的这类题目，题干中有明确的已知条件和待求量，没有选项也能进行计算．

例7 **（内蒙古包头中考）**如图3-4所示，在容器中放一个上、下底面积均为10 cm²、高为5 cm，体积为80 cm³的均匀对称石鼓，其下底表面与容器底部完全紧密接触，石鼓全部浸没于水中且其上表面与水面齐平，则石鼓受到的浮力是（　　）

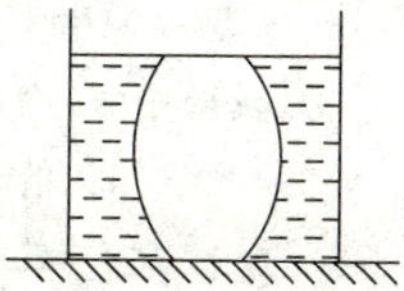

图 3-4

A. 0　　B. 0.3 N　　C. 0.5 N　　D. 0.8 N

解析

由于下底表面与容器底部完全紧密接触，所以以底面积为底，以其高为高的圆柱体不受浮力，其余部分所受浮力为其排开的水所受到的重力，根据阿基米德原理可得 $F_{浮}=\rho_{水}g(V-Sh)=1.0\times10^{3}\ \text{kg/m}^{3}\times10\ \text{N/kg}\times(8\times10^{-5}\ \text{m}^{3}-1\times10^{-3}\ \text{m}^{2}\times5\times10^{-2}\ \text{m})=0.3$ N；对照各选项，B选项正确．

第三篇　中考题型篇

答案:B

7. 估测法

解答该类问题需了解一些常用的物理数据,如:家庭照明电压值 220 V,每层楼高 3 m 左右,一个鸡蛋的质量约 50 g,成人身高约 1.60~1.80 m,人体的密度约为 1.0×10^3 kg/m^3,人的心跳约 1 分钟 70~80 次,人体电阻约为几千~几百千欧,人正常步行的速度 1.4 m/s,自行车一般行驶速度约 5 m/s,一本物理课本的质量约 230 g,一张报纸平铺在桌面产生的压强约 0.5 Pa 等.

记住一些重要的物理常数,如:光在真空中的传播速度、声音在空气中的传播速度、水的密度、水的比热容等.

例 8 (成都中考)以下估测比较接近实际的是( )

A. 课桌的高度大约是 1.8 m　　B. 1 个鸡蛋的质量大约是 60 kg

C. 洗脸水的温度大约是 −40 ℃　　D. 小李同学受到的重力大约是 550 N

解析

课桌的高度大约为 0.8 m,A 选项错误;1 个鸡蛋的质量大约是 60 g,B 选项错误;洗脸水的温度大约是 40 ℃,C 选项错误;一个同学的质量大约是 55 kg,受到的重力大约是 550 N,D 选项正确.

答案:D

轻松对接中考

1. (南京中考)下列数据中,符合实际情况的是( )

A. 人体感到舒适的温度约为 42 ℃

B. 八年级物理课本的宽度约为 18 mm

C. 教室里日光灯的额定功率约为 40 W

D. 做一遍中学生眼保健操的时间约 5 s

2. (成都中考)物理知识渗透于我们生活的方方面面. 以下的警示语或成语中,涉及光学知识的是( )

A. 图书馆挂的警示语"请勿喧哗"　　B. 高速公路挂的警示语"保持车距"

C. 成语"一叶障目"　　D. 成语"刻舟求剑"

3. (贵阳中考)如图 3-5 所示电路,电源电压为 8 V 并保持不变. 闭合开关 S,当滑动变阻器的滑片 P 由一个位置移动到另一个位置时,定值电阻 R_0 的电功率由 1.6 W 变成了 0.4 W,则电压表的示数可能( )

A. 由 2 V 变为 4 V　　B. 由 3 V 变为 6 V

C. 由 3 V 变为 5 V　　D. 由 4 V 变为 6 V

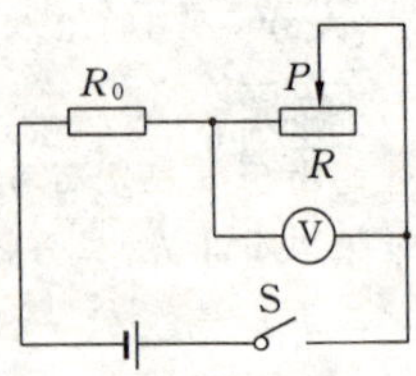

图 3-5

4. (武汉中考)航模小组的某位同学在操场上利用如

图 3-6 所示的电动遥控直升机进行训练，他操作遥控器，使重为 3 N 的直升机从水平地面由静止开始竖直上升，直升机先后经历加速、匀速、减速三个阶段，然后悬停在距离地面 10 m 的高度处. 直升机竖直上升的总时间为 12 s，匀速上升阶段的速度为 1 m/s. 假设直升机在空中的受力情况可以简化为仅受到重力和竖直向上的升力，则下列说法正确的是(　　)

图 3-6

A. 在离开地面的过程中直升机对地面的压力先增大后减小

B. 在上升阶段受到的升力大于重力

C. 在上升阶段直升机升力的功率为 2.5 W

D. 在悬停阶段直升机升力的功率为 3 W

5. (兰州中考)标有“6 V　1.5 W”的小灯泡，通过它的电流随两端电压变化的关系如图 3-7 所示，若把这样的三只灯泡串联起来，接在 12 V 的电源两端，灯泡的电阻及实际功率约为(　　)

A. 24 Ω　0.67 W　　　B. 20 Ω　0.8 W

C. 24 Ω　0.96 W　　　D. 20 Ω　0.67 W

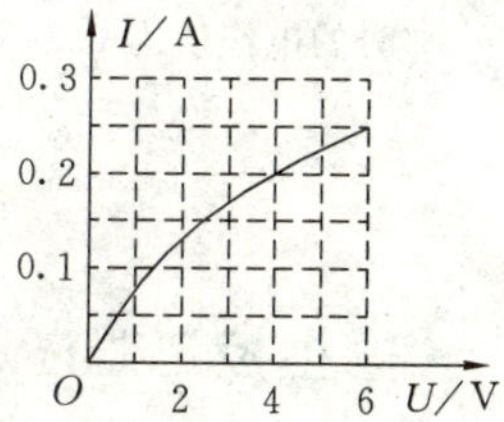

图 3-7

对接中考答案

1. C　解析：人体感到舒适的温度在 20 ℃左右，42 ℃时人会感觉非常热，故 A 选项错误；物理课本的宽度大约是 18 cm，故 B 选项错误；教室里日光灯的额定功率约 40 W，故 C 选项正确；做一遍中学生眼保健操的时间约为 3 min，故 D 选项错误.

2. C　解析：“请勿喧哗”是为了减弱噪声，涉及声学知识；“保持车距”是为了防止惯性带来的危害，涉及力与运动的知识；“一叶障目”是由于光沿直线传播形成的，涉及光学知识；“刻舟求剑”涉及运动和静止的相对性，属于运动学知识.

3. D　解析：由题图可知，电阻 R_0 与 R 串联，当滑片 P 由一个位置移动到另一个位置时，定值电阻 R_0 两端的电压由 U_1 变为 U_2，根据公式 $P=\frac{U^2}{R}$ 有，$\frac{P_1}{P_2}=\frac{U_1^2}{U_2^2}=\frac{1.6\ \text{W}}{0.4\ \text{W}}=\frac{4}{1}$，所以 $\frac{U_1}{U_2}=\frac{2}{1}$；根据串联电路的电压关系，滑动变阻器两端的电压(电压表的示数)$U_R=U-U_{R_0}$，在 A 选项中，电压表示数由 2 V 变为 4 V 时，定值电阻 R_0 两端的电压由 6 V 变为 4 V，其比值不是 2∶1，A 选项错误；在 B 选项中，电压表示数由 3 V 变为 6 V 时，定值电阻 R_0 两端的电压由 5 V 变为 2 V，其比值不是 2∶1，B 选项错误；在 C 选项中，电压表示数由 3 V 变为 5 V 时，定值电阻 R_0 两端的电压由 5 V 变为 3 V，其比值不是 2∶1，C 选项错误；在 D 选项中，电压表示数由 4 V 变为 6 V 时，定值电阻 R_0 两端的电压由 4 V 变为 2 V，其比值是 2∶1,D选项正确.

4.C 解析:直升机在离开地面的过程中,直升机受到的升力逐渐增大,所以对地面的压力将逐渐减小,故A选项错误;在加速上升时,直升机受到的升力大于重力,在匀速上升阶段,升力等于重力,故B选项错误;在上升阶段,升力做功为 $W=Gh=3\ \text{N}\times10\ \text{m}=30\ \text{J}$,升力的功率为 $P=\frac{W}{t}=\frac{30\ \text{J}}{12\ \text{s}}=2.5\ \text{W}$,故C选项正确;在悬停阶段,升力没有做功,所以升力的功率为0,故D选项错误.

5.B 解析:从题中图象可以看出,通过灯泡的电流与灯泡两端的电压不成线性关系,说明灯泡的电阻是变化的,若把这样的三只灯泡串联起来,根据串联电路的分压关系可知,每只灯泡两端的电压为4 V,通过图象读出灯泡两端的电压为4 V时的电流值为0.2 A,则 $R=\frac{U}{I}=\frac{4\ \text{V}}{0.2\ \text{A}}=20\ \Omega$,$P=UI=4\ \text{V}\times0.2\ \text{A}=0.8\ \text{W}$.

二 怎样解填空题

题型技法概述

填空题不要求书写思考过程或计算过程,只要求填写关键字词、计算结果或推断后的结论,要求答案的准确性高,哪怕是小数点或符号的错误都不允许,对概念性问题的回答要确切、简练,对计算性问题的回答要准确,包括数值、单位,对比例性问题不要前后颠倒,弄反了.常见的类型有概念型、判断型、计算型、实验型等,“留空”方式灵活多样.

典型考题例析

1.基本知识法

这种方法是运用所学的最基本的知识完成题目设置的问题,所问问题通常是重要的基础性知识的应用或平时我们容易出现的错误认识.用这种方法解答填空题的关键有两点:一是问题的分类,也就是要弄清所要解答的问题属于力、光、电、热……中哪一类物理现象;二是根据问题熟练地确定解决问题要用的公式、规律、定律等,然后正确填出结果.

例1 (安徽芜湖中考)如图3-8所示,位于我市市中心的镜湖因水清可鉴,形似圆镜而得名,湖水“水清可鉴”是由于光可以在水面发生________(选填“镜面”或“漫”)反射,能形成物体的________(选填“实像”或“虚像”).春日的镜湖公园分外妖娆,鸟语花香、绿柳成荫.从物理学的角度分析,“鸟语”是通过________传播到人的耳朵中的;人们闻到“花香”说明________________;“柳

图3-8

荫”是由于光的__________形成的.

解析

平静的水面相当于平面镜，所以光在水面上发生的是镜面反射，平面镜所成的像是正立、等大的虚像；人所听到的“鸟语”是通过空气传播到人耳中的；正是由于分子在永不停息地做无规则运动，所以人们能闻到“花香”；由于光在空气中沿直线传播，阳光被“绿柳”挡住，在地面上就形成了“柳荫”.

答案:镜面　虚像　空气　分子在永不停息地运动　直线传播

2. 定量计算法

这种方法用于一些具体的物理过程中的某个物理量的量值的大小计算. 用这种方法解题时，必须确定要研究的物理现象所遵守的规律和公式，然后根据有关公式计算得出答案.

例 2　**(江西中考)**如图 3-9 所示的电路，电源电压为 3 V，闭合开关，电压表示数为 1 V，则灯泡 L_2 两端的电压为________V，灯泡 L_1 与 L_2 的电功率之比为________.

图 3-9

解析

从题图中可以看出灯泡 L_1 和 L_2 串联，电压表测的是灯泡 L_2 两端的电压，故灯泡 L_2 两端的电压 $U_2=1\ \text{V}$；灯泡 L_1 两端的电压 $U_1=U-U_2=3\ \text{V}-1\ \text{V}=2\ \text{V}$，由公式 $P=UI$ 知，灯泡 L_1 与 L_2 的电功率之比 $P_1:P_2=(U_1I):(U_2I)=U_1:U_2=2:1$.

答案:1　2∶1

方法技巧:(1)串联电路中电功率与电阻的关系为 $\frac{P_1}{P_2}=\frac{R_1}{R_2}$；(2)并联电路中电功率与电阻的关系为 $\frac{P_1}{P_2}=\frac{R_2}{R_1}$.

例 3　**(山东临沂中考)**某水上运动项目使用的长方体水上标志物，经测量其质量为 100 kg、体积为 0.2 m^3，它的密度为________kg/m^3. 它漂浮在平静的水面上受到的浮力为________N.

解析

标志物的密度 $\rho=\frac{m}{V}=\frac{100\ \text{kg}}{0.2\ \text{m}^3}=0.5\times10^3\ \text{kg/m}^3$，当它漂浮在水面上时，浮力等于重力，即 $F_{浮}=G=mg=100\ \text{kg}\times9.8\ \text{N/kg}=980\ \text{N}$.

答案:0.5×10^3　980

例 4　**(哈尔滨中考)**如图 3-10 所示的电路中，电源电压恒为 3 V，闭合开关 S，电流表的示数为 0.3 A；再闭合开关 S_1，电流表的示数为 0.5 A，此时 R_1 的电功率为________W，电路的总电阻为________Ω.

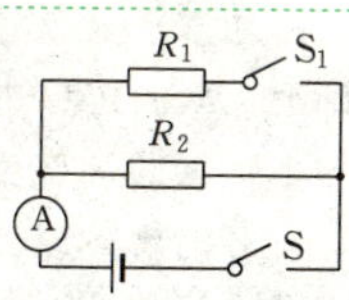

图 3-10

解析

只闭合开关S时，电路中只有R_2，再闭合开关S_1时，R_1与R_2并联，对R_2没有影响，通过R_2的电流仍为0.3 A，则$I_1=I-I_2=0.5\ A-0.3\ A=0.2\ A$，所以$R_1$的电功率$P_1=UI_1=3\ V\times0.2\ A=0.6\ W$，根据欧姆定律公式的推导式得$R=\frac{U}{I}=\frac{3\ V}{0.5\ A}=6\ \Omega$.

答案：0.6　6

3. 体验法

这种方法常用于解答生活和社会实践能得到体验或验证的物理现象及物理过程的问题.这类题目解答时一方面有一定的规律，另一方面有很强的实际应用性.解答这类题目只要理解物理规律，结合体验或验证，就能得出正确的答案.

例5　（河北中考）小明从眼镜上取下一块镜片，透过镜片观看邮票上的文字（如图3-11所示）.小明用的镜片是________透镜，所成的是________像（选填“虚”或“实”）.小明将此镜片放在蜡烛和光屏之间，移动光屏，使烛焰在光屏上成清晰的像，然后在镜片前放置一眼镜（如图3-12所示），光屏上的像变模糊了，向后移动光屏，像又清晰了.此眼镜是________（选填“近视”或“远视”）眼镜.

图3-11

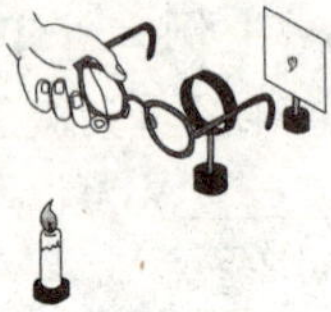
图3-12

解析

通过图示可以看出，透过镜片看到的是正立、放大的像，所以是凸透镜.在凸透镜成正立、放大的像时，像是与物同侧的虚像.当凸透镜成实像时，在凸透镜与蜡烛之间放入一眼镜后，把光屏向后移动一段距离后才变清晰，说明放入的眼镜片延迟了光线的会聚，因此是一个发散透镜，所以此眼镜是近视眼镜.

答案：凸　虚　近视

4. 分析法

这种方法一般用于解答图象条件、表格条件或者叙述情景现象类型的题目，这类题目通常较复杂，物理实质常常隐蔽在表象和现象之中，这就需要在分析、思考的基础上，去伪存真、由表及里地认识实际问题的物理实质，也就是将实际问题转化为教材上常见的某种模型的物理问题.用这种方法解答题目时要明确是研究什么现象，确定遵守的规律或公式.另外，需要从图、表或叙述中找出等量作为控制量，然后用各物理量之间的关系确定答案.

例6　（重庆中考）同学们在理发店洗头时，常会看到理发师用电吹风给顾客吹头发的情景，如图 3-13 所示. 请你从此情景中找出一个与力、热或电有关的物理现象，并指出与该物理现象对应的物理知识（不得与示例重复）.

示例：

物理现象：电吹风吹出的风使头发飘动起来；

物理知识：力可以改变物体的运动状态.

物理现象：________

物理知识：________

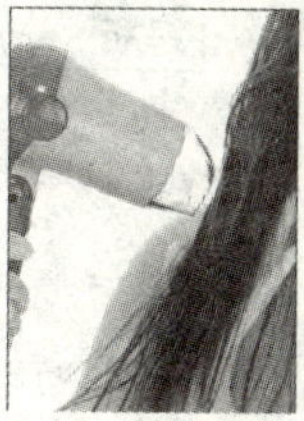

图 3-13

解析

电吹风涉及电和热，头发飘动涉及力学知识，头发由湿变干涉及热学中的蒸发等. 只要能用力、热或电等有关知识解答相关的情景即可，答案不唯一.

答案：物理现象 1：头发被吹变形；

物理知识 1：力可以改变物体的形状.

物理现象 2：吹头发，头发干得快；

物理知识 2：温度越高，蒸发越快.

物理现象 3：吹头发，头发干得快；

物理知识 3：空气流动越快，蒸发越快.

物理现象 4：既可吹冷风，又可吹热风；

物理知识 4：电机与发热丝并联.

物理现象 5：电吹风吹出热风时，电能转化为什么能？

物理知识 5：电能转化为机械能和内能.

物理现象 6：电吹风吹出冷风时，电能转化为什么能？

物理知识 6：电能主要转化为机械能.

（其他合理表述均可）

例 7 （杭州中考）如图 3-14 所示，质量分布均匀的长方体砖，平放在水平地面上，第一次用竖直向上的力 F_1 只作用于 ab 的中点，第二次用竖直向上的力 F_2 只作用于 bc 的中点，都使它们在竖直方向上慢慢向上移动 h（$h<ab<bc$），则在上述过程中 F_1 ________ F_2（选填“大于”“小于”或“等于”）；F_1 所做的功 ________ F_2 所做的功（选填“大于”“小于”或“等于”）；第一次克服重力所做的功 ________ 第二次克服重力所做的功（选填“大于”“小于”或“等于”）.

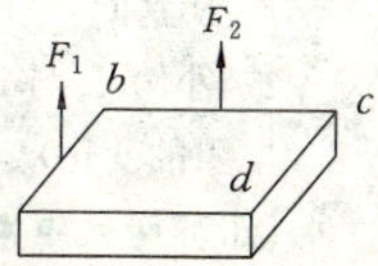

图 3-14

解析

把长方体砖看成是一个杠杆，则拉力为动力，砖受到的重力为阻力. 用力 F_1 和 F_2 向上拉砖时，动力臂的长度均为阻力臂长度的 2 倍，则动力的大小也均为阻力大小的一半，即 $F_1=F_2=\frac{1}{2}G$；F_1 和 F_2 在竖直方向上均移动 h，由 $W=Fs$ 得，F_1 和 F_2 所做的功大小相等；在两次移动过程中，重心上升的高度相等，由 $W=Gh$ 知，两次克服重力所做的功相等.

答案: 等于　等于　等于

方法技巧: 首先要根据题意将实际问题转化为物理问题，如本题中将“长方形砖看成杠杆”，然后灵活运用所学知识进行解决. 在分析时，要针对不同的物理过程确定所依据的规律或公式，然后确定答案.

轻松对接中考

1. (湖北咸宁中考) 六月的潜山森林公园，到处都是莺歌燕舞，鸟语花香.

(1)我们能听到小鸟的叫声，说明声音可以在________中传播；我们还能分辨出黄鹂的歌声，这主要是因为不同种类的小鸟发出声音的________(选填“响度”“音调”或“音色”)不同.

(2)我们能闻到花的香味，这是花粉分子的________现象.

2. (福建厦门中考) 如图 3-15 所示是中国女子冰壶队比赛中的一个场景. 两名队员在冰壶前方用力“刷冰”，使表面的冰________成薄薄的一层水以减小阻力(填物态变化名称)，这是通过______的途径增加了冰的内能.

图 3-15

3. (湖北黄冈中考) 图 3-16 为小娟家洗手间的部分电路，白炽灯 L 上标有“220 V　40 W”字样，L 正常工作时电阻为________. 该电路存在的安全隐患是________. 小娟改进电路后，想到家人常忘记关灯，便把标有“220 V　60 W”的白炽灯 L′与 L 串联接入 A、B 之间，则电路的总功率比原来________(选填“大”或“小”)，L′与 L 两端的电压之比为________(不计灯丝电阻的变化).

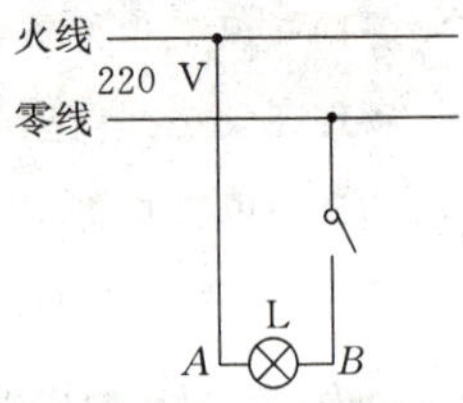

图 3-16

4. (江苏南通中考) 科技人员设计了一种可移动式太阳能水上漂浮房，它具有冬暖夏凉的优点，不仅为人们到海滨旅游提供了方便，而且节约了能源、减少了对环境的污染，某可移动式太阳能水上漂浮房的屋顶安装了太阳能电池板，接收太阳能的功率为 9.0×10^3 W，能为该房供应热水和在水上移动等提供能量.

(1)漂浮房冬暖夏凉，利用了水的________比较大的特性.

(2)太阳能电池板将太阳能转化为________能. 若只用来给水加热时，电池板两极的电压为 200 V，加热电阻丝的电阻值为 15 Ω，设电阻丝产生的电热全部转化为水的内能，则加热 5 min，水的内能增加了________J.

(3)有 5 位中学生从岸上进入漂浮房参观，则水对漂浮房的浮力约增加______N.

(4)若电池板吸收的太阳能只用来提供推动漂浮房前进所需的能量，漂浮房在平静的水面上以恒定功率沿直线运动，运动过程中受到的阻力不变，从某一时刻开始，漂浮房受到水平方向的牵引力 F 随运动时间 t 的变化关系如图 3-17 所示，$t=50$ s 后，漂浮房以 2.5 m/s 的速度做匀速直线运动. 则在整个运动过程中，漂浮房受到的阻力大小为________N，太阳能转化为机械能的效率为________.

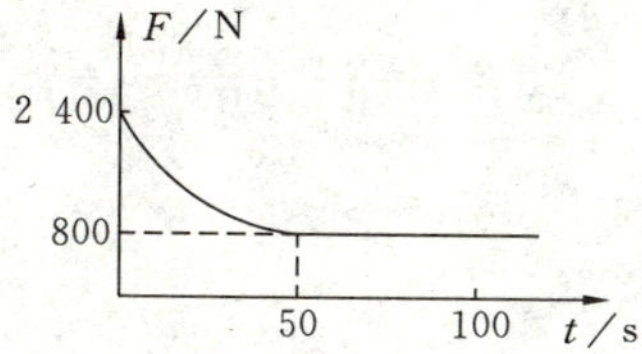

图 3-17

对接中考答案

1. (1)空气　音色　(2)扩散　解析：日常生活中听到的声音都是由空气传播的，不同种类的鸟发出的声音不同主要是音色不同，闻到香味是由于分子不停地做无规则运动.

2. 熔化　做功　解析：刷冰是利用“毛刷”快速摩擦冰面，使冰面内能增大，冰层表面熔化形成一层薄薄的水以减小阻力，这是通过做功的方式来改变冰的内能.

3. 1 210 Ω　灯 L 直接接到火线上(填“开关没有接到火线与灯 L 之间”也可以)　小　2∶3　解析：根据公式得 $R_1=\frac{U^2}{P_1}=\frac{(220\ \text{V})^2}{40\ \text{W}}=1\ 210\ \Omega$，在家庭电路中，开关应接在用电器与火线之间，此电路将开关接在用电器与零线之间，当断开开关时，用电器仍与火线相连，容易产生触电事故；串联一个灯后，电路的总电阻变大，根据公式 $P=\frac{U^2}{R}$ 知，此时电路的总功率将变小；两灯串联时，加在两灯上的电压之比为 $\frac{U'}{U}=\frac{R'}{R}=\frac{\frac{(220\ \text{V})^2}{60\ \text{W}}}{\frac{(220\ \text{V})^2}{40\ \text{W}}}=\frac{2}{3}$.

4. (1)比热容　(2)电　8.0×10^5　(3)2 500(2 000～3 000 之间均正确)　(4)800　22.2%　解析：漂浮房在水面上漂浮，由于水的比热容大，温差小，所以具有冬暖夏凉的效果；太阳能电池板是将太阳能转化为电能的装置，由于电热丝产生的电热全部转化为水的内能，则有 $Q=W=UIt=\frac{U^2t}{R}=\frac{(200\ \text{V})^2}{15\ \Omega}\times60\ \text{s}\times5=8\times10^5\ \text{J}$；每位中学生的重力约为 500 N，则 5 位中学生总重力约为 2 500 N，浮力增加量就等于 5 位同学的总重力. 漂浮房匀速运动时，其牵引力与所受到的阻力是一对平衡力,由于阻力不变,从图象上可以看出,阻力为 800 N;当漂浮房匀速运动时,其运动的功率为 $P=Fv=800\ \text{N}\times2.5\ \text{m/s}=2\ 000\ \text{W}$,太阳能电池板接收太阳能的功率为 $9.0\times10^{3}\ \text{W}$,所以太阳能转化为机械能的效率 $\eta=\frac{W_{有}}{W_{总}}=\frac{Pt}{P_{太阳能}t}=\frac{P}{P_{太阳能}}=\frac{2\ 000\ \text{W}}{9\ 000\ \text{W}}\approx0.222=22.2\%$.

三　怎样解作图题

题型技法概述

作图题是以作图的形式来反映某个物理量的特点或描述某个规律的一种题型.要做好作图题应该对题目所涉及的物理量和物理规律准确理解,并以所研究的物理量或物理规律为依据,按照作图的规范要求进行解答.

典型考题例析

1. 光学作图题

光学作图题一般考查如下内容:光的直线传播、小孔成像、影子的形成、光的反射定律、平面镜成像、光的折射规律、透镜等.在解题过程中要注意运用几何知识,根据光学定律、规律、原理或性质作图.注意以下几点:(1)对于反射光路作图要注意掌握光的反射定律及平面镜成像规律,注意反向延长线画虚线,光线要标出箭头,像与物关于镜面对称,反射光线的延长线过像点等知识.(2)对于折射光路作图,对光从一种介质进入另一种介质时折射角比入射角是大还是小要区分清楚,并对透镜成像要全面理解.(3)另外,一些看似与光学无关的问题,如距离最近,可通过建模转化成光学问题.

例 1　(河南中考)如图 3-18 所示,学校楼梯拐角的墙上装有平面镜,既方便同学们整理仪容,晚上又能利用光的反射对楼道进行照明.请在图中准确画出灯 S 发出的光经平面镜反射后到达 A 点的光路图.

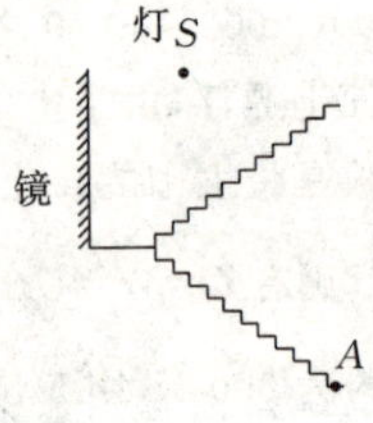

图 3-18

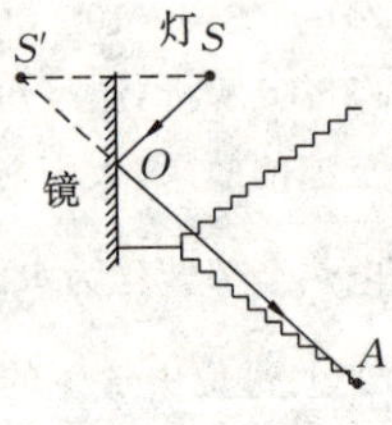

图 3-19

解析

平面镜成像时，像与物关于镜面对称，反射光线的反向延长线过像点，所以先作出灯 S 关于镜面的对称点（像点）S'，则反射光线在 AS' 的连线上，与镜面的交点 O 为入射点，再连接 SO 即为入射光线.

答案：如图 3-19 所示.

方法技巧：利用“对称法”作图就是根据平面镜成像的对称性完成光路，作图的主要步骤是：(1)利用对称，作出物体关于平面镜的对称点，即像点；(2)确定入射点；(3)作出入射光线.

例 2 （湖北黄冈中考）如图 3-20 所示，小阳在公园水面上玩水上滚球的游戏，人处于充足空气的薄壁透明塑料圆球里，他发现水下 A 处有一条金鱼，设小阳的眼睛在 B 处，圆球的球心在 O 点. 请你作出小阳观察到金鱼的光路图及确定金鱼实际的大致位置.

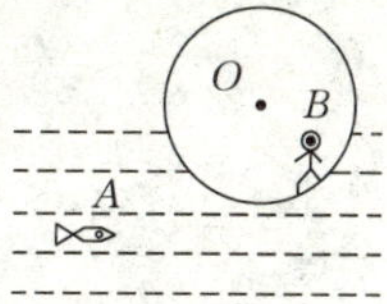

图 3-20

解析

水与空气的分界面是透明塑料圆球的球面，球心 O 与入射点的连线为法线，根据光的折射规律，光由水中斜射入空气中时，折射角大于入射角，所以进入人眼睛的光线向下弯折，但人视觉总感觉光是沿直线传播的，所以在进入人眼的折射光线的反向延长线上人会看到金鱼的虚像，这个虚像的位置比金鱼的实际位置高.

答案：如图 3-21 所示.

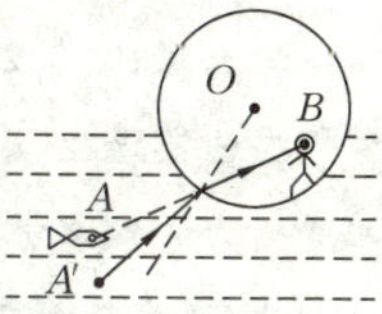

图 3-21

2. 力学作图题

力学作图题一般包括：力的示意图、杠杆作图、滑轮组的绕法等基本作图.

(1)在作力的示意图时要注意：①力的作用点要画在受力物体上，画多个力时不要漏掉力；②作力的示意图要表示出力的三要素，用线段的起点或终点表示力的作用点，作同一个物体受多个力的示意图时，力的作用点应在同一点上；若几个力的大小不同，则表示力的线段的长短应有相应的区别；在箭头附近标上表示力的符号；③可根据力学原理分析力的大小，如根据平衡力的知识等.

(2)对杠杆的作图要注意：①画力臂时要先确定支点和力的作用线，要明确力臂的概念；②注意最小力的问题，最小力的力臂是支点到力的作用点的距离；③画力臂要用虚线，最好用大括号括出并用字母注明，如 l_1、l_2 等.

(3)滑轮组的绕法的作图常与计算题一起考查，若物重是拉力的奇数倍，则绳子的固定端应系在动滑轮上；若物重是拉力的偶数倍，则绳子的固定端应系在定滑轮上.

例 3 (湖北黄冈中考)如图 3-22 所示,用两橡皮筋悬挂的金属棒 AB 处于磁场中,金属棒两端连接着导线(导线对金属棒的作用力忽略不计),当棒中通以由 A 流向 B 的电流时,金属棒静止,橡皮筋刚好处于松弛状态,现让电流由 B 流向 A,金属棒仍静止,请画出此时金属棒受力的示意图.

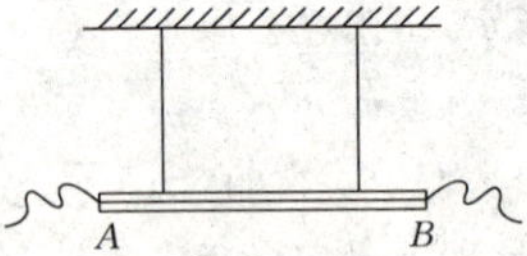

图 3-22

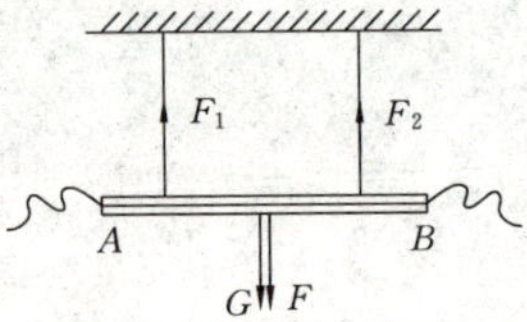

图 3-23

解析

当金属棒中通以由 A 流向 B 的电流时,橡皮筋刚好处于松弛状态,说明当电流从 A 流向 B 时受到了竖直向上的磁场力,只改变电流的方向,导体受到磁场力的方向与原来的方向相反,此时棒受到竖直向下的重力、竖直向下的磁场力及两橡皮筋分别对金属棒竖直向上的拉力.

答案: 如图 3-23 所示.

方法技巧: 解答本题时,一是要由题目中的关键词挖掘出所隐含的条件;二是根据平衡力的知识分析金属棒所受到的力.在"当棒中通以由 A 流向 B 的电流时,金属棒静止,橡皮筋刚好处于松弛状态"中,"松弛状态"说明金属棒受到向上的磁场力和向下的重力,"静止"说明二力大小相等;"金属棒仍静止"说明电流方向改变后,受力仍然平衡,所以在画力的示意图时,应注意表示各个力的线段的长短要准确.

例 4 (四川自贡中考)如图 3-24 所示,重 100 N 的均匀木棒 AB 在细绳拉力作用下保持静止.请在图中画出木棒所受绳拉力的力臂 l 及所受重力的示意图.

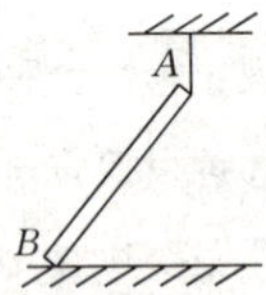

图 3-24

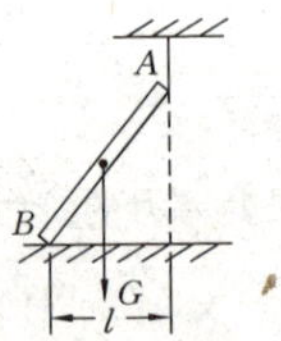

图 3-25

解析

将拉力的作用线反向延长,然后从支点向力的作用线引垂线,垂线段距离就是拉力的力臂 l;找出木棒 AB 的重心,然后作出重力的示意图,注意方向竖直向下.

答案: 如图 3-25 所示.

3. 电学作图题

电学作图题的方法大致包括五种：①根据串、并联电路的特点作图；②根据电表的特点作图；③根据欧姆定律或电功率公式计算作图；④根据安全用电原则作图；⑤根据电磁学性质作图. 其中①、②、③多与实验题相结合.

例 5 （江西中考）如图 3-26 所示的电池盒，盒外有三个接线柱 A、B、C；盒内有三个 5 号电池插槽，六个接线柱 a、b、c、d、e、f；部分连接好的导线已画出，如图乙中虚线所示. 选接盒外不同接线柱，可从该电池盒获得 1.5 V、3 V、4.5 V 三种输出电压. 请你在图乙的虚线框内，用笔画线代替导线将三节干电池（用元件符号表示）连接起来，组成一个符合实际的电源，并满足下列要求：

(1)AB 间电压 1.5 V（A 为负极，B 为正极）；

(2)BC 间电压 3 V（B 为负极，C 为正极）；

(3)AC 间电压 4.5 V（A 为负极，C 为正极）.

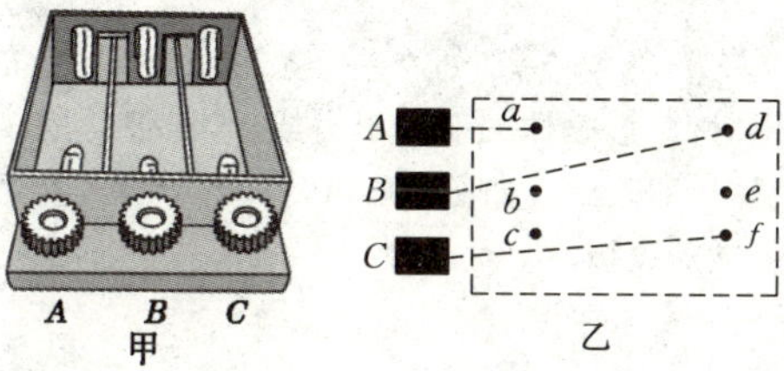

图 3-26

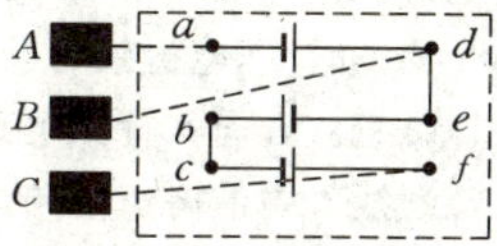

图 3-27

解析

由题意知，AB 间的电压为 1.5 V，说明 ab 间有一节干电池；BC 间电压为 3 V，说明 debcf 之间有两节干电池串联；这样 adebcf 间就有三节干电池串联，因而 AC 间电压为 4.5 V，符合题意，如图 3-27 所示.

答案：如图 3-27 所示.

方法技巧：干电池串联后的总电压等于每节干电池的电压之和，即 n 节电压为 U_0 的干电池串联后的总电压 $U=nU_0$.

例 6 （广东佛山中考）把图 3-28 中的拉线开关、螺口灯泡和三孔插座正确地连入家庭电路中（要求用拉线开关控制螺口灯泡）.

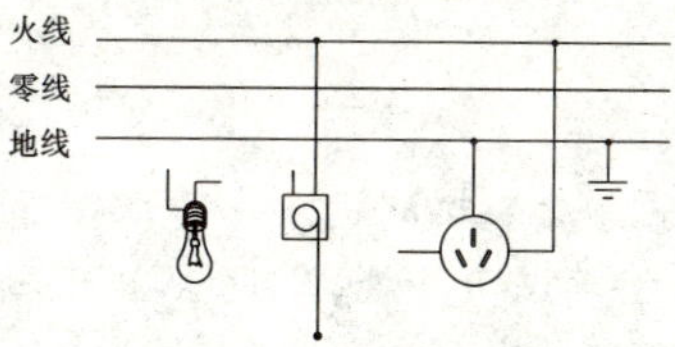

图 3-28

解析

家庭电路中的插座与用电器是并联在照明电路中的，三孔插座的正确接法是"左零右火中间地"；在连接螺口灯泡时，开关应与火线连接，灯套应与零线连接.

答案：如图 3-29 所示.

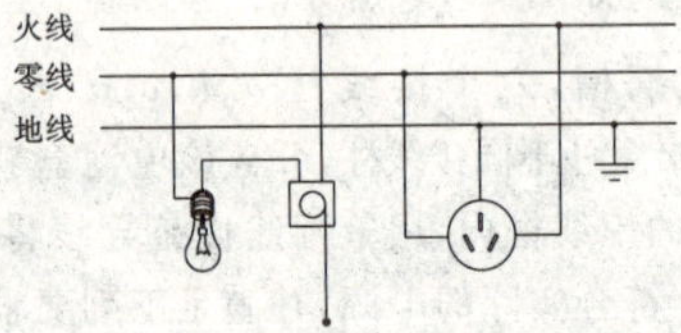

图 3-29

方法技巧：连接家庭电路的各元件时，必须遵循安全用电的原则.

例 7 （沈阳中考）小明同学设计了一个电动按摩棒，其结构示意图如图 3-30 所示，ABO 可以看做一个杠杆，O 为支点，B 处有一个条形磁体，A 为按摩槌头. 当电磁铁输入方向改变的交流电时，条形磁体会受到引力或斥力，带动按摩槌头 A 振动. 某一时刻，电磁铁与条形磁体间的磁感线如图中所示，请画出此时：

(1)磁感线方向并标出电磁铁上端的磁极.

(2)螺线管中的电流方向.

(3)条形磁体所受磁力的示意图.

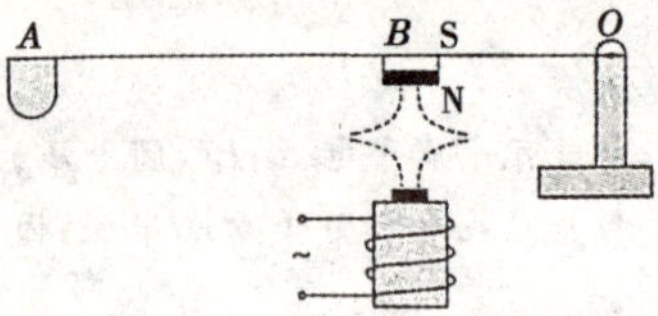

图 3-30

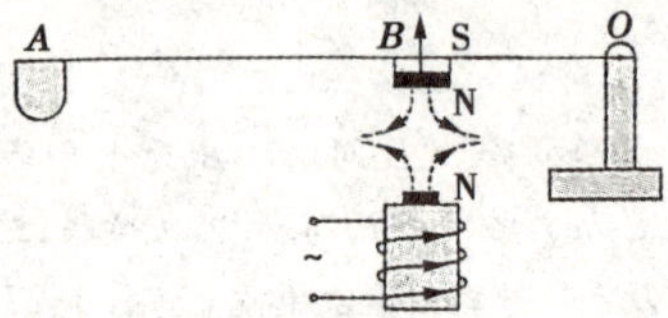

图 3-31

解析

从磁感线形状可以看出，这是同名磁极的磁感线分布，由于条形磁体的下端是 N 极，所以电磁铁的上端也是 N 极，根据安培定则，可判断通电螺线管中的电流是自下而上；同名磁极相排斥，则它所受磁力方向向上，作用点在条形磁体上.

答案：如图 3-31 所示.

轻松对接中考

1. （天津中考）现有电流表（量程 0.6 A、3 A），电压表（量程 3 V、15 V），滑动变阻器（阻值范围 0～20 Ω），两节干电池（电压 3 V），开关，导线若干. 请你利用这些器材测未知电阻 R（阻值约为 10 Ω）.

要求：(1)在虚线框内画出实验电路图；

(2)在图 3-32 中,根据电路图用笔画线代替导线连接实物图.

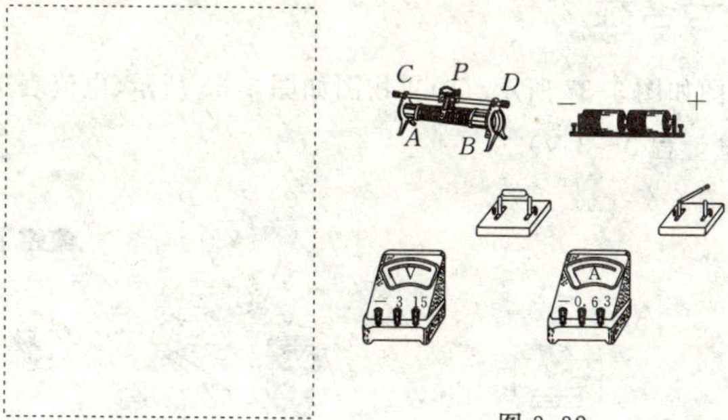

图 3-32

2.**(济南中考)**图 3-33 所示为小强家某个房间内的实物电路.请在右侧虚线框内画出该房间内家庭电路的电路图.

图 3-33

3.**(山东泰安中考)**根据图 3-34 中小磁针 N 极的指向,标出通电螺线管电源的“+”、“−”极.

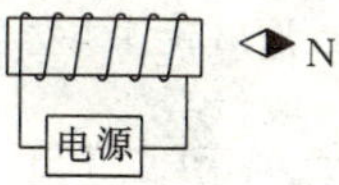

图 3-34

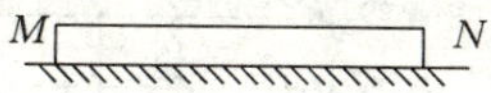

图 3-35

4.**(甘肃兰州中考)**一块质量分布均匀的长方形木板放在水平地面上,现在要将木板从 N 端抬起,请你在图 3-35 中标出支点 O 的位置,并画出所用最小动力 F 的示意图和动力臂 l(板的厚度不计).

5.**(贵阳中考)**如图 3-36 所示,木块 A 与平板小车一起在水平桌面上向左匀速运动,当小车受外力作用突然减速时,木块随即在小车的平板上滑行.请在图中用带箭头的线段标出木块滑行的方向,并画出木块滑行过程中的受力示意图.

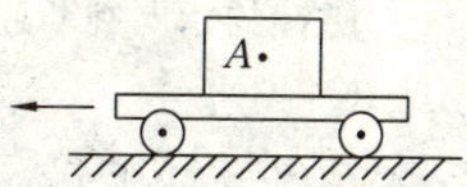

图 3-36

对接中考答案

1.(1)电路图如图 3-37 所示.(2)实物图如图 3-38 所示(电流表选量程 0～0.6 A,电压表选量程 0～3 V).

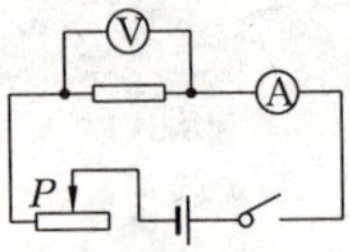

图 3-37

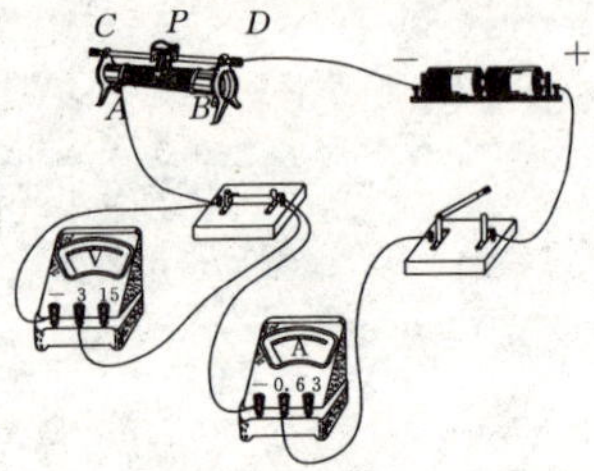

图 3-38

解析:(1)用电压表和电流表测电阻的原理是 $R=\frac{U}{I}$,因此只需用电压表测出未知电阻两端的电压,用电流表测出通过电阻的电流即可,电压表要并联在未知电阻两端,电流表要串联在电路中,滑动变阻器与未知电阻串联,由此可画出图 3-37 所示的电路图.(2)在连接实物图时,可从电源的正极出发,沿电流的方向依次连接.由于电源电压是 3 V,因此电压表的量程选择 0～3 V;而电路中的最大电流约为 $I=\frac{U}{R}=\frac{3\ \text{V}}{10\ \Omega}=0.3$ A,故电流表的量程选择 0～0.6 A.

2.如图 3-39 所示. 解析:根据家庭电路的基本连接方式和安全用电的要求,插座与灯泡应当并联,控制灯泡的开关与灯泡串联且应接在火线上.

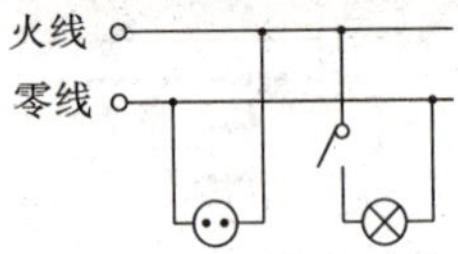

图 3-39

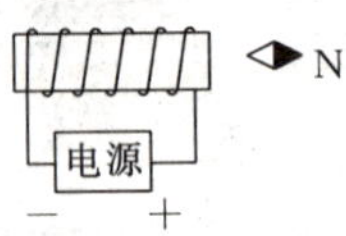

图 3-40

3.如图 3-40 所示. 解析:本题考查安培定则及磁极间的相互作用.首先根据小磁针的指向判断通电螺线管的 N、S 极,然后根据安培定则判断电源的“+”、“−”极.

4.如图 3-41 所示. 解析:将木板从 N 端抬起,木板绕 M 端转动,故支点是 M 端与地面的接触点;要使动力最小,动力臂应该最大,在图中最大的动力臂就是

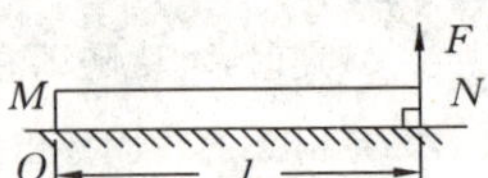

图 3-41

支点与力的作用点的连线，而与该力臂垂直的力就是最小力，由此可作出图 3-41.

5. 如图 3-42 所示. 解析：木块 A 与小车具有相同的速度，当小车受外力作用突然减速时，木块 A 由于惯性要保持原来的速度继续向前运动，所以木块 A 相对于小车是向左运动的，而木块 A 受到的摩擦力的方向与 A 的运动方向相反，所以木块 A 受到的摩擦力的方向向右，同时木块 A 受到重力和向上的支持力作用，这是一对平衡力.

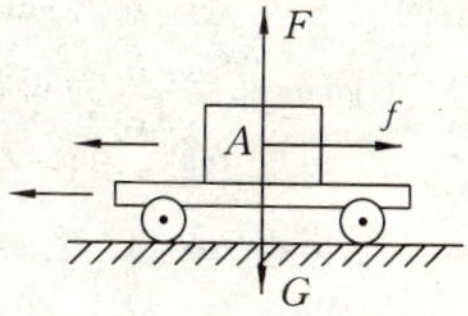

图 3-42

四　怎样解综合计算题

题型技法概述

综合计算题是通过物理定律、公式的运用与计算，对题目给的物理量进行数学运算，得到所需的正确答案. 此类题目以考查学生综合应用所学知识分析问题和解决问题的能力为主，常为中考中具有压轴意味、区分度较高的一种题型，它既能反映学生对基本知识理解掌握的水平，同时又能体现学生在综合应用所学知识分析和解决问题过程中的情感、态度与价值观.

(一)计算题的一般解题步骤

第一步：认真审题，明确现象和过程，确定给出的条件或题目中隐含的条件. 审题时需注意：

(1)理解关键词语

①光滑、不计阻力、轻质(杠杆、滑轮)；

②做匀速直线运动、静止；

③升高多少摄氏度和升高到多少摄氏度；降低到和降低了；

④是有用功的功率还是总功率，是功率还是效率等.

(2)挖掘隐含条件

①家庭电路，意味着电压为 220 V，各用电器并联；

②气压是标准大气压，意味着压强是 1.013×10^5 Pa，水的沸点是 100 ℃；

③不计能量损失，意味着能量转化或转移的效率是 100%；

④用电器正常工作，意味着用电器上加的是额定电压.

(3)排除干扰因素

①物体水平移动时,不会克服重力做功,此时物体的重力就是干扰因素.物体以不同的速度匀速上升或匀速下降,表明物体受平衡力的作用,此时的“上升”、“下降”及“不同的速度”均为干扰因素.

②两灯串联,甲比乙亮.这里的“甲比乙亮”就是判断电流相等的干扰因素.

③表格类题目中有很多数据,不一定都有用,要快速搜寻有用信息,排除干扰因素.

第二步:找关系,即针对题目内容分析综合,确定解决问题的方向,选择合适的规律和公式,找准相关物理量之间的关系,能画图的可以作图辅助解题.

第三步:列出表达式.这一步是在明确了各个已知量、未知量及某个物理量在题目中叙述的物理现象或物理过程变化时存在的关系,根据公式或规律列出相应的表达式,并推导出待求物理量的计算式.主要涉及这几个公式:密度公式 $\rho=\frac{m}{V}$;固体压强公式:$p=\frac{F}{S}$;功的公式:$W=Fs$;功率公式:$P=\frac{W}{t}=Fv$;机械效率公式:$\eta=\frac{W_{有}}{W_{总}}$;热量计算公式:物体吸、放热:$Q=cm\Delta t$;燃料燃烧放热公式:$Q=qm$;欧姆定律公式:$I=\frac{U}{R}$;电功公式:$W=UIt$;电功率公式:$P=UI=\frac{W}{t}$;电热公式:$Q=I^2Rt$;阿基米德原理:$F_{浮}=\rho_{液}gV_{排}$.

第四步:代入数据求解.这一步是把所用到的已知物理量的单位统一后,把已知量的数据代入计算式中,通过正确运算,得出答案,同时对答案进行合理化验证,最后确定正确答案.

(二)计算题格式要规范

书写计算题的解题过程,要在“解”的后面按顺序写出求解过程,求解过程需写出公式及数据代入过程,结果要有数值和单位,有的计算题的重要步骤应有简要的有助于解题的文字说明.

(1)写公式时,可以直接写出由基本公式变换而来的导出式.比如,已知电压和电流,在求电阻时可直接使用公式 $R=\frac{U}{I}$.对于特殊的情况,例如“燃料热值的有关计算”,“热机效率的有关计算”,“已知滑轮组中动滑轮的重及下吊物重求滑轮组自由端的拉力”等,这些教材中没有给出具体公式,在求解时可以不写公式.

(2)物理公式中所使用的物理量字母要规范,若在一题中用同一字母表示同一物理量在不同状态或过程中的不同值,则应将该物理量字母用上下标区分开来,角标的含义要尽可能一目了然.

(3)对于需要列方程组求解的计算，所列方程指的是能和本题中的物理量相对应的具体关系式（而不是一般的公式）. 列方程时应先导出字母表达式，然后再具体为含有未知量的等式.

(4)对于“数据代入过程”，代入的可以是经过单位统一后的数值和单位，最后结果必须要有数值和单位. 涉及 g 值的问题，若题目没有特别指出 g 取 10 N/kg，则应按 9.8 N/kg 代入.

(5)物理数据都是近似值，一般来说，不宜用无理数或者分数作为最后结果（字母式结果例外）. 如果题目没有特殊要求，计算结果保留到小数点后两位.

典型考题例析

1. 密度、压强与浮力的综合计算题解题技法

这类计算题往往将密度、固体压强、气体压强及浮力的计算综合交织在一起考查，解答这类计算题时需要注意如下几点：①正确选用公式. 求密度的公式是 $\rho=\frac{m}{V}$，求压强的公式有 $p=\frac{F}{S}$ 及 $p=\rho gh$，前一个公式是压强的定义式，对固体、液体、气体普遍适用，后一个公式一般适用于液体内部压强的计算. 求浮力的方法有：弹簧测力计示数差法（也叫两次称重法）$F_{浮}=G-F$、阿基米德原理法 $F_{浮}=\rho_{液}gV_{排}$、压力差法 $F_{浮}=F_{向上}-F_{向下}$、二力平衡法（物体漂浮或悬浮时）$F_{浮}=G$ 以及受力分析法等，这些方法的运用要根据解题的需要灵活选择. ②要注意正确理解公式中物理量的意义. $\rho=\frac{m}{V}$ 是密度定义式，其中用 ρ 表示密度，m 表示质量，V 表示体积，计算浮力时要特别注意 $V_{排}$ 与 $V_{物}$ 的不同，当物体全部浸没在液体里时，$V_{排}=V_{物}$，若物体一部分浸在液体中的，$V_{排}<V_{物}$. ③整体分析与单独分析相结合. 密度、压强与浮力的问题常常涉及很多连接体（如两物体叠放、固体容器中盛有液体、木球与金属球用细线相连后悬浮在水中等）. 解决这类问题不仅要确定每个物体的受力情况，而且要根据具体要求合理选择研究对象，将单独分析与整体分析结合起来.

例 1 （湖北黄冈中考）2011 年 8 月我国自主研制的深海探测器——“蛟龙号”（如图 3-43 所示）在太平洋海域成功完成 5 000 m 深海探测，2012 年 6 月它将再赴马里亚纳海沟挑战 7 000 m 深海探测（不考虑海水密度变化，密度 ρ 取 1.0×10^3 kg/m³，g 取 10 N/kg）.

图 3-43

(1)若“蛟龙号”能承受的最大压强是 7.2×10^7 Pa，

则它能下潜的最大深度是多少?(不考虑大气压)

(2)“蛟龙号”上一面积为 50 cm^2 的观测窗口,在上述两种深度的探测中承受的压力增加了多少?

(3)“蛟龙号”完成任务后,漂浮在海面上,由起重装置将其匀速竖直吊离水面,起重装置起吊拉力的功率随时间变化的图象如图 3-44 所示,图中 $P_2=2P_1$. 起吊过程中“蛟龙号”总质量为 22 吨,求 t_1 时刻“蛟龙号”的排水体积(不考虑水的阻力).

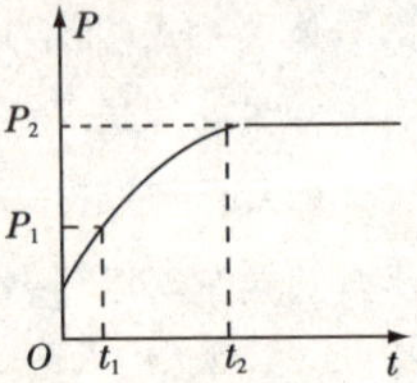

图 3-44

解析

“蛟龙号”能下潜的最大深度,即多深的海水能产生它所能承受的最大压强,所以根据液体压强的计算公式 $p=\rho gh$ 可求得下潜的最大深度;蛟龙号两次下潜的深度不同,海水所产生的压强不同,根据(1)问中公式求出“蛟龙号”两次下潜的深度海水产生的压强,求出压强差后,利用压强计算公式的变形式 $F=pS$ 可求得作用在观测窗口上的压力差;从题意可知,“蛟龙号”从开始露出水面到全部露出水面的过程中受平衡力,且上升速度相同,根据阿基米德原理知,这一过程它所受的浮力在减小,拉力在增大,当它全部露出水面后,拉力等于重力,即拉力功率为 P_2 时,拉力 $F=G$,根据功率的导出式 $P=Fv$ 可知,功率的变化与拉力 F 的变化相同,再根据力的平衡可知蛟龙号任一时刻所受的拉力等于其自身重力与其所受海水浮力之差.

解:(1)由压强公式 $p=\rho gh$,得

能下潜的最大深度:$h=\dfrac{p}{\rho g}=\dfrac{7.2\times10^7\ \text{Pa}}{1\times10^3\ \text{kg/m}^3\times10\ \text{N/kg}}=7\ 200\ \text{m}$;

(2)上述两种深度的深度差:

$\Delta h=7\ 000\ \text{m}-5\ 000\ \text{m}=2\ 000\ \text{m}$,

$\Delta p=\rho g\Delta h=1\times10^3\ \text{kg/m}^3\times10\ \text{N/kg}\times2\ 000\ \text{m}=2\times10^7\ \text{Pa}$,

$\Delta F=\Delta pS=2\times10^7\ \text{Pa}\times50\times10^{-4}\ \text{m}^2=1\times10^5\ \text{N}$;

(3)设在 t_1、t_2 时刻起重装置对探测器的拉力分别为 F_1、F_2,探测器的速度为 v,

t_1 时刻,探测器:$F_1+F_{浮}=mg$,可得 $F_1=mg-F_{浮}$,

t_2 时刻,探测器:$F_2=mg$,由题知 $P_2=2P_1$.

即:$F_2v=2F_1v$,所以 $F_2=2F_1$,即 $mg=2(mg-F_{浮})$.

$F_{浮}=\dfrac{1}{2}mg=\dfrac{1}{2}\times22\times10^3\ \text{kg}\times10\ \text{N/kg}=1.1\times10^5\ \text{N}$,

因为 $F_{浮}=\rho_{水}V_{排}g$,所以 $V_{排}=\dfrac{F_{浮}}{\rho_{水}g}=\dfrac{1.1\times10^5\ \text{N}}{1\times10^3\ \text{kg/m}^3\times10\ \text{N/kg}}=11\ \text{m}^3$.

方法技巧:本题考查了液体压强的计算、功率、阿基米德原理及力的平衡等知识,解本题的关键是看清题目中蛟龙号是匀速上升这一条件,所以根据它在任一时刻所受的浮力与拉力之和与其重力是一对平衡力和功率的导出式 $P=\dfrac{W}{t}=\dfrac{Fs}{t}=Fv$ 列出关系式即可求解.

2. 速度、功、功率与机械效率的综合题解题技法

速度、功、功率、机械效率的计算题目是中考综合计算题的重要考点之一，题目难度较大，综合性较强. 解答此类题目时要注意以下几点：①计算速度时，要明确路程及对应的时间；②计算做功时要明确做功的两个必要因素，有力作用在物体上，且物体在这个力的方向上移动了一段距离；③明确有用功、总功、额外功的区别，明确三者之间的关系；把握机械效率公式 $\eta=\frac{W_{有}}{W_{总}}$ 的物理意义；④对涉及杠杆、滑轮、斜面等简单机械的计算问题，要能找准力臂，能正确分析杠杆和滑轮的省力情况. 使用滑轮组时，手拉绳子移动的距离 s 和重物移动的距离 h 之间的关系，可从承担重物的绳子的股数 n 来判断，二者之间的关系是 $s=nh$.

例 2 （广东中考）如图 3-45 所示，小王站在高 3 m、长 6 m 的斜面上，将重 200 N 的木箱 A 沿斜面匀速从底端拉上顶端，拉力大小恒为 120 N，所用时间是 10 s. 求：

(1)木箱 A 沿斜面方向的运动速度.

(2)小王对木箱 A 做功的功率.

(3)斜面的机械效率.

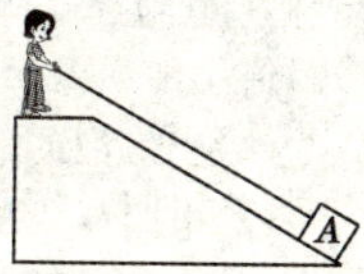

图 3-45

解析

木箱 A 的运动速度可由 $v=\frac{s}{t}$ 求出；通过 $W=Fs$ 计算出小王对木箱 A 做的功，再运用 $P=\frac{W}{t}$ 计算得到小王对木箱做功的功率；通过斜面提升物体时，有用功根据 $W_{有}=Gh$ 求得，总功由 $W_{总}=Fs$ 求得，则斜面的机械效率由 $\eta=\frac{W_{有}}{W_{总}}$ 即可得到.

解：(1) $v=\frac{s}{t}=\frac{6\ \text{m}}{10\ \text{s}}=0.6\ \text{m/s}$.

(2) $W=Fs=120\ \text{N}\times 6\ \text{m}=720\ \text{J}$，$P=\frac{W}{t}=\frac{720\ \text{J}}{10\ \text{s}}=72\ \text{W}$.

(3) $W_{总}=720\ \text{J}$，$W_{有}=Gh=200\ \text{N}\times 3\ \text{m}=600\ \text{J}$，$\eta=\frac{W_{有}}{W_{总}}=\frac{600\ \text{J}}{720\ \text{J}}=83.3\%$.

3. 电学综合计算题解题技法

电学综合题综合考查串、并联电路的电流、电压、电阻特点，利用欧姆定律公式和电功、电功率公式进行综合处理. 这类题知识覆盖面广，题目难度大，综合性很强，所占分值高. 在解答此类题目时，要注意以下几点：①正确分析电路结构，画出不同状态下的等效电路图；②能熟练地运用串、并联电路的特点，根据欧姆定律、电功、电功率的有关公式列出方程或方程组；③要正确理解并正确选择公式，常用的公式有：欧姆定律及其变形式：$I=\frac{U}{R}$、$R=\frac{U}{I}$、$U=IR$；电功公式：$W=UIt$、$W=Pt$、$W=I^2Rt$、

$W=\frac{U^2}{R}t$；电功率公式：$P=\frac{W}{t}$、$P=UI$、$P=I^2R$、$P=\frac{U^2}{R}$，当电路是纯电阻电路时，以上公式等效使用；实际电压、实际功率、额定电压、额定功率之间的关系：$\frac{P_{实}}{P_{额}}=\left(\frac{U_{实}}{U_{额}}\right)^2$；④对物理量 I、U、R、W、P、t 等，在计算时一定要注意各量的"同一性"、"同时性"与单位的"统一性".

例 3 （河北中考）图 3-46 是小明设计的调光电路图，他将粗细均匀的电阻丝 AB 通过滑片 P 连入电路，小灯泡的额定电压为 6 V. 闭合开关 S 后，滑片 P 从最左端 A 滑到最右端 B 的过程中，小灯泡的 I-U 关系图象如图 3-47 所示.（电阻丝 AB 的阻值不随温度变化）求：

(1)小灯泡的额定功率；

(2)电阻丝 AB 的阻值；

(3)当 AB 连入电路的阻值 $R_1=2.5\ \Omega$ 时，灯泡消耗的功率为 3.2 W，此时灯丝的阻值为多少.

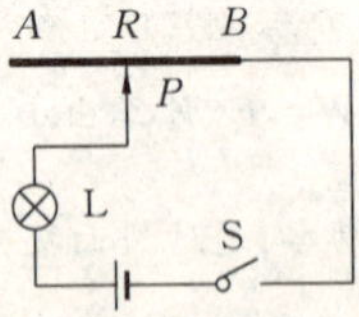

图 3-46

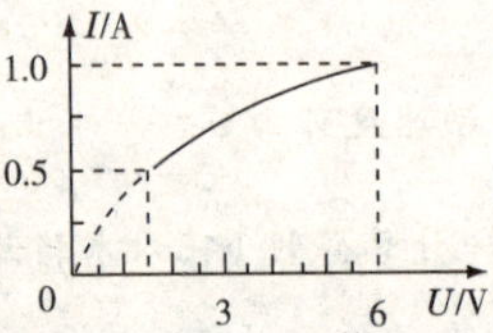

图 3-47

解析

从题中给出的灯丝两端电压与通过灯丝电流的关系图可看出，灯丝电阻是变化的，这是由于灯丝电阻随亮度的增加、温度的升高而变大，因此在求灯泡的额定功率时，只能从图象中找出对应的额定电压和额定电流，代入 $P_{额}=U_{额}I_{额}$ 求得；由电路图可知，滑片 P 在 A 端时，灯两端的电压最低，此时为 1.5 V，电流为 0.5 A，灯泡电阻为 $R_{灯}=\frac{1.5\ \text{V}}{0.5\ \text{A}}=3\ \Omega$，变阻器两端的电压为 6 V−1.5 V=4.5 V，利用欧姆定律的变形式可求出电阻丝的电阻；由于电路是一个动态电路，所以应列出灯泡消耗的功率的表达式，即 $P=I^2R_{灯}=\left(\frac{U}{R_{灯}+R_1}\right)^2R_{灯}$，代入相应数据后，利用数学计算的方法可求出灯泡的电阻，并进行合理取舍.

解：(1)当滑片 P 在 B 端时，由图得知电源电压与小灯泡额定电压相等为 6 V，对应的电流为 1 A，小灯泡的额定功率：$P_L=U_LI_L=6\ \text{V}\times1\ \text{A}=6\ \text{W}$.

(2)当滑片 P 在 A 端时，由图得知小灯泡两端的电压为 1.5 V，电流 $I_{小}=0.5$ A，由于 R 与 L 串联，则电阻丝两端的电压：$U_{丝}=6\ \text{V}-1.5\ \text{V}=4.5\ \text{V}$

由欧姆定律得电阻丝 AB 的电阻：$R=\frac{U_{丝}}{I_{小}}=\frac{4.5\ \text{V}}{0.5\ \text{A}}=9\ \Omega$.

(3)灯泡消耗的功率为：$P=I^2R_{灯}=\left(\frac{U}{R_{灯}+R_1}\right)^2R_{灯}$

将 $U=6\ \text{V}$、$R_1=2.5\ \Omega$、$P=3.2\ \text{W}$ 代入上式中，解得 $R_{灯1}=1.25\ \Omega$，$R_{灯2}=5\ \Omega$.

由图可知，灯泡连入电路中的最小阻值为 $R_{灯最小}=\frac{1.5\ \text{V}}{0.5\ \text{A}}=3\ \Omega$

所以 $R_{灯1}=1.25\ \Omega$ 不合题意，舍去，则 $R_{灯}=5\ \Omega$.

例 4 (湖北黄冈中考)图 3-48 为小颖同学设计的电热水器的原理图，该电热水器具有加热、保温功能. 图 3-48 中电磁继电器(线圈电阻不计)、热敏电阻 R、保护电阻 R_0、电压恒为 6 V 的电源 U_1、导线等组成控制电路. 当电磁铁线圈中的电流 $I<10\ \text{mA}$ 时，继电器上方触点和触点 c 接通；当电磁铁线圈中的电流 $I\geq 10\ \text{mA}$ 时，电磁铁的衔铁被吸下，继电器下方触点和触点 a、b 接通. 热敏电阻中允许通过的最大电流 $I_0=15\ \text{mA}$，其电阻 R 随温度变化的规律如图 3-49 所示，热敏电阻和加热电路中的三只电阻 R_1、R_2、R_3 均置于储水箱中. 已知 $R_1=33\ \Omega$、$R_2=66\ \Omega$、$R_3=154\ \Omega$、$U_2=220\ \text{V}$.

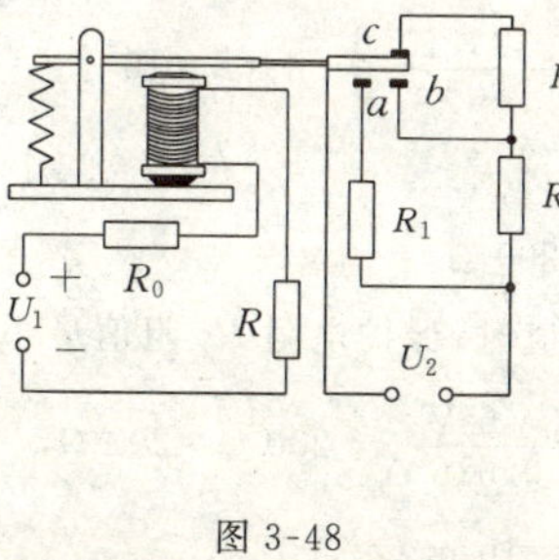

图 3-48

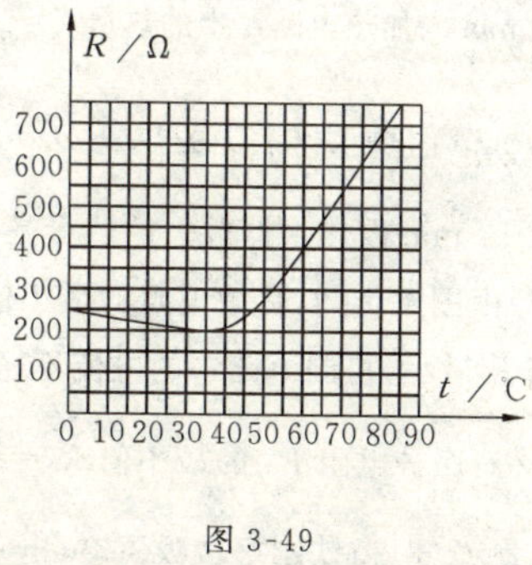

图 3-49

(1)衔铁被吸下时，加热电路的总电阻是多大？

(2)保温状态下，若加热电路的发热功率等于热水器散热功率的 80%，求 10 分钟内热水器散失的热量.

(3)为使控制电路正常工作，保护电阻 R_0 的阻值至少为多大？若 R_0 为该值，衔铁刚好被吸下时储水箱中的水温是多少？

解析

衔铁被吸下时，继电器下方触点与 a、b 连接，此时电阻 R_1 与 R_2 并联，根据并联电路中电阻的计算式 $\frac{1}{R}=\frac{1}{R_1}+\frac{1}{R_2}$ 可求出加热电路的总电阻；保温状态时，继电器上方触点与触点 c 接触，此时电阻 R_2 与 R_3 串联，此时加热产生的热量可由公式 $Q=\frac{U_2^2}{R_2+R_3}t$ 计算得出，由于加热状态下，加热功率为散热功率的 80%，所以热量关系是 $Q'=\frac{Q}{80\%}$，从而可求出热水器散失的热量；在求保护电阻 R_0 的阻值至少多大时，电路中的电流应为最大值，且 R 的阻值最小，根据公式 $I_0=\frac{U_1}{R+R_0}$ 可求出 R_0 的阻值，衔铁刚好被吸下时，控制电路中的电流为 10 mA，再利用欧姆定律和串联电路电阻关系可求出电阻 R 的阻值，然后根据题中图象信息读出水温.

解：(1)由电路图知：衔铁被吸下时，R_1、R_2 并联，

由并联电路的特点知：$\frac{1}{R}=\frac{1}{R_1}+\frac{1}{R_2}$

电路总电阻：$R=\frac{R_1R_2}{R_1+R_2}=\frac{33\ \Omega\times66\ \Omega}{33\ \Omega+66\ \Omega}=22\ \Omega$；

故衔铁被吸下时，加热电路的总电阻是 22 Ω.

(2)由电路图知，保温状态下：R_2、R_3 串联，

10 min 内加热电路产生的热量 $Q=\frac{U_2^2}{R_2+R_3}t=\frac{(220\ \text{V})^2}{66\ \Omega+154\ \Omega}\times600\ \text{s}=1.32\times10^5\ \text{J}$，

10 min 内热水器散失的热量 $Q'=\frac{Q}{80\%}=\frac{1.32\times10^5\ \text{J}}{80\%}=1.65\times10^5\ \text{J}$；

故 10 min 内热水器散失的热量是 1.65×10^5 J.

(3)由图象可知，热敏电阻的最小值是 $R=200\ \Omega$，

当 R 最小，控制电路中的电流不超过最大值时，保护电阻 R_0 阻值最小，由 $I_0=\frac{U_1}{R+R_0}$ 得：保护电阻 R_0 的最小值 $R_0=\frac{U_1}{I_0}-R=\frac{6\ \text{V}}{0.015\ \text{A}}-200\ \Omega=200\ \Omega$，

由题意知，衔铁刚好被吸下时，电路电流 $I=10\ \text{mA}=0.01\ \text{A}$，

此时电路总电阻 $R_{总}=\frac{U_1}{I}=\frac{6\ \text{V}}{0.01\ \text{A}}=600\ \Omega$，

此时热敏电阻 $R=R_{总}-R_0=600\ \Omega-200\ \Omega=400\ \Omega$，

由图象可知，此时水温为 60 ℃.

故保护电阻 R_0 的阻值至少为 200 Ω，

衔铁刚好被吸下时储水箱中的水温是 60 ℃.

方法技巧:本题考查了串并联电路电阻的计算、欧姆定律、电热的计算、效率和信息处理能力,是一道典型的综合性试题,解本题的关键有:一明确加热和保温两个功能中电路电阻的大小变化,即加热状态,功率大,电阻小,保温状态,功率小,电阻大;二是明确控制电阻的两个电流值的含义;三是能够从图象中获取所需要的有用信息,如热敏电阻的最小值及所对应的温度等.

4. 电热综合计算题的解题技法

近几年,由于电热器和电热辅助式太阳能热水器的使用,在中考命题中,电热综合计算题已成为中考命题的热点.要解答这类问题,需要注意以下几点:①计算电流做功放出的热量,可以用公式 $Q=W=I^2Rt=UIt=Pt$,也可用 $Q=W=\frac{U^2}{R}t$ 来计算,因为凡是涉及电热器的电路都是纯电阻电路;②用电器给物体加热时,物体吸收的热量可以用热量计算公式 $Q=cm(t-t_0)$ 来计算;③当不计热量损失时,有 $Q_{吸}=Q_{放}$,若电流做功放出的热量并没有被物体完全吸收,即存在热效率问题,则根据 $Q_{吸}=\eta Q_{放}$ 来建立等量关系.总之,对于此类问题,要从效率入手,建立电与热的联系,例如电饭锅,消耗的电能是总的,水吸收的热量是有用的,对于火力发电机,燃料燃烧释放出的能量是总的,产生的电能是有用的,然后利用各自的知识点解决此类题.

例 5 (天津中考)如图 3-50 所示,烧瓶中装有 0.3 kg 的煤油,电阻丝的阻值为 10 Ω.闭合开关,调节滑动变阻器的滑片,当电流表的示数为 2 A 时通电 5 min,煤油的温度由 20 ℃升高到 30 ℃.求:[$c_{煤油}=2.1\times10^3$ J/(kg·℃)]

(1)煤油吸收的热量;

(2)电阻丝加热煤油的效率.

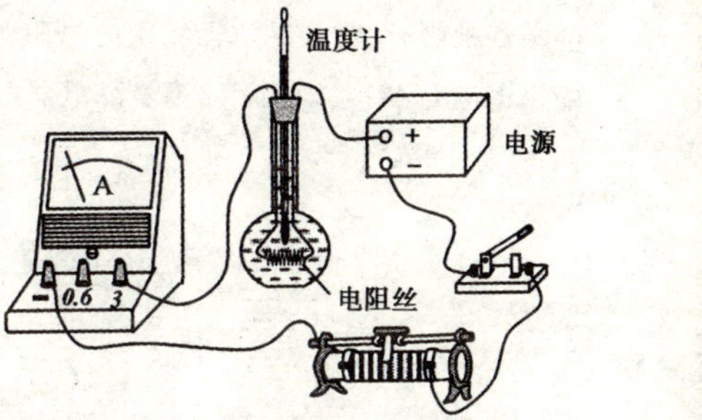

图 3-50

解析

煤油吸收的热量可由 $Q_{吸}=cm\Delta t$ 计算得到,根据焦耳定律可计算出电流通过电阻丝时产生的热量,由于电流产生的热量并没有被煤油全部吸收,所以根据 $\frac{Q_{吸}}{Q_{电}}$ 可计算得到电阻丝加热煤油的效率.

解:(1)$Q_{吸}=c_{煤油}m(t-t_0)=2.1\times10^3\ \text{J/(kg·℃)}\times0.3\ \text{kg}\times(30\ ℃-20\ ℃)=6.3\times10^3\ \text{J}$.

(2)$\eta=\frac{Q_{吸}}{Q_{电}}=\frac{Q_{吸}}{I^2Rt}=\frac{6.3\times10^3\ \text{J}}{(2\ \text{A})^2\times10\ \Omega\times5\times60\ \text{s}}=52.5\%$.

5. 力、电综合计算题的解题技法

力、电综合计算题一般通过图表提供信息，如(拉、压)力与电阻的关系、弹力与弹簧长度的关系图象，电动自行(汽)车的技术参数的铭牌，求解电流、电压、电阻、电功、电功率、能量的转化效率等. 解答此类题目的关键是通过图表信息找出力学知识和电学知识的联系，然后选择公式进行计算.

例 6 (南京中考)小明根据所学的电学知识，想设计一个汽车超载自动报警电路. 他查阅了相关资料了解到压敏电阻是阻值随压力变化而变化的元件，并了解到压敏电阻在生活中的一种应用——压力传感器. 压力传感器受到的压力越大，输出的电压就越大，用它可以称量汽车的重. 某压力传感器输出电压与压力的关系如下表.

压力/$\times10^5$ N	0	1.2	2.4	3.6	4.8	6.00
输出电压/V	0	1	2	3	4	5

小明利用该压力传感器和电阻箱 R'(最大电阻 999.9 Ω)及部分其他器材设计了图 3-51 甲所示的电路，闭合开关 S，当线圈中电流大于或等于 20 mA 时，电磁继电器的衔铁被吸合. 已知继电器线圈的电阻为 25 Ω，继电器电路的电源电压由传感器的输出电压 U 提供.(假设 U 不受继电器电路的影响)

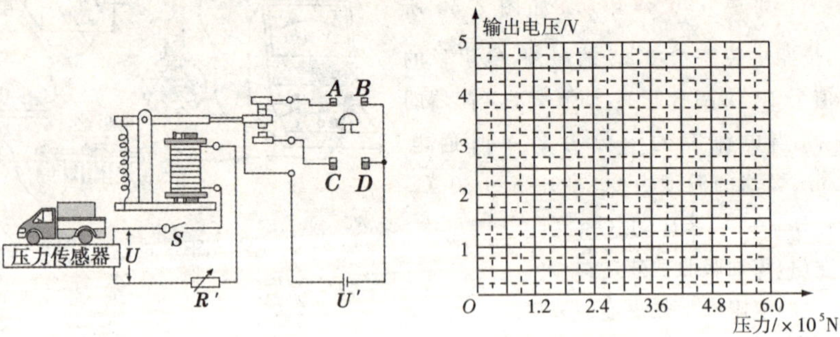

甲　　　　乙

图 3-51

(1)根据表格中数据，请在图 3-51 乙给定的坐标系中描绘出压力传感器的输出电压随压力变化的图象；

(2)当压力增加到一定程度时，电铃报警，说明汽车超载，则图 3-51 甲中电铃应接在________(选填“A、B”或“C、D”)两端；

(3)小明希望压力大于或等于 2.4×10^5 N 时，启动报警系统，则电阻箱 R' 的电阻应调节到多大？

(4)要使该装置报警，汽车的最小重力为多少？

解析

(1)利用描点法描出表中各点，然后把各点连接起来，即可得到压力传感器的输出电压随压力变化的图象.(2)根据题中表格和电路图可知，当压力增大时，电压就会增大，电流增大，通电螺线管的磁性增强，当增强到一定程度时，衔铁被吸合，电铃报警，则图甲中电铃应接在 C、D 两端.(3)压力等于 2.4×10^5 N 时，电压为 2 V，此时报警系统启动，电流为 20 mA，线圈电阻 R 与电阻箱 R' 串联，可根据欧姆定律计算出总电阻，然后再根据串联电路的电阻的关系计算出电阻箱需接入电路的电阻值.(4)线圈电阻 R 不变，当电阻箱电阻为 0 Ω 时，电路的总电阻最小，要使该装置报警，电流仍为 0.02 A，这时电压最小，汽车重力最小.最小电压可根据欧姆定律求得，然后对照图象找出汽车的最小重力.

解：(1)如图 3-52 所示.　(2)C、D

(3)由图象可知，当压力为 2.4×10^5 N 时，U 为 2 V

$R_{总}=\dfrac{U}{I}=\dfrac{2\ \text{V}}{0.02\ \text{A}}=100\ \Omega$

$R'=R_{总}-R=100\ \Omega-25\ \Omega=75\ \Omega$.

(4)$U_{最小}=IR=0.02\ \text{A}\times25\ \Omega=0.5\ \text{V}$

由图象可知，压力为 0.6×10^5 N，所以汽车的最小重力为 0.6×10^5 N.

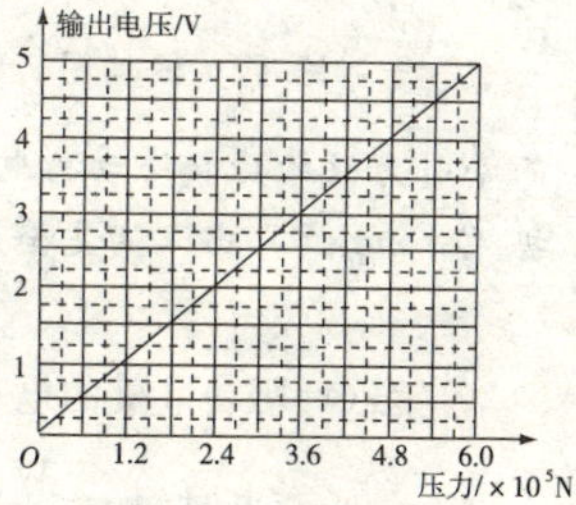

图 3-52

6. 力、电、热综合计算题的解题技法

力、电、热综合计算题通常以混合动力汽车、工业设备等为载体，通过车辆行驶过程中电能或其他燃料的转换，针对车辆行驶过程中的一些现象提出问题，涉及压强、速度、牵引力、功、功率、电能、电功率、燃料的热值以及燃料燃烧时放热等知识.在解题时注意以下几点：(1)注意挖掘题目中的隐含条件，建立力、电、热之间的联系；(2)提取铭牌信息或有关说明中的信息，正确选用公式进行计算，如已知电动机的电压及额定电流可运用 $P=UI$ 计算电动机输出的电功率；(3)注意应用力、热联系的“纽带”——热机效率，在应用时要注意热机的效率或能量转化率.

例 7　(重庆中考)近几年环保低碳风劲吹，混合动力汽车已成为车展上的“常客”.2010 年 3 月，我国自行研制的一款混合动力汽车也在北京车展上展出.混合动力汽车启动时，内燃机并不工作，动力电池通过驱动电机向车轮输送能量；当高速行驶或动力电池储存电能过低时，内燃机启动，既可以向车轮输送能量，也可以同时给动力电池充电；当车辆需要全力加速时，内燃机和动力电池还可以同时向车轮输送能量.

(1)该混合动力汽车启动时，若驱动电机两端的电压为 250 V，通过的电流为 80 A，则驱动电机的电功率为多大？

(2)该混合动力汽车所用的磷酸铁锂动力电池可储存的最大电能为 2.88×

10^7 J,若充电电压为 320 V,充电电流为 50 A,则对动力电池充电的时间最长为多少?(充电时无能量损耗)

(3)该混合动力汽车在平直公路上以 72 km/h 匀速行驶 10 min 后,其内燃机消耗了汽油 1.2 kg,假设汽油完全燃烧所释放能量的一半转化为牵引力做功和给动力电池充电,其中动力电池储存的电能增加了 7.2×10^6 J,试求汽车受到的阻力是多大?(汽油的热值 $q=4.6\times10^7$ J/kg,且 $Q_{放}=qm$)

解析

(1)驱动电机的电功率 $P=UI$,代入数据可求出;(2)已知动力电池可储存的最大电能,根据 $W=UIt$,最长充电时间 $t=\frac{W_1}{UI}$ 可求;(3)汽车在平直公路上匀速行驶,汽车受到的阻力和牵引力是一对平衡力,大小相等,即 $f=F$,求出汽车的牵引力就能得到阻力的大小;在汽车行驶过程中,牵引力做功,根据 $W=Fs$ 得,牵引力 $F=\frac{W_2}{s}=\frac{W_2}{vt}$,速度 v 和时间 t 已知,要求牵引力 F,只需知道牵引力做的功 W_2 即可;而牵引力做的功和给动力电池充的电能等于汽油完全燃烧所释放能量的一半,根据 $Q=mq$ 计算出汽油完全燃烧所释放的能量,题目即可解答出来.

答案:(1)驱动电机的电功率 $P=UI=250\ \text{V}\times80\ \text{A}=2.0\times10^4$ W.

(2)最长充电时间 $t=\frac{W_1}{UI}=\frac{2.88\times10^7\ \text{J}}{320\ \text{V}\times50\ \text{A}}=1\,800$ s.

(3)汽油完全燃烧所释放能量的一半

$Q=\frac{1}{2}mq=0.5\times1.2\ \text{kg}\times4.6\times10^7\ \text{J/kg}=2.76\times10^7$ J

汽车牵引力做功 $W_2=2.76\times10^7\ \text{J}-7.2\times10^6\ \text{J}=2.04\times10^7$ J

汽车的牵引力 $F=\frac{W_2}{s}=\frac{W_2}{vt}=\frac{2.04\times10^7\ \text{J}}{20\ \text{m/s}\times600\ \text{s}}=1.7\times10^3$ N

汽车受到的阻力 $f=F=1.7\times10^3$ N.

轻松对接中考

1.(江苏无锡中考)空气流动形成风,风能够发电.风力发电机是将风能(气流的动能)转化为电能的装置,其主要部件包括风轮机、齿轮箱、发电机等(如图 3-53 所示).风力发电时,风轮机叶片受到风力的推动后转动,从而带动发电机发电.某地的一台风力发电机,其风轮正面迎风,当风速为 8 m/s 时,每秒钟流向叶片旋转面积的空气质量是 7 200 kg,该地的空

图 3-53

气密度是 1.2 kg/m³. 已知空气动能与空气质量成正比，且 1 kg 空气在不同的速度(v)时的动能(E)如下表所示.

E/J	2	8	18	32	50
v/(m·s^{-1})	2	4	6	8	10

(1)当风速为 8 m/s 时，每秒钟通过叶片旋转面积的空气体积是多少立方米？若煤的热值为 3.2×10^7 J/kg，那么这样的一台风力发电机在 1 h 内获得的风能与完全燃烧多少千克的煤所产生的内能相当？

(2)当风速为 10 m/s 时，1 s 内流向叶片旋转面积的空气质量是多少千克？若在这种情况下，风力发电机能对外提供 5.4×10^4 J 的电能，那么这台风力发电机的风能转化为电能的效率是多少？

(3)科学家认为，理想发电厂应建立在海拔 4 600 m 到 10 000 m 的空中，其原因是什么？

2. (长沙中考)2010 年 5 月 18 日是国际博物馆日. 广东南澳海域的“南澳 1 号”水下考古发掘现场，成为了本年度由国家文物局主办的“文化遗产博览月”开幕地点. 如图 3-54 所示为打捞沉船里一货箱的模拟图片. 问：

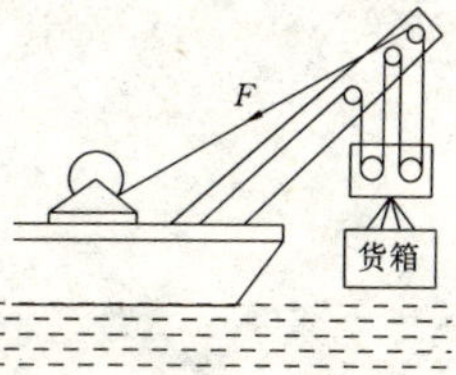

图 3-54

(1)用声呐探测到沉船的回声时间是 0.04 s，沉船在水下的深度为多少？(声音在海水中的传播速度 v=1 450 m/s)

(2)海水对沉船的压强为多少？(不计沉船的高，海水的密度约为 1.0×10^3 kg/m³)

(3)已知动滑轮及附属部件的总重为 3 000 N，当一重为 4 000 N 的货箱匀速打捞出水面时，每根钢绳的拉力 F 为多大？

(4)若每只货箱重力相同且不可分割，钢绳的最大拉力为 5 000 N，则在货箱离开水面被匀速拉起的过程中，该滑轮组的机械效率最大可达多少？(不计摩擦和钢绳重)

3. (江苏宿迁中考)小明家的电热饮水机，有加热和保温两种工作状态，饮水机热水箱内水温达到 92 ℃时开关 S_1 自动断开，处于保温状态；当水温降至一定温度 t 时，S_1 又闭合重新加热. 饮水机的铭牌数据与电路原理图如图 3-55 所示.

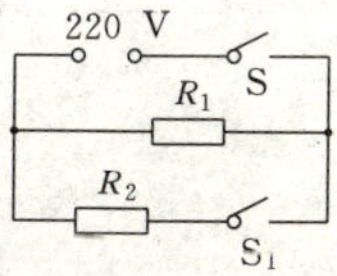

图 3-55

热水箱水量	额定电压	加热时功率	保温时功率
2 kg	220 V	440 W	40 W

(1)求电阻 R_1 的阻值；

(2)求正常加热时通过饮水机的电流；

(3)在无人取水情况下，饮水机重新加热一次的时间为 5 min. 加热一次消耗的电能是多少？重新加热前的水温 t 是多少？[不计能量损失，$c_{水}=4.2\times10^3\ \text{J/(kg·℃)}$]

4.(福州中考)某微电脑电热水壶具有温度可控、自动抽水等优点，下表是该电热水壶的铭牌.

(1)如图 3-56 所示，小电动机将 1.2 kg 的水从桶中提升了 0.5 m，电动机对水做的功至少是多少？(g 取 10 N/kg)

(2)为了泡绿茶要将水从 25 ℃加热到 85 ℃，则 1.2 kg 的水需吸收热量是多少？[$c_{水}=4.2\times10^3\ \text{J/(kg·℃)}$]

(3)若加热题(2)中的水需用时 315 s，电热水壶加热效率为 96%，则它的实际工作电压是多少？

产品型号：BH－X22
额定电压：220 V
频　　率：50 Hz
加热功率：1 210 W
容　　量：1.2 L

图 3-56

对接中考答案

1. 解：(1)$V=\dfrac{m}{\rho}=\dfrac{7\ 200\ \text{kg}}{1.2\ \text{kg/m}^3}=6\ 000\ \text{m}^3$，$E=32\times7\ 200\times3\ 600\ \text{J}=8.294\ 4\times10^8\ \text{J}$，

$m=\dfrac{Q}{q}=\dfrac{8.294\ 4\times10^8\ \text{J}}{3.2\times10^7\ \text{J/kg}}=25.92\ \text{kg}$.

(2)$m'=\dfrac{mv'}{v}=\dfrac{7\ 200\ \text{kg}}{8\ \text{m/s}}\times10\ \text{m/s}=9\ 000\ \text{kg}$，$E=50\times9\ 000\ \text{J}=4.5\times10^5\ \text{J}$

$\eta=\dfrac{E_{电}}{E}=\dfrac{5.4\times10^4\ \text{J}}{4.5\times10^5\ \text{J}}\times100\%=12\%$.

(3)空气的流动速度随海拔高度而增大，且流速稳定.

解析：已知空气的质量和密度可利用公式 $V=\dfrac{m}{\rho}$ 求体积，从题中所提供的信息可知，风速为 8 m/s 时，1 kg 空气的动能为 32 J，则 1 h 风力发电机获得的风能是 $E=32\times7\ 200\times3\ 600\ \text{J}=8.294\ 4\times10^8\ \text{J}$，若这些风能与煤燃烧放出的热量相当，则有 $E=mq$，即 $q=\dfrac{E}{m}$；当风速为 10 m/s 时，相对于 8 m/s，叶片的横截面积不变，流过的空气质量与速度成正比，从而可求出此时 1 s 通过的空气质量，根据数据可知此时 1 kg 空气的动能为 50 J，根据(1)可求出此时 1 s 获得的风能，则风力发电机将风能转化为电能的效率 $\eta=\dfrac{W}{E}$；空气的流动速度随海拔高度而增大，且流速稳定.

2. 解:(1)沉船在水下的深度:$h=\frac{1}{2}vt=\frac{1}{2}\times1\ 450\ m/s\times0.04\ s=29\ m$.

(2)海水对沉船的压强:$p=\rho gh=1.0\times10^3\ kg/m^3\times9.8\ N/kg\times29\ m=2.842\times10^5\ Pa$.

(3)钢绳的拉力:$F=\frac{1}{4}(G_{货}+G_{动})=\frac{1}{4}\times(4\ 000\ N+3\ 000\ N)=1\ 750\ N$.

(4)讨论:若钢绳的最大拉力 F_1 为 5 000 N 时,此装置的机械效率可达最高.设此时提起货箱的个数为 n,对动滑轮及附属部件和货箱进行受力分析可得:

$4F_1=nG_{货}+G_{动}$,即 $4\times5\ 000\ N=4\ 000n+3\ 000\ N$

解得 $n=4.25$,因货箱不可分割,取 $n=4$

即当一次提起 4 个货箱时,此装置的机械效率可达最高,

此时滑轮组提起货箱的总重力 $G=4G_{货}=1.6\times10^4\ N$

$W_{有}=Gh=1.6\times10^4h$,此时拉力 $F_2=\frac{1}{4}(G+G_{动})=4\ 750\ N$

绳子自由端移动的距离 $s=4h$,$W_{总}=F_2s=4\ 750\times4\ h=1.9\times10^4h$

此滑轮组的机械效率 $\eta=\frac{W_{有}}{W_{总}}=\frac{1.6\times10^4h}{1.9\times10^4h}=84.2\%$.

解析:沉船在水下的深度可以通过声呐探测到回声的时间,根据速度公式的推导式 $h=\frac{1}{2}s=\frac{1}{2}vt$ 求出;海水对沉船的压强可以根据液体压强公式 $p=\rho gh$ 求出;每根钢绳的拉力可以根据滑轮组省力情况公式 $F=\frac{1}{n}(G_{货}+G_{动})$求出,其中公式中 n 是承担物体和动滑轮绳子的股数,由图中装置可以看出 $n=4$;要求最大机械效率,首先要讨论什么时候机械效率最大,对同一滑轮组来说,物重越大,机械效率越高,这样就可以转换成最大物重问题,由于钢绳能承受的最大拉力一定,可以根据滑轮组省力情况公式 $F=\frac{1}{n}(G_{货}+G_{动})$反过来确定最大物重 G,再根据功的计算公式求出有用功和总功,最后根据机械效率公式 $\eta=\frac{W_{有}}{W_{总}}$求出最大机械效率.

3. 解:(1)$R_1=\frac{U^2}{P_{保}}=\frac{(220\ V)^2}{40\ W}=1\ 210\ \Omega$.

(2)$I=\frac{P_{加}}{U}=\frac{440\ W}{220\ V}=2\ A$.

(3)$W=P_{额}t=440\ W\times5\times60\ s=1.32\times10^5\ J$　$W=cm(t_0-t)$,

$1.32\times10^5\ J=4.2\times10^3\ J/(kg\cdot℃)\times2\ kg\times(92\ ℃-t)$

解得 $t\approx76.3\ ℃$.

解析:从饮水机电路结构可知,开关 S、S_1 闭合时,电路为加热状态,只闭合 S 时,电路为保温状态,由题中提供的数据可知,保温时的功率为 40 W,即 $P_{保}=\frac{U^2}{R_1}$;饮

水机正常加热时的功率为 440 W，即 $P_{额}=UI$，加热所消耗的电能为 $W=P_{额}t$；饮水机加热到水温为 92 ℃时，自动断开，设水温降到 t 时，重新加热，且不计热量损失，则有 $W=Q_{吸}=cm(t_0-t)$.

4. 解：(1)电动机对水做的功 $W=Fs=Gh=mgh=1.2\ \text{kg}\times10\ \text{N/kg}\times0.5\ \text{m}=6\ \text{J}$

(2)$Q_{吸}=c_{水}m(t_2-t_1)=4.2\times10^3\ \text{J/(kg·℃)}\times1.2\ \text{kg}\times(85\ ℃-25\ ℃)=3.024\times10^5\ \text{J}$.

(3)电热水壶做的功 $W_{电}=\dfrac{Q_{吸}}{\eta}=\dfrac{3.024\times10^5\ \text{J}}{96\ \%}=3.15\times10^5\ \text{J}$

电热水壶的实际功率 $P_{实}=\dfrac{W_{电}}{t}=\dfrac{3.15\times10^5\ \text{J}}{315\ \text{s}}=10^3\ \text{W}$

$R=\dfrac{U_{额}^2}{P_{额}}=\dfrac{(220\ \text{V})^2}{1\ 210\ \text{W}}=40\ \Omega$

电热水壶的实际工作电压 $U_{实}=\sqrt{P_{实}R}=\sqrt{10^3\ \text{W}\times40\ \Omega}=200\ \text{V}$.

解析：(1)电动机对水做功的过程就是克服水的重力做功的过程，故所做的功 $W=Fs=Gh=mgh$，代入数据可求；(2)已知水的质量 m、水的初温 t_1、水的末温 t_2 和水的比热容 $c_{水}$，根据吸热公式 $Q_{吸}=c_{水}m(t_2-t_1)$可求得水需吸收的热量；(3)要求电热水壶的实际工作电压，根据 $P=\dfrac{U^2}{R}$知，$U_{实}=\sqrt{P_{实}R}$，只需求得 $P_{实}$ 和 R 即可，电热水壶的电阻 $R=\dfrac{U_{额}^2}{P_{额}}$代入数据可得，实际电功率 $P_{实}=\dfrac{W_{实}}{t}$，时间 t 已知，而 $W_{实}=\dfrac{Q_{吸}}{\eta}$可求，故可解得电热水壶的实际工作电压.

五　怎样解信息阅读题

题型技法概述

信息阅读题是一种新情境(或背景)试题，也叫情景题，这类考题首先提供资料，要求我们通过阅读资料从中筛选出有用的信息，了解资料中提出的新概念、新理论、新方法，然后通过对信息的处理、加工并结合学过的物理知识，对问题进行解答.

信息阅读题可分为文字信息阅读题、图表类信息阅读题和综合类信息阅读题，解答信息阅读题一般按如下步骤和方法解答.

(1)认真阅读理解，提出有用信息. 信息阅读题通常内容较多，解信息阅读题要静下心来读题，先粗读，后细读，粗读知道题目概况，细读分析有关文字、图表主要内容和特征，读懂图示的物理意义以及物理量之间的定性或定量关系.

(2)抓住题干，明确过程，建立模型，应用规律求解. 信息阅读题有时有很多干扰因素，在读题目时要抓住资料中的关键句子和关键词语，提取有用信息，排除干扰因素，明白物理情景、物理过程，建立物理模型，运用已学过的物理知识求解，或者从中找出规律，然后解答题目中的问题.

典型考题例析

例 1 （河北中考）阅读短文，回答问题.

过山车

当你在游乐场乘过山车奔驰之际，你是否会想到：过山车为什么不需要引擎来推动就能“翻山越岭”呢？

过山车在开始旅行时，是靠一个机械装置推上最高点的，但在第一次下行后，就再没有任何装置为它提供动力了，从这时起带动它沿轨道行驶的唯一“发动机”就是重力势能. 过山车的重力势能在处于最高点时达到最大值，当它开始下行时，它的势能不断减小，动能不断增大；由于摩擦，损耗了少量的机械能，所以随后的“小山丘”设计的比开始时的“小山丘”低（如图 3-57 所示）.

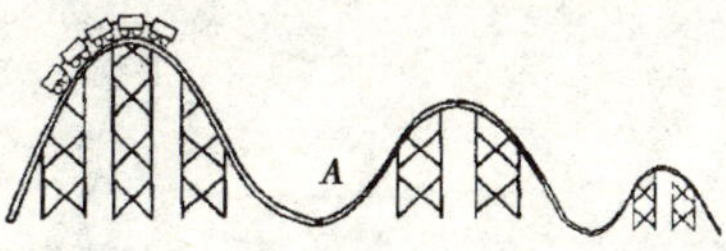

图 3-57

像所有列车一样，过山车也安装了机械制动装置，使它在结束行程或在紧急情况下能够准确地停下来.

(1)过山车通过 A 点向上运动过程中，动能________（选填“变大”“变小”或“不变”）；

(2)后面的“小山丘”设计的比开始时的“小山丘”低，是由于过山车运动过程中，将部分机械能转化为________________；

(3)过山车旅行过程中，遇到紧急情况能够及时停下来，是由于________________；

(4)过山车第一次下行后，是利用__________作为“发动机”的；在生产与生活中，与过山车利用了相同“发动机”的有__________（举一例即可）.

解析

结合文字说明和题图可知，从 A 点向上运动，其速度在减小，动能在减小，而高度在升高，重力势能在增大；过山车在运动过程中受到摩擦阻力，因此要克服摩擦阻力而消耗部分机械能，将机械能转化为内能；过山车之所以能够制动是由于具有制动装置；在开始启动时，将过山车置于最高位置，是提高了其重力势能，重力势能与动能之间进行转化，利用重力势能的装置如：水电站中将拦河坝筑得很高就是增加了水的重力势能.

答案：(1)变小　(2)内能　(3)安装了机械制动装置　(4)重力势能　水力发电（或滑滑梯）

方法技巧：该题的特点是结合生活中的实例来考查机械能的转化问题. 在解答本题时，应先认真阅读题目，提炼出有用的信息，结合题目要求，综合解答.

例 2 (广东中考)阅读下面的短文,回答问题.

空气能热水器

空气能热水器(如图 3-58 甲)是吸收空气的热能来制造热水的装置.其耗能约为电热水器的四分之一.空气能属于可再生的新能源,拥有先天的节能环保的优势.

图 3-58 乙是空气能热水器的工作原理示意图,它主要由储水箱、毛细管、蒸发器、压缩机、冷凝器等部件组成.制冷剂在毛细管、蒸发器、压缩机、冷凝器之间循环过程与我们所熟悉的电冰箱的制冷循环过程相同,其工作过程如下:

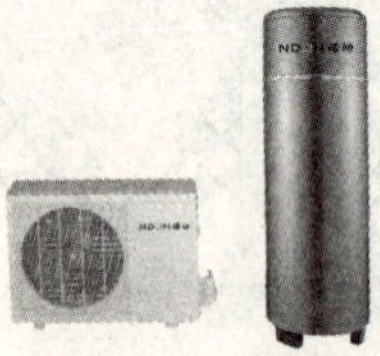
甲

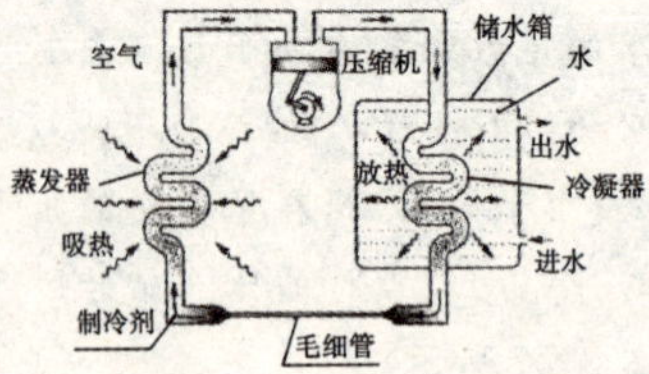

乙

图 3-58

A. 液态制冷剂经过一段很细的毛细管缓慢地进入蒸发器,在蒸发器迅速汽化,并从空气中吸收热能.

B. 制冷剂汽化生成的蒸气被压缩机压缩后变成高温高压的蒸气进入冷凝器.

C. 在冷凝器中,高温高压的蒸气将热能传递给冷水并发生液化.

制冷剂依此不断循环流动,使水的温度不断上升.

空气能热水器有一个很重要的指标是能效比,它是指水箱中的水吸收的热能(Q)与压缩机等电器消耗的电能(W)的比值.能效比越高,说明热水器的制热效果越好.

请回答下列问题:

(1)制冷剂在________中汽化,在________中液化.

(2)制冷剂在工作循环过程中,将________中的热能不断地"搬运"至________中.

(3)某品牌空气能热水器正常工作时的参数如下:

电源电压	额定输入功率/kW	进水温度/℃	出水温度/℃	能效比
220 V	0.84	20	56	3.4

从表格中的数据可知,该空气能热水器正常工作 1 h 可产生的热水的体积为________L.[水的比热容为 4.2×10^3 J/(kg·℃);水的密度为 1.0×10^3 kg/m^3]

解析

通过分析材料并结合题图可知，制冷剂在蒸发器中汽化，在冷凝器中液化；制冷剂在工作循环中，将空气中的热能不断地搬运到冷凝器周围的冷水中；由空气能热水器的参数可知，该热水器工作时消耗的电能为 $W=Pt=840\ \text{W}\times 3\ 600\ \text{s}=3\ 024\ 000\ \text{J}$；根据能效比的意义可知，水箱中的水吸收的热能为 $Q=3.4W=3.4\times 3\ 024\ 000\ \text{J}=10\ 281\ 600\ \text{J}$；根据 $Q=cm\Delta t$ 可得热水的质量为 $m=\dfrac{Q}{c\Delta t}=\dfrac{10\ 281\ 600\ \text{J}}{4.2\times 10^3\ \text{J/(kg}\cdot ℃)\times 36\ ℃}=68\ \text{kg}$；产生的热水的体积为 $V=\dfrac{m}{\rho}=\dfrac{68\ \text{kg}}{1.0\times 10^3\ \text{kg/m}^3}=68\times 10^{-3}\ \text{m}^3=68\ \text{L}$.

答案：(1)蒸发器　冷凝器　(2)空气　水　(3)68

轻松对接中考

1.(太原中考)阅读短文，回答问题.

无砟(zhǎ)轨道的高速列车

无砟轨道(如图 3-59 甲)的路基不用碎石，铁轨和轨枕直接铺在混凝土上.这可减少维护、降低粉尘等.沪宁城际高速铁路建成投入运营，标志着江苏省进入了高速铁路时代.高速列车在无砟轨道上运行时如子弹头般穿梭而过，时速可达350 千米(如图乙).传统铁路的钢轨是固定在枕木上，之下为小碎石铺成的路砟(如图丙).

甲　　乙　　丙

图 3-59

(1)列车设计为子弹头型，目的是：________.

(2)列车在匀速行驶过程中，列车的动力________阻力(选填“>”“<”或“=”).快到站点时，列车鸣笛声是通过________传入人耳的.

(3)传统的铁路轨道路砟和枕木的作用是________

①增大受力面，防止铁轨因压力太大而下陷到泥土里　②可以减少噪声和列车振动　③可以减少维护、降低粉尘　④可以吸热、增加透水性

A. ①②③　　B. ①②④　　C. ①③④　　D. ②③④

(4)沪宁两地高速铁路线长是 297 km，若列车从南京到上海用时 54 min，则它行驶的平均速度是________km/h.

(5)乘客在站台边候车时，为什么站在离轨道一定距离的地方才能确保人身

安全?

答:____.

2.(江苏扬州中考)阅读短文,回答问题.

夜幕下,扬州"第一大道"文昌路边LED灯将道路照得犹如白昼,这种LED灯是通过光电转换来供电的.如图3-60是扬州某小区利用太阳能给LED路灯供电的自动控制电路的原理示意图.其中,R是光敏电阻,此光敏电阻的阻值R、流过线圈的电流I与光照度E(单位:勒克斯,符号lx)之间的几次实验数据如下表所示:

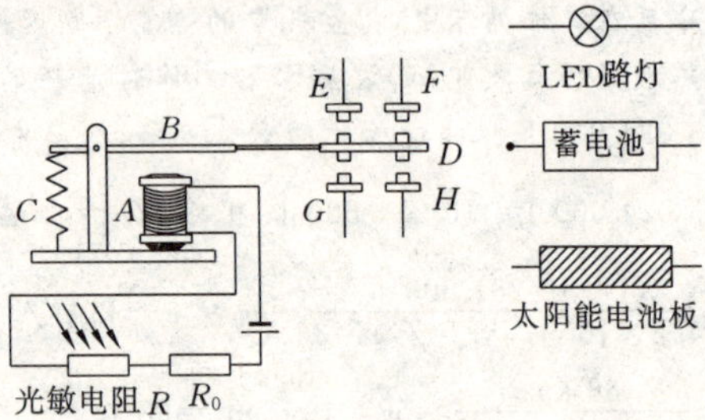

图3-60

光照度 E/lx	5	10	15	20	25	30
光敏电阻 R/Ω	60	30	20	15	12	10
线圈中电流 I/mA	21.4	27.3	30.0	31.6	32.6	33.3

当线圈A中的电流$I \geq 30.0$ mA时,动触点D与静触点G、H接触.

(1)由表格中数据可知,光敏电阻的阻值R随光照度E的增强而________.

(2)白天,太阳能电池板将________能转化为________能,这种能量通过再次转化储存在大容量蓄电池内.傍晚,当光照度小于________lx(勒克斯)时,路灯开始工作.

(3)请用铅笔画线将电路原理图连接完整,使工作电路能正常工作(与触点的接线只能接在静触点上,图中已给出静触点E、F、G、H的四根引线;连线不能交叉).

(4)一只功率为6 W的LED灯,通电后其发光亮度相当于30 W的日光灯.某间教室有24盏30 W的日光灯,每天平均使用2 h,如果能用6 W的LED灯进行照明,则一个月(按30天计算)可节约电能________kW·h.

(5)据有关部门发布消息,5年内全市小区将全面覆盖LED路灯.但目前有部分市民反映LED路灯亮度不够,请你提出一条能提高亮度的合理化的建议:

____.

3.(山东烟台中考)

新风系统

在人类经历了换风扇、空气净化器、中央空调等换气产品的革新之后,中央新风系统(如图3-61所示)开始备受消费者青睐,并得到了广泛使用和认可.新风系统由风机、进风口、排风口及各种管道和接头组成.

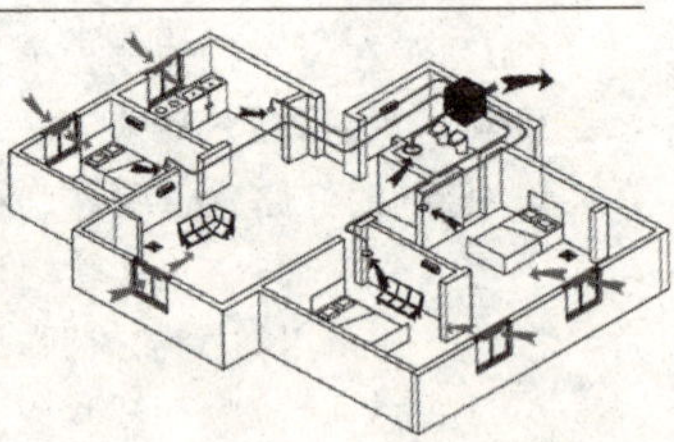

图3-61

安装在吊顶内的风机通过管道与一系列的排风口相连,风机启动,室内受污染的空气经排风口及风机排往室外,使室内形成负压,这样室外新鲜空气便经进风口进入室内，从而使室内人员呼吸到高品质的新鲜空气.

阅读上文，回答下列问题：

(1)阐述“负压”的物理意义，并说明新风系统的工作原理.

(2)列举一个生产生活中相似的事例.

对接中考答案

1.(1)减小阻力 (2)= 空气 (3)B (4)330 (5)高速列车驶过时，列车附近的空气流速变大，压强变小，人外侧的大气压会把人推向列车

解析：子弹头型是流线型，可以减小行驶过程中空气对车的阻力，匀速行驶是一种平衡状态，在水平方向上所受的动力与阻力是一对平衡力，听到的列车的鸣笛声是由空气传到人耳的，铁路路砟用砂石等，有利于增大地面的硬度和透水性，枕木增大了轨道地面的接触面积，以减小对路面的压强，同时可减小车轮与轨道的振动，减小噪声；列车的平均速度 $v=\frac{s}{t}=\frac{297}{0.9}$ km/h=330 km/h，列车在行驶时，能带动周围空气的流动，由于流体流速越大，压强越小，即列车周围气压小，乘客在列车附近会受到向列车方向的压强差，所以不能靠近行驶的列车.

2.(1)减小 (2)光(太阳) 电 15 (3)如图 3-62 所示 (4)34.56 (5)多安装一些路灯；使用功率更大的 LED 灯；在 LED 灯下方加装凸透镜等.

解析：光敏电阻的阻值 R 随光照度 E 的增强而减小，白天太阳能电池板将光能转化为电能，储存在大容量蓄电池内，傍晚当光照度小于 15 lx(勒克斯)时，即当线圈 A 中的电流 $I<30.0$ mA 时，电磁铁的磁性减弱到一定程度时，动触点 D 被弹簧 C 拉起，与静触点 E、F 接触，路灯开始工作. 教室内用 LED 灯进行照明，节约的电能 $W=(P_2-P_1)t=(0.03\ \text{kW}\times24-0.006\ \text{kW}\times24)\times2\ \text{h}\times30=34.56\ \text{kW}\cdot\text{h}$.

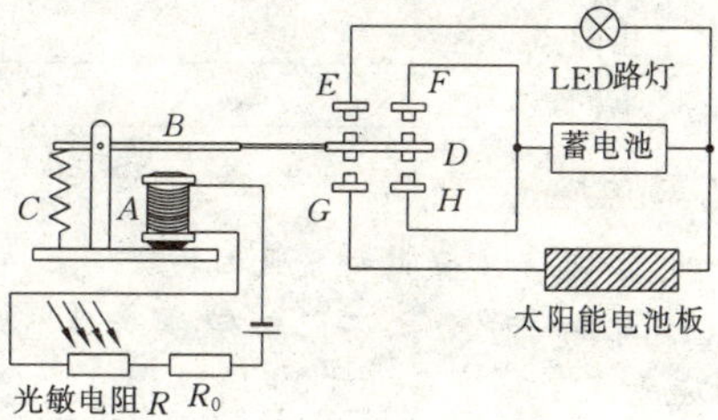

图 3-62

3.(1)室内气压小于外界气压. 由于风机通过排风口将室内部分空气排出后，室内空气压强减小，室外气压大于室内气压，这时打开进风口，新鲜空气会进入室内. (2)吸尘器、抽水机、吸盘等. 解析：从题目中的“使室内形成负压，这样室外新鲜空气便经进风口进入室内”可知，“负压”的物理意义是室内的气压小于室外的大气压，空气便在这个“压强差”的作用下由室外进入室内；“新风系统”的工作原理实际上是利用了大气压，所以在考虑生活中的类似应用时，分析利用大气压工作的工具即可.

六 怎样解开放型试题

题型技法概述

开放型试题是指题设条件不确定,解题方法多样化、答案不唯一的题目.开放型试题一般有条件开放型试题、过程开放型试题和结论开放型试题三类.

典型考题例析

1.条件开放型试题解答技法

条件开放,一方面指解题条件不充分,解题根据不明确,题目明示的条件不完备而构成的开放;另一方面是指解题条件复杂,从多个条件中只需选择一个或几个条件就能解决问题,条件选择的多少不同,解决问题的结果一样,复杂的解题条件使解题过程多样性而造成开放性.在计算中,由学生自己提出问题并解决问题;在实验中,由学生自选器材来完成实验项目等.主要考查学生提出问题、分析问题和解决问题的能力.

解答条件开放题的方法是在理解了物理规律或原理的前提下,采用逆推的形式,通过阅读题目内容,获取有价值的信息,然后作出解答.

例1 (河南中考)比较是一种重要的科学方法.请你将声音和光进行比较,写出它们的一条相同点和不同点.

相同点:________________.

不同点:________________.

解析

声音和光是两种常见的物理现象,它们的相同点有:都能反射;都可以传递能量;都是一种波等.不同点有:声音和光的传播速度不同;光是电磁波,声音不是电磁波等.

答案:相同点:都能在空气中传播;都能反射.

不同点:光可以在真空中传播,声音不能在真空中传播;声音和光的传播速度不同;光是电磁波,声音不是电磁波等.

2.过程开放型试题解答技法

题目所给的条件一定,要求学生在已知条件的要求之下,自己设计问题,问题的次序不受限制.解答此类题目,首先要把握题目中的条件,然后在此"条件"之下,提出问题并解答.注意在分析时要多角度思考,注意过程的开放性.

例2 (山西中考)2012年不少学校都用上了新型校车,如图3-63所示,这种校车具有良好的刹车系统,请你就校车急刹车情景提出两个与物理有关的问题,并用所学物理知识解释.

图3-63

问题1 ____

解释 ____

问题2 ____

解释 ____

解析

本题为开放性题目，只要提出的问题与校车急刹车的情景有关，并做出合理的解释即可.

答案：问题1：急刹车时，车内的同学为什么会有向前倾的感觉？

解释：急刹车时，车内的同学由于惯性，仍要向前运动.

问题2：急刹车过程中，能量是怎样转化的？

解释：急刹车过程中，机械能转化为内能.

（其他合理答案也可）

方法技巧：本题的条件是"急刹车情景"，在此条件下可从不同角度来提出问题.解答时注意两点：(1)提出的问题必须针对"急刹车"这一过程；(2)提出的问题要简单，能用自己所学的知识去解答.

3. 结论开放型试题解答技法

试题中隐藏的结论很多，采用不同的方法（或从不同的角度分析）可能会得到不同的结论.在解答时要注意：(1)阅读试题，提取信息，明确问题的条件、要求以及所考查的知识点；(2)针对问题进行多角度分析与思考，分析可能的答案；(3)根据题目要求写出最佳答案.

例3 （黑龙江鸡西中考）如图3-64所示，质量为800 kg的小轿车，每个轮胎与地面的接触面积为200 cm^2.

(1)小轿车对水平地面的压强是多大？（g取10 N/kg）

(2)该车在水平公路上匀速直线行驶18 km，用了10 min，如果小轿车的功率为60 kW，求它的速度和牵引力各是多大？

(3)行驶的车辆对环境产生哪些污染？（至少写出一条）

(4)为了减小污染，请你提出一条合理的建议.

图3-64

解析

小轿车对水平地面的压力$F=G=mg$，与地面的接触面积已知，根据$p=\frac{F}{S}$即可求得小轿车对水平地面的压强；小轿车的速度可由$v=\frac{s}{t}$求出，根据$P=Fv$或根据$W=Fs=Pt$可求出牵引力的大小；(3)、(4)两问是结论开放型题目，可从"产生的污染"与"减小污染"两个方面多角度分析，得出答案.

解：(1)小轿车对水平地面的压强是$p=\frac{F}{S}=\frac{8\ 000\ \text{N}}{4\times200\times10^{-4}\ \text{m}^2}=10^5$ Pa.

(2)小轿车的速度 $v=\frac{s}{t}=\frac{18\ \text{km}}{\frac{1}{60}\times 10\ \text{h}}=108\ \text{km/h}$

$F=\frac{W}{s}=\frac{Pt}{s}=\frac{60\times 10^3\ \text{W}\times 600\ \text{s}}{18\ 000\ \text{m}}=2\times 10^3\ \text{N}.$

(3)噪声污染、大气污染.

(4)安装消音器、使用新能源.

轻松对接中考

1.(广东中考)如图 3-65 所示实验器材,请利用其中一种或多种器材,分别完成一个指定实验和另外设计一个力学实验.根据示例的要求,将表格中的空白填写完整.

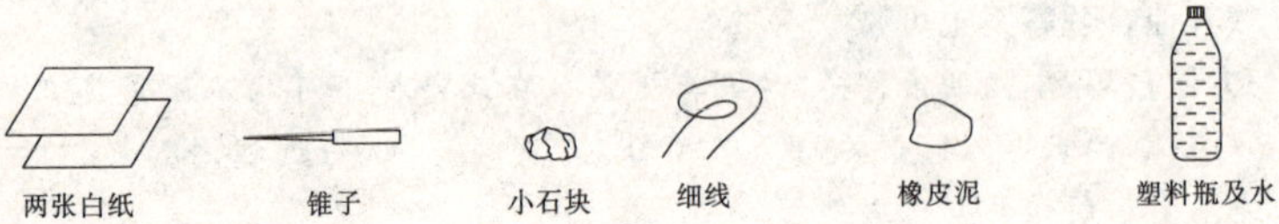

图 3-65

选用的器材	实验内容	操作方法	发生现象
示例:锥子、橡皮泥	探究:压力的作用效果与什么因素有关	分别用锥子的两端用相同的力压橡皮泥	用锥子尖压橡皮泥时,凹陷明显
小石块、一张白纸	探究:物体是否具有惯性		

2.(河北中考)电冰箱在结构上和工作过程中应用了许多物理知识(如图 3-66 所示).

(1)问题:为什么要使用三脚插头?

回答:______.

(2)问题:为什么要使用具有磁性的密封条?

回答:______.

(3)提出一个与物态变化有关的问题并回答.

问题:______?

回答:______.

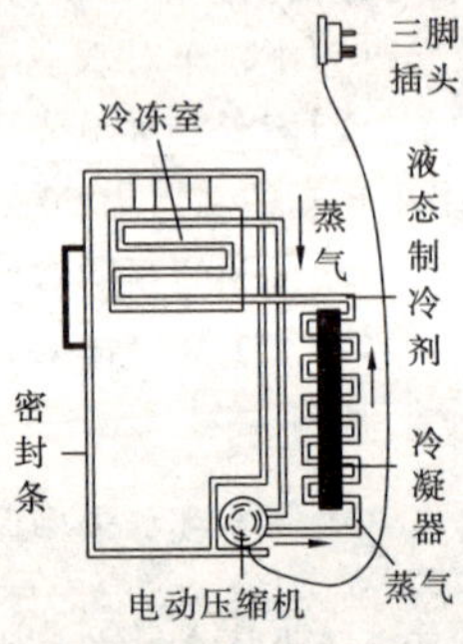

图 3-66

3.(南昌中考)在南昌市红谷滩新区人们可免费租借自行车出行,这是当今倡导低碳生活的一种具体体现.低碳生活是指生活作息时所耗用的能量减少,从而降低碳特别是二氧化碳的排放.低碳生活,对于我们普通人来说,是一种态度,而不是一种能力,我们应该积极倡导并践行.请你从物理学的角度再列举三个低碳生活的事例.

对接中考答案

1.

选用的器材	实验内容	操作方法	发生现象
示例:锥子、橡皮泥	探究:压力的作用效果与什么因素有关	分别用锥子的两端用相同的力压橡皮泥	用锥子尖压橡皮泥时,凹陷明显
小石块、一张白纸	探究:物体是否具有惯性	把小石块放在白纸上,迅速拉动白纸	小石块落回到原来的位置
锥子、塑料瓶及水	探究:液体内部的压强与什么因素有关	在装满水的塑料瓶壁不同深度用锥子打几个孔	水射的远近不同

解析:根据提供的器材,结合所学的物理知识,可以完成许多力学实验.如:(1)探究压力的作用效果与什么因素有关,可选用锥子和橡皮泥;(2)探究物体是否具有惯性,可选用小石块和一张白纸;(3)探究液体内部的压强与什么因素有关,可选用锥子、塑料瓶及水等.(只要合理即可)

2.(1)安全用电　(2)它能够吸引冰箱铁制门框　(3)蒸气通过冷凝器发生的物态变化是什么　液化　解析:(1)使用三脚插头是为了安全用电.三脚插头的最上面的插头与用电器的外壳相接,与其对应的插孔是接地线的,这样即使外壳带电,也会从接地导线流走,人接触外壳不会触电.(2)冰箱的门框是铁制的,使用具有磁性的密封条,就是为了吸引铁制门框,使冰箱密封严密.(3)冰箱中发生的物态变化很多,只要符合题意即可.

3.①随手关灯;②使用空调时关紧门窗;③电视机音量不要开得太大等.　解析:从题意知,所谓低碳生活,就是指生活作息时所耗用的能量减少,从而降低碳特别是二氧化碳的排放,因此在回答时可从减少能量的消耗入手.答案不唯一,符合要求即可.

七　怎样解答探究型题目

题型技法概述

实验探究题是最能体现物理学科的学习能力的一种题型,它不仅能反映学生学习过程中的观察能力、动手动脑能力,而且还能反映学生对所学的物理概念和物理规律的理解情况,重要的是它能再现学生的情感与价值观.其考查内容主要有以下四种类型.

典型考题例析

1. 操作型探究题解答技法

例 1 （重庆中考）我们在学习和生活中，常常看到下面类似情形：

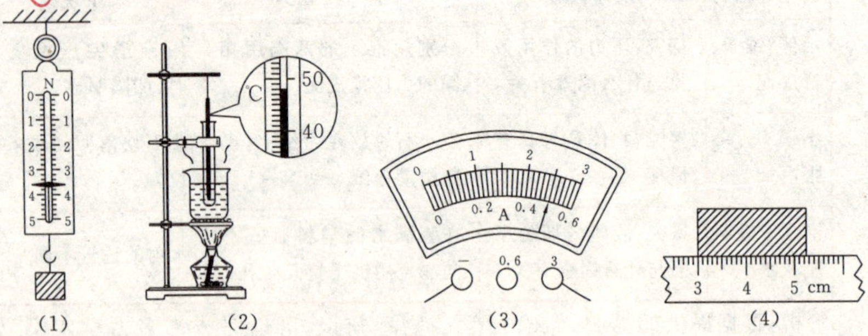

图 3-67

(1)图 3-67(1)中弹簧测力计的示数是________ N；

(2)图(2)中温度计的示数是________℃；

(3)图(3)中电流表指针所指的示数为________ A；

(4)图(4)中物体的长为________ cm.

解析

从题图中可以看出，弹簧测力计的分度值为 0.2 N，示数为 3.6 N；温度计的分度值是 1 ℃，示数为 48 ℃；电流表所用的量程是0～3 A，分度值是 0.1 A，示数是 2.5 A；刻度尺的分度值是 1 mm，起始读数为 3.00 cm，最末读数是 5.26 cm，故物体的长为 2.26 cm.

答案：(1)3.6　(2)48　(3)2.5　(4)2.26(2.22～2.28 均正确)

方法技巧：解答操作型实验探究题，要注意以下几点：(1)掌握基本测量工具的用途、使用方法和使用注意事项；(2)若题目考查使用规则方面，则要对照该测量工具的使用方法及使用注意事项与题目中的情景认真比对，找出题目中使用测量工具的错误之处；(3)若题目考查读数，则要明确测量工具的分度值，然后根据读数规则进行读数.

2. 分析判断型探究题解答技法

例 2 （南京中考）如图 3-68 所示电路，电源电压恒定，某同学用该电路验证“在导体两端的电压一定时，通过导体的电流与导体的电阻成反比”. 他多次只改变电阻箱 R_1 的阻值，测得相应的电流值，如下表所示.

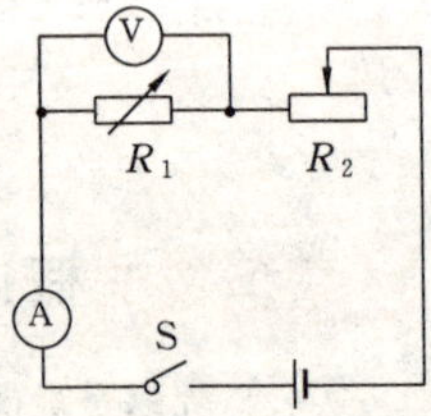

图 3-68

实验序号	R_1/Ω	I/A
①	5	0.30
②	10	0.20
③	15	0.15

（1）根据表中数据，通过导体的电流与导体的电阻________（选填“成”或“不成”）反比，其原因是____.

（2）此实验中，电源电压为________V.

解析

在实验中只改变电阻箱 R_1 的阻值，而不改变滑动变阻器连入电路的电阻时，R_1 两端的电压会发生变化，所以通过 R_1 的电流与电阻就不再成反比.

当 $R_1=5\ \Omega$ 时，有 $U=I(R_1+R_2)=0.3\ \text{A}\times(5\ \Omega+R_2)$　①

当 $R_1=10\ \Omega$ 时，有 $U=I(R_1+R_2)=0.2\ \text{A}\times(10\ \Omega+R_2)$　②

由①②式得，电源电压 $U=3$ V.

答案：（1）不成　没有控制电阻箱 R_1 两端的电压不变　（2）3

方法技巧：解答分析判断型探究题，注意把握以下方法：（1）若是分析数据得出结论的题目，要针对数据或通过比较或通过计算进行处理，比对数据之间的关系得出结论；（2）在叙述结论时，要注意控制变量法的运用；（3）若是分析数据是否符合实验要求，则要分析该实验数据得出时的实验操作是否符合实验的方法和要求.

3. 探究型试题解答技法

例 3　（江苏宿迁中考）小明用易拉罐完成下列两个实验：

（1）为了探究物质吸热升温的属性，小明在两个易拉罐中分别装入质量相等的水和沙子（图 3-69），实验中还需要的实验器材是________，通过记录相同时间内________就可比较水和沙子吸热升温的属性.

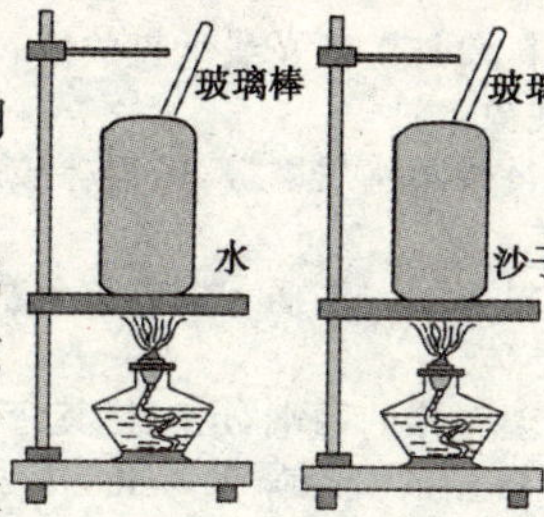

图 3-69

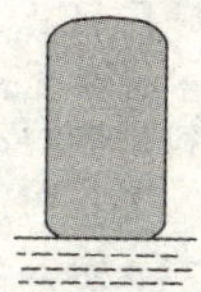
图 3-70

（2）小明在另一个易拉罐中注入少量水，并给易拉罐加热至罐口出现白雾，用棉花塞住小孔，把易拉罐倒立于水中，易拉罐很快变瘪，且有较多水冲进易拉罐（图 3-70）.原因是加热使罐内的水________（选填“汽化”或“液化”）成水蒸气，排出空气，把易拉罐倒立于水中，罐内的水蒸气发生了________现象，水面的大气压________（选填“>”“<”或“=”）罐内的气压将水压进罐内.

解析

探究物质的吸、放热本领，需要采用转换法，将吸、放热的多少通过温度的变化来显示，所以实验中应再选用温度计，通过加热相同的时间，比较两种物质的温度变化多少，就能判断物质的吸、放热本领大小；加热易拉罐时，内部水汽化为水蒸气，将部分空气排出，再放置在水中时，温度降低，罐内的水蒸气液化成液体，使罐内气压小于水面大气压，在气压差的作用下，水进入罐内.

答案：（1）温度计　温度变化（升高的温度）　（2）汽化　液化　>

方法技巧:(1)明确题目所要探究的问题;(2)知道探究过程中所应用的探究方法,如控制变量法、转换法、等效替代法等;(3)熟知探究结论;(4)结合题目中的现象分析解答.

4. 设计型探究题解答技法

例 4 (北京中考)做物理实验可以帮助我们学好物理,我们身边有许多物品都是可以作为物理实验器材的,如吃饭的筷子,将它插入盛有水的杯中,从水面上可以看到筷子"弯折"了,这说明了光的折射现象.现有一根长约 20 厘米、拇指粗细的均匀圆柱形塑料棒,用它能做力、热、光、声学的多个实验,请用这根塑料棒作为实验器材,设计两个实验(根据实验需要,可选其他辅助器材).

解析

此题是设计型实验题,具有开放性,只要用这根塑料棒及其他辅助器材,做出力、热、光、声学的实验并说明其中的原理或现象均可.

答案:实验方案:

实验一:将塑料棒与太阳光线垂直放置,在地面上将留下塑料棒的影子,这说明了光的直线传播现象.

实验二:用塑料棒跟头皮摩擦,塑料棒被摩擦的部分可以吸引轻小纸屑,这说明了摩擦起电的现象.

实验三:将塑料棒的一端插入盛有热水的杯中,手持另一端并不感到烫,这说明塑料是热的不良导体.

实验四:手持塑料棒的两端,用力使其弯曲变形,这说明力可以改变物体的形状.

实验五:将塑料棒的一端紧贴耳孔,用手指尖与塑料棒的另一端发生轻度的摩擦,人耳将听到较大的摩擦声,这说明固体能够传声,且传声性能良好.

方法技巧:解答设计型实验的关键是实验原理的确定,它是进行实验设计的依据,决定了应该测量哪些物理量,设计时要注意题目条件(如器材)的限制和实验方案的可行性.

轻松对接中考

1. (山东潍坊中考)如图 3-71 所示是课本上的演示实验,请按要求回答:

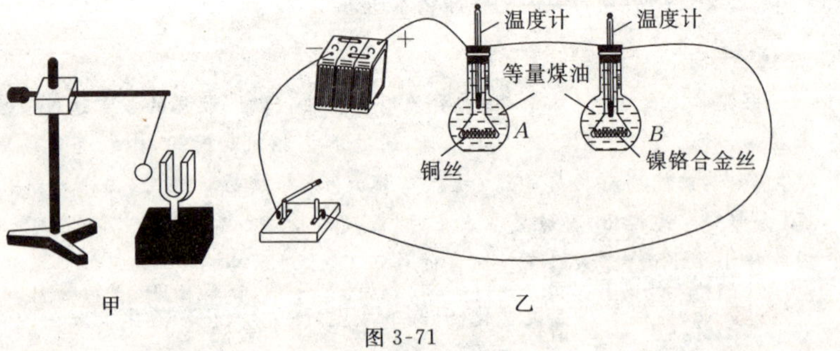

图 3-71

甲图:该装置能探究声音产生的原因,还能探究声音的______和______的关系.

乙图:实验现象是____.

实验现象说明了:____.

2. (山西中考)现有器材:A. 天平　B. 弹簧测力计　C. 量筒　D. 刻度尺　E. 细线　F. 足量水.

请从上述器材中选择合适的器材,设计两种测量正方体实心金属块密度的实验方案.

方案	所选器材序号	需要测出的物理量	密度的表达式
1			
2			
3			
4			

3. (天津中考)课外兴趣小组的同学们乘火车去参加车模比赛. 在行驶的火车上,小明想:"人顺着和逆着火车的行驶方向以相同的速度从车厢的一端运动到另一端所用的时间相等吗?"小明和同学们讨论后,决定用随身携带的赛车进行实验探究,并设计出如下两种实验方案:

方案一:如图 3-72 所示,在车厢前后选取 A、B 两处,让两辆赛车同时开始做从 A 到 B 和从 B 到 A 的匀速直线运动,观察赛车是否同时到达各自的终点. 改变 A、B 两处距离重复上述实验两次(在实验过程中火车一直做匀速直线运动).

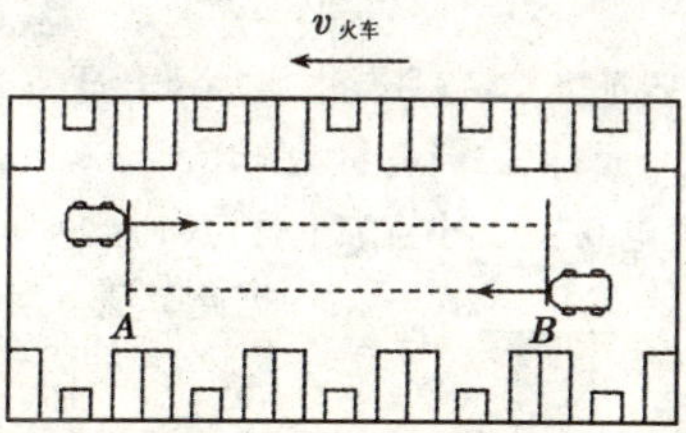

图 3-72

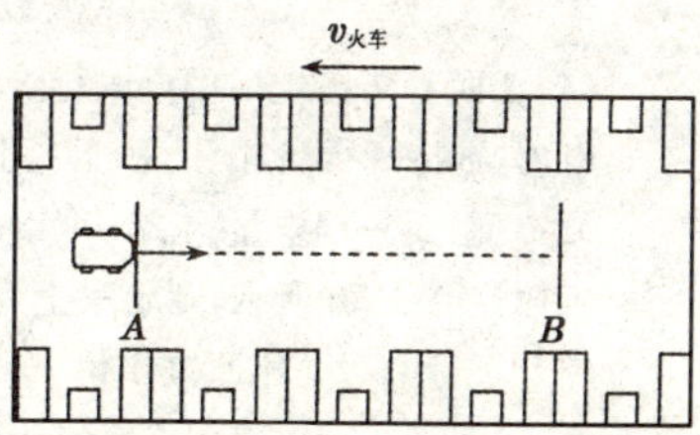

图 3-73

方案二:如图 3-73 所示,在车厢前后选取 A、B 两处,让一辆赛车做从 A 到 B 的匀速直线运动,利用电子手表的停表功能测出赛车从 A 到 B 的运动时间;然后让该赛车以相等的速度做从 B 到 A 的匀速直线运动,测出运动时间. 比较两次时间的长短. 改变 A、B 两处距离重复上述实验两次(在实验过程中火车一直做匀速直线运动).

(1)针对方案一,同学们经过讨论认为不可取,请你说明原因(写出一条即可).

(2)针对方案二,请你设计出记录实验数据的表格.

4.(江西中考)亲爱的同学:您会使用下面的基本实验仪器吗?

(1)用同一支温度计分别测量当天正午与晚上的气温.两次温度计的示数如图3-74甲、乙所示,其中________图是晚上的气温,其示数是________℃.

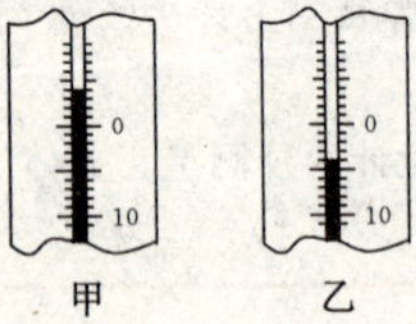

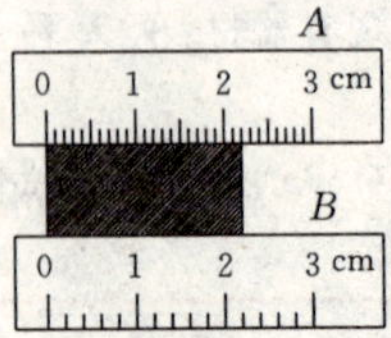

图 3-74　　图 3-75

(2)如图 3-75 所示,用 A、B 两把刻度尺测同一物体长度,就分度值而言,________刻度尺更精确些,其中放置正确的是________刻度尺.

(3)小园用滑动变阻器改变电路中的电流时,正确连接好如图 3-76 所示的实物图,并画出与实物图相对应的电路图(如图 3-77 所示);在闭合开关前,同伴小苹提醒她所画的电路图有不对应之处,请您指出:①________________;②________________.

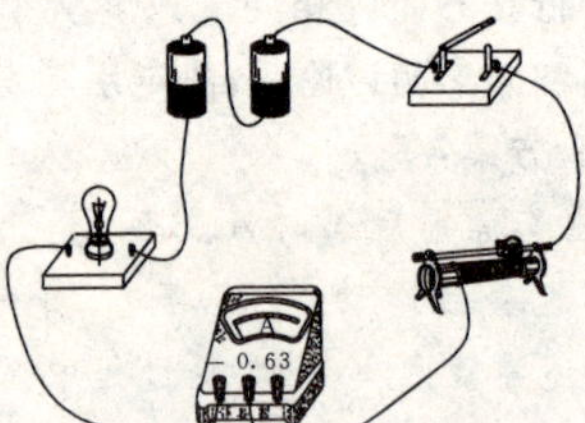

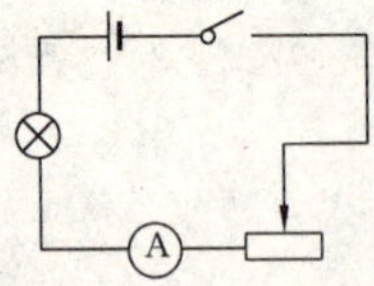

图 3-76　　图 3-77

(4)江西省居民生活用电试行阶梯电价听证方案:每月耗电第一档电量为 150 度及以内,维持现行价格不变,即每度电 0.6 元;第二档电量为 151 至 280 度,每度电 0.65 元;第三档电量为 281 度以上,每度电 0.9 元.小袁家上月初和上月底电能表的示数如图 3-78 所示,则她家上月用电为________kW·h;如据此听证方案计算,她家上个月电费要比原来多付________元.

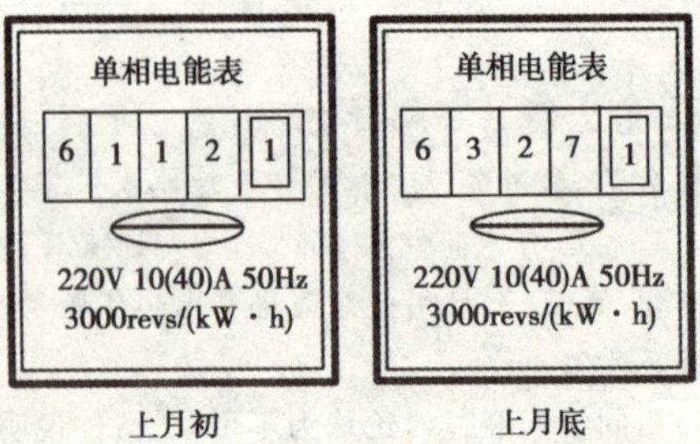

图 3-78

对接中考答案

1. 响度　振幅　温度计的示数升高快慢不同　电流相同时，相同时间内，电阻越大产生的热量越多　解析：题甲图中用力敲击音叉时，音叉的振动带动乒乓球振动，音叉振幅越大，乒乓球振动的幅度就越大，发出声音的响度越大，因此还可以用来探究声音的响度与振幅的关系；乙图中两电阻丝串联，在通过两电阻丝电流和通电时间相同时，装入电阻大的镍铬合金丝瓶内温度计的示数升高得快，升高得多，从而探究电热的大小与电阻的关系.

2.

方案	所选器材序号	需要测出的物理量	密度的表达式
1	AD	金属块的质量 m，金属块的棱长 a	$\rho=\frac{m}{a^3}$
2	BDE	金属块的重力 G，金属块的棱长 a	$\rho=\frac{G}{a^3g}$
3	ACEF	金属块的质量 m，适量水的体积 V_1，金属块浸没时水和金属块的总体积 V_2	$\rho=\frac{m}{V_2-V_1}$
4	BCEF	金属块的重力 G，适量水的体积 V_1，金属块浸没时水和金属块的总体积 V_2	$\rho=\frac{G}{(V_2-V_1)g}$

解析：根据密度公式 $\rho=\frac{m}{V}$ 设计方案用刻度尺测体积，用天平测质量；根据重力与质量的关系公式 $G=mg$ 和密度公式 $\rho=\frac{m}{V}$ 可以设计方案；用弹簧测力计测重力，用刻度尺测体积，也可以用排水法测体积.

3. (1)因为实验前没有比较两辆赛车的速度，实验中不能保证两车的运动速度相等，所以比较它们是否同时到达各自的终点便没有意义了.

(2)赛车速度 v 一定

序号	A、B 两处间的距离 s	A 到 B 的时间 t_{AB}/s	B 到 A 的时间 t_{BA}/s
1	s_1		
2	s_2		
3	s_3		

解析:本题要探究的是人顺着和逆着火车的行驶方向以相同的速度从车厢的一端运动到另一端所用的时间是否相等,就必须控制速度相同,从实验的设计来看,方案一没有控制两辆赛车的速度相同,所以将无法得到正确的探究结果.在设计记录数据的表格时,要控制赛车的速度相同,分别测出 A 与 B 之间的距离、从 A 到 B 的运行时间、从 B 到 A 的运行时间,为使得出的结论更具有普遍性,要改变 A 与 B 之间的距离进行多次实验.

4.(1)乙　-4　(2)A　A　(3)①电源正负极画反了　②滑动变阻器的滑片没有画在阻值最大处　(4)215　3.25　解析:(1)甲图温度计示数比乙图的大,故乙图是晚上的气温,其示数为 -4 ℃.(2)从题图中可以看出,A 刻度尺的分度值为 1 mm,B 刻度尺的分度值为 2 mm,故 A 刻度尺更精确些;在测量时,应将有刻度的一边正对被测边,故 A 刻度尺放置是正确的.(3)对照实物图和电路图可以看出,电源正负极画反了,滑动变阻器的滑片没有画在阻值最大处.(4)小袁家上月用电为 6 327.1 kW·h$-$6 112.1 kW·h$=$215 kW·h;比原来多交电费为(215$-$150)×(0.65 元$-$0.6 元)$=$3.25 元.

⑬